2024 제27회 시험대비 전면개정판

박문각 주택관리사

합격예상문제 2차
주택관리관계법규

강경구 외 박문각 주택관리연구소 편

브랜드만족
1위
박문각
수상내역
후면표기

동영상강의
www.pmg.co.kr

50년 시간이 만든 합격비결
합격 노하우가 다르다!

박문각

이 책의 머리말

제27회 시험 대비 주택관리관계법규 예상문제집을 출간하면서

절대평가 때는 과락 없이 평균 60점을 받으면 합격이 되었으나, 상대평가제가 도입되면서 제26회 기준으로 2차 시험에 1,610명이 합격된 현시점에서 평균 70점을 받아도 "과연 내가 합격할 수 있을까?" 하는 불안감이 엄습하게 됩니다. 해를 거듭할수록 주택관리관계법규는 난이도가 있는 문제가 증가하고 있는 추세이고 주관식 단답형 문제의 난이도 또한 해마다 높아지고 있는 추세입니다. 시험일까지 수험생에게는 2차 과목의 심적 부담이 클 것으로 여겨집니다.

필자는 삼십여 년 동안 강단에서 강의를 해오면서 합격을 위한 새로운 전략을 위해 다음과 같이 문제집을 구성하였습니다.

주택관리관계법규는 시험시행일 기준으로 객관식 24문제와 주관식 단답형 16문제로 출제됩니다.

첫째 기본서와 같이 단원별 순서대로 배치하였고, 출제경향을 알 수 있도록 최근 기출문제를 수록·분석하고 현행법령을 최대한 반영하여 효율적인 공부가 되도록 구성하였습니다.

둘째 단답형 문제를 출제빈도에 따라 충분히 수록하여, 주관식 문제에 대한 수험생들의 자신감을 높이는 데 주력했습니다. 객관식 문제에 익숙해 있는 수험생들은 주관식 단답형 문제가 생소할 수 있습니다. 기본서에 나오는 용어 및 핵심적인 사항을 평소에 정리해두는 것이 무엇보다 중요합니다.

셋째 최근에 개정된 법률을 중심으로 핵심 내용들을 빠짐없이 정리하여 수험생들이 문제집과 함께 발간된 요약집을 최대한 활용한다면 충분한 학습효과를 기대할 수 있다고 확신합니다.

수험생 여러분

이제 얼마 남지 않은 기간 동안 합격에 대한 자신감을 가지는 것이 무엇보다 중요합니다.
수험준비를 아무리 많이 한다고 해도 관계법규는 그 분량이 많아서 시간적으로 한계가 있을 것입니다. 시간이 없다면 문제를 많이 푸는 것보다 기출문제 중심으로 기본서나 요약집의 내용을 숙지한 다음 핵심적인 문제를 푸는 것이 중요합니다. "많이" 아는 것보다 "정확하게" 아는 것이 시험의 관건입니다.

본 저서와 함께 핵심문제집이 수험생 여러분들의 합격가이드로서의 역할을 충실히 다해서 올 가을에 웃음과 행복이 가득한 나날이 되길 진심으로 기원합니다.

끝으로 본 저서가 출간되기까지 박문각 종로학원 임직원님, 편집부 팀장님 그리고 편집부 직원 모든 분들께 진심으로 감사드립니다.

2024년 2월
편저자 강경구

자격안내

자격개요

주택관리사보는 공동주택의 운영·관리·유지·보수 등을 실시하고 이에 필요한 경비를 관리하며, 공동주택의 공용부분과 공동소유인 부대시설 및 복리시설의 유지·관리 및 안전관리 업무를 수행하기 위해 주택관리사보 자격시험에 합격한 자를 말한다.

변천과정

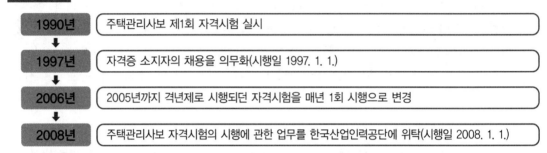

1990년	주택관리사보 제1회 자격시험 실시
1997년	자격증 소지자의 채용을 의무화(시행일 1997. 1. 1.)
2006년	2005년까지 격년제로 시행되던 자격시험을 매년 1회 시행으로 변경
2008년	주택관리사보 자격시험의 시행에 관한 업무를 한국산업인력공단에 위탁(시행일 2008. 1. 1.)

주택관리사제도

❶ 주택관리사 등의 자격

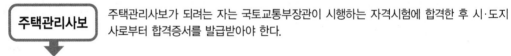

주택관리사보 주택관리사보가 되려는 자는 국토교통부장관이 시행하는 자격시험에 합격한 후 시·도지사로부터 합격증서를 발급받아야 한다.

주택관리사 주택관리사는 주택관리사보 합격증서를 발급받고 대통령령으로 정하는 주택관련 실무경력이 있는 자로서 시·도지사로부터 주택관리사 자격증을 발급받은 자로 한다.

❷ 주택관리사 인정경력

시·도지사는 주택관리사보 자격시험에 합격하기 전이나 합격한 후 다음의 어느 하나에 해당하는 경력을 갖춘 자에 대하여 주택관리사 자격증을 발급한다.

- 사업계획승인을 받아 건설한 50세대 이상 500세대 미만의 공동주택의 관리사무소장으로 근무한 경력 3년 이상
- 사업계획승인을 받아 건설한 50세대 이상의 공동주택의 관리사무소의 직원(경비원, 청소원, 소독원 제외) 또는 주택관리업자의 직원으로 주택관리업무에 종사한 경력 5년 이상
- 한국토지주택공사 또는 지방공사의 직원으로 주택관리업무에 종사한 경력 5년 이상
- 공무원으로 주택관련 지도·감독 및 인·허가 업무 등에 종사한 경력 5년 이상
- 주택관리사단체와 국토교통부장관이 정하여 고시하는 공동주택관리와 관련된 단체의 임직원으로 주택관련 업무에 종사한 경력 5년 이상
- 위의 경력들을 합산한 기간 5년 이상

법적 배치근거

공동주택을 관리하는 주택관리업자·입주자대표회의(자치관리의 경우에 한함) 또는 임대사업자(「민간임대주택에 관한 특별법」에 의한 임대사업자를 말함) 등은 공동주택의 관리사무소장으로 주택관리사 또는 주택관리사보를 다음의 기준에 따라 배치하여야 한다.

- 500세대 미만의 공동주택: 주택관리사 또는 주택관리사보
- 500세대 이상의 공동주택: 주택관리사

주요업무

공동주택을 안전하고 효율적으로 관리하여 공동주택의 입주자 및 사용자의 권익을 보호하기 위하여 입주자대표회의에서 의결하는 공동주택의 운영·관리·유지·보수·교체·개량과 리모델링에 관한 업무 및 이와 같은 업무를 집행하기 위한 관리비·장기수선충당금이나 그 밖의 경비의 청구·수령·지출 업무, 장기수선계획의 조정, 시설물 안전관리계획의 수립 및 건축물의 안전점검에 관한 업무(단, 비용지출을 수반하는 사항에 대하여는 입주자대표회의의 의결을 거쳐야 함) 등 주택관리서비스를 수행한다.

진로 및 전망

주택관리사는 주택관리의 시장이 계속 확대되고 주택관리사의 지위가 제도적으로 발전하면서 공동주택의 효율적인 관리와 입주자의 편안한 주거생활을 위한 전문지식과 기술을 겸비한 전문가집단으로 자리매김하고 있다.

주택관리사의 업무는 주택관리서비스업으로서, 자격증 취득 후 아파트 단지나 빌딩의 관리소장, 공사 및 건설업체·전문용역업체, 공동주택의 운영·관리·유지·보수 책임자 등으로 취업이 가능하다.
과거 주택건설 및 공급 위주의 주택정책이 국가경제적인 측면에서 문제가 되었다는 점에서 지금은 공동주택의 수명연장 및 쾌적한 주거환경 조성을 우선으로 하는 주택관리의 시대가 되었다. 이러한 시대적 변화에 맞추어 전문자격자로서 주택관리사의 역할이 어느 때보다 중요해지고 있으며, 공동주택의 리모델링의 활성화로 주택관리사들이 전문기법을 연구·발전시켜 국가경제발전에도 크게 기여하게 될 것이다.

자격시험안내

시험기관

소관부처 국토교통부 주택건설공급과   **실시기관** 한국산업인력공단(http://www.Q-net.or.kr)

응시자격

❶ 개관: 응시자격에는 제한이 없으며 연령, 학력, 경력, 성별, 지역 등에 제한을 두지 않는다. 다만, 시험시행일 현재 주택관리사 등의 결격사유에 해당하는 자와 부정행위를 한 자로서 당해 시험시행일로부터 5년이 경과되지 아니한 자는 응시가 불가능하다.

❷ 주택관리사보 결격사유자(공동주택관리법 제67조 제4항)
1. 피성년후견인 또는 피한정후견인
2. 파산선고를 받은 사람으로서 복권되지 아니한 사람
3. 금고 이상의 실형의 선고를 받고 그 집행이 끝나거나(집행이 끝난 것으로 보는 경우를 포함한다) 집행이 면제된 날부터 2년이 지나지 아니한 사람
4. 금고 이상의 형의 집행유예를 선고받고 그 집행유예기간 중에 있는 사람
5. 주택관리사 등의 자격이 취소된 후 3년이 지나지 아니한 사람(제1호 및 제2호에 해당하여 주택관리사 등의 자격이 취소된 경우는 제외한다)

❸ 시험 부정행위자에 대한 제재: 주택관리사보 자격시험에 있어서 부정한 행위를 한 응시자에 대하여는 그 시험을 무효로 하고, 당해 시험시행일부터 5년간 시험응시자격을 정지한다.

시험방법

❶ 주택관리사보 자격시험은 제1차 시험 및 제2차 시험으로 구분하여 시행한다.
❷ 제1차 시험문제는 객관식 5지 선택형으로 하고 과목당 40문항을 출제한다.
❸ 제2차 시험문제는 객관식 5지 선택형을 원칙으로 하되, 과목별 16문항은 주관식(단답형 또는 기입형)을 가미하여 과목당 40문항을 출제한다.
❹ 객관식 및 주관식 문항의 배점은 동일하며, 주관식 문항은 부분점수가 있다.

문항수	주관식 16문항		
배 점	각 2.5점(기존과 동일)		
단답형 부분점수	3괄호	3개 정답(2.5점), 2개 정답(1.5점), 1개 정답(0.5점)	
	2괄호	2개 정답(2.5점), 1개 정답(1점)	
	1괄호	1개 정답(2.5점)	

※ 법률 등을 적용하여 정답을 구하여야 하는 문제는 법에 명시된 정확한 용어를 사용하는 경우에만 정답으로 인정

❺ 제2차 시험은 제1차 시험에 합격한 자에 대하여 실시한다.
❻ 제1차 시험에 합격한 자에 대하여는 다음 회의 시험에 한하여 제1차 시험을 면제한다.

합격기준

❶ 1차시험 절대평가, 2차시험 상대평가

국토교통부장관은 직전 3년간 사업계획승인을 받은 공동주택 단지 수, 직전 3년간 주택관리사보 자격시험 응시인원, 주택관리사 등의 취업현황과 주택관리사보 시험위원회의 심의의견 등을 고려하여 해당 연도 주택관리사보 자격시험의 선발예정인원을 정한다. 이 경우 국토교통부장관은 선발예정인원의 범위에서 대통령령으로 정하는 합격자 결정 점수 이상을 얻은 사람으로서 전과목 총득점의 고득점자 순으로 주택관리사보 자격시험 합격자를 결정한다(공동주택관리법 제67조 제5항).

❷ 시험합격자의 결정(공동주택관리법 시행령 제75조)

> 1. **제1차시험 :** 과목당 100점을 만점으로 하여 모든 과목 40점 이상이고 전 과목 평균 60점 이상의 득점을 한 사람
> 2. **제2차시험**
>   ① 과목당 100점을 만점으로 하여 모든 과목 40점 이상이고 전 과목 평균 60점 이상의 득점을 한 사람. 다만, 모든 과목 40점 이상이고 전 과목 평균 60점 이상의 득점을 한 사람의 수가 법 제67조 제5항 전단에 따른 선발예정인원(이하 "선발예정인원"이라 한다)에 미달하는 경우에는 모든 과목 40점 이상을 득점한 사람을 말한다.
>   ② 법 제67조 제5항 후단에 따라 제2차시험 합격자를 결정하는 경우 동점자로 인하여 선발예정인원을 초과하는 경우에는 그 동점자 모두를 합격자로 결정한다. 이 경우 동점자의 점수는 소수점 이하 둘째자리까지만 계산하며, 반올림은 하지 아니한다.

시험과목

(2023. 07. 08. 제26회 시험 시행계획 공고 기준)

시험구분		시험과목	시험범위	시험시간
제1차 (3과목)	1교시	회계원리	세부 과목 구분 없이 출제	100분
		공동주택 시설개론	• 목구조·특수구조를 제외한 일반건축구조와 철골구조 • 장기수선계획 수립 등을 위한 건축적산 • 홈네트워크를 포함한 건축설비개론	
	2교시	민 법	• 총칙 • 물권 • 채권 중 총칙·계약총칙·매매·임대차·도급·위임·부당이득·불법행위	50분
제2차 (2과목)		주택관리 관계법규	「주택법」·「공동주택관리법」·「민간임대주택에 관한 특별법」·「공공주택 특별법」·「건축법」·「소방기본법」·「화재예방, 소방시설 설치·유지 및 안전관리에 관한 법률」·「승강기 안전관리법」·「전기사업법」·「시설물의 안전 및 유지관리에 관한 특별법」·「도시 및 주거환경정비법」·「도시재정비 촉진을 위한 특별법」·「집합건물의 소유 및 관리에 관한 법률」 중 주택관리에 관련되는 규정	100분
		공동주택 관리실무	• 공동주거관리이론 • 공동주택회계관리·입주자관리, 대외업무, 사무·인사관리 • 시설관리, 환경관리, 안전·방재관리 및 리모델링, 공동주택 하자관리(보수공사 포함) 등	

※ 1. 시험과 관련하여 법률·회계처리기준 등을 적용하여 답을 구하여야 하는 문제는 시험시행일 현재 시행 중인 법령 등을 적용하여 정답을 구하여야 한다.
   2. 회계처리 등과 관련된 시험문제는 「한국채택국제회계기준(K-IFRS)」을 적용하여 출제된다.
   3. 기활용된 문제, 기출문제 등도 변형·활용되어 출제될 수 있다.

2023년 제26회 주택관리사(보) 2차 시험 과목별 총평

관계법규

이번 제26회 주택관리관계법규 시험은 상대평가로 전환된 세 번째 시험이었습니다. 선발예정인원은 1,600명이며, 2차 과목인 관리실무가 다소 쉬웠다는 평이 있는 것을 감안하면 작년보다 합격점은 조금 높아질 것으로 예상됩니다.

주택관리관계법규는 예년과는 달리 최근 개정된 법률부분은 거의 출제되지 않았고, 상대평가치고는 난이도 上에 해당되는 문제가 3문제~5문제 정도가 출제되었습니다. 승강기 안전관리법 객관식 1문제, 전기사업법 객관식 1문제, 주택법 주관식 품질점검 관련 1문제, 건축법 주관식 내화구조 관련 1문제 정도가 난이도가 높았고 건축법 객관식에서 지엽적인 문제들이 2문제가 출제된 것을 제외하면 작년보다 오히려 고득점이 많이 나오겠다는 생각이 들 정도로 수업시간에 강조한 문제들이 거의 출제된 평이한 시험이었다고 판단됩니다. 학원에서 1년간 꾸준히 공부해온 수험생들은 적어도 75점 이상 예상할 수 있는 시험이었습니다. 그러나 내년에도 과연 올해처럼 평이하게 출제될 것인가에 대해서는 사견으로 비관적이라고 하겠습니다. 주택관리사 시험은 상대평가이기 때문에 시험이 너무 난이도가 없는 시험을 출제하면 오히려 공부를 많이 준비한 사람은 상대적으로 그렇지 못한 사람보다 평가받는 데 불리해질 수도 있습니다.

이번 시험후기를 보면 주택관리관계법규는 점수가 75점 이상 상회하는 분들도 다수 있지만, 선발예정인원이 작년과 동일하고 관리실무가 다소 쉽게 출제되어 적어도 평균점수 62~63점 이상 되어야 합격권에 들 수 있다는 판단입니다. 1년 가까이 고생하신 모든 분들의 노력이 결코 헛되지 않았다는 것을 입증해주는 시험이었습니다. 고생하셨습니다.

관리실무

이번 제26회 시험은 관리실무가 다소 어렵게 출제될 것으로 예상되었으나 실제 시험은 "중" 정도의 난이도로 출제되어 지난해보다는 평균점수가 높아질 것으로 보입니다.

난이도 조절을 하기 위해 출제해 왔던 노무관리와 사회보험 문제도 지엽적인 2문제를 포함하여 7문제가 출제되었으며, 앞으로도 난이도 조절을 위해서 출제 문항 수는 7~8문제 정도로 유지될 것으로 예상됩니다. 건축설비 부문도 계산문제 1문제를 포함하여 전체적으로 평이하게 출제되었습니다. 주관식 문제는 지엽적인 문제가 많았던 제25회 시험보다 어려움은 없었지만 4문제 정도가 까다롭게 출제되었습니다.

하자보수제도, 장기수선계획과 장기수선충당금 부분은 개정사항이 많은 부분이기 때문에 꼼꼼한 정리가 필요합니다. 기술실무 중에서는 공동주택 건축설비의 관리와 관련된 법령과 이론부분의 출제비중이 높기 때문에 1차 공동주택시설개론 과목의 건축설비 부분과의 연계학습이 필요합니다.

**주택관리사(보)
자격시험
5개년 합격률**

▷ **제1차 시험** (단위: 명)

구 분	접수자(A)	응시자(B)	합격자(C)	합격률(C/B)
제22회(2019)	25,745	19,784	3,257	16.46%
제23회(2020)	17,277	13,876	1,529	11.02%
제24회(2021)	17,011	13,827	1,760	12.73%
제25회(2022)	18,084	14,410	3,137	21.76%
제26회(2023)	18,982	15,225	1,877	12.33%

▷ **제2차 시험** (단위: 명)

구 분	접수자(A)	응시자(B)	합격자(C)	합격률(C/B)
제22회(2019)	5,140	5,066	4,101	80.95%
제23회(2020)	2,305	2,238	1,710	76.4%
제24회(2021)	2,087	2,050	1,610	78.5%
제25회(2022)	3,494	3,408	1,632	47.88%
제26회(2023)	3,502	3,439	1,610	46.81%

출제경향 분석 및 수험대책

🖙 출제경향 분석

분 야	제22회	제23회	제24회	제25회	제26회	총 계	비율(%)
주택법	8(3)	8(3)	8(3)	8(3)	8(3)	40	20.0
공동주택관리법	8(3)	8(3)	8(3)	8(3)	8(3)	40	20.0
민간임대주택에 관한 특별법	2(1)	2(1)	2(1)	2(1)	2(1)	10	5.0
공공주택 특별법	2(2)	2(1)	2(1)	2(1)	2(1)	10	5.0
건축법	7(2)	7(3)	7(3)	7(3)	7(3)	35	17.5
도시 및 주거환경정비법	2(1)	2(1)	2(1)	2(1)	2(1)	10	5.0
도시재정비 촉진을 위한 특별법	1	1(1)	1(1)	1(1)	1	5	2.5
시설물의 안전 및 유지관리에 관한 특별법	2(1)	2(1)	2(1)	2(1)	2(1)	10	5.0
소방기본법	1	1	1	1	1	5	2.5
소방시설 설치 및 관리에 관한 법률	2(1)	2(1)	2(1)	2	1	5	2.5
화재의 예방 및 안전관리에 관한 법률					1(1)	5	2.5
전기사업법	2(1)	2(1)	2(1)	2(1)	2(1)	10	5.0
승강기 안전관리법	2(1)	2	2	2(1)	2(1)	10	5.0
집합건물의 소유 및 관리에 관한 법률	1	1	1	1	1	5	2.5
총 계	40	40	40	40	40	200	100

※ 주) 제22회, 제23회, 제24회, 제25회, 제26회 괄호 안의 수치는 주관식 단답형 문제 수임.

이번 제26회 시험은 상대평가로 전환된 세번째 시험이었습니다. 선발예정인원은 1,600명이며, 2차 과목인 관리실무가 다소 쉬웠다는 평이 있는 것을 감안하면 작년보다 합격점은 조금 높아질 것으로 예상됩니다.

예년과는 달리 최근 개정된 법률부분은 거의 출제되지 않았고, 상대평가치고는 난이도 上에 해당되는 문제가 3문제~5문제 정도가 출제되었습니다. 승강기 안전관리법 객관식 1문제, 전기사업법 객관식 1문제, 주택법 주관식 품질점검 관련 1문제, 건축법 주관식 내화구조 관련 1문제 정도가 난이도가 높았고 건축법 객관식에서 지엽적인 문제들이 2문제가 출제된 것을 제외하면 작년보다 오히려 고득점이 많이 나오겠다는 생각이 들 정도로 수업시간에 강조한 문제들이 거의 출제된 평이한 시험이었습니다. 선발예정인원이 작년과 동일하고 관리실무가 다소 쉽게 출제되어 적어도 평균점수 62~63점 이상 되어야 합격권에 들 수 있다는 판단입니다. 학원에서 1년간 꾸준히 공부해온 수험생들은 적어도 75점 이상 예상할 수 있는, 고생하신 모든 분들의 노력이 결코 헛되지 않았다는 것을 입증해주는 시험이었습니다. 고생하셨습니다.

🏠 수험대책

1편 주택법은 8문제가 출제되고 있는데, 이 중 3문제는 주관식으로 출제되고 있다. 용어와 주택의 건설에서는 사업주체, 주택조합, 사업계획승인, 매도청구, 공급에서는 투기과열지구, 분양가상한제, 조정대상지역, 리모델링 등 전반적인 학습이 필요하다.

2편 공동주택관리법은 8문제가 출제되고 있는데, 이 중 3문제는 주관식으로 출제되고 있다. 용어, 관리방법, 입주자대표회의, 장기수선계획 등, 하자담보책임, 관리주체 등 공동주택관리법은 주택관리실무와 중복되는 법이기 때문에 문항 수에 관계없이 전부 시험에 출제되는 부분이므로 빠짐없는 학습이 요구된다.

3편 민간임대주택에 관한 특별법은 2문제가 출제되는데, 1문제는 주관식으로 출제되고 있다. 용어와 임대사업자, 주택임대관리업자, 촉진지구 등으로 개괄적인 정리가 필요하다.

4편 공공주택 특별법은 2문제가 출제되는데, 주로 용어 중심으로 정리하고 공공주택지구, 도심공공주택복합사업, 공공주택의 관리 등 중요부분을 학습하도록 한다.

5편 건축법은 주택법이나 공동주택관리법 다음으로 출제 비중이 높은 과목으로 7문제 출제 중 3문제가 주관식으로 출제되고 있다. 건축법 용어와 건축물의 용도, 허가 및 신고, 건폐율, 용적률, 건축선, 면적·높이·층수 산정, 구조 및 피난시설, 건축물의 높이제한, 이행강제금 등 핵심부분에 대한 집중적인 학습이 요구된다.

6편 도시 및 주거환경정비법은 2문제가 출제되는데, 1문제는 주관식으로 출제되고 있다. 주로 용어와 정비사업의 개략적인 절차와 사업시행자, 시행방식, 정비사업조합, 사업시행계획인가, 관리처분계획 중심으로 정리하되, 특히 최근 공공재개발사업 및 공공재건축사업은 필수적으로 정리해둘 필요가 있다.

7편 도시재정비 촉진을 위한 특별법은 1문제가 출제되는데, 용어와 재정비촉진지구, 총괄계획가, 총괄사업관리자등을 중심으로 학습하는 것이 효율적이다.

8편 시설물의 안전 및 유지관리에 관한 특별법은 2문제가 출제되는데, 1문제는 주관식으로 출제된다. 주로 용어 중심으로 정리하고 안전점검, 정밀안전진단 등 핵심사항을 학습하도록 한다.

9편 소방기본법은 1문제가 출제되는데, 용어와 소방활동 등을 중심으로 정리하되, 법조문의 분량이 얼마되지 않기 때문에 벌칙부분도 정리해둘 필요가 있다.

10편 소방시설 설치 및 관리에 관한 법률은 1문제가 출제되는데, 용어와 건축허가 등의 동의, 성능위주설계, 방염, 자체점검 등 중요한 부분을 중심으로 전반적인 학습이 이루어지도록 한다.

11편 화재의 예방 및 안전관리에 관한 법률은 1문제가 출제되는데, 용어와 화재안전조사, 화재예방강화지구, 소방안전관리대상물, 특별관리시설물 등 핵심적인 부분을 학습하도록 한다.

12편 전기사업법은 2문제(1문제는 주관식)가 출제되는 데 비해서 학습 분량은 상당히 많다. 용어와 전기사업, 전기신사업, 전력시장, 전력거래 등을 중심으로 정리하고 나머지는 간략하게 내용을 압축시켜서 학습하는 것이 필요하다.

13편 승강기 안전관리법은 2문제가 출제되는데, 1문제는 주관식으로 출제되고 있다. 승강기 종류, 승강기 안전인증, 승강기 설치검사 및 안전검사, 자체점검 등을 중심으로 학습하도록 한다.

14편 집합건물의 소유 및 관리에 관한 법률은 1문제가 출제되는데, 용어와 공용부분, 관리인, 관리위원회, 관리단집회, 규약 등을 중심으로 정리하는 것이 효율적이다.

단계별 학습전략 Process 4

시험준비 단계

시험출제 수준 및 경향 파악

사전준비 없이 막연한 판단으로 공부를 시작하면 비효율적이고 시험에 실패할 위험도 크다. 따라서 기출문제의 꼼꼼한 분석을 통해 출제범위를 명확히하고, 출제 빈도 및 경향을 정확히 가늠하여 효율적인 학습방법을 찾는 것이 합격을 위한 첫 걸음이다.

최적의 수험대책 수립 및 교재 선택

시험출제 수준 및 경향을 정확하게 파악하였다면, 수험생 본인에게 적합한 수험방법을 선택해야 한다. 본인에게 맞지 않는 수험방법은 동일한 결과를 얻기 위해 몇 배의 시간과 노력을 들여야 한다. 따라서 본인의 학습태도를 파악하여 자신에게 맞는 학습량과 시간 배분 및 학습 장소, 학원강의 등을 적절하게 선택해야 한다. 그리고 내용이 충실하고 본인에게 맞는 교재를 선택하는 것도 합격을 앞당기는 지름길이 된다.

실력쌓기 단계

과목별 학습시간의 적절한 배분

주택관리사보 자격시험을 단기간에 준비하기에는 내용도 방대하고 난도도 쉽지 않다. 따라서 과목별 학습목표량과 학습시간을 적절히 배분하는 것이 중요한데, 취약과목에는 시간을 좀 더 배분하도록 한다. 전체 일정은 기본서, 객관식 문제집, 모의고사 순으로 학습하여 빠른 시일 내에 시험 감각을 키우는 것을 우선으로 해야 한다.

전문 학원 강사의 강의 수강

학습량도 많고 난도도 높아 독학으로 주택관리사보 자격시험을 공략하기란 쉽지 않다. 더욱이 법률 과목은 기본개념을 파악하는 것 자체가 쉽지 않고, 해당 과목의 전체적인 흐름을 이해하고 핵심을 파악하기보다는 평면적·단순 암기식 학습에 치우칠 우려가 있어 학습의 효율성을 떨어뜨리고 시험기간을 장기화하는 원인이 될 수 있다. 이러한 독학의 결점이나 미비점을 보완하기 위한 방안으로 전문학원 강사의 강의를 적절히 활용하도록 한다.

수험생 스스로 사전 평가를 통하여 고득점을 목표로 집중학습할 전략과목을 정하도록 한다. 그러나 그보다 더 중요한 것은 취약과목을 어느 수준까지 끌어올리느냐 하는 것이다.

STEP 3

실력점검 단계

취약과목을 집중 공략

개인차가 있겠지만 어느 정도 공부를 하고 나면 전략과목과 취약과목의 구분이 생기기 마련이다. 고득점을 보장하는 전략과목 다지기와 함께 취약과목을 일정 수준까지 끌어올리려는 노력이 무엇보다 필요하다. 어느 한 과목의 점수라도 과락이 되면 전체 평균점수가 아무리 높다고 해도 합격할 수 없기 때문에 취약과목을 어느 수준까지 끌어올리느냐가 중요하다고 하겠다.

문제 해결력 기르기

각 과목별 특성을 파악하고 전체적인 흐름을 이해했다면 습득한 지식의 정확도를 높이고, 심화단계의 문제풀이를 통해 실력을 높일 필요가 있다. 지금까지 학습해 온 내용의 점검과 함께 자신의 실력으로 굳히는 과정을 어떻게 거치느냐에 따라 시험의 성패가 결정될 것이다.

STEP 4

최종 마무리 단계

합격을 좌우하는 마지막 1개월

시험 1개월 전은 수험생들이 스트레스를 가장 많이 받는 시점이자 수험생활에 있어 마지막 승부가 가늠되는 지점이다. 이 시기의 학습효과는 몇 개월 동안의 학습효과와 비견된다 할 수 있으므로 최대한 집중력을 발휘하고 혼신의 힘을 기울여야 한다. 이때부터는 그 동안 공부해 온 것을 시험장에서 충분히 발휘할 수 있도록 암기가 필요한 사항은 외우고 틀린 문제들은 점검하면서 마무리 교재를 이용하여 실전감각을 배양하도록 한다.

시험 당일 최고의 컨디션 유지

시험 당일 최고의 컨디션으로 실전에 임할 수 있어야 공부한 모든 것들을 제대로 쏟아 낼 수 있다. 특히 시험 전날의 충분한 수면은 시험 당일에 명석한 분석 및 판단력을 발휘하는 데 큰 도움이 됨을 잊지 말아야 한다.

이 책의 활용방법

01 실전에 강한 기출·예상문제

❶ 실전예상문제

철저한 최신출제경향 분석을 통해 출제가능성이 높은 문제를 수록함으로써 실전능력을 기를 수 있도록 하였다.

❷ 주관식문제

주관식문제가 출제되는 2차 과목의 특성상 실전감각을 기를 수 있도록 주관식 단답형문제를 수록하였다.

❸ 난이도 표시

난이도를 3단계로 표시하여 수험생 스스로 셀프테스트가 가능하도록 구성하였다.

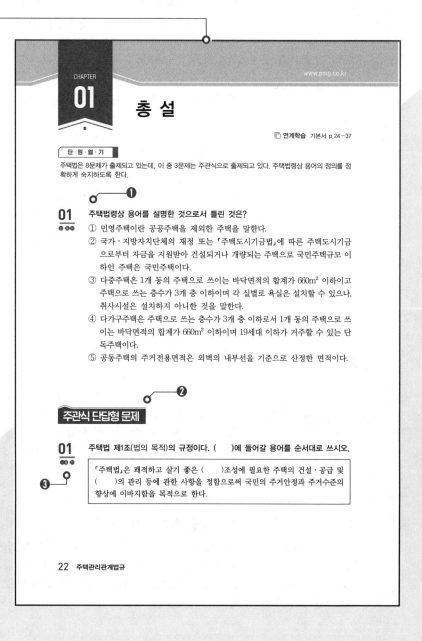

CHAPTER

01

총 설

📄 연계학습 기본서 p.24~37

단·원·열·기

주택법은 8문제가 출제되고 있는데, 이 중 3문제는 주관식으로 출제되고 있다. 주택법령상 용어의 정의를 정확하게 숙지하도록 한다.

01 주택법령상 용어를 설명한 것으로서 틀린 것은?

① 민영주택이란 공공주택을 제외한 주택을 말한다.

② 국가·지방자치단체의 재정 또는 「주택도시기금법」에 따른 주택도시기금으로부터 자금을 지원받아 건설되거나 개량되는 주택으로 국민주택규모 이하인 주택은 국민주택이다.

③ 다중주택은 1개 동의 주택으로 쓰이는 바닥면적의 합계가 660㎡ 이하이고 주택으로 쓰는 층수가 3개 층 이하이며 각 실별로 욕실은 설치할 수 있으나, 취사시설은 설치하지 아니한 것을 말한다.

④ 다가구주택은 주택으로 쓰는 층수가 3개 층 이하로서 1개 동의 주택으로 쓰이는 바닥면적의 합계가 660㎡ 이하이며 19세대 이하가 거주할 수 있는 단독주택이다.

⑤ 공동주택의 주거전용면적은 외벽의 내부선을 기준으로 산정한 면적이다.

주관식 단답형 문제

01 주택법 제1조(법의 목적)의 규정이다. ( )에 들어갈 용어를 순서대로 쓰시오.

「주택법」은 쾌적하고 살기 좋은 ( )조성에 필요한 주택의 건설·공급 및 ( )의 관리 등에 관한 사항을 정함으로써 국민의 주거안정과 주거수준의 향상에 이바지함을 목적으로 한다.

02 정확하고 명쾌한 정답 및 해설

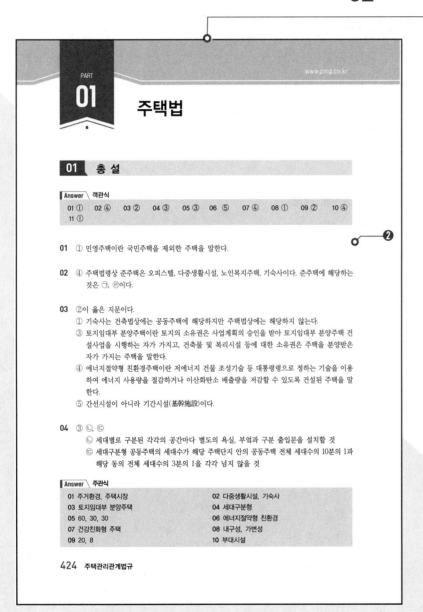

❶ 효율적 지면 구성

문제풀이에 방해되지 않도록 문제와 해설·정답을 분리하여 수록하였다.

❷ 상세한 해설

문제의 핵심을 찌르는 정확하고 명쾌한 해설은 물론, 문제와 관련하여 더 알아두어야 할 내용을 제시함으로써 문제풀이의 효과를 극대화하고자 하였다.

이 책의 차례

주택관리
관계법규

Contents

이 책의 차례

정답 및
해설

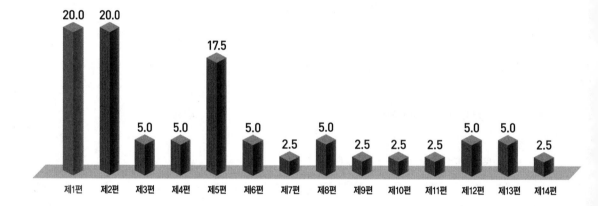

🔍 **제26회 기출문제 분석**

주택법은 8문제가 출제되고 있는데, 이 중 3문제는 주관식으로 출제되고 있다. 용어와 주택의 건설에서는 사업주체, 사업계획승인, 매도청구, 조합, 공급에서는 투기과열지구, 분양가상한제, 조정대상지역, 리모델링 등 전반적인 학습이 필요하다.

총 설

🗂 **연계학습** 기본서 p.24~37

┌ 단 · 원 · 열 · 기 ┐

주택법은 8문제가 출제되고 있는데, 이 중 3문제는 주관식으로 출제되고 있다. 주택법령상 용어의 정의를 정확하게 숙지하도록 한다.

01 주택법령상 용어를 설명한 것으로서 틀린 것은?

상중하

① 민영주택이란 공공주택을 제외한 주택을 말한다.

② 국가 · 지방자치단체의 재정 또는 「주택도시기금법」에 따른 주택도시기금으로부터 자금을 지원받아 건설되거나 개량되는 주택으로 국민주택규모 이하인 주택은 국민주택이다.

③ 다중주택은 1개 동의 주택으로 쓰이는 바닥면적의 합계가 660m² 이하이고 주택으로 쓰는 층수가 3개 층 이하이며 각 실별로 욕실은 설치할 수 있으나, 취사시설은 설치하지 아니한 것을 말한다.

④ 다가구주택은 주택으로 쓰는 층수가 3개 층 이하로서 1개 동의 주택으로 쓰이는 바닥면적의 합계가 660m² 이하이며 19세대 이하가 거주할 수 있는 단독주택이다.

⑤ 공동주택의 주거전용면적은 외벽의 내부선을 기준으로 산정한 면적이다.

02 주택법령상 준주택에 해당하지 않는 것을 모두 고른 것은?

상중하

> ㉠ 「건축법 시행령」상 오피스텔
> ㉡ 「건축법 시행령」상 다중이용건축물
> ㉢ 「건축법 시행령」상 노유자시설
> ㉣ 「건축법 시행령」상 기숙사

① ㉠, ㉡, ㉣   ② ㉠, ㉣

③ ㉠, ㉢   ④ ㉡, ㉢

⑤ ㉠, ㉡, ㉢, ㉣

03 주택법령상 용어를 설명한 것으로서 옳은 것은?

상중하

① 기숙사는 공동주택에 해당한다.

② 장수명 주택이란 구조적으로 오랫동안 유지·관리될 수 있는 내구성을 갖추고, 입주자의 필요에 따라 내부 구조를 쉽게 변경할 수 있는 가변성과 수리 용이성 등이 우수한 주택을 말한다.

③ 토지임대부 분양주택이란 토지의 소유권은 분양받은 자가 가지며, 건축물 및 복리시설 등에 대한 소유권은 사업계획의 승인을 받아 토지임대부 분양주택 건설사업을 시행하는 자가 가지는 주택을 말한다.

④ 건강친화형 주택이란 저에너지 건물 조성기술 등 대통령령으로 정하는 기술을 이용하여 에너지 사용량을 절감하거나 이산화탄소 배출량을 저감할 수 있도록 건설된 주택을 말한다.

⑤ 간선시설이란 도로·상하수도·전기시설·가스시설·통신시설·지역난방시설 등을 말한다.

04 주택법령상 「공동주택관리법」 제35조에 따른 행위의 허가를 받거나 신고를 하고

상중하 설치하는 세대구분형 공동주택의 요건을 설명한 것으로 틀린 것은?

> ㉠ 구분된 공간의 세대수는 기존 세대를 포함하여 2세대 이하일 것
> ㉡ 세대별로 구분된 각각의 공간마다 별도의 욕실, 부엌과 현관을 설치할 것
> ㉢ 세대구분형 공동주택의 세대수가 해당 주택단지 안의 공동주택 전체 세대수의 3분의 1과 해당 동의 전체 세대수의 10분의 1을 각각 넘지 않을 것
> ㉣ 구조, 화재, 소방 및 피난안전 등 관계 법령에서 정하는 안전 기준을 충족할 것

① ㉣   ② ㉠, ㉣

③ ㉡, ㉢   ④ ㉢, ㉣

⑤ ㉠, ㉡, ㉢, ㉣

05 주택법령상 사업계획승인을 받아 건설하는 세대구분형 공동주택의 건설기준, 면적
기준 및 건설 등에 관한 설명으로 틀린 것은?

> ㉠ 세대구분형 공동주택은 세대별로 구분된 각각의 공간마다 별도의 욕실, 부
> 엌과 현관을 설치할 것
> ㉡ 세대구분형 공동주택은 주택단지 공동주택 전체 호수의 3분의 1을 넘지 아
> 니할 것
> ㉢ 하나의 세대가 분리하여 사용할 수 있도록 세대 간에 연결문 또는 경량구조
> 의 경계벽 등을 설치할 것
> ㉣ 세대별로 구분된 각각의 공간의 주거전용면적 합계가 해당 주택단지 전체
> 주거전용면적 합계의 3분의 1을 넘지 않는 등 국토교통부장관이 정하여 고
> 시하는 주거전용면적의 비율에 관한 기준을 충족할 것

① ㉠

② ㉠, ㉣

③ ㉢

④ ㉢, ㉣

⑤ ㉠, ㉡, ㉢, ㉣

06 주택법령상 도시형 생활주택에 관한 설명으로 옳은 것은?

① 도시형 생활주택이란 300세대 이상의 국민주택규모에 해당하는 주택으로서
도시지역에 건설하는 공동주택을 말한다.

② 단지형 다세대주택은 지방도시계획위원회의 심의를 받은 경우에는 주택으
로 쓰는 층수를 5개 층까지 건축할 수 있다.

③ 상업지역에서 하나의 건축물에는 소형 주택과 도시형 생활주택 외의 주택
을 함께 건축할 수 없다.

④ 준주거지역에서 하나의 건축물에는 소형 주택과 단지형 연립주택을 함께
건축할 수 있다.

⑤ 하나의 건축물에 소형 주택과 주거전용면적이 85m²를 초과하는 주택 1세대
를 함께 건축하는 것은 허용된다.

07 주택법령상 도시형 생활주택 중 소형 주택에 관한 설명으로 옳지 않은 것은?

① 세대별 주거전용면적은 60m² 이하일 것
② 세대별로 독립된 주거가 가능하도록 욕실 및 부엌을 설치할 것
③ 주거전용면적이 30m² 미만인 경우에는 욕실 및 보일러실을 제외한 부분을 하나의 공간으로 구성할 것
④ 주거전용면적이 30m² 이상인 경우에는 욕실 및 보일러실을 제외한 부분을 세개 이하의 침실(각각의 면적이 7m² 미만인 것을 말한다)과 그 밖의 공간으로 구성할 수 있으며, 침실이 두 개 이상인 세대수는 소형 주택 전체 세대수의 3분의 1을 초과하지 않을 것
⑤ 지하층에는 세대를 설치하지 아니할 것

08 주택법령상 주택에 딸린 시설 또는 설비로서 부대시설이 아닌 것은?

① 공동육아나눔터
② 관리사무소
③ 조경시설
④ 주차장
⑤ 전기자동차충전시설

09 주택법 제2조(정의) 규정에 의할 때, 주택단지의 입주자 등의 생활복리를 위한 공동시설에 해당하는 것은?

① 초고속 정보통신설비
② 종교시설
③ 경비실 · 자전거보관소
④ 옹벽 · 축대
⑤ 저수시설 · 지하양수시설 · 대피시설

10 주택법상 '공공택지'에서의 '공공사업'이 아닌 것은?
상중하

① 「주택법」에 따른 국민주택건설사업 또는 대지조성사업
② 「공익사업을 위한 토지 등의 취득 및 보상에 관한 법률」 제4조에 따른 공익사업으로서 대통령령으로 정하는 사업
③ 「공공주택 특별법」에 따른 공공주택지구조성사업
④ 「민간임대주택에 관한 특별법」에 따른 공공지원민간임대주택 공급촉진지구 조성사업(시행자가 환지방식으로 시행하는 사업만 해당한다)
⑤ 「혁신도시 조성 및 발전에 관한 특별법」에 따른 혁신도시개발사업

11 주택법령상 리모델링에 관한 설명으로 틀린 것은?
상중하

① 리모델링이란 건축물의 노후화 억제 또는 기능 향상 등을 위한 대수선 또는 증축·신축하는 행위를 말한다.
② 증축을 위한 리모델링은 사용검사일 또는 「건축법」에 따른 사용승인일부터 15년(15년 이상 20년 미만의 연수 중 시·도의 조례로 정하는 경우에는 그 연수)이 경과해야 한다.
③ 증축을 위한 리모델링은 공동주택을 각 세대의 주거전용면적의 30% 이내(세대의 주거전용면적이 85m² 미만인 경우에는 40% 이내)에서 증축하는 행위이다.
④ 세대수 증가형 리모델링이란 각 세대의 증축 가능 면적을 합산한 면적의 범위에서 기존 세대수의 15% 이내에서 세대수를 증가하는 증축 행위를 말한다.
⑤ 수직증축형 리모델링의 대상이 되는 기존 건축물의 층수가 15층 이상인 경우 3개 층까지 증축할 수 있다.

주택의 건설

📖 **연계학습** 기본서 p.38~117

단·원·열·기

등록사업자의 등록요건, 주택조합의 조합원의 자격등, 사업계획승인신청요건 및 매도청구, 사용검사등을 중심으로 정리가 필요하다.

01 주택법령상 등록사업자의 등록에 관한 설명으로 틀린 것은?
상중하
① 미성년자는 주택건설사업등의 등록을 할 수 없다.
② 거짓 그 밖의 부정한 방법으로 등록한 경우 국토교통부장관은 그 등록을 말소하여야 한다.
③ 「공익법인의 설립·운영에 관한 법률」 제4조에 따라 주택건설사업을 목적으로 하여 설립된 공익법인은 주택건설사업등의 등록의무가 없다.
④ 주택건설공사를 시공하는 건설사업자로 간주되는 등록사업자는 건설공사비가 자본금과 자본준비금·이익준비금을 합한 금액의 5배(개인인 경우에는 자산평가액의 10배)를 초과하는 건설공사를 시공할 수 없다.
⑤ 등록말소 또는 영업정지의 처분을 받은 등록사업자는 그 처분 전에 사업계획승인을 받은 사업은 계속 수행할 수 있다.

02 주택법령상 주택건설사업의 등록에 관한 설명으로 옳은 것은?
상중하
① 도시형 생활주택의 경우 연간 20세대 이상의 주택건설사업을 시행하려는 자는 시장·군수·구청장에게 등록하여야 한다.
② 주택건설사업의 등록을 하고자 하는 자가 법인인 경우에는 자본금은 자산평가액 6억원 이상 있어야 한다.
③ 등록사업자는 등록사항에 변경이 있으면 국토교통부령으로 정하는 바에 따라 변경사유가 발생한 날부터 10일 이내에 시장·군수·구청장에게 신고하여야 한다.
④ 주택건설사업자가 거짓 그 밖의 부정한 방법으로 등록을 한 경우, 국토교통부장관 또는 지방자치단체의 장은 등록사업자의 등록말소처분을 하려면 청문을 실시하여야 한다.
⑤ 등록해야 할 자가 등록하지 아니하고 주택건설사업을 영위한 경우 1년 이하의 징역 또는 1천만원 이하의 벌금에 처한다.

03 주택법령상 건설사업자로 간주되는 등록사업자의 시공에 관한 내용으로 틀린 것은?

상중하

① 주택건설공사를 시공하려는 등록사업자는 자본금이 5억원(개인인 경우에는 자산평가액 10억원) 이상되어야 한다.

② 「건설기술진흥법 시행령」에 따른 건축 분야 및 토목 분야별 각 1명 이상을 포함한 기술인 3명 이상을 보유하고 있어야 한다.

③ 최근 5년간의 주택건설 실적이 100호 또는 100세대 이상이어야 한다.

④ 건설사업자로 간주되는 등록사업자가 건설할 수 있는 주택은 원칙적으로 주택으로 쓰는 층수가 5개 층 이하의 주택으로 한다.

⑤ 6개 층 이상의 아파트를 건설한 실적이 있거나 최근 3년간 연평균 300세대 이상의 공동주택을 건설한 실적이 있어야만 주택으로 쓰는 층수가 6개 층 이상인 주택을 건설할 수 있다.

04 주택법령상 주택조합 가입에 관한 설명으로 옳은 것은?

상중하

① 주택조합의 가입을 신청한 자는 가입비등을 예치한 날부터 15일 이내에 주택조합 가입에 관한 청약을 철회할 수 있다.

② 청약 철회를 서면으로 하는 경우에는 청약 철회의 의사를 표시한 서면을 도달한 날에 그 효력이 발생한다.

③ 모집주체는 주택조합의 가입을 신청한 자가 청약 철회를 한 경우 청약 철회 의사가 도달한 날부터 10일 이내에 예치기관의 장에게 가입비등의 반환을 요청하여야 한다.

④ 예치기관의 장은 가입비등의 반환 요청을 받은 경우 요청일부터 7일 이내에 그 가입비등을 예치한 자에게 반환하여야 한다.

⑤ 모집주체는 주택조합의 가입을 신청한 자에게 청약 철회를 이유로 위약금 또는 손해배상을 청구할 수 없다.

05 주택법령상 주택조합에 관한 설명으로 틀린 것은?

① 주택조합의 설립·변경 또는 해산의 인가를 받으려는 자는 주택건설대지 (리모델링주택조합의 경우에는 해당 주택의 소재지를 말한다)를 관할하는 시장·군수·구청장에게 신청서류를 제출해야 한다.

② 조합원은 조합규약으로 정하는 바에 따라 조합에 탈퇴 의사를 알리고 탈퇴 할 수 있으며, 탈퇴한 조합원(제명된 조합원을 제외한다)은 조합규약으로 정 하는 바에 따라 부담한 비용의 환급을 청구할 수 있다.

③ 주택조합설립인가를 받으려는 자는 해당 주택건설대지의 15% 이상에 해당 하는 토지의 소유권과 해당 주택건설대지의 80% 이상에 해당하는 토지의 사용권원을 확보하여야 한다.

④ 지역주택조합이 조합원 탈퇴 등으로 적법한 절차에 의해 조합원을 추가모 집하는 경우 조합원 자격요건 충족여부의 판단은 해당 주택조합의 설립인가 신청일을 기준으로 한다.

⑤ 직장주택조합이 설립인가를 받은 후 결원이 발생하여 충원하는 경우 조합 원 추가모집에 따른 주택조합의 변경인가신청은 사업계획승인신청일까지 하여야 한다.

06 주택을 마련하기 위한 목적으로 설립된 A지역주택조합은 공개모집의 방법으로 조 합원 甲 등을 모집하여 관할 시장에게 설립인가를 신청하였다. 주택법령상 이에 관 한 설명으로 틀린 것은?

① 10억원 이상의 자산평가액을 보유한 「공인중개사법」에 따른 개인 중개업자 는 A지역 주택조합의 조합설립인가 신청을 대행할 수 있다.

② 관할 시장의 설립인가가 있은 이후에도 甲은 조합을 탈퇴할 수 있다.

③ 공개모집 이후 甲이 조합원의 자격을 상실하여 충원하는 경우 A지역주택조 합은 관할 시장에게 신고하지 아니하고 선착순의 방법으로 조합원을 모집할 수 있다.

④ A지역주택조합은 조합원 모집에 관하여 설명한 내용을 조합 가입 신청자가 이해하였음을 서면으로 확인받아 가입 신청자에게 교부하고, 그 사본을 5년 간 보관하여야 한다.

⑤ 甲의 사망으로 A지역주택조합이 조합원을 충원하는 경우, 충원되는 자가 조합원 자격요건을 갖추었는지는 A지역주택조합의 설립인가일을 기준으로 판단한다.

07 주택법상 시장·군수·구청장이 조합원 모집 신고를 수리할 수 없는 경우를 모두 고른 것은?

> ㉠ 이미 신고된 사업대지와 일부가 중복되는 경우
> ㉡ 수립 예정인 도시·군계획에 따라 해당 주택건설대지에 조합주택을 건설할 수 없는 경우
> ㉢ 조합업무를 대행할 수 있는 자가 아닌 자와 업무대행계약을 체결한 경우
> ㉣ 신고한 내용이 사실과 다른 경우

① ㉠, ㉡   ② ㉡, ㉣
③ ㉠, ㉢, ㉣   ④ ㉡, ㉢, ㉣
⑤ ㉠, ㉡, ㉢, ㉣

08 주택법령상 리모델링주택조합에 관한 설명으로 틀린 것은?

① 14층 이하의 기존 건축물을 리모델링주택조합을 설립하여 수직증축형 리모델링을 하는 경우 2개 층까지 리모델링할 수 있다.

② 주택단지 전체를 리모델링하고자 리모델링주택조합의 설립인가를 신청하는 경우에는 주택단지 전체 구분소유자 및 의결권의 각 3분의 2 이상의 결의와 각 동별 구분소유자 및 의결권의 각 과반수의 결의가 있어야 한다.

③ 리모델링주택조합이 대수선인 리모델링을 하려면 해당 주택이 「주택법」에 따른 사용검사일 또는 「건축법」에 따른 사용승인일부터 15년 이상이 경과하여야 한다.

④ 리모델링주택조합이 주택단지 전체를 리모델링하는 경우에는 주택단지 전체 구분소유자 및 의결권의 각 75% 이상의 동의와 각 동별 구분소유자 50% 이상의 동의를 받아야 한다.

⑤ 리모델링주택조합이 세대수 증가 30세대 미만인 리모델링을 하려면 관할 시장·군수·구청장의 허가를 받아야 한다.

09 주택법령상 주택조합의 업무대행자에 관한 설명으로 틀린 것은?

① 주택조합(리모델링주택조합은 제외한다) 및 주택조합의 발기인은 조합원 모집 등 주택조합의 업무를 「도시 및 주거환경정비법」 제102조에 따른 정비 사업전문관리업자로서 법인인 경우 5억원 이상의 자본금을 보유한 자에게 대행하게 할 수 있다.

② 주택조합 및 주택조합의 발기인은 업무대행자의 업무 중 계약금 등 자금의 보관 업무는 신탁업자에게 대행하도록 하여야 한다.

③ 업무대행자는 국토교통부령으로 정하는 바에 따라 사업연도별로 매년 해당 업무의 실적보고서를 작성하여 주택조합 또는 주택조합의 발기인에게 제출하여야 한다.

④ 주택조합의 업무를 대행하는 자는 신의에 따라 성실하게 업무를 수행하여야 하고, 자신의 귀책사유로 주택조합(발기인을 포함한다) 또는 조합원(주택조합 가입 신청자를 포함한다)에게 손해를 입힌 경우에는 그 손해를 배상할 책임이 있다.

⑤ 국토교통부장관은 주택조합의 원활한 사업추진 및 조합원의 권리 보호를 위하여 공정거래위원회 위원장과 협의를 거쳐 표준업무대행계약서를 작성·보급할 수 있다.

10 주택법령상 주택조합(리모델링주택조합은 제외)의 업무 중 업무대행자에게 대행시킬 수 있는 업무가 아닌 것은?

① 표준업무대행계약서의 작성·보급업무
② 조합설립을 위한 업무 중 토지 확보
③ 설계자 및 시공자 선정에 관한 업무의 지원
④ 사업성 검토 및 사업계획서 작성업무
⑤ 조합 임원 선거 관리업무 지원

11 주택법령상 주택조합 사업의 종결 또는 해산에 관한 설명으로 옳은 것은?

① 주택조합의 발기인은 조합원 모집 신고가 수리된 날부터 3년이 되는 날까지 주택조합 설립인가를 받지 못하는 경우 주택조합 가입 신청자 전원으로 구성되는 총회 의결을 거쳐 주택조합 사업의 종결 여부를 결정하도록 하여야 한다.

② 주택조합은 주택조합의 설립인가를 받은 날부터 2년이 되는 날까지 사업계획 승인을 받지 못하는 경우 총회의 의결을 거쳐 해산 여부를 결정하여야 한다.

③ ① 또는 ②에 따라 총회를 소집하려는 주택조합의 임원 또는 발기인은 총회가 개최되기 10일 전까지 회의 목적, 안건, 일시 및 장소를 정하여 조합원 또는 주택조합 가입 신청자에게 통지하여야 한다.

④ 주택조합의 해산을 결의하거나 주택조합 사업의 종결을 결의하는 경우 대통령령으로 정하는 바에 따라 청산인을 선임하여야 한다.

⑤ 주택조합의 발기인은 총회의 결과(사업의 종결을 결의한 경우에는 청산계획을 포함한다)를 관할 국토교통부장관에게 통지하여야 한다.

12 주택법령상 주택조합의 회계감사에 관한 설명으로 틀린 것은?

① 주택조합은 「주식회사 등의 외부감사에 관한 법률」에 따른 감사인의 회계감사를 받아야 한다.

② 주택조합은 사용검사 또는 임시사용승인을 신청한 날부터 3개월이 지난 날부터 30일 이내에 회계감사를 받아야 한다.

③ 주택조합은 사업계획승인을 받은 날부터 3개월이 지난 날부터 30일 이내에 회계감사를 받아야 한다.

④ 주택조합은 주택조합 설립인가를 받은 날부터 3개월이 지난 날부터 30일 이내에 회계감사를 받아야 한다.

⑤ 회계감사를 한 자는 회계감사 종료일부터 15일 이내에 회계감사 결과를 관할 시장·군수·구청장과 해당 주택조합에 각각 통보하여야 한다.

13 주택법령상 사업계획승인에 관한 설명으로 옳지 않은 것은?

상중하

① 주택건설사업 또는 대지조성사업으로서 해당 대지면적이 10만m² 미만인 경우에는 특별시장·광역시장·특별자치시장·특별자치도지사·시장 또는 군수에게 사업계획승인을 받아야 한다.

② 세대별 주거전용면적이 30m² 이상이고, 해당 주택단지 진입도로의 폭이 6m 이상으로 50세대 이상 단지형 연립주택 또는 단지형 다세대주택의 주택건설사업을 할 경우 사업계획승인을 받아야 한다.

③ 사업주체가 국가 및 한국토지주택공사인 경우 국토교통부장관이 사업계획승인권자이다.

④ 공공택지에서 어느 하나에 해당하는 공공사업에 따라 조성된 용지를 개별필지로 구분하지 아니하고 일단의 토지로 공급받아 해당 토지에 건설하는 단독주택은 30호 이상 주택건설사업을 할 경우 사업계획승인을 받아야 한다.

⑤ 정비구역에서 재건축사업을 시행하기 위하여 건설하는 공동주택을 30세대 이상 주택건설사업을 할 경우 사업계획승인을 받아야 한다.

14 주택법령상 사업계획승인과 관련한 내용이다. (   ) 안에 들어갈 내용으로 모두 옳은 항목은?

상중하

> 다음의 요건을 모두 갖춘 경우에는 사업계획승인을 받지 아니한다.
> 1. 「국토의 계획 및 이용에 관한 법률 시행령」에 따른 준주거지역 또는 상업지역(유통상업지역은 제외한다)에서 (   )세대 미만의 주택과 주택 외의 시설을 동일 건축물로 건축하는 경우일 것
> 2. 해당 건축물의 연면적에서 주택의 연면적이 차지하는 비율이 (   )% 미만일 것

① 300, 90   ② 300, 70

③ 500, 80   ④ 500, 90

⑤ 300, 50

15 주택법령상 사업계획승인과 관련한 매도청구에 관한 설명으로 틀린 것은?

① 매도청구 대상이 되는 대지의 소유자와 매도청구를 하기 전에 3개월 이상 협의를 하여야 한다.

② 사업주체가 매도청구권을 행사하는 경우 시가로 매도할 것을 청구할 수 있다.

③ 사업계획승인을 받은 사업주체가 주택건설대지면적 중 80% 이상의 사용권원을 확보한 경우에는 사용권원을 확보하지 못한 대지의 모든 소유자에게 매도청구가 가능하다.

④ 사업계획승인을 받은 사업주체가 사용권원을 확보하지 못한 대지의 모든 소유자에게 매도청구를 할 수 있는 경우 외에는, 지구단위계획구역 결정고시일 10년 이전에 해당 대지의 소유권을 취득하여 계속 보유하고 있는 자는 사업주체의 매도청구에 응할 의무가 없다.

⑤ 사업계획승인을 받은 사업주체가 매도청구를 하는 경우, 대상 대지의 소유자가 있는 곳을 확인하기가 현저히 곤란한 경우에는 특별한 공고절차를 거쳐서 매도청구 대상 대지의 감정평가액에 해당하는 금액을 법원에 공탁하고 주택건설사업을 시행할 수 있다.

16 주택법령상 주택건설사업시행에 관한 설명으로 틀린 것은?

① 주택건설사업 또는 대지조성사업으로서 해당 대지면적이 10만m² 이상인 경우에는 시·도지사 또는 대도시의 시장에게 사업계획승인을 받아야 한다.

② 위탁관리 부동산투자회사(해당 부동산투자회사의 자산관리회사가 한국토지주택공사인 경우만 해당한다)가 공공주택건설사업을 시행하는 경우에는 국토교통부장관에게 사업계획승인을 받아야 한다.

③ 주택건설사업계획의 승인을 받으려는 지방공사는 해당 주택건설대지의 소유권을 확보의무가 없다.

④ 지방자치단체는 그 지역의 특성, 주택의 규모 등을 고려하여 주택건설기준 등의 범위에서 조례로 구체적인 기준을 정할 수 있다.

⑤ 사업계획승인을 받은 사업주체가 공사를 시작하려는 경우에는 국토교통부령으로 정하는 바에 따라 사용검사권자에게 신고하여야 한다.

17 주택법령상 주택건설사업 시행에 관한 설명으로 옳은 것은?
상중하

① 사업계획승인권자는 사업계획승인의 신청을 받았을 때에는 정당한 사유가 없으면 신청을 받은 날부터 30일 이내에 사업주체에게 승인여부를 통보하여야 한다.

② 승인받은 사업계획의 내용 중 건축물이 아닌 부대시설 및 복리시설의 설치기준을 변경하고자 할 때, 해당 부대시설 및 복리시설 설치기준 이상으로의 변경이며, 위치변경이 없는 경우에도 변경승인을 받아야 한다.

③ 주택도시기금을 지원받은 사업주체가 사업주체를 변경하기 위하여 사업계획의 변경승인을 신청하는 경우에는 기금수탁자로부터 사업주체 변경에 관한 동의서를 첨부하여야 한다.

④ 사업주체는 사업계획승인을 받은 날부터 2년 이내 공사를 시작하여야 한다.

⑤ 사업계획승인권자는 사업계획을 승인할 때 사업주체가 제출하는 사업계획에 해당 주택건설사업 또는 대지조성사업과 직접적으로 관련이 있는 경우 기반시설의 기부채납(寄附採納)을 요구할 수 없다.

18 주택법령상 사업계획승인권자는 정당한 사유가 있다고 인정하는 경우에는 그 사유
상중하 가 없어진 날부터 1년의 범위에서 공사의 착수기간을 연장할 수 있는데, 그 연장사유를 잘못 설명한 것은?

① 「매장문화재 보호 및 조사에 관한 법률」에 따라 문화재청장의 매장문화재 발굴허가를 받은 경우

② 해당 사업시행지에 대한 소유권 분쟁(소송절차가 진행 중인 경우만 해당한다)으로 인하여 공사 착수가 지연되는 경우

③ 사업계획승인의 조건으로 부과된 사항을 이행함에 따라 공사 착수가 지연되는 경우

④ 민영택지의 개발·조성을 위한 계획에 포함된 기반시설의 설치 지연으로 공사 착수가 지연되는 경우

⑤ 천재지변 또는 사업주체에게 책임이 없는 불가항력적인 사유로 인하여 공사 착수가 지연되는 경우

19 주택법령상 사업주체가 「주택도시기금법」에 따라 주택분양보증이 된 사업인 경우 사업계획승인 취소 대상에서 제외되는 것을 다음에서 옳게 고른 항목은?

> ㉠ 사업주체가 사업계획승인을 받은 경우에 사업계획승인 받은 날부터 5년 이내 공사를 시작하지 아니한 경우
> ㉡ 주택건설사업을 분할하여 시행하기 위하여 사업계획승인을 받은 경우로서 최초로 공사를 진행하는 공구를 승인받은 날부터 5년 이내 공사를 시작하지 아니한 경우
> ㉢ 사업주체가 경매·공매 등으로 인하여 대지소유권을 상실한 경우
> ㉣ 사업주체의 부도·파산 등으로 공사의 완료가 불가능한 경우

① ㉠, ㉡   ② ㉢, ㉣
③ ㉠, ㉢, ㉣   ④ ㉡, ㉢, ㉣
⑤ ㉠, ㉡, ㉢, ㉣

20 주택법령상 장수명 주택에 관한 설명으로 틀린 것은?
① 구조적으로 오래 유지관리될 수 있는 내구성을 갖추고, 입주자의 필요에 따라 내부 구조를 쉽게 변경할 수 있는 가변성과 수리 용이성 등이 우수한 주택을 장수명 주택이라 한다.
② 국토교통부장관은 장수명 주택의 공급 활성화를 유도하기 위하여 장수명 주택 인증제도를 시행할 수 있다.
③ 장수명 주택에 부여하는 등급은 최우수 등급, 우수 등급, 양호 등급, 일반 등급이 있다.
④ 사업주체가 1천 세대 이상의 주택을 공급하고자 하는 때에는 장수명 주택의 등급인증제도에 따라 일반 이상의 등급을 인정받아야 한다.
⑤ 양호 등급 이상을 인정받은 경우 「국토의 계획 및 이용에 관한 법률」에도 불구하고 대통령령으로 정하는 범위에서 건폐율·용적률·높이제한을 완화할 수 있다.

21 주택법령상 입주자 모집공고에 표시하여야 하는 공동주택성능등급에 해당하지 않는 것은?

① 리모델링 등을 대비한 가변성 및 수리 용이성 등 구조 관련 등급
② 경량충격음·중량충격음·화장실소음·경계소음 등 소음 관련 등급
③ 건축내부마감재료·건축외부마감재료·건축자재·건축설비 등 자재 관련 등급
④ 조경·일조확보율·실내공기질·에너지절약 등 환경 관련 등급
⑤ 커뮤니티시설, 사회적 약자 배려, 홈네트워크, 방범안전 등 생활환경 관련 등급

22 주택법령상 공동주택 바닥충격음 성능등급 인정에 관한 설명으로 옳은 것은?

① 바닥충격음 차단성능 인정을 받으려는 자는 시·도지사가 정하여 고시하는 방법 및 절차 등에 따라 바닥충격음 성능등급 인정기관으로부터 바닥충격음 차단성능 인정을 받아야 한다.
② 공동주택 바닥충격음 차단구조의 성능등급 인정의 유효기간은 그 성능등급 인정을 받은 날부터 3년으로 한다.
③ 공동주택 바닥충격음 차단구조의 성능등급 인정을 받은 자는 유효기간이 끝나기 전에 유효기간을 연장할 수 있다. 이 경우 연장되는 유효기간은 연장될 때마다 1년을 초과할 수 없다.
④ 바닥충격음 성능등급 인정기관에 성능등급인정을 신청한 자는 시·도지사에게 성능등급 인정기준의 제정 또는 개정을 신청할 수 있다.
⑤ 공동주택 바닥충격음 차단구조의 성능등급 인정에 드는 수수료는 인정 업무와 시험에 사용되는 비용으로 하되, 인정 업무와 시험에 필수적으로 수반되는 비용을 추가할 수 있다.

23 주택법령상 바닥충격음 성능등급 인정기관이 성능등급을 인정받은 제품에 대한 인정취소사유에 해당하지 않는 것은?

① 거짓이나 그 밖의 부정한 방법으로 인정받은 경우
② 인정받은 내용과 다르게 판매·시공한 경우
③ 인정제품이 국토교통부령으로 정한 품질관리기준을 준수하지 않은 경우
④ 인정의 유효기간을 연장하기 위한 시험결과를 제출하지 않은 경우
⑤ 인정제품을 정당한 사유 없이 계속하여 1개월 이상 생산하지 않은 경우

24 주택법령상 주택의 건설기준에 관한 설명으로 틀린 것은?

① 공동주택을 건설하는 지점의 소음도는 원칙적으로 65데시벨 미만이 되도록 하여야 한다.

② 공동주택 바닥의 각 층간 경량충격음 및 중량충격음은 각각 49데시벨 이하가 되도록 하여야 한다.

③ 공동주택 세대 간 경계벽은 철근콘크리트조 또는 철골·철근콘크리트조일 경우 두께가 15cm 이상으로 하여야 한다.

④ 500세대 이상의 공동주택을 건설하는 경우 벽체의 접합부위나 난방설비가 설치되는 공간의 창호는 환경부장관이 정하여 고시하는 기준에 적합한 결로방지 성능을 갖추어야 한다.

⑤ 콘크리트 슬래브 두께는 210mm[라멘구조(보와 기둥을 통해서 내력이 전달되는 구조를 말한다)의 공동주택은 150mm] 이상으로 할 것. 다만, 인정받은 공업화주택의 층간바닥은 예외로 한다.

25 주택법령상 주택의 건설기준에 관한 설명으로 옳은 것은?

① 사업주체가 500세대 이상의 주택을 공급하고자 하는 때에는 장수명 주택의 등급인증제도에 따라 일반 이상의 등급을 인정받아야 한다.

② 50세대 이상의 공동주택을 건설하는 주택단지에는 10m²에 50세대를 넘는 매 세대마다 500cm²를 더한 면적 이상의 관리사무소를 설치하되, 그 면적의 합계가 100m²를 초과하는 경우에는 설치면적을 100m²로 할 수 있다.

③ 공동주택을 건설하는 주택단지에는 폭 1.5m 이상의 보도를 포함한 폭 7m 이상의 도로(보행자전용도로, 자전거 도로는 포함한다)를 설치하여야 한다.

④ 300세대 이상의 공동주택을 건설하는 주택단지 안의 도로에는 어린이 통학버스의 정차가 가능하도록 국토교통부령으로 정하는 기준에 적합한 어린이 안전보호구역을 1개소 이상 설치하여야 한다.

⑤ 의무관리대상 공동주택을 건설하는 주택단지에는 보안 및 방범 목적을 위한 영상정보처리기기를 설치하여야 하는데, 카메라의 해상도는 100만 화소 이상이어야 한다.

26 주택건설기준등에 관한 규정상 500세대인 공동주택의 경우 주민공동시설의 설치 면적과 설치시설이 모두 옳은 항목은? (단, 조례규정은 배제한다)

㉠ 경로당	㉡ 어린이집
㉢ 어린이놀이터	㉣ 주민운동시설
㉤ 작은 도서관	㉥ 다함께돌봄센터

설치면적   설치시설
① 1,500m²   ㉠, ㉡, ㉢, ㉣
② 1,250m²   ㉠, ㉡, ㉢, ㉣, ㉤
③ 1,500m²   ㉠, ㉡, ㉢, ㉣, ㉤
④ 1,250m²   ㉠, ㉡, ㉢, ㉣, ㉤, ㉥
⑤ 1,500m²   ㉠, ㉡, ㉢, ㉣, ㉤, ㉥

27 주택법령상 간선시설에 관한 설명으로 틀린 것은?

① "간선시설"이란 도로·상하수도·전기시설·가스시설·통신시설 및 지역 난방시설 등 주택단지 안의 기간시설을 그 주택단지 밖에 있는 같은 종류의 기간시설에 연결시키는 시설을 말한다. 다만, 가스시설·통신시설 및 지역 난방시설의 경우에는 주택단지 안의 기간시설을 포함한다.

② 면적 16,500m² 이상의 대지조성사업을 시행하는 경우 도로 및 상·하수도 시설은 지방자치단체가 설치해야 한다.

③ 공동주택은 100세대 이상(리모델링의 경우에는 늘어나는 세대수를 기준으 로 한다)의 주택건설사업을 시행하는 경우에 간선시설로서 전기시설·통신 시설·가스시설 또는 지역난방시설의 설치의무자는 해당 지역에 전기·통 신·가스 또는 난방을 공급하는 자이다.

④ 간선시설의 설치는 특별한 사유가 없으면 사업계획승인일까지 설치를 완료 하여야 한다.

⑤ 간선시설의 설치비용은 그 설치의무자가 이를 부담한다. 이 경우 도로 및 상·하수도시설의 설치비용은 그 비용의 50%의 범위에서 국가가 보조할 수 있다.

28 주택법령상 주택건설사업시행과 관련된 설명으로 틀린 것은?

상중하

① 등록사업자가 사업계획의 수립을 위한 조사 또는 측량을 하려는 경우와 국민주택사업을 시행하기 위하여 필요한 경우에 타인의 토지에 출입하는 행위 등을 할 수 있다.

② 특별한 용도로 이용되지 아니하고 있는 타인의 토지를 재료적치장 또는 임시도로로 일시 사용하는 행위로 인하여 손실을 입은 자가 있는 경우에는 그 행위를 한 사업주체가 그 손실을 보상하여야 한다.

③ 특히 필요한 경우 죽목(竹木)·토석이나 그 밖의 장애물을 변경하거나 제거하는 행위로 인하여 손실을 입은 자가 있는 경우에는 그 행위를 한 사업주체가 그 손실을 보상하여야 한다.

④ 손실보상에 관해서는 그 손실을 보상할 자와 손실을 입은 자가 협의하여야 한다.

⑤ ④의 경우 협의가 성립되지 아니하거나 협의를 할 수 없는 때에는 「공익사업을 위한 토지 등의 취득 및 보상에 관한 법률」에 따른 관할 토지수용위원회에 재결을 신청할 수 있다.

29 주택법령상 공공사업주체의 토지수용·사용과 관련된 설명으로 틀린 것은?

상중하

① 지방공사가 사업계획승인을 받아 국민주택을 건설하거나 국민주택을 건설하기 위한 대지를 조성하는 경우에는 토지나 토지에 정착한 물건 및 토지나 물건에 관한 소유권 외의 권리(이하 '토지등'이라 한다)를 수용하거나 사용할 수 있다.

② 토지등을 수용·사용하는 경우 「주택법」에 규정된 것 외에는 「공익사업을 위한 토지 등의 취득 및 보상에 관한 법률」을 준용한다.

③ 해당 사업주체가 사업계획승인을 받으면 「공익사업을 위한 토지 등의 취득 및 보상에 관한 법률」에 의한 사업인정이 의제된다.

④ 국가 또는 한국토지주택공사인 사업주체는 주택건설사업 또는 대지조성사업을 위한 토지매수업무와 손실보상업무를 대통령령으로 정하는 바에 따라 관할 지방자치단체의 장에게 위탁할 수 있다.

⑤ 재결신청은 「공익사업을 위한 토지 등의 취득 및 보상에 관한 법률」에 따라 사업인정을 받은 날로부터 1년 이내 해야 한다.

30 주택법령상 국민주택용지 우선매각과 관련된 설명으로 틀린 것은?

① 국가는 그가 소유하는 토지를 매각하거나 임대할 때 국민주택규모의 주택을 50% 이상으로 건설하는 주택의 건설을 목적으로 그 토지의 매수 또는 임차를 원하는 자가 있으면 그에게 우선적으로 그 토지를 매각하거나 임대할 수 있다.

② 지방자치단체는 그가 소유하는 토지를 매각하거나 임대할 때 조합주택을 건설하는 목적으로 그 토지의 매수 또는 임차를 원하는 자가 있으면 그에게 우선적으로 그 토지를 매각하거나 임대할 수 있다.

③ 지방공사는 그가 소유하는 토지를 매각하거나 임대할 때 국민주택규모의 주택을 50% 이상으로 건설하기 위한 대지조성사업을 시행할 목적으로 그 토지의 매수 또는 임차를 원하는 자가 있으면 그에게 우선적으로 그 토지를 매각하거나 임대할 수 있다.

④ 토지를 매수하거나 임차한 자는 그 매수일 또는 임차일부터 2년 이내에 국민주택규모의 주택 또는 조합주택을 건설해야 한다.

⑤ 토지를 매수하거나 임차한 자가 그 매수일 또는 임차일부터 2년 이내에 국민주택규모의 주택 또는 조합주택을 건설하지 아니하거나 그 주택을 건설하기 위한 대지조성사업을 시행하지 아니한 경우에는 환매하거나 임대계약을 취소할 수 있다.

31 주택법령상 환지방식에 의한 도시개발사업으로 조성된 대지의 활용과 관련된 설명으로 틀린 것은?

① 사업주체가 국민주택용지로 사용하기 위하여 환지방식에 의하여 사업을 시행하는 도시개발사업시행자에게 체비지의 매각을 요구한 경우 그 도시개발사업시행자는 체비지의 총면적의 50%의 범위에서 이를 우선적으로 사업주체에게 매각할 수 있다.

② 도시개발사업시행자는 체비지를 사업주체에게 국민주택용지로 매각하는 경우에는 경쟁입찰로 하여야 한다.

③ 매각을 요구하는 사업주체가 하나일 때에는 수의계약으로 매각할 수 있다.

④ 사업주체가 「도시개발법」에 따른 환지계획의 수립 전에 체비지의 매각을 요구하면 도시개발사업시행자는 사업주체에게 매각할 체비지를 그 환지계획에서 하나의 단지로 정하여야 한다.

⑤ ④에서 체비지의 양도가격은 「공익사업을 위한 토지 등의 취득 및 보상에 관한 법률」에 따라 공시지가로 한다.

32 주택법령상 공업화주택에 관한 설명으로 틀린 것은?

① 국토교통부장관은 주요구조부의 전부 또는 일부에 해당하는 부분을 국토교통부령으로 정하는 성능기준 및 생산기준에 따라 맞춤식 등 공업화공법으로 건설하는 주택을 공업화주택으로 인정할 수 있다.

② 사업계획승인대상 공업화주택의 건설비율은 국토교통부장관이 정한다.

③ 공업화주택 인정의 유효기간은 공고일부터 5년으로 한다.

④ 공업화주택 인정을 받은 기준보다 낮은 성능으로 공업화주택을 건설한 경우 인정을 취소할 수 있다.

⑤ 공업화주택의 인정을 받고자 하는 자는 국토교통부령이 정하는 공업화주택 인정신청서에 일정한 서류를 첨부하여 국토교통부장관에게 제출하여야 한다.

33 주택법령상 임대주택건설과 관련된 설명으로 틀린 것은?

① 사업계획승인대상 규모 미만의 주택과 주택 외의 시설을 동일건축물로 건축하는 계획을 포함한 사업계획승인신청서를 제출하는 경우 사업계획승인권자는 용도지역별 용적률 범위에서 특별시·광역시·특별자치시·특별자치도·시 또는 군의 조례로 정하는 기준에 따라 용적률을 완화하여 적용할 수 있다.

② ①에서 용적률을 완화하여 적용하는 경우 사업주체는 완화된 용적률의 60% 이하의 범위에서 대통령령으로 정하는 비율 이상에 해당하는 면적을 임대주택으로 공급하여야 한다.

③ ②에서 "대통령령으로 정하는 비율"이란 30% 이상 60% 이하의 범위에서 특별시·광역시·특별자치시·도 또는 특별자치도(이하 "시·도"라 한다)의 조례로 정하는 비율을 말한다.

④ 사업주체는 임대주택을 국토교통부장관, 시·도지사, 한국토지주택공사 또는 지방공사(이하 '인수자'라 한다)에 공급하여야 하며 시·도지사가 우선 인수할 수 있다.

⑤ 임대주택의 공급가격은 「공공주택 특별법」 제50조의3 제1항에 따른 공공건설임대주택의 분양전환가격 산정기준에서 정하는 건축비로 하고, 그 부속토지는 인수자에게 기부채납한 것으로 본다.

34 주택법령상 주택의 감리에 관한 설명으로 틀린 것은?

① 사업계획승인권자는 주택건설사업계획을 승인하였을 때에는 「건축사법」 또는 「건설기술진흥법」에 따른 감리자격이 있는 자를 해당 주택건설공사의 감리자로 지정하여야 한다.

② 사업주체가 국가·지방자치단체·한국토지주택공사·지방공사 또는 위탁 관리 부동산투자회사인 경우와 「건축법」에 따라 공사감리를 하는 도시형 생활주택의 경우에는 감리자를 지정하지 아니한다.

③ 300세대 이상의 주택건설공사는 「건축사법」에 따라 건축사사무소 개설 신 고한 자를 감리자로 지정하여야 한다.

④ 감리자는 자기에게 소속된 자를 대통령령으로 정하는 바에 따라 감리원으로 배치하고, 감리업무를 수행하여야 한다.

⑤ 주택건설공사에 대한 감리는 「주택법」 또는 「주택법 시행령」에서 정하는 사항 외에는 「건축사법」 또는 「건설기술진흥법」에서 정하는 바에 따른다.

35 주택법령상 주택건설공사에 대한 감리자에 관한 설명으로 옳지 않은 것은?

① 감리자는 그의 업무를 수행하면서 위반 사항을 발견하였을 때에는 지체 없 이 시공자 및 사업주체에게 위반 사항을 시정할 것을 통지하고, 14일 이내에 사업계획승인권자에게 그 내용을 보고하여야 한다.

② 사업주체는 감리자와 「주택법」 제43조 제3항에 따른 계약을 체결한 경우 사 업계획승인권자에게 계약 내용을 통보하여야 하며, 이 경우 통보를 받은 사 업계획승인권자는 즉시 사업주체 및 감리자에게 공사감리비 예치 및 지급 방식에 관한 내용을 안내하여야 한다.

③ 사업계획승인권자는 감리자가 감리업무 수행 중 발견한 위반 사항을 알고도 묵인한 경우 감리자를 교체하고, 그 감리자에 대하여는 1년의 범위에서 감 리업무의 지정을 제한할 수 있다.

④ 주택건설공사에 대하여 「건설기술 진흥법」 제55조에 따른 품질시험을 하였 는지 여부의 확인은 감리자의 업무에 해당한다.

⑤ 예정공정표보다 공사가 지연된 경우 대책의 검토 및 이행 여부의 확인은 감 리자의 업무에 해당한다.

36
상중하

주택법령상 주택건설공사에 대한 감리자의 업무에 해당하는 것을 모두 고른 것은?

> ㉠ 설계도서가 해당 지형 등에 적합한지에 대한 확인
> ㉡ 시공자가 사용하는 건축자재가 관계 법령에 따른 기준에 맞는 건축자재인지 여부의 확인
> ㉢ 시공계획·예정공정표 및 시공도면 등의 검토·확인
> ㉣ 시공자가 설계도서에 맞게 시공하는지 여부의 확인

① ㉠, ㉡, ㉢
② ㉠, ㉡, ㉣
③ ㉠, ㉢, ㉣
④ ㉡, ㉢, ㉣
⑤ ㉠, ㉡, ㉢, ㉣

37
상중하

주택법령상 사전방문 및 품질점검에 관한 설명으로 틀린 것은?

① 사업주체는 사용검사를 받기 전에 입주예정자가 해당 주택을 방문하여 공사 상태를 미리 점검(이하 "사전방문"이라 한다)할 수 있게 하여야 한다.

② 입주예정자는 사전방문 결과 하자가 있다고 판단하는 경우 사업주체에게 보수공사 등 적절한 조치를 해줄 것을 요청할 수 있다.

③ 입주예정자가 요청한 사항이 하자가 아니라고 판단하는 사업주체는 대통령령으로 정하는 바에 따라 사용검사를 하는 사용검사권자에게 하자 여부를 확인해줄 것을 요청할 수 있다.

④ 국토교통부장관은 사전방문을 실시하고 사용검사를 신청하기 전에 공동주택의 품질을 점검하여 사업계획의 내용에 적합한 공동주택이 건설되도록 할 목적으로 주택 관련 분야 등의 전문가로 구성된 공동주택 품질점검단을 설치·운영하여야 한다.

⑤ 품질점검단은 국가·지방자치단체·한국토지주택공사·지방공사 외의 사업주체가 건설하는 300세대 이상인 공동주택의 건축·구조·안전·품질관리 등에 대한 시공품질을 대통령령으로 정하는 바에 따라 점검하여 그 결과를 시·도지사와 사용검사권자에게 제출하여야 한다.

38 주택법령상 품질점검단에 관한 설명으로 옳은 것은?

① 품질점검단의 위원 중 공무원이 아닌 위원의 임기는 2년으로 하며, 한 차례만 연임할 수 있다.

② 사용검사권자로부터 품질점검을 요청받은 시·도지사는 사전방문기간 종료일부터 10일 이내에 품질점검단이 해당 공동주택의 품질을 점검하도록 해야 한다.

③ 시·도지사는 품질점검단의 점검 시작일 10일 전까지 사용검사권자 및 사업주체에게 점검일시, 점검내용 및 품질점검단 구성 등이 포함된 점검계획을 통보해야 한다.

④ ③에 따라 점검계획을 통보받은 사용검사권자는 세대의 전유부분 점검을 위하여 5세대 이상을 선정하여 품질점검단에 통보해야 한다.

⑤ 품질점검단은 품질점검을 실시한 후 점검 종료일부터 7일 이내에 점검결과를 시·도지사와 사용검사권자에게 제출해야 한다.

39 주택법령상 사업계획승인을 받아 시행하는 주택건설사업 또는 대지조성사업을 완료한 경우의 사용검사에 관한 설명으로 옳지 않은 것은?

① 사업주체가 주택건설사업 또는 대지조성사업을 완료한 경우에는 주택 또는 대지에 대하여 시·도지사에게 사용검사를 받아야 한다.

② 사용검사는 그 신청일부터 15일 이내에 하여야 한다.

③ 주택건설사업을 분할하여 시행하기 위하여 사업계획을 승인받은 경우에는 완공된 주택에 대하여 공구별로 사용검사를 받을 수 있다.

④ 하나의 주택단지의 입주자를 분할 모집하여 전체 단지의 사용검사를 마치기 전에 입주가 필요한 경우 공사가 완료된 주택에 대하여 동별로 사용검사를 받을 수 있다.

⑤ 사업주체가 파산 등으로 사용검사를 받을 수 없는 경우에는 해당 주택의 시공을 보증한 자 또는 입주예정자가 사용검사를 받을 수 있다.

40 A가 사업주체로서 건설 · 공급한 주택에 대한 사용검사 이후에 주택단지 전체 대지
上中下 에 속하는 일부의 토지에 대한 소유권이전등기 말소소송에 따라 甲이 해당 토지의
소유권을 회복하였다. 주택법령상 이에 관한 설명으로 틀린 것은?

① 주택의 소유자들이 甲에게 해당 토지에 대한 매도청구를 하는 경우 시가를
  기준으로 하여야 한다.

② 주택의 소유자들이 대표자를 선정하여 매도청구에 관한 소송을 한 경우, 그
  소송에 대한 판결은 주택의 소유자 전체에 대하여 효력이 있다.

③ 주택의 소유자들이 매도청구를 하려면 甲이 소유권을 회복한 토지의 면적
  이 주택단지 전체 대지면적의 10% 미만이어야 한다.

④ 주택의 소유자들의 매도청구의 의사표시는 甲이 해당 토지 소유권을 회복
  한 날부터 2년 이내에 甲에게 송달되어야 한다.

⑤ 주택의 소유자들은 甲에 대한 매도청구로 인하여 발생한 비용의 전부를 A
  에게 구상할 수 있다.

주택의 공급

📄 **연계학습** 기본서 p.118~149

┌─ 단·원·열·기 ─┐

분양가상한제 적용주택, 투기과열지구, 조정대상지역 등을 중심으로 세부적인 학습이 요구된다.

01 주택법령상 주택의 공급에 관한 설명으로 옳은 것은?

상중하

① 정부시책의 일환으로 국가, 지방자치단체 또는 지방공사가 건설하는 농촌주택은 「주택공급에 관한 규칙」을 적용한다.

② 사업주체(공공사업주체는 포함한다)는 입주자를 모집하려면 입주자모집공고안 등 서류를 갖추어 시장·군수·구청장의 승인을 받아야 한다.

③ 시장·군수·구청장은 입주자모집공고안의 신청을 받으면 신청일부터 5일 이내에 승인여부를 결정하여야 한다.

④ 분양가상한제 적용주택의 경우에는 입주자모집공고안의 신청을 받으면 승인 여부를 7일 이내에 결정하여야 하며, 부득이한 사유가 있으면 3일의 범위에서 연장할 수 있다.

⑤ 입주자모집공고는 최초 청약 신청 접수일 14일 전에 해야 한다.

02 주택법령상 사업주체에 대한 분양대행자를 옳게 고른 것은?

상중하

┌───┐
│ ㉠ 「주택법」에 따른 등록사업자   │
│ ㉡ 「건설산업기본법 시행령」에 따른 건축공사업 또는 토목건축공사업의 등록을 │
│   한 자   │
│ ㉢ 「부동산개발업의 관리 및 육성에 관한 법률」 제4조에 따른 등록사업자   │
│ ㉣ 「도시 및 주거환경정비법」에 따른 정비사업전문관리업자   │
└───┘

① ㉠, ㉡, ㉢　　　　　　　　② ㉠, ㉡, ㉣
③ ㉠, ㉢, ㉣　　　　　　　　④ ㉡, ㉢, ㉣
⑤ ㉠, ㉡, ㉢, ㉣

03 주택법령상 분양가상한제 적용주택에 관한 설명으로 틀린 것은?

① 일반인에게 공급하는 공동주택 중 공공택지에서 공급하는 주택의 경우에는 분양가상한제 적용주택에 해당한다.

② 「공공주택 특별법」에 따른 공공택지 외의 택지에서 도심 공공주택 복합지구에서 공급하는 주택의 경우에는 분양가상한제 적용주택에 해당한다.

③ 분양가상한제 적용주택의 분양가격은 택지비와 건축비로 구성되며 건축비는 기본형건축비에 물가상승률을 더해 구성한다.

④ 사업주체가 공공재개발사업(공공택지 외의 지역에 한정한다)에서 건설·공급하는 주택으로서 분양가격이 인근지역주택매매가격의 100% 미만인 분양가상한제 적용주택의 입주자는 해당 주택의 최초 입주가능일부터 2년 이내의 범위에서 거주의무기간 동안 계속하여 해당 주택에 거주하여야 한다.

⑤ 분양가상한제 적용주택으로서 국토교통부령으로 정하는 택지비 및 건축비에 가산되는 비용의 공시에는 분양가심사위원회의 심사를 받은 내용과 산출근거를 포함하여야 한다.

04 주택법령상 분양가상한제를 적용하지 않는 주택을 설명한 것으로 틀린 것은?

① 도시형 생활주택

② 관광특구에서 건설·공급하는 공동주택으로서 해당 건축물의 층수가 50층 이상이거나 높이가 200m 이상인 경우

③ 경제자유구역에서 건설·공급하는 공동주택으로서 경제자유구역위원회에서 외자유치 촉진과 관련이 있다고 인정하여 분양가격 제한을 적용하지 아니하기로 심의·의결한 경우

④ 「도시 및 주거환경정비법」에 따른 공공재개발사업에서 건설·공급하는 주택

⑤ 주거재생혁신지구에서 시행하는 혁신지구재생사업 중 대통령령으로 정하는 면적 또는 세대수 이하의 사업에서 건설·공급하는 주택

05 주택법령상 분양가상한제를 적용지역의 지정기준으로 옳은 것을 모두 고른 것은?

⊛❀❀

> ㉠ 분양가상한제 적용직전월부터 소급하여 3개월간의 아파트 분양가격상승률이 시·도 소비자 물가상승률의 2배를 초과한 지역
> ㉡ 분양가상한제 적용직전월부터 소급하여 3개월간의 주택매매거래량이 전년 동기 대비 20% 이상 증가한 지역
> ㉢ 분양가상한제 적용직전월부터 소급하여 주택공급이 있었던 2개월 동안 해당지역에서 공급되는 주택의 월평균 청약경쟁률이 모두 10대 1을 초과한 지역
> ㉣ 분양가상한제 적용직전월부터 소급하여 주택공급이 있었던 2개월 동안 해당 지역에서 공급되는 국민주택규모 주택의 월평균 청약경쟁률이 모두 5대 1을 초과한 지역

① ㉠, ㉡, ㉢
② ㉡
③ ㉠, ㉢, ㉣
④ ㉡, ㉢, ㉣
⑤ ㉠, ㉡, ㉢, ㉣

06 주택법령상 사업주체가 「수도권정비계획법」에 따른 수도권에서 건설·공급하는 분양가상한제 적용주택의 입주자의 거주의무에 관한 설명으로 옳은 것은?

⊛❀❀

① 해당 주택의 최초 입주가능일부터 10년 이내의 범위에서 해당 주택의 분양 가격과 국토교통부장관이 고시한 방법으로 결정된 인근지역 주택매매가격의 비율에 따라 대통령령으로 정하는 기간(이하 "거주의무기간"이라 한다) 동안 계속하여 해당 주택에 거주하여야 한다.
② 해당 주택에 입주하기 위하여 준비기간이 필요한 경우 해당 주택에 거주한 것으로 보는 기간은 최초 입주가능일부터 60일까지로 한다.
③ 사업주체는 거주의무자가 거주의무기간 동안 계속하여 거주하여야 함을 주택의 소유권보존등기 후 15일 이내에 부기등기하여야 한다.
④ 거주의무 위반을 이유로 한국토지주택공사가 취득한 주택을 공급받은 사람은 거주의무기간 중 잔여기간 동안 계속하여 그 주택에 거주하여야 한다.
⑤ 공공택지 외의 택지에서 건설·공급되는 주택은 일정기간 거주의무가 없다.

07 주택법령상 분양가상한제 적용지역의 지정 및 해제에 관한 설명으로 틀린 것은?

상중하

① 국토교통부장관은 주택가격상승률이 물가상승률보다 현저히 높은 지역으로서 주택가격이 급등하거나 급등할 우려가 있는 지역 중 대통령령으로 정하는 기준을 충족하는 지역은 주거정책심의위원회 심의를 거쳐 분양가상한제 적용지역으로 지정할 수 있다.

② 국토교통부장관이 분양가상한제 적용지역을 지정하는 경우에는 미리 시·도지사의 의견을 들어야 한다.

③ 국토교통부장관은 분양가상한제 적용지역을 지정하였을 때에는 지체 없이 이를 공고하고, 그 지정지역을 관할하는 시장·군수·구청장에게 공고 내용을 통보하여야 한다.

④ 분양가상한제 적용지역으로 지정된 지역의 시·도지사, 시장, 군수 또는 구청장은 분양가상한제 적용지역의 지정 후 해당 지역의 주택가격이 안정되는 등 분양가상한제 적용지역으로 계속 지정할 필요가 없다고 인정하는 경우에는 국토교통부장관에게 그 지정의 해제를 요청할 수 있다.

⑤ 국토교통부장관은 분양가상한제 적용지역 지정의 해제를 요청받은 경우에는 주거정책심의위원회의 심의를 거쳐 요청받은 날부터 30일 이내에 해제 여부를 결정하고, 그 결과를 시·도지사, 시장, 군수 또는 구청장에게 통보하여야 한다.

08 주택법령상 분양가심사위원회의 심의사항으로 틀린 것은?

상중하

① 분양가상한제 적용주택의 특별자치시·특별자치도·시·군·구별 기본형건축비 산정의 적정성 여부

② 분양가상한제 적용주택과 관련된 제1종 국민주택채권 매입예정상한액 산정의 적정성 여부

③ 분양가상한제 적용주택의 분양가격 공시내역의 적정성 여부

④ 분양가상한제 적용주택의 전매행위 제한과 관련된 인근지역 주택매매가격 산정의 적정성 여부

⑤ 분양가상한제 적용주택의 분양가격 및 발코니 확장비용 산정의 적정성 여부

09 주택법령상 분양가심사위원회에 관한 설명으로 옳지 않은 것은?

① 시장·군수·구청장은 사업계획승인 신청(「도시 및 주거환경정비법」에 따른 사업시행계획인가 및 「건축법」에 따른 건축허가를 포함한다)이 있는 날부터 10일 이내에 분양가심사위원회를 설치·운영하여야 한다.

② 사업주체가 국가·지방자치단체·한국토지주택공사 또는 지방공사인 경우에는 해당 기관의 장이 위원회를 설치·운영하여야 한다.

③ 분양가심사위원회는 주택 관련 분야 교수, 주택건설분야 전문직 종사자, 관계 공무원 또는 변호사·회계사·감정평가사 등 관련 전문가 10명 이내로 구성한다.

④ 위원회는 민간위원과 공공위원으로 구성되며, 위원회의 위원장은 시장·군수·구청장이 민간위원 중에서 지명하는 자가 된다.

⑤ 민간위원의 임기는 2년으로 하며, 한 차례만 연임할 수 있다.

10 주택법령상 주택을 공급받을 수 있는 지위 또는 증서로 볼 수 없는 것은?

① 국민주택채권

② 주택청약종합저축

③ 주택상환사채

④ 시장·군수·구청장이 발행한 무허가건물 확인서, 건물철거예정 증명서 또는 건물철거 확인서

⑤ 공공사업의 시행으로 인한 이주대책에 따라 주택을 공급받을 수 있는 지위 또는 이주대책대상자 확인서

11

상중하

주택법령상 사업주체가 입주예정자의 동의 없이 할 수 없는 행위에 관련된 내용이다. 이에 관한 설명으로 옳지 않은 것은?

> 사업주체는 주택건설사업에 의하여 건설된 주택 및 대지에 대하여 (㉠) 이후부터 입주예정자가 그 주택 및 대지의 "소유권이전등기를 신청할 수 있는 날" 이후 (㉡)일까지의 기간 동안 입주예정자의 동의 없이 해당 주택 및 대지에 (㉢)을 설정하는 행위 등을 하여서는 아니 된다.

① A주택조합이 2024. 3. 3. 사업계획승인을 신청하여 2024. 3. 17. 그 승인을 받은 경우, (㉠)에 해당하는 날짜는 2024. 3. 3.이다.

② (㉡) 속에 들어갈 숫자는 60이다.

③ (㉢)에는 저당권뿐만 아니라 등기되는 부동산임차권도 포함된다.

④ "소유권이전등기를 신청할 수 있는 날"이란 입주예정자가 실제로 입주한 날을 말한다.

⑤ 위 주택의 건설을 촉진하기 위하여 입주자에게 주택구입자금의 일부를 융자해 줄 목적으로 「은행법」에 따른 은행으로부터 주택건설자금의 융자를 받는 경우에는 저당권을 설정하는 행위가 허용된다.

12

상중하

주택법령상 투기과열지구의 지정 및 해제에 관한 설명으로 옳지 않은 것은?

① 시·도지사는 주택가격의 안정을 위하여 필요한 경우에는 시·도 도시계획위원회의 심의를 거쳐 일정한 지역을 투기과열지구로 지정하거나 이를 해제할 수 있다.

② 투기과열지구를 지정하는 경우에는 그 지정 목적을 달성할 수 있는 최소한의 범위로 하여야 한다.

③ 시·도지사는 투기과열지구를 지정하였을 때에는 지체 없이 이를 공고하고, 그 투기과열지구를 관할하는 시장·군수·구청장에게 공고 내용을 통보하여야 한다.

④ 국토교통부장관 또는 시·도지사는 투기과열지구에서 지정 사유가 없어졌다고 인정하는 경우에는 지체 없이 투기과열지구 지정을 해제하여야 한다.

⑤ 국토교통부장관이 투기과열지구를 지정하거나 해제할 경우에는 시·도지사의 의견을 들어야 하며, 시·도지사가 투기과열지구를 지정하거나 해제할 경우에는 국토교통부장관과 협의하여야 한다.

13 주택법 시행규칙상 투기과열지구의 지정 기준을 설명한 것으로 틀린 것은?

① 투기과열지구지정 직전월부터 소급하여 주택공급이 있었던 2개월 동안 해당 지역에서 공급되는 주택의 월별 평균 청약경쟁률이 모두 5대 1을 초과한 곳

② 투기과열지구지정 직전월의 주택분양실적이 전달보다 30% 이상 증가한 곳

③ 투기과열지구지정 직전월부터 소급하여 6개월간의 건축허가 건수가 직전 연도보다 급격하게 감소한 곳

④ 신도시 개발이나 주택 전매행위의 성행 등으로 투기 및 주거불안의 우려가 있는 곳으로서 시·도의 주택보급률이 전국 평균 이하인 곳

⑤ 신도시 개발이나 주택 전매행위의 성행 등으로 투기 및 주거불안의 우려가 있는 곳으로서 시·도의 자가주택비율이 전국 평균 이하인 곳

14 주택법령상 조정대상지역의 지정 및 해제에 관한 내용으로 옳은 것은?

① 주택거래량, 미분양주택의 수 및 주택보급률 등을 고려하여 주택의 거래가 위축될 우려가 있는 지역에 대한 조정대상지역의 지정은 그 지정 목적을 달성할 수 있는 최대한의 범위로 한다.

② 조정대상지역지정 직전월부터 소급하여 6개월간의 해당 지역 주택가격상승률이 그 지역이 속하는 시·도 소비자물가상승률의 1.3배를 초과한 일정한 지역은 조정대상지역의 과열지역으로 지정할 수 있다.

③ 조정대상지역지정 직전월부터 소급하여 3개월간의 평균 주택가격상승률이 마이너스 1.0% 이하인 일정지역은 위축지역으로 지정할 수 있다.

④ 국토교통부장관은 조정대상지역 지정의 해제를 요청받은 경우에는 「주거기본법」에 따른 주거정책심의위원회의 심의를 거쳐 요청받은 날부터 30일 이내에 해제 여부를 결정하고, 그 결과를 해당 지역을 관할하는 시·도지사 또는 시장·군수·구청장에게 통보하여야 한다.

⑤ 국토교통부장관은 반기마다 주거정책심의위원회의 회의를 소집하여 조정대상지역으로 지정된 지역별로 해당 지역의 주택가격 안정 여건의 변화 등을 고려하여 조정대상지역 지정의 유지 여부를 재검토하여야 한다.

15 주택법령상 조정대상지역 중 과열지역의 지정요건을 설명한 것으로 (　　)에 알맞은 내용을 모두 옳게 나열한 항목은?

상중하

> 과열지역은 조정대상지역지정 직전월부터 소급하여 3개월간의 해당 지역 주택가격상승률이 해당 지역이 포함된 시·도 소비자물가상승률의 (　　)배를 초과한 지역으로서 다음의 어느 하나에 해당하는 지역을 말한다.
> 1. 조정대상지역지정 직전월부터 소급하여 주택공급이 있었던 2개월 동안 해당지역에서 공급되는 주택의 월평균 청약경쟁률이 모두 5대 1을 초과하였거나 국민주택규모 주택의 월평균 청약경쟁률이 모두 10대 1을 초과한 지역
> 2. 조정대상지역지정 직전월부터 소급하여 (　　)개월간의 분양권(주택의 입주자로 선정된 지위를 말한다) 전매거래량이 직전연도의 같은 기간보다 (　　)% 이상 증가한 지역
> 3. 시·도별 주택보급률 또는 자가주택비율이 전국 평균 이하인 지역

① 2, 2, 30   ② 1.3, 3, 30
③ 1.5, 3, 20   ④ 1.5, 2, 20
⑤ 1.3, 2, 20

16 주택법령상 조정대상지역 중 위축지역의 지정요건을 설명한 것으로 (　　)에 알맞은 내용을 모두 옳게 나열한 항목은?

상중하

> 위축지역은 조정대상지역지정 직전월부터 소급하여 6개월간의 평균 주택가격상승률이 마이너스 (　　)% 이하인 지역으로서 다음의 어느 하나에 해당하는 지역을 말한다.
> 1. 조정대상지역지정 직전월부터 소급하여 3개월 연속 주택매매거래량이 직전연도의 같은 기간보다 (　　)% 이상 감소한 지역
> 2. 조정대상지역지정 직전월부터 소급하여 3개월간의 평균 미분양주택의 수가 직전연도의 같은 기간보다 (　　)배 이상인 지역
> 3. 시·도별 주택보급률 또는 자가주택비율이 전국 평균을 초과하는 지역

① 1.0, 20, 2   ② 1.0, 30, 1.5
③ 1.5, 30, 1.5   ④ 1.3, 20, 2
⑤ 1.5, 20, 2

17 주택법령상 투기과열지구 등에서의 전매행위제한에 관한 설명으로 틀린 것은?

① 전매행위제한을 위반하여 주택의 입주자로 선정된 지위의 전매가 이루어진 경우, 사업주체가 매입비용을 그 매수인에게 지급한 경우에는 그 지급한 날에 사업주체가 해당 입주자로 선정된 지위를 취득한 것으로 본다.

② 국토교통부장관은 전매행위제한을 위반한 자에 대하여 5년의 범위에서 국토교통부령으로 정하는 바에 따라 주택의 입주자자격을 제한할 수 있다.

③ 사업주체가 분양가상한제 적용주택과 수도권의 지역으로서 공공택지 외의 택지에서 건설하는 주택을 공급하는 경우에는 그 주택의 소유권을 제3자에게 이전할 수 없음을 소유권에 관한 등기에 부기등기하여야 한다.

④ 시·도지사는 분양권 등을 전매하거나 알선하는 자를 주무관청에 신고한 자에게 1천만원 이하의 범위에서 포상금을 지급할 수 있다.

⑤ 입주자로 선정된 지위 또는 주택을 전매하거나 이의 전매를 알선한 자는 3년 이하의 징역 또는 3천만원 이하의 벌금에 처한다.

18 주택법령상 투기과열지구 등에서 전매행위제한을 받지 않는 경우이다. 이 중 옳지 않은 것은?

① 세대원이 근무 또는 생업상의 사정이나 질병치료·취학·결혼으로 인하여 세대원 전원이 수도권의 광역시로 이전하는 경우

② 상속에 의하여 취득한 주택으로 세대원 전원이 이전하는 경우

③ 세대원 전원이 해외로 이주하거나 2년 이상의 기간 해외에 체류하고자 하는 경우

④ 이혼으로 인하여 입주자로 선정된 지위 또는 주택을 그 배우자에게 이전하는 경우

⑤ 입주자로 선정된 지위 또는 주택의 일부를 그 배우자에게 증여하는 경우

리모델링

📖 **연계학습** 기본서 p.150~162

⌐ 단·원·열·기

공동주택의 리모델링, 리모델링 기본계획수립에 관해 세부적으로 정리해 둘 필요가 있다.

01 주택법령상 리모델링에 관한 설명으로 틀린 것은?

상중하

① "세대수 증가형 리모델링"이란 각 세대의 증축 가능 면적을 합산한 면적의 범위에서 기존 세대수의 15% 이내에서 세대수를 증가하는 증축 행위를 말한다.

② "수직증축형 리모델링"이란 건축물의 노후화 억제 또는 기능 향상 등을 위해 수직으로 증축하는 행위를 말한다.

③ 증축형 리모델링을 하려는 자는 시장·군수·구청장에게 안전진단을 요청하여야 하며, 안전진단을 요청받은 시장·군수·구청장은 해당 건축물의 증축 가능 여부의 확인 등을 위하여 안전진단을 실시하여야 한다.

④ 공동주택의 리모델링은 동별로는 할 수 없고 주택단지별로 한다.

⑤ 수직증축형 세대수 증가형 리모델링의 경우 리모델링의 대상이 되는 건축물의 신축 당시 구조도를 보유하고 있어야 한다.

02 주택법령상 공동주택의 리모델링에 관한 설명으로 옳지 않은 것은?

상중하

① 공동주택의 소유자가 리모델링에 의하여 일부 공용부분(「집합건물의 소유 및 관리에 관한 법률」에 따른 공용부분을 말한다)의 면적을 전유부분의 면적으로 변경한 경우에는 규약으로 달리 정하지 않는 한 그 소유자의 나머지 공용부분의 면적은 변하지 아니하는 것으로 본다.

② 리모델링주택조합이 동을 리모델링하는 경우 리모델링 설계의 개요, 공사비, 조합원의 비용분담 명세가 적혀 있는 결의서에 그 동의 구분소유자 및 의결권의 각 50퍼센트 이상의 동의를 받아야 한다.

③ 리모델링주택조합은 법인으로 한다.

④ 공동주택의 관리주체가 리모델링을 하려는 경우 공사기간, 공사방법 등이 적혀 있는 동의서에 입주자 전체의 동의를 받아야 한다.

⑤ 수직증축형 리모델링의 설계자는 국토교통부장관이 정하여 고시하는 구조기준에 맞게 구조설계도서를 작성하여야 한다.

03 주택법령상 공동주택의 리모델링에 관한 설명으로 옳은 것은?

① 공동주택의 사용자가 리모델링을 하려는 경우 공사기간, 공사방법 등이 적혀 있는 동의서에 입주자 전원의 동의를 받아야 한다.

② 주택의 소유자 과반수의 동의를 받은 경우 「공동주택관리법」에 따른 입주자대표회의는 리모델링을 할 수 있다.

③ 동(棟)을 리모델링하기 위하여 리모델링주택조합을 설립하려는 경우에는 그 동의 구분소유자 및 의결권의 각 과반수의 결의를 얻어야 한다.

④ 증축형 리모델링이 아닌 경우에는 허가받은 리모델링 공사를 완료하였을 때 따로 사용검사를 받지 않아도 된다.

⑤ 30세대 이상으로 세대수가 증가하는 리모델링을 허가하려는 경우에는 「국토의 계획 및 이용에 관한 법률」에 따라 설치된 시·군·구도시계획위원회의 심의를 거쳐야 한다.

04 주택법령상 공동주택의 리모델링에 관한 설명으로 틀린 것은?

① 리모델링에 동의한 소유자는 리모델링주택조합 또는 입주자대표회의가 허가신청서를 제출하기 전까지 서면으로 동의를 철회할 수 있다.

② 공동주택의 리모델링에 대한 시공자를 선정하는 경우에는 국토교통부장관이 정하는 경쟁입찰의 방법으로 하여야 한다.

③ 리모델링주택조합이 거짓이나 그 밖의 부정한 방법으로 허가를 받은 경우에는 행위허가를 취소하여야 한다.

④ 증축형 리모델링을 하려는 자는 시장·군수·구청장에게 안전진단을 요청하여야 하며, 안전진단을 요청받은 시장·군수·구청장은 해당 건축물의 증축 가능 여부의 확인 등을 위하여 안전진단을 실시하여야 한다.

⑤ 시장·군수·구청장은 수직증축형 리모델링을 하려는 자가 「건축법」에 따른 건축위원회의 심의를 요청하는 경우 구조계획상 증축범위의 적정성 등에 대하여 대통령령으로 정하는 전문기관에 안전성 검토를 의뢰하여야 한다.

05 주택법령상 세대수가 증가되는 리모델링을 하는 경우 수립되어야 할 권리변동계획
상중하 의 내용에 포함되지 않는 것은?

① 조합원의 비용부담
② 리모델링 전후의 대지 및 건축물의 권리변동 명세
③ 안전진단보고서
④ 조합원 외의 자에 대한 분양계획
⑤ 사업비

06 주택법령상 리모델링 기본계획에 관한 설명으로 틀린 것은?
상중하
① 특별시장·광역시장 및 대도시의 시장은 관할구역에 대하여 리모델링 기본
계획을 수립하여야 한다.
② 리모델링 기본계획은 10년 단위로 수립하고, 5년마다 리모델링 기본계획의
타당성 여부를 검토하여 그 결과를 리모델링 기본계획에 반영하여야 한다.
③ 리모델링 기본계획을 수립하거나 변경하려면 14일 이상 주민에게 공람하고,
지방의회의 의견을 들어야 한다. 이 경우 지방의회는 의견제시를 요청받은
날부터 30일 이내에 의견을 제시하여야 하며, 30일 이내에 의견을 제시하지
아니하는 경우에는 이의가 없는 것으로 본다.
④ 세대수 증가형 리모델링에 따른 도시과밀의 우려가 적은 경우 등 대통령령
으로 정하는 경우에는 리모델링 기본계획을 수립하지 아니할 수 있다.
⑤ 리모델링 기본계획의 작성기준 및 작성방법 등은 특별시장·광역시장 및
대도시의 시장이 정한다.

보 칙

📖 **연계학습** 기본서 p.163~169

┌ 단·원·열·기 ┐
토지임대부 분양주택, 주택상환사채 등을 중심으로 정리해 둘 필요가 있다.

01 주택법령상 토지임대부 분양주택에 관한 설명으로 틀린 것은?

상중하

① 토지임대부 분양주택이란 토지의 소유권은 사업계획의 승인을 받아 토지임대부 분양주택 건설사업을 시행하는 자가 가지고, 건축물 및 복리시설 등에 대한 소유권은 주택을 분양받은 자가 가지는 주택을 말한다.

② 토지임대부 분양주택의 토지에 대한 임대차계약을 체결하고자 하는 자는 국토교통부령으로 정하는 표준임대차계약서를 사용하여야 한다.

③ 토지임대부 분양주택을 양수한 자 또는 상속받은 자는 토지소유자와 별도의 토지에 대한 임대차계약을 체결해야 한다.

④ 토지임대료는 월별 임대료를 원칙으로 한다.

⑤ 토지임대부 분양주택을 공급받은 자가 토지임대부 분양주택을 양도하려는 경우에는 대통령령으로 정하는 바에 따라 한국토지주택에 해당 주택의 매입을 신청하여야 한다.

02 주택법령상 토지임대부 분양주택에 관한 설명으로 옳은 것은?

상중하

> ㉠ 토지임대부 분양주택을 공급받은 자가 토지소유자와 임대차계약을 체결한 경우 해당 주택의 구분소유권을 목적으로 그 토지 위에 임대차기간 동안 전세권이 설정된 것으로 본다.
> ㉡ 재건축한 주택은 토지임대부 분양주택으로 하지 않는다.
> ㉢ 토지임대부 분양주택에 관하여 이 법에서 정하지 아니한 사항은 「집합건물의 소유 및 관리에 관한 법률」, 「민법」 순으로 적용한다.

① ㉠, ㉡   ② ㉡

③ ㉢   ④ ㉡, ㉢

⑤ ㉠, ㉡, ㉢

03 주택법령상 토지임대부 분양주택에 관한 설명으로 틀린 것은?

① 토지임대부 분양주택의 토지에 대한 임대차기간은 40년 이내로 한다. 이 경우 토지임대부 분양주택 소유자의 75% 이상이 계약갱신을 청구하면 40년의 범위에서 이를 갱신할 수 있다.

② 토지소유자와 토지임대주택을 분양받은 자가 주택법령이 정하는 기준에 따라 토지임대료에 관한 약정을 체결한 경우, 토지소유자는 약정 체결 후 2년이 지나기 전에는 토지임대료의 증액을 청구할 수 없다.

③ 토지소유자는 토지임대료약정 체결 후 2년이 지나 토지임대료의 증액을 청구하는 경우에는 표준지가상승률을 고려하여 증액률을 산정한다.

④ 주택을 공급받은 자는 토지소유자와 합의하여 토지임대료를 보증금으로 전환하여 납부할 수 있다.

⑤ 토지소유자와 주택소유자가 합의한 경우에는 토지임대부 분양주택이 아닌 주택으로 전환할 수 있다.

04 주택법령상 주택상환사채에 관한 설명으로 옳은 것은?

① 한국토지주택공사와 등록사업자는 대통령령으로 정하는 바에 따라 주택을 상환하는 채권을 발행할 수 있다.

② 주택상환사채는 할인의 방법으로 발행할 수 없다.

③ 주택상환사채를 발행하려는 자는 대통령령으로 정하는 바에 따라 주택상환사채발행계획을 수립하여 시·도지사의 승인을 받아야 한다.

④ 등록사업자의 등록이 말소된 경우 등록사업자가 발행한 주택상환사채의 효력에 영향을 미친다.

⑤ 주택상환사채는 무기명증권으로 발행한다.

05 주택법령상 주택상환사채에 관한 설명으로 옳지 않은 것은?

① 주택상환사채는 해외이주 등 부득이한 사유가 있는 경우로서 국토교통부령이 정하는 경우를 제외하고는 양도하거나 중도에 해약할 수 없다.

② 주택상환사채의 상환기간은 3년을 초과할 수 없다.

③ 주택상환사채의 상환기간은 주택상환사채 발행일부터 주택의 공급계약체결일까지의 기간으로 한다.

④ 주택상환사채의 납입금은 국토교통부장관이 정하는 금융기관에서 관리한다.

⑤ 주택상환사채를 상환할 때에는 주택상환으로 하며, 주택상환사채의 원리금을 현금으로 상환할 수 있다.

06 주택법령상 등록사업자의 주택상환사채의 발행요건을 설명한 것으로 (   )에 알맞은 내용을 순서대로 모두 옳게 나열된 항목은?

> 1. 등록사업자는 자본금·자산평가액 및 기술인력 등이 다음에 정하는 기준에 모두 맞고 금융기관 또는 주택도시보증공사의 보증을 받은 경우에만 주택상환사채를 발행할 수 있다.
>   (1) 법인으로서 자본금이 (   )억원 이상일 것
>   (2) 「건설산업기본법」 제9조에 따라 건설업 등록을 한 자일 것
>   (3) 최근 (   )년간 연평균 주택건설실적이 (   )호 이상일 것
> 2. 등록사업자가 발행할 수 있는 주택상환사채의 규모는 최근 3년간의 연평균 주택건설호수 이내로 한다.

① 5, 3, 300   ② 3, 3, 500   ③ 5, 2, 300
④ 10, 2, 200   ⑤ 10, 2, 500

07 주택법령상 국민주택사업특별회계에 관한 설명이 틀린 것은?
상중하

> ㉠ 지방자치단체는 국민주택사업을 시행하기 위하여 국민주택사업특별회계를 설치·운용할 수 있다.
> ㉡ 지방자치단체에 설치하는 국민주택사업특별회계의 편성 및 운용에 필요한 사항은 해당 지방자치단체의 조례로 정할 수 있다.
> ㉢ 국민주택을 건설·공급하는 지방자치단체의 장은 국민주택사업특별회계의 분기별 운용 상황을 그 분기가 끝나는 달의 다음 달 10일까지 국토교통부장관에게 보고하여야 한다.

① ㉠, ㉢   ② ㉡, ㉢
③ ㉠   ④ ㉢
⑤ ㉠, ㉡

08 주택법령상 국민주택사업특별회계의 재원을 모두 고른 항목은?
상중하

> ㉠ 주택도시기금으로부터의 차입금
> ㉡ 농협은행으로부터의 차입금
> ㉢ 정부로부터의 보조금
> ㉣ 「재건축초과이익환수에 관한 법률」에 따른 재건축부담금 중 국가 귀속분

① ㉡, ㉢, ㉣   ② ㉠, ㉡, ㉢
③ ㉠, ㉢, ㉣   ④ ㉢, ㉣
⑤ ㉠, ㉡, ㉢, ㉣

주관식 단답형 문제

01 주택법 제1조(법의 목적)의 규정이다. (   )에 들어갈 용어를 순서대로 쓰시오.

> 「주택법」은 쾌적하고 살기 좋은 (   )조성에 필요한 주택의 건설·공급 및 (   )의 관리 등에 관한 사항을 정함으로써 국민의 주거안정과 주거수준의 향상에 이바지함을 목적으로 한다.

02 주택법 제2조(정의)의 규정이다. (   )에 들어갈 용어를 순서대로 쓰시오.

> "준주택"이란 주택 외의 건축물과 그 부속토지로서 주거시설로 이용가능한 시설 등을 말하며 오피스텔, 제2종 근린생활시설 및 숙박시설로서의 (   ), 노인복지시설 중 「노인복지법」에 따른 노인복지주택, (   )를 말한다.

03 주택법 제2조 제9호 규정이다. (   )에 들어갈 용어를 쓰시오.

> (   )이란(란) 토지의 소유권은 사업계획의 승인을 받아 토지임대부 분양주택 건설사업을 시행하는 자가 가지고, 건축물 및 복리시설 등에 대한 소유권(건축물의 전유부분에 대한 구분소유권은 이를 분양받은 자가 가지고, 건축물의 공용부분·부속건물 및 복리시설은 분양받은 자들이 공유한다)은 주택을 분양받은 자가 가지는 주택을 말한다.

04 주택법 제2조(정의) 규정의 일부이다. (   )에 들어갈 용어를 쓰시오.

> (   ) 공동주택이란 공동주택의 주택 내부 공간의 일부를 세대별로 구분하여 생활이 가능한 구조로 하되, 그 구분된 공간의 일부를 구분소유할 수 없는 주택으로서 대통령령으로 정하는 건설기준, 설치기준, 면적기준 등에 적합한 주택을 말한다.

05
상중하

주택법 시행령 제10조(도시형 생활주택) 규정의 일부이다. 소형 주택의 요건으로
(   )에 들어갈 숫자를 순서대로 쓰시오.

> 1. 소형 주택: 다음 각 목의 요건을 모두 갖춘 공동주택
>   가. 세대별 주거전용면적은 (   )㎡ 이하일 것
>   나. 세대별로 독립된 주거가 가능하도록 욕실 및 부엌을 설치할 것
>   다. 주거전용면적이 (   )㎡ 미만인 경우에는 욕실 및 보일러실을 제외한
>   부분을 하나의 공간으로 구성할 것
>   라. 주거전용면적이 (   )㎡ 이상인 경우에는 욕실 및 보일러실을 제외한
>   부분을 세개 이하의 침실(각각의 면적이 7㎡ 이상인 것을 말한다)과 그
>   밖의 공간으로 구성할 수 있으며, 침실이 두 개 이상인 세대수는 소형 주
>   택 전체 세대수(제2항 단서에 따라 소형 주택과 함께 건축하는 그 밖의
>   주택의 세대수를 포함한다)의 3분의 1(그 3분의 1을 초과하는 세대 중
>   세대당 주차대수를 0.7대 이상이 되도록 주차장을 설치하는 경우에는
>   해당 세대의 비율을 더하여 2분의 1까지로 한다)을 초과하지 않을 것

06
상중하

주택법 제2조(정의) 규정의 일부이다. (   )에 들어갈 용어를 쓰시오.

> (   )주택이란 저에너지 건물 조성기술 등 대통령령으로 정하는 기술을
> 이용하여 에너지 사용량을 절감하거나 이산화탄소 배출량을 저감할 수 있도록
> 건설된 주택을 말하며, 그 종류와 범위는 대통령령으로 정한다.

07
상중하

주택법 제2조(정의) 규정의 일부이다. (   )에 들어갈 용어를 쓰시오.

> "(   )"(이)란 건강하고 쾌적한 실내환경의 조성을 위하여 실내공기의 오염물
> 질 등을 최소화할 수 있도록 대통령령으로 정하는 기준에 따라 건설된 주택을
> 말한다.

08 주택법 제2조(정의) 규정의 일부이다. (   )에 들어갈 용어를 순서대로 쓰시오.

상중하

> "장수명 주택"이란 구조적으로 오랫동안 유지·관리될 수 있는 (   )을 갖추고, 입주자의 필요에 따라 내부 구조를 쉽게 변경할 수 있는 (   )과 수리 용이성 등이 우수한 주택을 말한다.

09 주택법령상 다음의 시설로 분리된 토지는 각각 별개의 주택단지로 본다. (   ) 안에 들어갈 숫자를 차례대로 쓰시오.

상중하

> 가. 철도·고속도로·자동차전용도로
> 나. 폭 (   )m 이상인 일반도로
> 다. 폭 (   )m 이상인 도시계획예정도로
> 라. '가.'부터 '다.'까지의 시설에 준하는 것으로서 대통령령으로 정하는 시설

10 주택법령상 (   ) 안에 공통으로 들어갈 용어를 쓰시오.

상중하

> • "주택단지"란 주택건설사업계획 또는 대지조성사업계획의 승인을 받아 주택과 그 (   ) 및 복리시설을 건설하거나 대지를 조성하는 데 사용되는 일단의 토지를 말한다.
> • 주택에 딸린 주차장, 관리사무소, 담장 및 주택단지 안의 도로는 (   )에 해당한다.

11 주택법 제2조(정의) 규정의 일부이다. (   )에 들어갈 용어를 쓰시오.

상중하

> (   )이란 도로·상하수도·전기시설·가스시설·통신시설·지역난방시설 등을 말한다.

12

상종하

주택법 제2조(정의) 규정의 일부이다. (㉠)에 공통적으로 들어갈 용어와 (㉡)에 공통적으로 들어갈 용어를 순서대로 쓰시오.

> "간선시설"이란 도로·상하수도·전기시설·가스시설·통신시설 및 (㉠) 등 주택단지(둘 이상의 주택단지를 동시에 개발하는 경우에는 각각의 주택단지를 말한다) 안의 (㉡)을(를) 그 주택단지 밖에 있는 같은 종류의 (㉡)에 연결시키는 시설을 말한다. 다만, 가스시설·통신시설 및 (㉠)의 경우에는 주택단지 안의 (㉡)을(를) 포함한다.

13

상종하

주택법 제2조(정의) 규정의 일부이다. ( )에 들어갈 용어를 각각 쓰시오.

> ( )(이)란 하나의 주택단지에서 대통령령으로 정하는 기준에 따라 둘 이상으로 구분되는 일단의 구역으로, 착공신고 및 ( )를 별도로 수행할 수 있는 구역을 말한다.

14

상종하

주택법령상 공구의 기준에 관한 내용으로 ( ) 안에 들어갈 숫자를 순서대로 쓰시오.

> 1. 다음의 어느 하나에 해당하는 시설을 설치하거나 공간을 조성하여 ( )m 이상의 너비로 공구 간 경계를 설정할 것
>   ① 「주택건설기준 등에 관한 규정」 제26조에 따른 주택단지 안의 도로
>   ② 주택단지 안의 지상에 설치되는 부설주차장
>   ③ 주택단지 안의 옹벽 또는 축대
>   ④ 식재, 조경이 된 녹지
>   ⑤ 그 밖에 어린이놀이터 등 부대시설이나 복리시설로서 사업계획승인권자가 적합하다고 인정하는 시설
> 2. 공구별 세대수는 ( )세대 이상으로 할 것

15

상종하

주택법 제2조(정의) 규정의 일부이다. ( )에 들어갈 용어를 쓰시오.

> 주택조합에는 지역주택조합, 직장주택조합, ( )주택조합이 있다.

16 주택법 제2조 제25호 리모델링에 관한 내용이다. (　　) 안에 들어갈 숫자를 순서 대로 각각 쓰시오.

> "리모델링"이란 법 제66조 제1항 및 제2항에 따라 건축물의 노후화 억제 또는 기능 향상 등을 위한 다음 각 목의 어느 하나에 해당하는 행위를 말한다.
> 가. 대수선(大修繕)
> 나. 제49조에 따른 사용검사일 또는 사용승인일부터 15년(15년 이상 20년 미만 의 연수 중 "시·도" 조례로 정하는 경우에는 그 연수로 한다)이 지난 공동 주택을 각 세대의 주거전용면적의 (　　)% 이내(세대의 주거전용면적이 85m² 미만인 경우에는 40% 이내)에서 증축하는 행위
> 다. 나목에 따른 각 세대의 증축 가능 면적을 합산한 면적의 범위에서 기존 세 대수의 (　　)% 이내에서 세대수를 증가하는 증축 행위
> <생략>

17 주택법 제2조(정의) 규정의 일부이다. (　　)에 들어갈 용어를 쓰시오.

> "리모델링 기본계획"이란 (　　　　　　) 리모델링으로 인한 도시과밀, 이주수 요 집중 등을 체계적으로 관리하기 위하여 수립하는 계획을 말한다.

18 주택법령 규정의 일부이다. (　　) 안에 들어갈 숫자를 순서대로 각각 쓰시오.

> 연간 단독주택의 경우에는 (　　)호, 공동주택의 경우에는 (　　)세대(도시형 생활주택의 경우와 소형 주택과 도시형 생활주택 외의 주택 1세대를 함께 건축 하는 경우에는 30세대) 이상의 주택건설사업을 시행하려는 자 또는 연간 (　　)m² 이상의 대지조성사업을 시행하고자 하는 자는 국토교통부장관에게 등록하여야 한다.

19
상중하

등록사업자의 주택건설공사 시공기준에 관한 주택법 시행령 제17조의 일부 규정이다. (　　) 안에 들어갈 숫자를 순서대로 각각 쓰시오.

> 주택건설공사를 시공하려는 등록사업자는 다음의 요건을 모두 갖추어야 한다.
> 1. 자본금이 5억원(개인인 경우에는 자산평가액 10억원) 이상일 것
> 2. 「건설기술진흥법 시행령」에 따른 건축 분야 및 토목 분야 기술인 3명 이상을 보유하고 있을 것. 이 경우 건설기술인으로서 다음 각 항목에 해당하는 건설기술인 각 1명이 포함되어야 한다.
>   ① 건축시공 기술사 또는 건축기사
>   ② 토목 분야 기술인
> 3. 최근 (　　)년간의 주택건설 실적이 (　　)호 또는 (　　)세대 이상일 것

20
상중하

주택법령 규정의 일부이다. (　　) 안에 들어갈 숫자를 쓰시오.

> 주택건설공사를 시공하는 건설사업자로 간주되는 등록사업자는 건설공사비(총공사비에서 대지구입비를 제외한 금액을 말한다)가 자본금과 자본준비금·이익준비금을 합한 금액의 (　　)배(개인인 경우에는 자산평가액의 5배)를 초과하는 건설공사를 시공할 수 없다.

21
상중하

주택법 제10조의 내용이다. (　　) 안에 들어갈 용어를 차례대로 쓰시오.

> 등록사업자는 국토교통부령으로 정하는 바에 따라 매년 (　　)실적과 영업계획 및 기술인력 보유 현황과 월별 주택분양계획 및 (　　)실적을 국토교통부장관에게 제출하여야 한다.

22
상중하

주택법 제11조의3 제1항이다. (　　) 안에 들어갈 숫자와 용어를 차례대로 쓰시오.

> 지역주택조합 또는 직장주택조합의 설립인가를 받기 위하여 조합원을 모집하려는 자는 해당 주택건설대지의 (　　)% 이상에 해당하는 토지의 사용권원을 확보하여 관할 시장·군수·구청장에게 신고하고, (　　)의 방법으로 조합원을 모집하여야 한다. 조합 설립인가를 받기 전에 신고한 내용을 변경하는 경우에도 또한 같다.

23
상중하

주택법 제11조 제2항이다. ( ) 안에 들어갈 숫자를 순서대로 쓰시오.

> 주택을 마련하기 위하여 지역주택조합이나 직장주택조합 설립인가를 받으려는 자는 해당 주택건설대지의 ( )% 이상에 해당하는 토지의 사용권원을 확보하고 해당 주택건설대지의 ( )% 이상에 해당하는 토지의 소유권을 확보할 것이 요구된다.

24
상중하

주택법 제11조 제3항이다. ( ) 안에 들어갈 내용을 차례대로 쓰시오.

> • 주택단지 전체를 리모델링하고자 하는 경우에는 주택단지 각 동(棟)의 구분소유자와 의결권의 각 ( )의 결의와 전체 구분소유자와 의결권의 각 ( ) 이상의 결의
> • 동(棟)을 리모델링하고자 하는 경우에는 그 동(棟)의 구분소유자 및 의결권의 각 ( ) 이상의 결의

25
상중하

주택법 시행령 제23조 제1항이다. ( ) 안에 들어갈 숫자를 쓰시오.

> 주택조합은 설립인가를 받은 날부터 ( )년 이내에 사업계획승인(30세대 이상 세대수가 증가하지 않는 리모델링의 경우에는 시장·군수·구청장의 허가)을 신청하여야 한다.

26
상중하

주택법 제14조의2 및 주택법 시행령 제25조의2 규정의 일부이다. ( )에 들어갈 숫자를 순서대로 쓰시오.

> • 주택조합의 발기인은 제11조의3 제1항에 따른 조합원 모집 신고가 수리된 날부터 (㉠)년이 되는 날까지 주택조합 설립인가를 받지 못하는 경우 대통령령으로 정하는 바에 따라 주택조합 가입 신청자 전원으로 구성되는 총회 의결을 거쳐 주택조합사업의 종결 여부를 결정하도록 하여야 한다.
> • 법 제14조의2 제2항에 따라 개최하는 총회는 주택조합 가입 신청자의 3분의 (㉡) 이상의 찬성으로 의결한다. 이 경우 주택조합 가입 신청자의 100분의 (㉢) 이상이 직접 출석해야 한다.

27 주택법 제14조의2 제1항이다. ( ) 안에 들어갈 숫자를 쓰시오.

주택조합은 주택조합의 설립인가를 받은 날부터 ( )년이 되는 날까지 사업계획승인을 받지 못하는 경우 대통령령으로 정하는 바에 따라 총회의 의결을 거쳐 해산 여부를 결정하여야 한다.

28 주택법 시행령 제22조이다. ( )에 들어갈 용어를 쓰시오.

조합원으로 추가모집되거나 충원되는 자가 조합원 자격 요건을 갖추었는지를 판단할 때에는 해당 조합 (   )을 기준으로 한다.

29 주택법 시행령 제26조 제1항 주택조합의 회계감사에 관한 내용이다. ( )에 들어갈 숫자를 차례대로 쓰시오.

주택조합은 다음의 각 호의 어느 하나에 해당하는 날부터 ( )일 이내에 「주식회사 등의 외부감사에 관한 법률」에 따른 감사인의 회계감사를 받아야 한다.
1. 주택조합 설립인가를 받은 날부터 ( )개월이 지난 날
2. 사업계획승인(사업계획승인 대상이 아닌 리모델링인 경우에는 허가를 말한다)을 받은 날부터 ( )개월이 지난 날
3. 사용검사 또는 임시사용승인을 신청한 날

30 사업계획의 승인에 관한 주택법 시행령 제27조의 일부 내용이다. ( ) 안에 들어갈 용어를 쓰시오.

다음의 어느 하나에 해당하는 공동주택을 건설하는 경우에는 50세대 이상인 경우 사업계획승인을 받아야 한다.
1. 다음의 요건을 모두 갖춘 단지형 연립주택 또는 단지형 다세대주택
   (1) 세대별 주거전용면적이 ( )m² 이상일 것
   (2) 해당 주택단지 진입도로의 폭이 6m 이상일 것
2. 「도시 및 주거환경정비법」에 따른 정비구역에서 (   )사업을 토지등소유자가 스스로 주택을 보전·정비·개량하는 방법으로 시행하기 위하여 건설하는 공동주택

31 주택법령상 사업계획승인의 대상에서 제외되는 규정의 일부이다. (   )에 들어갈 숫자를 순서대로 쓰시오.

> 「국토의 계획 및 이용에 관한 법률 시행령」 제30조 제1호 다목에 따른 준주거지역 또는 같은 조 제2호에 따른 상업지역(유통상업지역은 제외한다)에서 (   )세대 미만의 주택과 주택 외의 시설을 동일 건축물로 건축하는 경우로서 해당 건축물의 연면적에서 주택의 연면적이 차지하는 비율이 (   )% 미만인 경우

32 주택법 제22조 제1항 매도청구에 관한 규정이다. (   )에 들어갈 용어와 숫자를 순서대로 쓰시오.

> 「사업계획승인을 받은 사업주체는 해당 주택건설대지 중 사용할 수 있는 권원을 확보하지 못한 대지(건축물을 포함한다)의 소유자에게 그 대지를 (   )로 매도할 것을 청구할 수 있다. 이 경우 매도청구 대상이 되는 대지의 소유자와 매도청구를 하기 전에 (   )개월 이상 협의를 하여야 한다.

33 주택법 제22조 제2항에 관한 규정이다. (   )에 들어갈 용어를 쓰시오.

> 법 제66조 제2항에 따른 리모델링의 허가를 신청하기 위한 동의율을 확보한 경우 리모델링 결의를 한 리모델링주택조합은 그 리모델링 결의에 찬성하지 아니하는 자의 주택 및 토지에 대하여 (   )를 할 수 있다.

34 주택법 시행령 제29조 제1항에 관한 규정이다. (   )에 들어갈 용어를 쓰시오.

> 한국토지주택공사, 지방공사 또는 등록사업자는 동일한 규모의 주택을 대량으로 건설하려는 경우에는 국토교통부령으로 정하는 바에 따라 국토교통부장관에게 주택의 형별(型別)로 (   )를 작성·제출하여 승인을 받을 수 있다.

35 주택법령상 공동주택성능등급에 관한 규정이다. (   )에 들어갈 내용을 차례대로
쓰시오.

> 사업주체가 (   )세대 이상의 공동주택을 공급할 때에는 주택의 성능 및 품질
> 을 입주자가 알 수 있도록 「녹색건축물 조성 지원법」에 따라 다음 각 호의 공
> 동주택성능에 대한 등급을 발급받아 국토교통부령으로 정하는 방법으로
> (   )에 표시하여야 한다.
> 1. 경량충격음·중량충격음·화장실소음·경계소음 등 소음 관련 등급
> 2. 리모델링 등에 대비한 가변성 및 수리 용이성 등 구조 관련 등급
> 3. 조경·일조확보율·실내공기질·에너지절약 등 환경 관련 등급
> 4. 커뮤니티시설, 사회적 약자 배려, 홈네트워크, 방범안전 등 생활환경 관련
>   등급
> 5. 화재·소방·피난안전 등 화재·소방 관련 등급

36 주택건설기준 등에 관한 규정의 일부이다. (   )에 공통적으로 들어갈 숫자를 쓰
시오.

> 사업주체는 공동주택을 건설하는 지점의 소음도가 (   )데시벨 미만이 되도
> 록 하되, (   )데시벨 이상인 경우에는 방음벽·방음림 등의 방음시설을 설치
> 하여 해당 공동주택의 건설지점의 소음도가 (   )데시벨 미만이 되도록 소음
> 방지대책을 수립하여야 한다.

37 주택건설기준 등에 관한 규정 제15조의 일부이다. (   )에 들어갈 용어와 숫자를
순서대로 쓰시오.

> • 10층 이상인 공동주택의 경우에는 승용승강기를 (   )승강기의 구조로 하
>   여야 한다.
> • (   )층 이상인 공동주택에는 이삿짐 등을 운반할 수 있는 화물용승강기를
>   설치하여야 한다.

38 **상중하** 주택건설기준 등에 관한 규정 제26조의 일부이다. (   )에 들어갈 숫자를 순서대로 쓰시오.

> 공동주택을 건설하는 주택단지에는 폭 (   )m 이상의 보도를 포함한 폭
> (   )m 이상의 도로(보행자전용도로, 자전거 도로는 제외한다)를 설치하여야
> 한다.

39 **상중하** 주택법 제25조의 규정의 일부이다. (   ) 안에 들어갈 용어를 쓰시오.

> 주택법 제25조
> ① 타인토지에의 출입 등의 행위로 인하여 손실을 입은 자가 있는 경우에는
>   그 행위를 한 사업주체가 그 손실을 보상하여야 한다.
> ② 손실보상에 관하여는 그 손실을 보상할 자와 손실을 입은 자가 협의하여야
>   한다.
> ③ 손실을 보상할 자 또는 손실을 입은 자는 협의가 성립되지 아니하거나 협의
>   를 할 수 없는 경우에는 「공익사업을 위한 토지 등의 취득 및 보상에 관한
>   법률」에 따른 관할 (   )에 재결(裁決)을 신청할 수 있다.

40 **상중하** 다음은 주택법령상 국공유지 등의 우선매각 및 임대에 관한 설명이다. (   ) 안에 들어갈 숫자를 쓰시오.

> 국가 또는 지방자치단체는 그가 소유하는 토지를 매각하거나 임대할 때 국민
> 주택규모의 주택을 (   )% 이상으로 건설하는 주택의 건설을 목적으로 그 토
> 지의 매수 또는 임차를 원하는 자가 있으면 그에게 우선적으로 그 토지를 매각
> 하거나 임대할 수 있다.

41
상중하

환지방식에 의한 도시개발사업으로 조성된 대지의 활용에 관한 주택법 제31조의 내용이다. (   ) 안에 들어갈 숫자를 쓰시오.

> 사업주체가 국민주택용지로 사용하기 위하여 도시개발사업시행자(「도시개발법」에 따른 환지방식에 의하여 사업을 시행하는 도시개발사업의 시행자를 말한다. 이하 이 조에서 같다)에게 체비지의 매각을 요구한 경우 그 도시개발사업시행자는 대통령령으로 정하는 바에 따라 체비지의 총면적의 (   )%의 범위에서 이를 우선적으로 사업주체에게 매각할 수 있다.

42
상중하

주택법 시행령 제47조 제1항 규정의 일부이다. (   )에 공통적으로 들어갈 용어를 쓰시오.

> 사업계획승인권자는 다음 각 호의 구분에 따른 자를 주택건설공사의 감리자로 지정하여야 한다.
> 1. 300세대 미만의 주택건설공사: 다음 각 목의 어느 하나에 해당하는 자
>   가. 「건축사법」 제23조 제1항에 따라 건축사사무소개설신고를 한 자
>   나. 「건설기술 진흥법」 제26조 제1항에 따라 등록한 (   )
> 2. 300세대 이상의 주택건설공사: 「건설기술 진흥법」 제26조 제1항에 따라 등록한 (   )

43
상중하

주택법 제43조 제4항이다. (   )에 들어갈 용어를 쓰시오.

> 국토교통부장관은 계약을 체결할 때 사업주체와 감리자 간에 공정하게 계약이 체결되도록 하기 위하여 (   )를 정하여 보급할 수 있다.

44
상중하

주택법 제48조의3 제1항의 일부이다. (   )에 들어갈 용어를 쓰시오.

> 시·도지사는 (   )을 실시하고 (   )를 신청하기 전에 공동주택의 품질을 점검하여 사업계획의 내용에 적합한 공동주택이 건설되도록 할 목적으로 주택 관련 분야 등의 전문가로 구성된 공동주택품질점검단을 설치·운영할 수 있다.

45
상중하

주택법 제62조의 일부이다. (   )에 들어갈 용어와 숫자를 쓰시오.

> 1. 주택(복리시설을 포함한다)의 소유자들은 주택단지 전체 대지에 속하는 일부의 토지에 대한 소유권이전등기 말소소송 등에 따라 사용검사를 받은 이후에 해당 토지의 소유권을 회복한 자(이하 "실소유자"라 한다)에게 해당 토지를 (   )로 매도할 것을 청구할 수 있다.
> 2. 매도청구의 의사표시는 실소유자가 해당 토지 소유권을 회복한 날부터 (   )년 이내에 해당 실소유자에게 송달되어야 한다.

46
상중하

주택법 제57조(주택의 분양가격 제한 등) 제2항의 일부이다. (   )에 들어갈 용어를 쓰시오.

> ② 제1항에도 불구하고 다음 각 호의 어느 하나에 해당하는 경우에는 제1항을 적용하지 아니한다.
> <생략>
> 4의2. 「도시 및 주거환경정비법」 제2조 제2호 가목에 따른 (   )사업 및 같은 호 나목 후단에 따른 (   )사업에서 건설·공급하는 주택

47
상중하

주택법 시행령 제61조(분양가상한제 적용지역의 지정기준 등) 제1항 규정의 일부이다. (   )에 들어갈 숫자를 쓰시오.

> 법 제58조 제1항에서 "대통령령으로 정하는 기준을 충족하는 지역"이란 투기과열지구 중 다음 각 호의 어느 하나에 해당하는 지역을 말한다.
> 1. 직전월부터 소급하여 (   )개월간의 아파트 분양가격상승률이 물가상승률의 2배를 초과한 지역
> 2. 직전월부터 소급하여 3개월간의 주택매매거래량이 전년 동기 대비 (   )% 이상 증가한 지역
> 3. 직전월부터 소급하여 주택공급이 있었던 2개월 동안 해당 지역에서 공급되는 주택의 월평균 청약경쟁률이 모두 (   )대 1을 초과하였거나 해당 지역에서 공급되는 국민주택규모 주택의 월평균 청약경쟁률이 모두 10대 1을 초과한 지역

48
상중하

주택법 제65조 규정의 일부이다. (   )에 들어갈 용어와 아라비아 숫자를 쓰시오.

> 제65조(공급질서 교란 금지) ① 누구든지 이 법에 따라 건설·공급되는 주택을 공급받거나 공급받게 하기 위하여 다음 각 호의 어느 하나에 해당하는 증서 또는 지위를 양도·양수(매매·증여나 그 밖에 권리 변동을 수반하는 모든 행위를 포함하되, 상속·저당의 경우는 제외한다) …를 하여서는 아니 되며, <이하 본문 생략>
>   1. 제11조에 따라 주택을 공급받을 수 있는 지위
>   2. 제56조에 따른 입주자저축 증서
>   3. 제80조에 따른 (㉠)
>   4. 그 밖에 주택을 공급받을 수 있는 증서 또는 지위로서 대통령령으로 정하는 것
>   ②∼④ <생략>
>   ⑤ 국토교통부장관은 제1항을 위반한 자에 대하여 (㉡)년의 범위에서 국토교통부령으로 정하는 바에 따라 주택의 입주자자격을 제한할 수 있다.

49
상중하

주택법 제63조(투기과열지구의 지정 및 해제)의 규정의 일부이다. (   ) 안에 들어갈 용어를 쓰시오.

> 투기과열지구는 해당 지역의 주택가격상승률이 (   ) 보다 현저히 높은 지역으로서 그 지역의 청약경쟁률·주택가격·주택보급률 및 주택공급계획 등과 지역 주택시장 여건 등을 고려하였을 때 주택에 대한 투기가 성행하고 있거나 성행할 우려가 있는 지역 중 국토교통부령으로 정하는 기준을 충족하는 곳이어야 한다.

50
상중하

전매행위기간에 관한 주택법 시행령 제73조 제1항 관련 별표3의 일부 내용이다. (   ) 안에 들어갈 숫자를 각각 쓰시오.

> 투기과열지구에서 건설·공급된 주택의 전매제한기간은 해당 주택의 입주자로 선정된 날로부터 다음의 기간으로 한다.
> 가. 수도권: (   )년
> 나. 수도권 외의 지역: (   )년

51 주택법 시행규칙 제25조의4(조정대상지역 지정의 해제)의 내용이다. (   ) 안에 들어갈 숫자를 쓰시오.

> 국토교통부장관은 조정대상지역 지정의 해제를 요청받은 경우에는 「주거기본법」 제8조에 따른 주거정책심의위원회의 심의를 거쳐 요청받은 날부터 (   )일 이내에 해제 여부를 결정하고, 그 결과를 해당 지역을 관할하는 시·도지사 또는 시장·군수·구청장에게 통보하여야 한다.

52 주택법령상 (   ) 안에 들어갈 숫자를 순서대로 각각 쓰시오.

> 리모델링주택조합이 주택단지 전체를 리모델링하고자 하는 경우에는 주택단지 전체 구분소유자 및 의결권의 각 (   )% 이상의 동의와 각 동별 구분소유자 및 의결권의 각 (   )% 이상의 동의를 얻어야 하며, 동을 리모델링하고자 하는 경우에는 그 동의 구분소유자 및 의결권의 각 (   )% 이상의 동의를 얻어야 한다.

53 주택법령상 리모델링의 허가에 관한 내용이다. (   )에 들어갈 숫자 및 용어를 차례대로 쓰시오.

> 시장·군수·구청장이 (   )세대 이상으로 (   ) 리모델링을 허가하려는 경우에는 기반시설에의 영향이나 도시·군관리계획과의 부합 여부 등에 대하여 「국토의 계획 및 이용에 관한 법률」 제113조 제2항에 따라 설치된 시·군·구도시계획위원회의 심의를 거쳐야 한다.

54 주택법령상 공동주택 리모델링에 관한 규정이다. (   )에 들어갈 용어를 쓰시오.

> (   ) 리모델링의 설계자는 국토교통부장관이 정하여 고시하는 구조기준에 맞게 구조설계도서를 작성하여야 한다.

55 공동주택 리모델링에 관한 규정이다. ( ) 안에 공통적으로 들어갈 용어를 쓰시오.

> 1. 증축형 리모델링을 하려는 자는 시장·군수·구청장에게 ( )을 요청하여야 하며, ( )을 요청받은 시장·군수·구청장은 해당 건축물의 증축 가능 여부의 확인 등을 위하여 ( )을 실시하여야 한다.
> 2. 시장·군수·구청장은 리모델링 허가신청에 따라 수직증축형 리모델링을 허가한 후에 해당 건축물의 구조안전성 등에 대한 상세확인을 위하여 ( )을 실시하여야 한다.

56 공동주택 리모델링기본계획에 관한 규정이다. ( ) 안에 숫자를 차례대로 쓰시오.

> 특별시장·광역시장 및 대도시의 시장은 리모델링 기본계획을 수립하거나 변경하려면 ( )일 이상 주민에게 공람하고, 지방의회의 의견을 들어야 한다. 이 경우 지방의회는 의견제시를 요청받은 날부터 ( )일 이내에 의견을 제시하여야 한다.

57 공동주택 리모델링주택조합의 법인격에 관한 「주택법」 제76조 제5항 및 「도시 및 주거환경정비법」 제38조에 관한 규정이다. ( ) 안에 용어 및 숫자를 차례대로 쓰시오.

> 리모델링주택조합의 법인격에 관하여는 「도시 및 주거환경정비법」 제38조를 준용한다. 이 경우 "정비사업조합"은 "리모델링주택조합"으로 본다.
> 가. 조합은 ( )으로 한다.
> 나. 조합은 조합설립인가를 받은 날부터 ( )일 이내에 주된 사무소의 소재지에서 대통령령으로 정하는 사항을 등기하는 때에 성립한다.

58 토지임대부 분양주택의 일부 내용이다. ( )에 들어갈 아라비아 숫자를 쓰시오.

> 토지소유자는 토지임대주택을 분양받은 자와 토지임대료에 관한 약정을 체결한 후 ( )년이 지나기 전에는 토지임대료의 증액을 청구할 수 없다.

59
상중하

주택법 제78조 규정의 일부이다. (   )에 들어갈 아라비아 숫자와 용어를 쓰시오.

제78조(토지임대부 분양주택의 토지에 관한 임대차 관계) ① 토지임대부 분양주택의 토지에 대한 임대차기간은 (㉠)년 이내로 한다. 이 경우 토지임대부 분양주택 소유자의 (㉡)% 이상이 계약갱신을 청구하는 경우 40년의 범위에서 이를 갱신할 수 있다.
② 토지임대부 분양주택을 공급받은 자가 토지소유자와 임대차계약을 체결한 경우 해당 주택의 구분소유권을 목적으로 그 토지 위에 제1항에 따른 임대차기간 동안 (㉢)이(가) 설정된 것으로 본다.

60
상중하

주택법 시행령 제84조(등록사업자의 주택상환사채발행) 제1항에 따라 주택상환사채를 발행할 수 있는 등록사업자에 관한 기준이다. (   ) 안에 들어갈 숫자를 순서대로 쓰시오.

1. 법인으로서 자본금이 (   )억원 이상일 것
2. 건설산업기본법 제9조에 따라 건설업 등록을 한 자일 것
3. 최근 3년간 연평균 주택건설실적이 (   )호 이상일 것

61
상중하

주택상환사채의 상환에 관한 주택법 시행령 제86조의 일부 규정이다. (   ) 안에 들어갈 숫자와 용어를 순서대로 각각 쓰시오.

주택상환사채의 상환기간은 (   )년을 초과할 수 없다. 이 경우 상환기간은 주택상환사채발행일부터 주택의 (   )까지의 기간으로 한다.

62
상중하

주택법 제84조 제1항 규정이다. (   )에 들어갈 용어를 쓰시오.

지방자치단체는 국민주택사업을 시행하기 위하여 (   )를(을) 설치·운용하여야 한다.

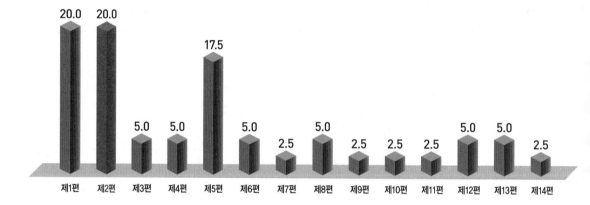

🔍 제26회 기출문제 분석

공동주택관리법은 8문제가 출제되고 있는데, 이 중 3문제는 주관식으로 출제되고 있다. 용어, 관리방법, 입주자대표회의, 장기수선계획 등, 하자담보책임, 관리주체 등 공동주택관리법은 주택관리실무와 중복되는 법이기 때문에 문항 수에 관계없이 전부 시험에 출제되는 부분이므로 빠짐없는 학습이 요구된다.

CHAPTER

01

총 설

📄 **연계학습** 기본서 p.178~182

> ⌐ 단·원·열·기
>
> 공동주택관리법은 8문제가 출제되고 있는데, 이 중 3문제는 주관식으로 출제되고 있다. 용어는 빠짐없이 꼼꼼하게 학습하는 것이 필요하다.

01 공동주택관리법령상 공동주택의 정의에 포함되는 것을 다음에서 옳게 고른 것은?

(상)(중)(하)

> ㉠ 아파트
> ㉡ 연립주택
> ㉢ 다세대주택
> ㉣ 「건축법」에 따른 건축허가를 받아 주택 외의 시설과 주택을 동일 건축물로 건축하는 건축물
> ㉤ 「주택법」에 따른 부대시설 및 복리시설(일반인에게 분양되는 복리시설은 제외한다)

① ㉠, ㉡, ㉢   ② ㉠, ㉡, ㉢, ㉣
③ ㉠, ㉡, ㉣, ㉤   ④ ㉠, ㉡, ㉢, ㉤
⑤ ㉠, ㉡, ㉢, ㉣, ㉤

02 공동주택관리법령상 관리주체에 해당하지 않는 것은?

(상)(중)(하)

① 입주자대표회의
② 관리업무를 인계하기 전의 사업주체
③ 주택관리업자
④ 자치관리기구의 대표자인 공동주택의 관리사무소장
⑤ 임대사업자 또는 「민간임대주택에 관한 특별법」 제2조 제11호에 따른 주택임대관리업자(시설물 유지·보수·개량 및 그 밖의 주택관리업무를 수행하는 경우에 한정한다)

03 공동주택관리법령상 용어를 설명한 것으로 틀린 것은?

① "의무관리대상 공동주택"이란 해당 공동주택을 전문적으로 관리하는 자를 두고 자치의결기구를 의무적으로 구성하여야 하는 등 일정한 의무가 부과되는 공동주택을 말한다.

② "혼합주택단지"란 분양을 목적으로 한 공동주택과 임대주택이 함께 있는 공동주택단지를 말한다.

③ "입주자"란 공동주택의 소유자 또는 그 소유자를 대리하는 배우자 및 직계존비속을 말한다.

④ "사용자"란 공동주택을 임차하여 사용하는 사람 등을 말한다. 이 경우 임대주택의 임차인은 포함한다.

⑤ "임대사업자"란 「민간임대주택에 관한 특별법」 제2조 제7호에 따른 임대사업자 및 「공공주택 특별법」 제4조 제1항에 따른 공공주택사업자를 말한다.

04 의무관리대상 공동주택을 설명한 것으로 틀린 것은?

① 300세대 이상의 공동주택

② 150세대 이상으로서 승강기가 설치된 공동주택

③ 150세대 이상으로서 중앙집중식난방방식(개별난방방식을 포함한다)의 공동주택

④ 「건축법」에 따른 건축허가를 받아 주택 외의 시설과 주택을 동일건축물로 건축한 건축물로서 주택이 150세대 이상인 건축물

⑤ 의무관리대상 공동주택이 아닌 공동주택 중 입주자등이 전체 입주자등의 3분의 2 이상이 서면으로 동의하여 정하는 공동주택

공동주택의 관리방법

📖 **연계학습** 기본서 p.183~195

┌ 단·원·열·기 ┐

의무관리대상 공동주택, 자치관리, 위탁관리, 혼합주택의 관리 등 전반적인 학습이 필요하다.

01 공동주택관리법령상 공동주택의 관리방법에 관한 설명으로 옳지 않은 것은?
상용하
① 전체 입주자등의 10분의 1 이상이 서면으로 제안하고 전체 입주자등의 과반수가 찬성하면 의무관리대상 공동주택 관리방법을 변경할 수 있다.
② 의무관리대상 공동주택을 입주자등이 자치관리할 것을 정한 경우 자치관리기구의 대표자는 입주자대표회의의 회장이 겸임한다.
③ 입주자대표회의는 국토교통부령으로 정하는 바에 따라 500세대 이상의 단위로 나누어관리하게 할 수 있다.
④ 입주자대표회의는 공동주택을 공동관리하는 경우에는 공동관리 단위별로 공동주택관리기구를 구성하여야 한다.
⑤ 입주자등은 의무관리대상 공동주택을 자치관리하거나 주택관리업자에게 위탁하여 관리하여야 한다.

02 공동주택관리법령상 의무관리대상 공동주택의 관리방법에 관한 설명으로 옳지 않은 것은?
상용하
① 자치관리기구 관리사무소장은 입주자대표회의가 입주자대표회의 구성원 과반수의 찬성으로 선임한다.
② 공동주택을 건설한 사업주체는 입주예정자의 과반수가 입주할 때까지 그 공동주택을 관리하여야 한다.
③ 관리사무소장은 자치관리기구가 갖추어야 하는 기술인력을 겸직할 수 있다.
④ 혼합주택단지의 관리에 관한 사항 중 장기수선계획의 조정은 입주자대표회의와 임대사업자가 공동으로 결정하여야 한다.
⑤ 입주자대표회의의 회장은 공동주택 관리방법의 결정(위탁관리하는 방법을 선택한 경우에는 그 주택관리업자의 선정을 포함한다) 또는 변경결정에 관한 신고를 하려는 경우에는 그 결정일 또는 변경결정일부터 30일 이내에 신고서를 시장·군수·구청장에게 제출해야 한다.

03 공동주택관리법령상 의무관리공동주택의 전환에 관한 설명으로 옳지 않은 것은?

① 의무관리대상 공동주택으로 전환되는 공동주택의 관리인은 시장·군수·구청장에게 의무관리대상 공동주택 전환 신고를 하여야 한다.

② 의무관리대상 공동주택으로 전환되는 공동주택의 관리인이 신고하지 않는 경우에는 입주자등의 10분의 1 이상이 연서하여 신고할 수 있다.

③ 의무관리대상 전환 공동주택의 입주자등은 관리규약의 제정 신고가 수리된 날부터 3개월 이내에 입주자대표회의를 구성하여야 한다.

④ 관리규약의 제정 신고가 수리된 날부터 3개월 이내에 공동주택의 관리방법을 결정하여야 한다.

⑤ 의무관리대상 전환 공동주택의 입주자등이 공동주택을 위탁관리할 것을 결정한 경우 입주자대표회의는 입주자대표회의의 구성 신고가 수리된 날부터 6개월 이내에 주택관리업자를 선정하여야 한다.

04 공동주택관리법령상 공동주택의 관리방법에 관한 설명으로 옳지 않은 것은?

① 사업주체는 입주자대표회의의 회장으로부터 주택관리업자의 선정을 통지받은 날부터 1개월 이내에 해당 공동주택의 관리주체에게 공동주택의 관리업무를 인계하여야 한다.

② 입주자등은 전체 입주자등의 10분의 1 이상이 제안하고 전체 입주자등의 과반수가 찬성하면 공동주택의 관리방법을 변경할 수 있다.

③ 입주자등이 공동주택의 관리 요구를 받았을 때에는 입주예정자가 과반이 입주한 날부터 3개월 이내에 입주자를 구성원으로 하는 입주자대표회의를 구성하여야 한다.

④ 입주자등은 기존 주택관리업자의 관리 서비스가 만족스럽지 못한 경우에는 전체 입주자등의 과반수의 서면동의가 있으면 새로운 주택관리업자 선정을 위한 입찰에서 기존 주택관리업자의 참가를 제한하도록 입주자대표회의에 요구할 수 있다.

⑤ 공동주택의 관리업무를 기존 관리의 종료일까지 인계·인수가 이루어지지 아니한 경우 기존 관리주체는 기존 관리의 종료일부터 1개월 이내에 새로운 관리주체에게 공동주택의 관리업무를 인계하여야 한다.

05 공동주택관리법령상 자치관리에 관한 설명으로 옳지 않은 것은?

상중하

① 주택관리업자에게 위탁관리하다가 자치관리로 관리방법을 변경하는 경우 입주자대표회의는 그 위탁관리의 종료일로부터 6개월 이내에 자치관리기구를 구성하여야 한다.

② 자치관리기구는 입주자대표회의의 감독을 받는다.

③ 입주자대표회의는 선임된 관리사무소장이 해임되거나 그 밖의 사유로 결원이 되었을 때에는 그 사유가 발생한 날부터 30일 이내에 새로운 관리사무소장을 선임하여야 한다.

④ 입주자대표회의 구성원은 자치관리기구의 직원을 겸할 수 없다.

⑤ 기술인력 상호간에는 겸직할 수 없는 것이 원칙이나 예외적으로 입주자대표회의가 구성원의 과반수 찬성으로 의결하는 방법으로 겸직을 허용하는 경우도 있다.

06 공동주택관리법령상 위탁관리에 관한 설명으로 틀린 것은?

상중하

① 의무관리대상 공동주택의 입주자 등이 공동주택을 위탁관리할 것을 정한 경우에는 입주자대표회의는 전자입찰방식에 따라 주택관리업자를 선정하여야 한다.

② ①의 경우 선정방법 등이 전자입찰방식을 적용하기 곤란한 경우로서 국토교통부장관이 정하여 고시하는 경우에는 전자입찰방식으로 선정하지 아니할 수 있다.

③ 국토교통부장관이 정하여 고시하는 경우 외에는 입주자대표회의 과반수의 찬성으로 경쟁입찰의 방법으로 주택관리업자를 선정하여야 한다.

④ 입주자대표회의의 감사가 입찰과정 참관을 원하는 경우에는 참관할 수 있도록 하여야 한다.

⑤ 계약기간은 장기수선계획의 조정 주기를 고려하여 정하여야 한다.

PART

02

07 공동주택관리법령상 혼합주택단지의 입주자대표회의와 임대사업자가 혼합주택단
<u>상중하</u> 지의 관리에 관하여 공동으로 결정하여야 하는 사항을 다음에서 옳게 고른 것은?

> ㉠ 관리방법의 결정 및 변경
> ㉡ 주택관리업자의 선정
> ㉢ 장기수선계획의 조정
> ㉣ 장기수선충당금 및 특별수선충당금을 사용하는 주요시설의 교체 및 보수에
> 관한 사항
> ㉤ 관리비 등을 사용하여 시행하는 각종 공사 및 용역에 관한 사항

① ㉠, ㉡, ㉢   ② ㉠, ㉡, ㉢, ㉣

③ ㉠, ㉡, ㉣, ㉤   ④ ㉠, ㉡, ㉢, ㉤

⑤ ㉠, ㉡, ㉢, ㉣, ㉤

08 공동주택관리법령상 혼합주택단지의 관리에 관한 설명으로 옳지 않은 것은?
<u>상중하</u>
① 입주자대표회의와 임대사업자는 혼합주택단지의 관리에 관한 사항을 공동
으로 결정하여야 한다.

② 민간임대주택 관리규약의 제정 및 개정에 관한 사항은 임차인대표회의가
구성된 혼합주택단지에서는 임대사업자는 「민간임대주택에 관한 특별법」
의 임차인대표회의와 사전에 협의하여야 한다.

③ 혼합주택단지의 입주자대표회의와 임대사업자가 혼합주택단지의 관리방법
의 결정 및 변경은 공동으로 결정하여야 한다.

④ 입주자대표회의 또는 임대사업자는 혼합주택단지의 관리에 관한 공동결정
사항에 관한 결정이 이뤄지지 않는 경우에는 공동주택관리 분쟁조정위원회
에 분쟁의 조정을 신청할 수 있다.

⑤ 장기수선충당금을 사용하는 주요시설의 교체 및 보수에 관한 사항에 대해
입주자대표회의와 임대사업자 간의 합의가 이뤄지지 않는 경우 해당 혼합
주택단지 공급면적의 2분의 1을 초과하는 면적을 관리하는 입주자대표회의
또는 임대사업자가 결정한다.

공동주택의 의사결정

📖 **연계학습** 기본서 p.196~238

단·원·열·기

입주자대표회의 구성, 동별 대표자의 자격, 관리규약, 회계감사, 장기수선계획 및 장기수선충당금 등 빠짐없는 학습이 요구된다.

01 공동주택관리법령상 의무관리대상 공동주택의 동별 대표자에 관한 설명으로 옳지 않은 것은?

① 동별 대표자는 동별 대표자 선출공고에서 정한 각종 서류 제출 마감일을 기준으로 일정한 요건을 갖춘 입주자 중에서 대통령령으로 정하는 바에 따라 선거구 입주자등의 보통·평등·직접·비밀선거를 통하여 선출한다.

② 동별 대표자 후보자가 없는 선거구에서는 공동주택관리법령으로 정하는 요건을 갖춘 사용자도 동별 대표자로 선출될 수 있다.

③ 동별 대표자 후보자가 2명 이상인 경우 해당 선거구 전체 입주자등의 과반수가 투표하고 후보자 중 최다득표자를 선출한다.

④ 동별 대표자 후보자가 1명인 경우 해당 선거구 전체 입주자등의 과반수가 투표하고 투표자 과반수의 찬성으로 선출한다.

⑤ 동별 대표자의 임기는 2년으로 하며 한 번만 중임할 수 있다. 이 경우 보궐선거 또는 재선거로 선출된 동별 대표자의 임기가 1년 미만인 경우에는 임기의 횟수에 포함하지 않는다.

02 공동주택관리법령상 동별 대표자의 결격사유를 설명한 것으로 틀린 것은?

① 미성년자, 피성년후견인, 피한정후견인

② 주택의 소유자가 서면으로 위임한 대리권이 없는 소유자의 배우자나 직계존비속

③ 「소방기본법」을 위반한 범죄로 벌금형 선고를 받고 2년이 지나지 아니한 사람

④ 해당 공동주택의 동별 대표자를 사퇴한 날로부터 1년이 지나지 않은 사람

⑤ 선거관리위원회 위원(사퇴하거나 해임 또는 해촉된 사람으로서 그 남은 임기 중에 있는 사람을 포함한다)

03 공동주택관리법령상 동별 대표자의 결격사유가 옳은 것으로 묶인 항목은?
_{상 중 하}

> ㉠ 파산자로서 복권이 된 사람
> ㉡ 「건축법」을 위반한 범죄로 금고형의 실형선고를 받고 그 집행이 면제된 날
> 부터 2년이 지난 사람
> ㉢ 징역형의 집행유예선고를 받고 그 유예기간 중에 있는 사람
> ㉣ 해당 공동주택 관리주체의 소속 임직원과 해당 공동주택 관리주체에 용역을
> 공급하거나 사업자로 지정된 자의 소속 임원
> ㉤ 관리비 등을 최근 3개월 이상 연속하여 체납한 사람

① ㉢, ㉣, ㉤
② ㉠, ㉡, ㉢
③ ㉡, ㉣, ㉤
④ ㉠, ㉢, ㉤
⑤ ㉡, ㉢, ㉣, ㉤

04 공동주택관리법령상 입주자대표회의의 구성에 관한 설명으로 틀린 것은?
_{상 중 하}

① 동별 대표자 선거구는 2개 동 이상으로 묶거나, 통로나 층별로 구획하여 정
할 수 있다.
② 동별 대표자 선거관리위원회 위원을 사퇴한 사람으로서 동별 대표자 선출
공고에서 정한 서류제출 마감일을 기준으로 그 남은 임기 중에 있는 사람은
동별 대표자가 될 수 없다.
③ 관리규약에 동별 대표자가 임기 중에 관리비를 최근 3개월 이상 연속하여
체납한 경우에는 해임한다는 규정이 있는 경우 해당 선거구 전체 입주자등
의 과반수가 투표하고 투표자의 과반수 찬성으로 해임한다.
④ 공동주택의 입주자대표회의 회장 및 감사는 입주자등의 보통·평등·직
접·비밀선거를 통하여 선출한다.
⑤ 공동주택을 임차하여 사용하는 사람의 동별 대표자 결격사유는 그를 대리
하는 자에게 미치지 않는다.

05
상·중·하

공동주택관리법령상 의무관리대상 공동주택의 입주자대표회의와 그 임원 구성에 관한 내용으로 틀린 것을 모두 고른 것은?

> ㉠ 입주자대표회의는 동별 대표자 4명 이상으로 구성하되, 동별 세대수에 비례하여 시·도 조례로 정한 선거구에 따라 선출된 대표자로 구성한다.
> ㉡ 공동주택의 입주자대표회의의 회장 후보자가 2명인 경우, 전체 입주자등의 10분의 1 이상이 투표하고 후보자 중 최다득표를 한 동별 대표자 1명을 입주자대표회의 회장으로 선출한다.
> ㉢ 입주자대표회의에 두는 감사 후보자가 선출필요인원을 초과하는 경우에는 후보자별로 전체 입주자등의 10분의 1 이상이 투표하고 투표자 과반수의 찬성으로 선출한다.

① ㉢
② ㉠, ㉡
③ ㉠, ㉢
④ ㉡, ㉢
⑤ ㉠, ㉡, ㉢

06
상·중·하

공동주택관리법령상 입주자대표회의의 회장의 선출에 관한 설명으로 틀린 것은?

① 회장 후보자가 2명 이상인 경우에는 전체 입주자등의 10분의 1 이상이 투표하고 후보자 중 최다득표자를 선출한다.
② 회장 후보자가 1명인 경우에는 전체 입주자등의 10분의 1 이상이 투표하고 투표자 과반수의 찬성으로 선출한다.
③ 후보자가 없거나 규정에 따라 선출된 자가 없거나 500세대 미만의 공동주택 단지에서 관리규약으로 정하는 경우 입주자대표회의 구성원 과반수의 찬성으로 선출한다.
④ ③의 경우 입주자대표회의 구성원 과반수 찬성으로 선출할 수 없는 경우로서 최다득표자가 2인 이상인 경우에는 재선거로 선출한다.
⑤ 사용자인 동별 대표자는 회장이 될 수 없다. 다만, 입주자인 동별 대표자 중에서 회장 후보자가 없는 경우로서 선출 전에 전체 입주자 과반수의 서면동의를 얻은 경우에는 그러하지 아니하다.

07 공동주택관리법령상 입주자대표회의의 감사의 선출에 관한 설명으로 틀린 것은?

① 감사는 2명 이상을 입주자등의 보통·평등·직접·비밀선거를 통하여 선출한다.

② 후보자가 선출필요인원을 초과하는 경우에는 전체 입주자등의 10분의 1 이상이 투표하고 후보자 중 다득표자 순으로 선출한다.

③ 후보자가 선출필요인원과 같거나 미달하는 경우에는 후보자별로 전체 입주자등의 10분의 1 이상이 투표하고 투표자 과반수의 찬성으로 선출한다.

④ 후보자가 없거나 규정에 따라 선출된 자가 없거나(선출된 자가 선출필요인원에 미달하여 추가선출이 필요한 경우를 제외한다) 500세대 미만의 공동주택 단지에서 관리규약으로 정하는 경우 입주자대표회의 구성원 과반수의 찬성으로 선출한다.

⑤ 입주자대표회의 구성원 과반수 찬성으로 선출할 수 없는 경우로서 최다득표자가 2인 이상인 경우에는 추첨으로 선출한다.

08 공동주택관리법령상 입주자대표회의의 이사의 선출에 관한 설명으로 옳은 것은?

① 이사는 1명 이상을 입주자등의 보통·평등·직접·비밀선거를 통하여 선출한다.

② 후보자가 2명 이상인 경우에는 전체 입주자등의 10분의 1 이상이 투표하고 후보자 중 최다득표자를 선출한다.

③ 후보자가 1명인 경우에는 전체 입주자등의 10분의 1 이상이 투표하고 투표자 과반수의 찬성으로 선출한다.

④ 500세대 미만의 공동주택 단지에서만 입주자대표회의 구성원 과반수의 찬성으로 선출한다.

⑤ 입주자대표회의 구성원 과반수의 찬성으로 선출하며, 입주자대표회의 구성원 과반수 찬성으로 선출할 수 없는 경우로서 최다득표자가 2인 이상인 경우에는 추첨으로 선출한다.

09 공동주택관리법령상 입주자대표회의에 관한 설명으로 옳지 않은 것은?
상 중 하

① 입주자대표회의의 구성원 중 사용자인 동별 대표자가 과반수인 경우에는 대통령령으로 그 의결방법 및 의결사항을 달리 정할 수 있다.

② 입주자대표회의는 관리규약으로 정하는 바에 따라 회장이 그 명의로 소집한다.

③ 장기수선계획의 수립 또는 조정에 관한 사항을 의결하고자 전체 입주자등의 10분의 1 이상이 요청하는 때에는 회장은 해당일부터 14일 이내에 입주자대표회의를 소집하여야 한다.

④ 입주자대표회의는 주택관리업자가 공동주택을 관리하는 경우에는 주택관리업자의 직원인사·노무관리 등의 업무수행에 부당하게 간섭해서는 아니 된다.

⑤ 입주자대표회의는 그 회의를 개최한 때에는 회의록을 작성하여 관리주체에게 보관하게 하고, 관리주체는 입주자등이 회의록의 열람을 청구하거나 자기의 비용으로 복사를 요구하는 때에는 관리규약으로 정하는 바에 따라 이에 응하여야 한다.

10 공동주택관리법령상 입주자대표회의의 의결사항이 아닌 것은?
상 중 하

① 단지 안의 전기·도로·상하수도·주차장·가스설비·냉난방설비 및 승강기 등의 유지·운영 기준

② 어린이집을 포함한 주민공동시설 위탁운영의 제안

③ 비용지출을 수반하는 안전관리계획의 수립 또는 조정

④ 공용시설물 이용료 부과기준의 결정

⑤ 관리규약에서 위임한 사항과 그 시행에 필요한 규정의 제정·개정 및 폐지

11 공동주택관리법령상 전체 입주자등의 과반수 찬성으로 의결하는 사항을 모두 고른 것은?

상중하

> ㉠ 공동주택 관리방법의 결정
> ㉡ 관리규약 개정의 확정
> ㉢ 공용시설물 이용료 부과기준의 결정
> ㉣ 관리비 등의 결산의 승인
> ㉤ 장기수선계획에 따른 공동주택의 공용부분의 보수·교체 및 개량

① ㉠, ㉡, ㉢　　　　② ㉠, ㉡　　　　③ ㉠, ㉢, ㉤
④ ㉡, ㉢　　　　⑤ ㉡, ㉢, ㉤

12 공동주택관리법령상 선거관리위원회에 관한 설명으로 틀린 것은?

상중하

① 선거관리위원회는 관리규약으로 정한 구성원 과반수의 찬성으로 그 의사를 결정한다.

② 선거관리위원회는 입주자등 중에서 위원장을 포함하여 500세대 이상인 공동주택은 5명 이상 9명 이하의 위원으로 구성하며, 500세대 미만인 공동주택은 3명 이상 9명 이하의 위원으로 구성한다.

③ 500세대 이상인 공동주택은 「선거관리위원회법」 제2조에 따른 선거관리위원회 소속 직원 1명을 관리규약으로 정하는 바에 따라 위원으로 위촉할 수 있다.

④ 선거관리위원회 위원장은 동별 대표자 후보자 또는 동별 대표자에 대한 범죄경력의 확인을 경찰관서의 장에게 요청하여야 한다.

⑤ 선거관리위원회의 구성·운영·업무·경비, 위원의 선임·해임 및 임기 등에 관한 사항은 시·도조례로 정한다.

13 공동주택관리법령상 선거관리위원회 위원의 결격사유에 해당하는 것을 모두 고른 것은?

상중하

> ㉠ 동별 대표자 또는 그 후보자(그 배우자 또는 직계존비속)
> ㉡ 미성년자, 피성년후견인 또는 피한정후견인
> ㉢ 동별 대표자를 사퇴하거나 그 지위에서 해임된 사람 또는 법 제14조 제5항에 따라 퇴임한 사람으로서 그 남은 임기 중에 있는 사람
> ㉣ 선거관리위원회 위원을 사퇴하거나 그 지위에서 해임 또는 해촉된 사람으로서 그 남은 임기 중에 있는 사람

① ㉠, ㉡, ㉢
② ㉠, ㉡, ㉣
③ ㉠, ㉢, ㉣
④ ㉡, ㉢, ㉣
⑤ ㉠, ㉡, ㉢, ㉣

14 공동주택관리법상 입주자대표회의 구성원에 대한 교육에 관한 설명으로 틀린 것은?

상중하

① 입주자대표회의 구성원은 매년 4시간 이상의 운영·윤리교육을 이수하여야 한다.

② 시장·군수·구청장은 입주자대표회의 구성원 또는 입주자등에 대하여 입주자대표회의의 운영·윤리교육을 하려면 교육 10일 전까지 공고하거나 교육대상자에게 알려야 한다.

③ 공동주택의 하자보수에 관한 사항은 입주자대표회의의 구성원의 교육내용에 포함한다.

④ 입주자대표회의 구성원에 대한 운영·윤리교육의 수강비용은 입주자대표회의 운영경비에서 부담한다.

⑤ 운영·윤리교육을 이수하지 아니한 입주자대표회의 구성원에 대해서는 법 제93조 제1항(공동주택의 관리에 관한 감독)에 따라 필요한 조치를 하여야 한다.

15 공동주택관리법령상 관리규약에 관한 설명으로 옳은 것은?

① 관리규약을 개정한 경우 입주자대표회의의 회장은 관리규약이 개정된 날부터 30일 이내에 시장·군수·구청장에게 이를 신고하여야 한다.

② 입주자대표회의의 회장은 관리규약을 보관하여 입주자등이 열람을 청구하거나 복사를 요구하면 이에 응하여야 한다.

③ 입주자등이 정한 관리규약은 관리주체가 정한 관리규약준칙을 따라야 하고, 관리규약준칙에 반하는 관리규약은 효력이 없다.

④ 입주자등의 지위를 승계한 사람이 관리규약에 동의하지 않으면 그 사람에게는 관리규약의 효력이 미치지 않는다.

⑤ 입주자대표회의가 공동주택 관리규약을 위반한 경우 공동주택의 관리주체는 전체 입주자등의 10분의 2 이상의 동의를 받아 지방자치단체의 장에게 감사를 요청할 수 있다.

16 공동주택관리법령상 관리규약에 관한 설명으로 옳지 않은 것은?

① 공동주택 분양 후 최초의 관리규약은 사업주체가 제안한 내용을 해당 입주예정자의 과반수가 서면으로 동의하는 방법으로 결정한다.

② 의무관리대상 전환 공동주택의 관리규약 제정안은 의무관리대상 전환 공동주택의 관리인이 제안하고, 그 내용을 전체 입주자등 과반수의 서면동의로 결정한다.

③ 사업주체가 입주자대표회의가 구성되기 전에 공동주택의 어린이집·다함께돌봄센터·공동육아나눔터의 임대계약을 체결하려는 경우에는 입주개시일 3개월 전부터 관리규약 제정안을 제안할 수 있다.

④ 관리규약을 개정하려는 경우에는 입주자대표회의의 의결로 제안하거나 전체 입주자 등의 10분의 1 이상이 제안하고, 전체 입주자 등의 과반수가 찬성하는 방법으로 결정한다.

⑤ 입주자대표회의의 회장은 관리규약을 개정한 경우 시장·군수·구청장으로부터 승인을 받아야 한다.

www.pmg.co.kr

17 공동주택관리법령상 관리규약준칙에 포함되지 않은 것은?

① 관리규약을 위반한 자 및 공동생활의 질서를 문란하게 한 자에 대한 조치
② 장기수선충당금의 적립금액
③ 경비원등 근로자에 대한 괴롭힘의 금지 및 발생시 조치에 관한 사항
④ 공동주택의 층간소음에 관한 사항 및 간접흡연
⑤ 관리비등을 납부하지 아니한 자에 대한 조치 및 가산금의 부과

18 공동주택관리법령상 의무관리대상 공동주택의 관리비등에 관한 설명으로 옳지 않은 것은?

① 의무관리대상 공동주택의 입주자등은 그 공동주택의 유지관리를 위하여 필요한 관리비를 관리주체에게 납부하여야 한다.
② 관리주체는 인양기 등 공용시설물의 이용료를 해당 시설의 사용자에게 따로 부과할 수 있다.
③ 관리주체는 보수를 요하는 시설이 2세대 이상의 공동사용에 제공되는 경우에는 직접 보수하고 해당 입주자등에게 그 비용을 따로 부과할 수 있다.
④ 공동주택의 관리주체는 입주자등이 납부하는 대통령령으로 정하는 사용료등을 입주자등을 대행하여 그 사용료등을 받을 자에게 납부할 수 있다.
⑤ 관리주체는 관리비등을 입주자대표회의가 지정하는 금융기관에 예치하여 관리하되, 장기수선충당금은 별도의 계좌로 예치·관리하여야 한다. 이 경우 계좌는 관리사무소장의 직인 외에 입주자대표회의의 회장 인감을 복수로 등록해야 한다.

96   주택관리관계법규

19 공동주택관리법령상 관리주체가 입주자등을 대행하여 사용료를 받을 자에게 납부를 하기 위해 징수하는 사용료의 내역을 다음에서 옳게 고른 것은?

> ㉠ 장기수선충당금
> ㉡ 경비비
> ㉢ 수선유지비
> ㉣ 전기료
> ㉤ 가스사용료
> ㉥ 입주자대표회의의 운영경비
> ㉦ 지능형 홈네트워크 설비유지비
> ㉧ 지역난방방식인 공동주택의 난방비와 급탕비

① ㉠, ㉡, ㉢, ㉦
② ㉣, ㉤, ㉥, ㉧
③ ㉠, ㉡, ㉤, ㉥
④ ㉡, ㉢, ㉣, ㉧
⑤ ㉡, ㉤, ㉦, ㉧

20 공동주택관리법령상 의무관리대상 공동주택의 관리비등에 관한 내용으로 옳은 것은?

① 관리비는 관리비 비목의 전년도 금액의 합계액을 12로 나눈 금액을 매월 납부한다.

② 관리비를 납부받는 관리주체는 관리비와 사용료등의 세대별 부과내역을 해당 공동주택단지의 인터넷 홈페이지에 공개하여야 한다.

③ 관리주체는 장기수선충당금에 대해서는 관리비와 구분하여 징수하여야 한다.

④ 관리주체는 관리비예치금을 납부한 소유자가 공동주택의 소유권을 상실하면 미납한 관리비·사용료가 있더라도 징수한 관리비예치금 전액을 반환하여야 한다.

⑤ 잡수입의 경우에는 관리주체는 그 내역을 해당 공동주택단지의 인터넷 홈페이지에만 공개한다.

21

상중하

공동주택관리법령상 관리주체에 관한 설명으로 옳지 않은 것은?

① 의무관리대상 공동주택의 관리주체는 다음 회계연도에 관한 관리비등의 사업계획 및 예산안을 매 회계연도 개시 1개월 전까지 입주자대표회의에 제출하여 승인을 받아야 한다.

② 사업주체 또는 의무관리대상 전환 공동주택의 관리인으로부터 공동주택의 관리업무를 인계받은 관리주체는 지체 없이 다음 회계연도가 시작되기 전까지의 기간에 대한 사업계획 및 예산안을 수립하여 입주자대표회의의 승인을 받아야 한다.

③ ②의 경우 다음 회계연도가 시작되기 전까지의 기간이 3개월 미만인 경우로서 입주자대표회의 의결이 있는 경우에는 생략할 수 있다.

④ 의무관리대상 공동주택의 관리주체는 회계연도마다 사업실적서 및 결산서를 작성하여 회계연도 종료 후 1개월 이내에 입주자대표회의에 제출하여야 한다.

⑤ 의무관리대상 공동주택의 관리주체 또는 입주자대표회의는 선정한 주택관리업자 또는 공사, 용역 등을 수행하는 사업자와 계약을 체결하는 경우 계약체결일부터 1개월 이내에 그 계약서를 해당 공동주택단지의 인터넷 홈페이지 및 동별 게시판에 공개하여야 한다.

22

상중하

공동주택관리법령상 의무관리대상 공동주택의 관리주체의 직무에 관한 설명으로 옳지 않은 것은?

① 공용부분에 관한 시설을 교체한 경우에는 그 실적을 시설별로 이력관리하여야 하며, 공동주택관리정보시스템에도 등록하여야 한다.

② 소방시설에 관한 안전관리계획을 수립하여야 한다.

③ 안전관리계획에 따라 시설물별로 안전관리자 및 안전관리책임자를 지정하여 이를 시행하여야 한다.

④ 회계연도마다 사업실적서 및 결산서를 작성하여 회계연도 종료 후 2개월 이내에 입주자대표회의에 제출하여야 한다.

⑤ 회계감사의 감사인을 선정하여야 한다.

23 공동주택관리법령상 의무관리대상 공동주택의 입주자대표회의가 관리비등의 집행을 위한 사업자를 선정하고 집행하는 사항에 해당하는 것을 모두 고른 것은?

> ⊙ 장기수선충당금을 사용하는 공사
> ⓒ 하자보수보증금을 사용하여 보수하는 공사
> ⓒ 잡수입의 취득(공동주택의 어린이집 임대에 따른 잡수입의 취득은 제외)
> ⓔ 전기안전관리를 위한 용역

① ⊙, ⓒ   ② ⓒ, ⓔ

③ ⊙, ⓔ   ④ ⓒ

⑤ ⊙, ⓒ, ⓒ, ⓔ

24 공동주택관리법령상 회계감사에 관한 설명으로 옳지 않은 것은?

① 의무관리대상 공동주택의 관리주체는 대통령령으로 정하는 바에 따라 「주식회사 등의 외부감사에 관한 법률」 제2조 제7호에 따른 감사인의 회계감사를 매년 1회 이상 받아야 한다.

② 300세대 이상인 공동주택은 해당 연도에 회계감사를 받지 아니하기로 입주자 등의 3분의 2 이상의 서면동의를 받은 경우 그 연도는 감사인의 회계감사 대상에서 제외된다.

③ 300세대 미만인 공동주택은 해당 연도에 회계감사를 받지 아니하기로 입주자 등의 과반수의 서면동의를 받은 경우 그 연도는 감사인의 회계감사 대상에서 제외된다.

④ 회계감사를 받아야 하는 공동주택의 관리주체는 매 회계연도 종료 후 3개월 이내에 해당 재무제표에 대하여 회계감사를 받아야 한다.

⑤ 회계감사의 감사인은 입주자대표회의가 선정한다.

25 공동주택관리법령상 장기수선계획에 관한 설명으로 옳지 않은 것은?

① 중앙집중식난방방식의 공동주택을 건설·공급하는 사업주체는 대통령령으로 정하는 바에 따라 그 공동주택의 공용부분에 대한 장기수선계획을 수립하여야 한다.

② 장기수선계획을 수립하는 자는 국토교통부령으로 정하는 기준에 따라 장기수선계획을 수립하여야 한다. 이 경우 해당 공동주택의 건설비용을 고려하여야 한다.

③ 입주자대표회의와 관리주체는 장기수선계획을 3년마다 검토하고 필요한 경우 이를 국토교통부령으로 정하는 바에 따라 조정하여야 한다.

④ 입주자대표회의와 관리주체는 주요시설을 신설하는 등 관리여건상 필요하여 전체 입주자등 과반수의 찬성이 있는 경우에는 3년이 경과하기 전에 장기수선계획을 조정할 수 있다.

⑤ 관리주체는 장기수선계획을 검토하기 전에 해당 공동주택의 관리사무소장으로 하여금 국토교통부령으로 정하는 바에 따라 시·도지사가 실시하는 장기수선계획의 비용산출 및 공사방법 등에 관한 교육을 받게 할 수 있다.

26 공동주택관리법령상 장기수선충당금에 관한 설명으로 옳지 않은 것은?

① 관리주체는 장기수선계획에 따라 공동주택의 주요 시설의 교체 및 보수에 필요한 장기수선충당금을 해당 주택의 입주자등으로부터 징수하여 적립하여야 한다.

② 공동주택 중 분양되지 아니한 세대의 장기수선충당금은 사업주체가 부담한다.

③ 장기수선충당금은 해당 공동주택에 대한 다음의 구분에 따른 날부터 1년이 경과한 날이 속하는 달부터 매달 적립한다.

④ 장기수선충당금은 산정공식은 월간 세대별 장기수선충당금 = [장기수선계획 기간 중의 수선비총액 ÷ (총공급면적 × 12 × 계획기간(년))] × 세대당 주택공급면적이다.

⑤ 공동주택의 소유자는 장기수선충당금을 사용자가 대신하여 납부한 경우에는 그 금액을 반환하여야 한다.

27 공동주택관리법령상 장기수선계획 및 장기수선충당금에 관한 설명으로 옳지 않은 것은?

① 「건축법」에 따른 건축허가를 받아 주택 외의 시설과 주택을 동일 건축물로 건축한 건축물의 건축주는 장기수선계획을 수립하여야 한다.

② 장기수선충당금의 요율은 당해 공동주택의 공용부분의 내구연한 등을 감안하여 장기수선계획에서 정하고 적립금액은 관리규약으로 정한다.

③ 관리주체는 공동주택의 사용자가 장기수선충당금의 납부 확인을 요구하는 경우에는 지체 없이 확인서를 발급해 주어야 한다.

④ 건설임대주택을 분양전환한 이후 관리업무를 인계하기 전까지의 장기수선충당금 요율은 「민간임대주택에 관한 특별법 시행령」 또는 「공공주택 특별법 시행령」에 따른 특별수선충당금 적립요율에 따른다.

⑤ 조정된 장기수선계획에 따라 공동주택의 주요시설을 교체하거나 보수하지 아니하면 1천만원 이하의 과태료를 부과한다.

28 공동주택관리법령상 의무관리대상 공동주택의 관리주체가 안전관리계획을 수립하는 시설물을 다음에서 모두 고른 것은?

| ㉠ 개별난방시설 | ㉡ 세대별로 설치된 연탄가스배출기 |
| ㉢ 소방시설 | ㉣ 주택 내에 설치된 전기설비 |

① ㉠, ㉡   ② ㉢   ③ ㉠, ㉡, ㉢

④ ㉡, ㉢   ⑤ ㉠, ㉡, ㉢, ㉣

29 공동주택관리법령상 공동주택 시설물에 대한 안전관리기준에 관한 설명으로 틀린 것은?

① 석축·옹벽·법면은 해빙기진단과 우기진단을 각 연 1회 실시해야 한다.

② 어린이놀이터는 매분기 1회 이상 안전진단과 연 2회 이상 위생진단을 실시해야 한다.

③ 승강기는 안전진단을 매분기 1회 이상 실시해야 한다.

④ 전기실·기계실은 안전진단을 매분기 1회 이상 실시해야 한다.

⑤ 중앙집중식난방시설은 연 1회 월동기진단을 실시해야 한다.

30 공동주택관리법령상 공동주택의 안전점검에 관한 설명으로 틀린 것은?

상중하

① 의무관리대상 공동주택의 관리주체는 그 공동주택의 기능유지와 안전성 확보로 입주자등을 재해 및 재난 등으로부터 보호하기 위하여 공동주택의 안전점검을 실시하여야 한다.

② 의무관리대상 공동주택의 안전점검은 반기에 1회 이상 하여야 한다.

③ 관리주체는 안전점검의 결과 건축물의 구조·설비의 안전도가 매우 낮아 재해 및 재난 등이 발생할 우려가 있는 경우에는 해당 건축물의 이용 제한 또는 보수 등 필요한 조치를 하여야 한다.

④ ③에 따라 시장·군수·구청장은 보고받은 공동주택에 대하여 조치를 하고 매월 1회 이상 점검을 실시하여야 한다.

⑤ 의무관리대상 공동주택의 입주자대표회의 및 관리주체는 건축물과 공중의 안전 확보를 위하여 건축물의 안전점검과 재난예방에 필요한 예산을 매년 확보하여야 한다.

31 공동주택관리법령상 16층 이상의 공동주택 및 15층 이하의 공동주택으로서 사용검사일부터 30년이 경과한 공동주택 또는 안전등급이 C등급, D등급 또는 E등급에 해당하는 공동주택에 대하여 안전점검을 실시해야 하는 자 중 해당되지 않는 자는?

상중하

① 「시설물의 안전 및 유지관리에 관한 특별법 시행령」 제9조에 따른 책임기술자로서 해당 공동주택단지의 관리직원인 자

② 「시설물의 안전 및 유지관리에 관한 특별법」 제28조에 따라 등록한 안전진단전문기관

③ 「기술사법」에 따라 등록한 기술사

④ 주택관리사등이 된 후 국토교통부령으로 정하는 교육기관에서 「시설물의 안전 및 유지관리에 관한 특별법 시행령」 별표5에 따른 정기안전점검교육을 이수한 자 중 관리사무소장으로 배치된 자 또는 해당 공동주택단지의 관리직원인 자

⑤ 「건설산업기본법」 제9조에 따라 국토교통부장관에게 등록한 유지관리업자

32 공동주택관리법령상 공동주택 관리주체가 시장·군수·구청장의 허가를 받거나 신고를 하여야 하는 행위는?

① 세대구분형 공동주택을 설치하는 행위
② 공동주택의 창틀·문틀의 교체
③ 공동주택의 세대 내 천장·벽·바닥의 마감재 교체
④ 공동주택의 급·배수관 등 배관설비의 교체
⑤ 공동주택의 세대내 난방설비의 교체(시설물의 파손·철거를 제외한다)

PART

02

하자담보책임 및 하자분쟁조정

🗐 **연계학습** 기본서 p.239~264

┌ **단·원·열·기**

하자담보책임기간, 하자담보책임을 청구할 수 있는 자, 하자담보책임을 지는 자, 하자보수보증금, 하자심사, 하자분쟁조정, 하자분쟁재정 등 빠짐없이 정리할 것이 요구된다.

01

공동주택관리법령상 하자보수 등에 관한 설명으로 옳지 않은 것은?

① 사업주체는 담보책임기간에 공동주택에 하자가 발생한 경우에는 하자 발생으로 인한 손해를 배상할 책임이 있다.

② 하자보수청구 등에 관하여 입주자대표회의를 대행하는 관리주체는 공용부분의 하자에 대해 하자보수의 청구를 할 수 있다.

③ 의무관리대상 공동주택의 사업주체는 담보책임기간이 만료되기 30일 전까지 그 만료예정일을 해당 의무관리대상 공동주택의 입주자대표회의에 서면으로 통보하여야 한다.

④ 전유부분에 대한 하자보수가 끝난 때에는 사업주체와 입주자는 담보책임기간이 만료되기 전에 공동으로 담보책임 종료확인서를 작성할 수 있다.

⑤ 공공임대주택의 전유부분에 대한 담보책임기간은 임차인에게 인도한 날부터 기산한다.

02

공동주택관리법령상 담보책임기간에 공동주택에 하자가 발생한 경우, 하자보수의 청구에 관한 설명으로 틀린 것은?

① 입주자는 전유부분의 하자에 대해 하자보수의 청구를 할 수 있다.

② 분양전환공공임대주택의 임차인대표회의는 전유부분의 하자에 대해 하자보수의 청구를 할 수 있다.

③ 임차인대표회의는 공용부분의 하자에 대해 하자보수의 청구를 할 수 있다.

④ 하자보수청구 등에 관하여 입주자대표회의를 대행하는 관리주체는 공용부분의 하자에 대해 하자보수의 청구를 할 수 있다.

⑤ 「집합건물의 소유 및 관리에 관한 법률」에 따른 관리단은 공용부분의 하자에 대해 하자보수의 청구를 할 수 있다.

03 공동주택관리법령상 사업주체의 담보책임 및 하자보수에 관한 설명으로 옳은 것은?

① 사업주체는 공동주택의 전유부분은 사용검사일(사용승인일)로부터, 공용부분은 입주자에게 인도한 날부터 공동주택의 내력구조부별 및 시설공사별로 10년의 범위에서 대통령령으로 하자가 발생한 때에는 공동주택의 입주자대표회의등의 청구에 따라 그 하자를 보수해야 한다.

② 사업주체는 하자보수를 청구받은 날부터 30일 이내에 그 하자를 보수하거나 하자보수계획을 입주자대표회의등에 서면으로 통보하고 그 계획에 따라 하자를 보수하여야 한다.

③ 사업주체는 담보책임기간이 만료되기 10일 전까지 그 만료 예정일을 해당 공동주택의 관리주체에게 서면으로 통보하여야 한다.

④ 보수결과를 통보받은 입주자대표회의등은 통보받은 날부터 30일 이내에 이유를 명확히 기재한 서면으로 사업주체에게 이의를 제기할 수 있다.

⑤ 사업주체는 담보책임기간에 공동주택에 하자가 발생한 경우에는 하자보수책임은 있으나 하자 발생으로 인한 손해배상할 책임은 없다.

04 공동주택관리법령상 사업주체의 하자담보책임기간이 가장 긴 시설공사는?

① 조경공사
② 지붕공사
③ 신재생에너지설비공사
④ 철근콘크리트공사
⑤ 기초공사

05 공동주택관리법령상 사업주체는 하자보수보증금을 은행에 현금으로 예치하거나 하자보수보증금 지급을 보장하는 보증에 가입하여야 한다. 이 경우 예치증서로 해당하지 않는 것은?

① 주택도시보증공사가 발행하는 보증서
②「건설산업기본법」에 따른 건설공제조합이 발행하는 보증서
③ 한국부동산원이 발행하는 보증서
④「중소기업은행법」에 따른 중소기업은행이 발행하는 보증서
⑤「보험업법」에 따른 보증보험회사가 발행하는 이행보증보험증권

06 공동주택관리법령상 하자보수보증금에 관한 설명으로 틀린 것은?

① 사업주체는 대통령령으로 정하는 바에 따라 하자보수를 보장하기 위하여 하자보수보증금을 담보책임기간 동안 예치하여야 한다.

② 사용검사권자는 입주자대표회의가 구성된 때에는 지체 없이 예치명의 또는 가입명의를 해당 입주자대표회의로 변경하고 입주자대표회의에 현금 예치 증서 또는 보증서를 인계하여야 한다.

③ 의무관리대상 공동주택의 경우에는 하자보수보증금의 사용 후 30일 이내에 그 사용내역을 국토교통부령으로 정하는 바에 따라 시장·군수·구청장에게 신고하여야 한다.

④ 사용검사일로부터 5년이 경과된 때에는 하자보수보증금의 100분의 40을 사업주체에게 반환하여야 한다.

⑤ 입주자대표회의로부터 하자보수보증금의 지급청구를 받은 하자보수보증서 발급기관은 청구일로부터 30일 이내에 하자보수보증금을 지급하여야 한다.

07 공동주택관리법령상 하자담보책임에 관한 내용으로 틀린 것은?

① 「주택법」 제66조에 따른 리모델링을 수행한 시공자는 수급인의 담보책임을 진다.

② 「공공주택 특별법」에 따라 임대한 후 분양전환을 목적으로 공급하는 공동주택을 공급한 사업주체의 분양전환이 되기 전까지의 공용부분에 대한 하자담보책임기간은 임차인에게 인도한 날부터 기산한다.

③ 내력구조부별(「건축법」 제2조 제1항 제7호에 따른 건물의 주요구조부) 하자에 대한 담보책임기간은 10년이다.

④ 태양광설비공사 등 신재생에너지 설비공사의 담보책임기간은 3년이다.

⑤ 한국토지주택공사가 사업주체인 경우 하자보수보증금 예치의무가 없다.

08 공동주택관리법령상 공동주택의 하자담보책임에 관한 설명으로 옳지 않은 것은?

① 입주자대표회의등 또는 임차인등은 공동주택에 하자가 발생한 경우에는 담보책임기간이 경과하여도 사업주체에게 하자보수를 청구할 수 있다.

② 시장·군수·구청장은 입주자대표회의등 및 임차인등이 하자보수를 청구한 사항에 대하여 사업주체가 정당한 사유 없이 응하지 아니할 때에는 시정을 명할 수 있다.

③ 사업주체는 담보책임기간이 만료되기 30일 전까지 그 만료 예정일을 해당 공동주택의 입주자대표회의, 관리단 또는 해당 공공임대주택의 임차인대표회의에 서면으로 통보하여야 한다.

④ 사업주체는 하자보수 청구를 받은 사항에 대하여 지체 없이 보수하고 그 보수결과를 서면으로 입주자대표회의등 또는 임차인등에 통보해야 한다. 다만, 하자가 아니라고 판단한 사항에 대해서는 그 이유를 명확히 기재하여 서면으로 통보해야 한다.

⑤ ④에 따라 보수결과를 통보받은 입주자대표회의등 또는 임차인등은 통보받은 날부터 30일 이내에 이유를 명확히 기재한 서면으로 사업주체에게 이의를 제기할 수 있다.

09 공동주택관리법령상 입주자대표회의등의 하자보수 청구에 이의가 있는 경우 사업주체가 입주자대표회의등과 협의하여 보수책임이 있는 하자범위에 해당하는지 여부 등 하자진단을 의뢰할 수 있는 안전진단기관이 아닌 것은?

① 건축분야 안전진단전문기관

② 「기술사법」에 따라 등록한 해당 분야의 기술사

③ 한국건설기술연구원

④ 「엔지니어링산업 진흥법」에 따라 신고한 해당 분야의 엔지니어링사업자

⑤ 「건설산업기본법」에 따른 건설분쟁조정위원회

10 공동주택관리법령상 시장·군수·구청장이 공동주택의 구조안전에 중대한 하자가
있다고 인정하는 경우에 해당 공동주택의 안전진단을 의뢰할 수 있는 기관이 아닌
것은?

① 「국토안전관리원법」에 따른 국토안전관리원
② 「과학기술분야 정부출연연구기관 등의 설립·운영 및 육성에 관한 법률」에
따른 한국건설기술연구원
③ 국립 또는 공립의 주택 관련 시험·검사기관
④ 「고등교육법」의 대학 및 산업대학의 부설연구기관(상설기관으로 한정한다)
⑤ 「시설물의 안전 및 유지관리에 관한 특별법 시행령」에 따른 건축분야 안전
진단전문기관

11 공동주택관리법령상 하자분쟁조정위원회가 하자감정을 요청할 수 있는 안전진단
기관이 아닌 것은?

① 국토안전관리원
② 「건축사법」에 따라 설립한 건축사협회
③ 「고등교육법」에 따른 대학 및 산업대학의 주택 관련 부설연구기관(상설기관
으로 한정한다)
④ 한국건설기술연구원
⑤ 국립 또는 공립의 주택 관련 시험·검사기관

12 공동주택관리법령상 하자심사·분쟁조정 또는 분쟁재정에 관한 설명으로 옳지 않은 것은?

① 하자분쟁조정위원회에 하자심사·분쟁조정 또는 분쟁재정(이하 "조정등"이라 한다)을 신청하려는 자는 국토교통부령으로 정하는 바에 따라 신청서를 제출하여야 한다.

② 신청한 조정등 사건 중에서 여러 사람이 공동으로 조정등의 당사자가 되는 사건(이하 "단체사건"이라 한다)의 경우에는 그 중에서 3명 이하의 사람을 대표자로 선정할 수 있다.

③ 하자분쟁조정위원회는 단체사건의 당사자들에게 대표자를 선정하도록 서면으로 명령할 수 있다.

④ 하자 여부의 조사는 현장실사 등을 통하여 하자가 주장되는 부위와 설계도서를 비교하여 측정하는 등의 방법으로 한다.

⑤ 공동주택의 하자보수비용은 실제 하자보수에 소요되는 공사비용으로 산정하되, 하자보수에 필수적으로 수반되는 부대비용을 추가할 수 있다.

13 공동주택관리법령상 하자심사·분쟁조정위원회에 관한 설명으로 옳지 않은 것은?

① 하자분쟁조정위원회는 위원장 1명을 포함한 60명 이내의 위원으로 구성하며, 위원장은 상임으로 한다.

② 하자심사·분쟁조정위원 중에는 공동주택 하자에 관한 학식과 경험이 풍부한 자로서 공인된 대학이나 연구기관에서 부교수 이상 또는 이에 상당하는 직에 재직한 자가 9명 이상 포함되어야 한다.

③ 하자 여부 판정 또는 분쟁조정을 다루는 분과위원회는 하자분쟁조정위원회의 위원장(이하 "위원장"이라 한다)이 지명하는 9명 이상 15명 이하의 위원으로 구성한다.

④ 분쟁재정을 다루는 분과위원회는 위원장이 지명하는 5명의 위원으로 구성하되, 판사·검사 또는 변호사의 직에 6년 이상 재직한 사람이 1명 이상 포함되어야 한다.

⑤ 위원장은 분과위원회별로 사건의 심리 등을 위하여 전문분야 등을 고려하여 3명 이상 5명 이하의 위원으로 소위원회를 구성할 수 있다.

14 공동주택관리법령상 하자심사·분쟁조정위원회에 관한 설명으로 옳지 않은 것은?

상중하

① 하자분쟁조정위원회는 분쟁조정 신청을 받으면 조정절차 계속 중에도 당사자에게 하자보수 및 손해배상 등에 관한 합의를 권고할 수 있다. 이 경우 권고는 조정절차의 진행에 영향을 미친다.

② 하자분쟁조정위원회는 조정등의 사건의 처리 절차가 진행되는 도중에 한쪽 당사자가 법원에 소송을 제기한 경우에는 조정등의 신청을 각하한다.

③ 하자 여부 판정 결과에 대하여 이의가 있는 자는 하자 여부 판정서를 송달받은 날부터 30일 이내에 이의신청을 할 수 있다.

④ 하자분쟁조정위원회는 이의신청이 있는 경우에는 하자 여부 판정을 의결한 분과위원회가 아닌 다른 분과위원회에서 해당 사건에 대하여 재심의를 하도록 하여야 한다.

⑤ 재심의를 하는 분과위원회가 당초의 하자 여부 판정을 변경하기 위하여는 재적위원 과반수의 출석으로 개의하고 출석위원 3분의 2 이상의 찬성으로 의결하여야 한다.

15 공동주택관리법령상 하자심사·분쟁조정위원회에 관한 설명으로 틀린 것은?

상중하

① 하자분쟁조정위원회는 그 신청을 받은 날부터 하자심사 및 분쟁조정은 90일 (공용부분의 경우 60일) 이내에 그 절차를 완료하여야 한다.

② 하자분쟁조정위원회는 신청사건의 내용에 흠이 있는 경우에는 상당한 기간을 정하여 그 흠을 바로잡도록 명할 수 있다.

③ ②의 경우 신청인이 흠을 바로잡지 아니하면 하자분쟁조정위원회의 결정으로 조정등의 신청을 각하(却下)한다.

④ 조정등의 신청기간 이내에 조정등을 완료할 수 없는 경우에는 해당 사건을 담당하는 분과위원회 또는 소위원회의 의결로 그 기간을 1회에 한하여 연장할 수 있으나, 그 기간은 30일 이내로 한다.

⑤ 위원장이 기명날인한 조정서 정본을 지체 없이 각 당사자 또는 그 대리인에게 송달하면 조정서의 내용은 재판상 화해와 동일한 효력이 있다.

16 공동주택관리법령상 하자심사·분쟁조정위원회의 분쟁재정에 관한 설명으로 옳지
않은 것은?

① 하자분쟁조정위원회는 분쟁의 재정을 위하여 심문(審問)의 기일을 정하고 대통령령으로 정하는 바에 따라 당사자에게 의견을 진술하게 하여야 한다.

② 분쟁조정에 회부된 사건에 관하여 당사자 간에 합의가 이루어지지 아니하였을 때에는 재정절차를 계속 진행하고, 합의가 이루어졌을 때에는 재정의 신청은 철회된 것으로 본다.

③ 하자분쟁조정위원회는 그 신청을 받은 날부터 분쟁재정은 150일(공용부분의 경우 180일) 이내에 그 절차를 완료하여야 한다.

④ 하자분쟁조정위원회는 재정절차를 완료한 경우에는 대통령령으로 정하는 사항을 기재하고 재정에 참여한 위원이 기명날인한 재정문서의 정본을 각 당사자 또는 그 대리인에게 송달하여야 한다.

⑤ 재정문서는 그 정본이 당사자에게 송달된 날부터 30일 이내에 당사자 양쪽 또는 어느 한쪽이 그 재정의 대상인 공동주택의 하자담보책임을 원인으로 하는 소송을 제기하지 아니하거나 그 소송을 취하한 경우 재판상 화해와 동일한 효력이 있다.

공동주택의 전문관리

📖 **연계학습** 기본서 p.265~284

┌ **단 · 원 · 열 · 기** ┐

주택관리업의 등록, 관리주체의 업무 및 관리사무소장의 업무, 주택관리사등의 자격, 공동주택관리분쟁조
정위원회 등을 중심으로 학습할 것이 요구된다.

01
상중하
공동주택관리법령상 주택관리업에 관한 설명으로 옳지 않은 것은?

① 주택관리업을 하려는 자는 대통령령으로 정하는 바에 따라 시장 · 군수 · 구
청장에게 등록하여야 한다.

② 주택관리업의 등록기준 중 "자본금"이란 법인인 경우에는 자산평가액을, 법
인이 아닌 경우에는 주택관리업을 영위하기 위한 출자금을 말한다.

③ 등록은 주택관리사(임원 또는 사원의 3분의 1 이상이 주택관리사인 상사법
인을 포함한다)가 신청할 수 있다.

④ 주택관리사등은 관리사무소장의 업무를 집행하면서 고의 또는 과실로 입주
자에게 재산상의 손해를 입힌 경우에는 그 손해를 배상할 책임이 있다.

⑤ 시장 · 군수 · 구청장은 주택관리업자가 과실로 공동주택을 잘못 관리하여
입주자 및 사용자에게 재산상의 손해를 입힌 경우에는 대통령령으로 정하는
바에 따라 영업정지를 갈음하여 2천만원 이하의 과징금을 부과할 수 있다.

02
상중하
공동주택관리법령상 주택관리업자의 등록기준 중 옳은 것을 모두 고른 것은?

┌───┐
ㄱ 자본금: 1억원 이상
ㄴ 전기 분야 기술자: 전기산업기사 이상의 기술자 1명 이상
ㄷ 고압가스 관련 기술자: 가스기능사의 자격을 가진 사람 1명 이상
ㄹ 주택관리사: 주택관리사보 1명 이상
ㅁ 시설 · 장비: 5마력 이상의 양수기 1대 이상, 절연저항계 1대 이상, 사무실
└───┘

① ㄱ, ㄴ, ㄷ, ㄹ   ② ㄱ, ㄷ, ㄹ

③ ㄷ, ㄹ, ㅁ   ④ ㄴ, ㄷ, ㅁ

⑤ ㄱ, ㄹ, ㅁ

03 공동주택관리법령상 주택관리업에 관한 설명으로 옳은 것은?

① 주택관리업을 하려는 자는 국토교통부장관에게 등록하여야 한다.

② 주택관리업의 등록을 하려는 자는 자본금(법인이 아닌 경우 자산평가액을 말한다)이 2억원 이상이어야 한다.

③ 등록을 한 주택관리업자가 그 등록이 말소된 후 3년이 지나지 아니한 때에는 다시 등록할 수 없다.

④ 주택관리업자는 관리하는 공동주택에 배치된 주택관리사 등이 해임 그 밖의 사유로 결원이 된 때에는 그 사유가 발생한 날부터 30일 이내에 새로운 주택관리사등을 배치하여야 한다.

⑤ 주택관리업자의 지위에 관하여 공동주택관리법에 규정이 있는 것 외에는 「상법」을 준용한다.

04 공동주택관리법령상 시장·군수·구청장이 주택관리업자에게 반드시 영업정지처분을 해야 하는 경우를 다음에서 옳게 고른 것은?

> ㉠ 부정하게 재물 또는 재산상의 이익을 취득하거나 제공한 경우
> ㉡ 관리비·사용료와 장기수선충당금을 이 법에 따른 용도 외의 목적으로 사용한 경우
> ㉢ 고의 또는 과실로 공동주택을 잘못 관리하여 소유자 및 사용자에게 재산상의 손해를 입힌 경우

① ㉠, ㉢   ② ㉡   ③ ㉠, ㉡
④ ㉡, ㉢   ⑤ ㉠, ㉡, ㉢

05 공동주택관리법령상 공동주택 관리주체의 업무에 해당하는 것을 모두 고른 것은?

> ㉠ 관리비 및 사용료의 징수와 공과금 등의 납부대행
> ㉡ 장기수선충당금의 징수·적립 및 관리
> ㉢ 공동주택의 전유부분의 유지·보수·안전관리
> ㉣ 하자보수보증금의 예치

① ㉠, ㉢   ② ㉠, ㉡   ③ ㉠, ㉣
④ ㉡, ㉢   ⑤ ㉢, ㉣

06 공동주택관리법령상 관리사무소장에 관한 설명으로 옳지 않은 것은?

① 관리사무소장은 그 배치 내용과 업무의 집행에 사용할 직인을 시장·군수·구청장에게 신고하여야 한다.
② 관리사무소장은 입주자대표회의에서 의결하는 공동주택의 개량업무와 관련하여 입주자대표회의를 대리하여 재판상 또는 재판 외의 행위를 할 수 있다.
③ 500세대 미만의 의무관리대상 공동주택에는 주택관리사를 갈음하여 주택관리사보를 해당 공동주택의 관리사무소장으로 배치할 수 있다.
④ 관리사무소장은 선량한 관리자의 주의로 그 직무를 수행하여야 한다.
⑤ 해당 공동주택의 시설물 안전관리계획의 수립 및 조정, 장기수선계획의 수립 및 조정에 관한 업무를 수행한다.

07 공동주택관리법령상 관리사무소장의 업무에 대한 부당간섭배제에 관한 규정으로 옳지 않은 것은?

① 입주자대표회의 및 입주자등은 관리사무소장의 업무에 대하여 폭행, 협박 등 위력을 사용하여 정당한 업무를 방해하는 행위를 해서는 안 된다.
② 관리사무소장은 입주자대표회의 또는 입주자등이 ①을 위반한 경우 입주자대표회의 또는 입주자등에게 그 위반사실을 설명하고 해당 행위를 중단할 것을 요청하거나 부당한 지시 또는 명령의 이행을 거부할 수 있으며, 시장·군수·구청장에게 이를 보고하고, 사실 조사를 의뢰할 수 있다.
③ 시장·군수·구청장은 사실 조사를 의뢰받은 때에는 7일 이내 조사를 마치고, ①을 위반한 사실이 있다고 인정하는 경우 입주자대표회의 및 입주자등에게 필요한 명령 등의 조치를 하여야 한다.
④ 시장·군수·구청장은 사실 조사 결과 또는 필요한 명령 등의 조치 결과를 지체 없이 입주자대표회의, 해당 입주자등, 주택관리업자 및 관리사무소장에게 통보하여야 한다.
⑤ 입주자대표회의는 ②에 따른 보고나 사실 조사 의뢰 또는 ③에 따른 명령 등을 이유로 관리사무소장을 해임하거나 해임하도록 주택관리업자에게 요구하여서는 아니 된다.

08 공동주택관리법령상 관리사무소장의 손해배상책임에 관한 설명으로 옳은 것은?

① 손해배상책임을 보장하기 위한 보증보험 또는 공제에 가입하거나 공탁을 한 후 해당 공동주택의 관리사무소장으로 배치된 날에 보증보험 등에 가입한 사실을 입증하는 서류를 제출하여야 한다.

② 500세대 미만의 공동주택에 관리사무소장으로 배치된 주택관리사는 관리사무소장의 손해배상책임을 보장하기 위하여 5천만원을 보장하는 보증보험 또는 공제에 가입하거나 공탁을 하여야 한다.

③ 주택관리사등은 보증보험금·공제금 또는 공탁금으로 손해배상을 한 때에는 30일 이내에 보증보험 또는 공제에 다시 가입하거나 공탁금 중 부족하게 된 금액을 보전하여야 한다.

④ 보증기간이 만료되어 다시 보증설정을 하려는 자는 그 보증기간 만료일 다음날까지 다시 보증설정을 하여야 한다.

⑤ 주택관리사등은 관리사무소장의 손해배상책임을 보장하기 위하여 가입한 보증보험을 공탁으로 변경하려는 경우에는 보증설정의 효력이 소멸한 후에 할 수 있다.

09 공동주택관리법령상 주택관리사보 또는 주택관리사의 결격사유에 해당하지 않는 것은?

① 미성년자

② 파산선고를 받은 후 복권되지 아니한 사람

③ 금고 이상의 실형의 선고를 받고 그 집행이 끝난 날로부터 2년이 지나지 아니한 사람

④ 금고 이상의 형의 집행유예선고를 받고 그 유예기간 중에 있는 사람

⑤ 주택관리사의 자격이 취소된 후 3년이 지나지 않은 사람

10
상 중 하

공동주택관리법령상 시·도지사가 주택관리사등의 자격을 취소하여야 하는 경우가 아닌 것은?

① 공동주택의 관리업무와 관련하여 금고 이상의 형을 선고받은 경우
② 의무관리대상 공동주택에 취업한 주택관리사등이 다른 공동주택 및 상가·오피스텔 등 주택 외의 시설에 취업한 경우
③ 고의 또는 중대한 과실로 공동주택을 잘못 관리하여 소유자 및 사용자에게 재산상의 손해를 입힌 경우
④ 다른 사람에게 자기의 명의를 사용하여 「공동주택관리법」에서 정한 업무를 수행하게 한 경우
⑤ 주택관리사등이 자격정지기간에 공동주택관리업무를 수행한 경우

11
상 중 하

공동주택관리법령상 주택관리사등의 교육에 관한 설명으로 틀린 것은?

① 주택관리업자(법인인 경우에는 직원을 말한다)와 관리사무소장으로 배치받은 주택관리사등은 시·도지사로부터 공동주택관리에 관한 교육과 윤리교육을 받아야 한다.
② 주택관리업자는 주택관리업의 등록을 한 날부터 3개월 이내 공동주택관리에 관한 교육과 윤리교육을 받아야 한다.
③ 관리사무소장은 관리사무소장으로 배치된 날(주택관리사보로서 관리사무소장이던 사람이 주택관리사의 자격을 취득한 경우에는 그 자격취득일을 말한다)부터 3개월 이내 공동주택관리에 관한 교육과 윤리교육을 받아야 한다.
④ 관리사무소장으로 배치받으려는 주택관리사등이 배치예정일부터 직전 5년 이내에 관리사무소장·공동주택관리기구의 직원 또는 주택관리업자의 임직원으로서 종사한 경력이 없는 경우에는 시·도지사가 실시하는 공동주택관리에 관한 교육과 윤리교육을 이수하여야 관리사무소장으로 배치받을 수 있다.
⑤ 공동주택의 관리사무소장으로 배치받아 근무 중인 주택관리사등은 교육을 받은 후 3년마다 국토교통부령으로 정하는 바에 따라 공동주택관리에 관한 교육과 윤리교육을 받아야 한다.

12 공동주택관리법령상 공동주택관리 분쟁조정위원회(이하 '분쟁조정위원회')에 관한 설명으로 옳은 것은? (단, 조례는 고려하지 않음)

① 분쟁조정위원회는 공동주택 전유부분의 유지·보수·개량 등에 관한 사항을 심의·조정한다.

② 중앙분쟁조정위원회는 해당 사건들을 분리하거나 병합한 경우에는 조정의 당사자로부터 지체 없이 동의를 받아야 한다.

③ 300세대 이상의 공동주택단지에서 발생한 분쟁은 중앙분쟁조정위원회의 관할이다.

④ 분쟁조정위원회는 여러 사람이 공동으로 조정의 당사자가 되는 사건의 당사자들에게 3명 이하의 사람을 대표자로 선정하도록 권고할 수 있다

⑤ 중앙분쟁조정위원회에는 공인회계사·세무사·건축사의 자격이 있는 사람으로서 10년 이상 근무한 사람이 3명 이상 포함되어야 한다.

13 공동주택관리법령상 공동주택관리 분쟁조정위원회의 심의·조정 사항이 아닌 것은? (단, 다른 법령 및 조례는 고려하지 않음)

① 입주자대표회의의 구성·운영 및 동별 대표자의 자격·선임·해임·임기에 관한 사항

② 공동주택의 하자담보책임 및 하자보수 등과 관련한 분쟁에 관한 사항

③ 관리비·사용료 및 장기수선충당금 등의 징수·사용 등에 관한 사항

④ 공동주택 공용부분의 유지·보수·개량 등에 관한 사항

⑤ 혼합주택단지에서의 분쟁에 관한 사항

14 공동주택관리법상 중앙분쟁조정위원회 조정절차를 설명한 것으로 (   )에 들어갈 숫자가 차례대로 옳게 된 것을 모두 고른 것은?

> 중앙분쟁조정위원회는 조정절차를 개시한 날부터 (   )일 이내에 그 절차를 완료한 후 조정안을 작성하여 지체 없이 이를 각 당사자에게 제시하여야 한다. 다만, 부득이한 사정으로 (   )일 이내에 조정절차를 완료할 수 없는 경우 중앙분쟁조정위원회는 그 기간을 연장할 수 있다. 이 경우 그 사유와 기한을 명시하여 당사자에게 서면으로 통지하여야 한다.

① 15, 30　　　　　② 14, 14　　　　　③ 30, 30

④ 15, 15　　　　　⑤ 7, 7

보칙 및 벌칙

☐ 연계학습 기본서 p.285~293

┌ 단·원·열·기 ┐

공동주택 관리비리, 행정형벌, 과태료 처분 등은 기출문제 중심으로 해당 법령을 학습하는 것이 필요하다.

01 공동주택관리법령상 공동주택 관리비리에 관한 내용으로 옳은 것은?

상중하

① 시·도지사는 공동주택 관리비리 신고센터를 설치하여야 한다.

② 신고를 하려는 자는 구두나 유·무선으로 신고할 수 있다.

③ 공동주택 관리비리 신고센터의 장은 시·도지사가 된다.

④ 신고센터는 확인 결과 신고서가 신고자의 인적사항이나 신고내용의 특정에 필요한 사항을 갖추지 못한 경우에는 신고자로 하여금 15일 이내의 기간을 정하여 이를 보완하게 할 수 있다. 다만, 15일 이내에 자료를 보완하기 곤란한 사유가 있다고 인정되는 경우에는 신고자와 협의하여 보완기간을 따로 정할 수 있다.

⑤ 공동주택관리법령에 따라 신고사항에 대한 조사 및 조치를 요구받은 지방자치단체의 장은 요구를 받은 날부터 30일 이내에 조사 및 조치를 완료하여야 한다. 다만, 30일 이내에 처리가 곤란한 경우에는 한 차례만 30일 이내의 범위에서 그 기간을 연장할 수 있다.

02 공동주택관리법령상 행정형벌에 해당하는 것은?

상중하

① 의무관리대상 공동주택을 관리하는 주택관리업자가 주택관리사를 해당 공동주택의 관리사무소장으로 배치하지 않은 경우

② 입주자대표회의등이 하자보수보증금을 「공동주택관리법」에 따른 용도 외의 목적으로 사용한 경우

③ 사업주체가 입주자대표회의로부터 주택관리업자의 선정을 통지받고 대통령령으로 정한 기간 이내에 해당 관리주체에게 공동주택의 관리업무를 인계하지 않은 경우

④ 입주자대표회의 및 관리주체가 장기수선충당금을 「주택법」에 따른 용도 외의 목적으로 사용한 경우

⑤ 300세대 이상인 공동주택의 입주자가 입주자대표회의를 구성하고 시장·군수·구청장에게 신고를 하지 않은 경우

주관식 단답형 문제

01 공동주택관리법 제2조 규정의 일부이다. (   )에 들어갈 용어를 쓰시오.
상중하

> (   )란 공동주택의 입주자 등을 대표하여 관리에 관한 주요사항을 결정하기 위하여 제14조에 따라 구성하는 자치 의결기구를 말한다.

02 공동주택관리법 제2조(정의) 규정의 일부이다. (   )에 들어갈 용어를 순서대로
상중하 쓰시오.

> ① 이 법에서 사용하는 용어의 뜻은 다음과 같다.
> (1.~ 9. 생략)
> 10. 관리주체란 주택을 관리하는 다음 각 목의 자를 말한다.
> 가. 제6조 제1항에 따른 자치관리기구의 대표자인 공동주택의 관리사무소장
> 나. 제13조 제1항에 따라 관리업무를 인계하기 전의 사업주체
> 다. 주택관리업자
> 라. (   )
> 마. 「민간임대주택에 관한 특별법」 제2조 제11호에 따른 (   )(시설물 유지·개량 및 그 밖의 주택관리 업무를 수행하는 경우에 한정한다)

03 공동주택관리법 제2조(정의) 규정의 일부이다. (   )에 들어갈 아라비아 숫자를
상중하 쓰시오.

> "의무관리대상 공동주택"이란 해당 공동주택을 전문적으로 관리하는 자를 두고 자치 의결기구를 의무적으로 구성하여야 하는 등 일정한 의무가 부과되는 공동주택으로서, 다음 각 목 중 어느 하나에 해당하는 공동주택을 말한다.
> 가. (㉠)세대 이상의 공동주택
> 나. (㉡)세대 이상으로서 승강기가 설치된 공동주택
> 다. <생략>
> 라. 「건축법」 제11조에 따른 건축허가를 받아 주택 외의 시설과 주택을 동일 건축물로 건축한 건축물로서 주택이 (㉢)세대 이상인 건축물
> 마. <생략>

04 공동주택관리법령상 다음 (   ) 안에 알맞은 용어를 쓰시오.

(상중하)

> 사업주체는 입주예정자의 과반수가 입주할 때까지 공동주택을 직접 관리하는 경우에는 입주예정자와 관리계약을 체결하여야 하며, 그 관리계약에 의하여 당해 공동주택의 (   )의 관리 및 운영 등에 필요한 비용을 징수할 수 있다. 그 필요한 비용을 관리비예치금이라 한다.

05 공동주택관리법 시행령 제3조 규정의 일부이다. (   )에 들어갈 용어 및 분수를 순서대로 쓰시오.

(상중하)

> 공동주택 관리방법의 결정 또는 변경은 다음의 어느 하나에 해당하는 방법으로 한다.
> 1. 입주자대표회의의 의결로 제안하고 전체 입주자등의 (   )가 찬성
> 2. 전체 입주자등의 (   ) 이상이 서면으로 제안하고 전체 입주자등의 과반수가 찬성

06 공동주택관리법령의 일부이다. (   )에 들어갈 숫자를 순서대로 쓰시오.

(상중하)

> 의무관리대상 전환 공동주택의 입주자등은 관리규약의 제정 신고가 수리된 날부터 (   )개월 이내에 입주자대표회의를 구성하여야 하며, 입주자대표회의의 구성 신고가 수리된 날부터 (   )개월 이내에 공동주택의 관리방법을 결정하여야 한다.
> 공동주택을 위탁관리할 것을 결정한 경우 입주자대표회의는 입주자대표회의의 구성 신고가 수리된 날부터 (   )개월 이내에 법 제7조 제1항 각 호의 기준에 따라 주택관리업자를 선정하여야 한다.

07 공동주택관리법 제6조 규정의 일부이다. (   )에 들어갈 용어를 쓰시오.

(상중하)

> 주택관리업자에게 위탁관리하다가 자치관리로 관리방법을 변경하는 경우 (   )는 그 위탁관리의 종료일까지 자치관리기구를 구성하여야 한다.

08 공동주택관리법 제8조의 일부이다. (   )에 들어갈 숫자를 쓰시오.
상중하

> 입주자대표회의는 해당 공동주택의 관리에 필요하다고 인정하는 경우에는 국토교통부령으로 정하는 바에 따라 인접한 공동주택단지(임대주택단지를 포함한다)와 공동으로 관리하거나 (   )세대 이상의 단위로 나누어 관리하게 할 수 있다.

09 공동주택관리법 시행령 제7조 제4항이다. (   )에 들어갈 용어를 쓰시오.
상중하

> 입주자대표회의 또는 임대사업자는 혼합주택단지의 관리에 관한 공동결정사항에 관한 결정이 이뤄지지 않는 경우에는 (   )에 분쟁의 조정을 신청할 수 있다.

10 공동주택관리법 제14조 제1항이다. (   )에 들어갈 숫자 및 용어를 쓰시오.
상중하

> 입주자대표회의는 (   )명 이상으로 구성하되, 동별 세대수에 비례하여 (   )으로 정한 선거구에 따라 선출된 대표자로 구성한다. 이 경우 선거구는 2개 동 이상으로 묶거나 통로나 층별로 구획하여 정할 수 있다.

11 공동주택관리법 제14조 제7항이다. (   )에 들어갈 용어를 쓰시오.
상중하

> 사용자인 동별 대표자는 입주자대표회의는 회장이 될 수 없다. 다만, 입주자인 동별 대표자 중에서 회장 후보자가 없는 경우로서 선출 전에 전체 입주자 (   )의 서면동의를 얻은 경우에는 그러하지 아니하다.

12
상중하

공동주택관리법 제14조(입주자대표회의의 구성 등) 제9항 규정의 일부이다. (   )에 들어갈 아라비아 숫자와 용어를 쓰시오.

(㉠)세대 이상인 공동주택의 관리주체는 (㉡)(으)로 정하는 범위·방법 및 절차 등에 따라 회의록을 입주자등에게 공개하여야 하며, (㉠)세대 미만인 공동주택의 관리주체는 (㉡)(으)로 정하는 바에 따라 회의록을 공개할 수 있다.

13
상중하

공동주택관리법 시행령 제13조의 일부이다. (   )에 들어갈 숫자를 차례대로 쓰시오.

동별 대표자의 임기는 (   )년으로 한다. 동별 대표자는 한 번만 중임할 수 있다. 이 경우 보궐선거 또는 재선거로 선출된 동별 대표자의 임기가 (   )개월 미만인 경우에는 임기의 횟수에 포함하지 않는다.

14
상중하

공동주택관리법령상 동별 대표자 선출에 관한 내용으로 다음 (   ) 안에 들어갈 숫자를 순서대로 쓰시오.

사용자는 입주자인 동별 대표자 후보자가 없는 선거구에서 (   )회의 선출공고에도 불구하고 입주자(입주자가 법인인 경우에는 그 대표자를 말한다)인 동별 대표자의 후보자가 없는 선거구에서 직전 선출공고일부터 (   )개월 이내에 선출공고를 하는 경우에는 동별 대표자가 될 수 있다.

15
상중하

공동주택관리법 시행령 제14조 제4항이다. (   )에 들어갈 숫자 및 분수를 차례대로 쓰시오.

입주자대표회의는 관리규약으로 정하는 바에 따라 회장이 그 명의로 소집한다. 다만, 다음의 어느 하나에 해당하는 때에는 회장은 해당일부터 (   )일 이내에 입주자대표회의를 소집하여야 한다.
1. 입주자대표회의 구성원 (   ) 이상이 청구하는 때
2. 입주자등의 (   ) 이상이 요청하는 때
3. <생략>

16 공동주택관리법령 중 관리규약에 관한 규정이다. (   )에 들어갈 용어 및 숫자를 차례대로 쓰시오.

> (   )은 관리규약의 준칙을 참조하여 관리규약을 정한다. 사업주체는 입주예정자와 관리계약을 체결할 때 관리규약 제정안을 제안하여야 한다. 다만, 법 제29조의3에 따라 사업주체가 입주자대표회의가 구성되기 전에 공동주택의 어린이집·다함께돌봄센터·공동육아나눔터의 임대계약을 체결하려는 경우에는 입주개시일 (   )개월 전부터 관리규약 제정안을 제안할 수 있다.

17 공동주택관리법 시행령 제21조(관리규약의 제정 및 개정 등 신고) 규정의 일부이다. (   )에 들어갈 숫자를 쓰시오.

> 법 제19조에 따른 신고를 하려는 입주자대표회의의 회장(관리규약 제정의 경우에는 사업주체를 말한다)은 관리규약이 제정·개정되거나 입주자대표회의가 구성·변경된 날부터 (   )일 이내에 신고서를 시장·군수·구청장에게 제출하여야 한다.

18 공동주택관리법 제20조 제5항이다. (   ) 안에 들어갈 용어를 쓰시오.

> 공동주택 층간소음의 범위와 기준은 (   )와 (   )의 공동부령으로 정한다.

19 공동주택관리법 제23조의 규정의 일부이다. (   ) 안에 들어갈 용어를 쓰시오.

> 관리주체는 관리비등의 내역을 대통령령으로 정하는 바에 따라 해당 공동주택단지의 인터넷 홈페이지(인터넷 홈페이지가 없는 경우에는 인터넷 포털을 통하여 관리주체가 운영·통제하는 유사한 기능의 웹사이트 또는 관리사무소의 게시판을 말한다) 및 동별 게시판(통로별 게시판이 설치된 경우에는 이를 포함한다)과 국토교통부장관이 구축·운영하는 (   )에 공개하여야 한다.

20 공동주택관리법 시행령 제26조의 규정의 일부이다. ( ) 안에 들어갈 숫자를 순서대로 쓰시오.

> 관리주체는 다음 회계연도에 관한 관리비등의 사업계획 및 예산안을 매 회계연도 개시 ( )개월 전까지 입주자대표회의에 제출하여 승인을 받아야 한다.
> 관리주체는 매 회계연도마다 사업실적서 및 결산서를 작성하여 회계연도 종료 후 ( )개월 이내에 입주자대표회의에 제출하여야 한다.

21 공동주택관리법 제26조(회계감사) 일부 규정이다. ( )에 들어갈 아라비아 숫자와 용어를 쓰시오

> • 의무관리대상 공동주택의 관리주체는 대통령령으로 정하는 바에 따라 「주식회사 등의 외부감사에 관한 법률」 제2조 제7호에 따른 감사인의 회계감사를 매년 1회 이상 받아야 한다. 다만, 다음 각 호의 구분에 따른 연도에는 그러하지 아니하다.
> 1. (㉠)세대 이상인 공동주택: 해당 연도에 회계감사를 받지 아니하기로 입주자등의 3분의 2 이상의 서면동의를 받은 경우 그 연도
> 2. (㉠)세대 미만인 공동주택: 해당 연도에 회계감사를 받지 아니하기로 입주자등의 과반수의 서면동의를 받은 경우 그 연도
> • 회계감사의 감사인은 입주자대표회의가 선정한다. 이 경우 입주자대표회의는 시장·군수·구청장 또는 「공인회계사법」 제41조에 따른 한국공인회계사회에 감사인의 추천을 의뢰할 수 있으며, 입주자등의 (㉡)분의 1 이상이 연서하여 감사인의 추천을 요구하는 경우 (㉢)는 감사인의 추천을 의뢰한 후 추천을 받은 자 중에서 감사인을 선정하여야 한다.

22 공동주택관리법 제26조(회계감사) 규정의 일부이다. ( )에 들어갈 숫자 및 용어를 순서대로 쓰시오.

> 관리주체는 회계감사를 받은 경우에는 감사보고서 등 회계감사의 결과를 제출받은 날부터 ( )개월 이내에 ( )에(게) 보고하고 해당 공동주택단지의 인터넷 홈페이지 및 동별게시판에 공개하여야 한다.

23 공동주택관리법 시행령 제27조(관리주체에 대한 회계감사 등) 제1항 규정의 일부
이다. (   )에 들어갈 숫자 또는 용어를 쓰시오.

> 법 제26조 제1항 각 호 외의 부분 본문에 따라 회계감사를 받아야 하는 공동주
> 택의 관리주체는 매 회계연도 종료 후 (㉠)개월 이내에 다음 각 호의 재무제
> 표에 대하여 회계감사를 받아야 한다.
> 1. 재무상태표
> 2. (㉡)
> 3. (㉢)(또는 결손금처리계산서)
> 4. 주석(註釋)

24 공동주택관리법 제29조의 일부 규정이다. 다음 (   ) 안에 알맞은 용어 및 숫자를
차례대로 쓰시오.

> 입주자대표회의와 (   )는 장기수선계획을 (   )년마다 검토하고, 필요한
> 경우 이를 국토교통부령으로 정하는 바에 따라 조정하여야 하며, 수립 또는 조
> 정된 장기수선계획에 따라 주요시설을 교체하거나 보수하여야 한다.

25 공동주택관리법 제29조의 제3항 규정이다. 다음 (   ) 안에 알맞은 용어 및 숫자
를 차례대로 쓰시오.

> 입주자대표회의와 관리주체는 주요시설을 신설하는 등 관리여건상 필요하여
> 전체 (   ) 과반수의 서면동의를 받은 경우에는 (   )년이 경과하기 전에
> 장기수선계획을 조정할 수 있다.

26 공동주택관리법 시행령 제31조(장기수선충당금의 적립)의 일부 규정이다. 다음 (   )
안에 알맞은 말을 쓰시오.

> 건설임대주택에서 분양전환된 공동주택의 경우에는 임대사업자가 관리주체에
> 게 공동주택의 (   )이 속하는 달부터 적립한다.

27
상중하

공동주택관리법 시행령 제31조(장기수선충당금)의 일부 규정이다. 다음 (   ) 안에 알맞은 말을 순서대로 쓰시오.

> 1. 장기수선충당금의 요율은 해당 공동주택의 공용부분의 내구연한 등을 고려하여 (   )으로 정한다.
> 2. 장기수선충당금의 적립금액은 (   )으로 정한다.

28
상중하

공동주택관리법 시행령 제31조 제3항 장기수선충당금의 산정공식 규정이다. 다음 (   ) 안에 알맞은 용어를 쓰시오.

> 월간 세대별 장기수선충당금 = [장기수선계획기간 중의 (   ) ÷ {총공급면적 × 12 × 계획기간(년)}] × 세대당 주택공급면적

29
상중하

공동주택관리법 제32조 제1항의 규정이다. 다음 (   ) 안에 알맞은 용어를 쓰시오.

> 관리주체는 해당 공동주택의 시설물로 인한 안전사고를 예방하기 위하여 대통령령으로 정하는 바에 따라 (   )을 수립하고 이에 따라 시설물별로 안전관리자 및 안전관리책임자를 선정하여 이를 시행하여야 한다.

30
상중하

공동주택관리법 시행령 제34조 제1항의 규정이다. 다음 (   ) 안에 알맞은 용어를 쓰시오.

> 의무관리대상 공동주택의 안전점검은 (   )마다 하여야 한다.

31 공동주택관리법령상 공동주택의 안전점검에 관한 규정의 일부이다. (㉠)에 공통적으로 들어갈 숫자와 (㉡)에 들어갈 숫자를 순서대로 쓰시오.

> • 법 제33조(안전점검) ① 의무관리대상 공동주택의 관리주체는 그 공동주택의 기능 유지와 안전성 확보로 입주자등을 재해 및 재난 등으로부터 보호하기 위하여 「시설물의 안전 및 유지관리에 관한 특별법」 제21조에 따른 지침에서 정하는 안전점검의 실시 방법 및 절차 등에 따라 공동주택의 안전점검을 실시하여야 한다. 다만, 16층 이상의 공동주택 및 사용연수, 세대수, 안전등급, 층수 등을 고려하여 대통령령으로 정하는 (㉠)층 이하의 공동주택에 대하여는 대통령령으로 정하는 자로 하여금 안전점검을 실시하도록 하여야 한다.
> • 시행령 제34조(공동주택의 안전점검) ② 법 제33조 제1항 단서에서 "대통령령으로 정하는 (㉠)층 이하의 공동주택"이란 (㉠)층 이하의 공동주택으로서 다음 각 호의 어느 하나에 해당하는 것을 말한다.
> 1. 사용검사일부터 (㉡)년이 경과한 공동주택
> 2. <생략>

32 공동주택관리법 제36조(하자담보책임) 제3항 규정의 일부이다. ( )에 들어갈 용어와 아라비아 숫자를 쓰시오.

> 담보책임의 기간은 하자의 중대성, 시설물의 사용 가능 햇수 및 교체 가능성 등을 고려하여 공동주택의 (㉠) 및 시설공사별로 (㉡)년의 범위에서 대통령령으로 정한다.

33 공동주택관리법 제36조 제4항(하자의 범위) 규정이다. ( )에 들어갈 용어를 모두 쓰시오.

> 하자는 공사상 잘못으로 인하여 균열·침하·파손·들뜸·누수 등이 발생하여 건축물 또는 시설물의 ( )상·( )상 또는 ( )상의 지장을 초래할 정도의 결함을 말하며, 그 구체적인 범위는 대통령령으로 정한다.

34
상 중 하

공동주택관리법령상 하자담보책임기간에 관한 일부 규정이다. (   )에 들어갈 숫자를 순서대로 쓰시오.

> 승강기설비공사의 하자담보책임기간은 (   )년이며, 기초공사·지정공사 등 「집합건물의 소유 및 관리에 관한 법률」 제9조의2 제1항 제1호에 따른 지반공사의 경우 담보책임기간은 (   )년이다.

35
상 중 하

공동주택관리법령상 하자담보책임에 관한 일부 규정이다. (   )에 들어갈 숫자 및 용어를 순서대로 쓰시오.

> 사업주체는 하자보수를 청구받은 날(하자진단결과를 통보받은 때에는 그 통보받은 날을 말한다)부터 (   )일 이내에 그 하자를 보수하거나 일정한 사항을 명시한 (   )을 입주자대표회의등 또는 임차인등에 서면(「전자문서 및 전자거래 기본법」 제2조 제1호에 따른 정보처리시스템을 사용한 전자문서를 포함한다)으로 통보하고 그 계획에 따라 하자를 보수하여야 한다.

36
상 중 하

공동주택관리법령상 하자담보책임에 관한 일부 규정이다. (   )에 들어갈 숫자 및 용어를 순서대로 쓰시오.

> 사업주체는 담보책임기간이 만료되기 (   )일 전까지 그 만료 예정일을 해당 공동주택의 (   )(의무관리대상 공동주택이 아닌 경우에는 「집합건물의 소유 및 관리에 관한 법률」에 따른 관리단을 말한다) 또는 해당 공공임대주택의 임차인대표회의에 서면으로 통보하여야 한다.

37
상 중 하

공동주택관리법령상 하자보수에 관한 일부 규정이다. (   )에 들어갈 숫자를 쓰시오.

> 하자보수결과를 통보받은 입주자대표회의등 또는 임차인등은 통보받은 날부터 (   )일 이내에 이유를 명확히 기재한 서면으로 사업주체에게 이의를 제기할 수 있다. 이 경우 사업주체는 이의제기 내용이 타당하면 지체 없이 하자를 보수하여야 한다.

38 공동주택관리법 제37조의 일부 규정이다. (   )에 들어갈 용어를 쓰시오.
상중하

> 시장·군수·구청장은 담보책임기간에 공동주택의 구조안전에 중대한 하자가 있다고 인정하는 경우에는 (   )에 의뢰하여 안전진단을 할 수 있다.

39 공동주택관리법 제38조의 일부 규정이다. (   )에 들어갈 용어를 쓰시오.
상중하

> 사업주체는 대통령령으로 정하는 바에 따라 하자보수를 보장하기 위하여 하자보수보증금을 (   )(보증기간은 공용부분을 기준으로 기산한다) 동안 예치하여야 한다. 다만, 국가·지방자치단체·한국토지주택공사 및 지방공사인 사업주체의 경우에는 그러하지 아니하다.

40 공동주택관리법 제38조의 일부 규정이다. (   )에 들어갈 숫자를 쓰시오.
상중하

> 입주자대표회의등은 하자보수보증금을 하자심사·분쟁조정위원회의 하자 여부 판정 등에 따른 하자보수비용 등 대통령령으로 정하는 용도로만 사용하여야 하며, 의무관리대상 공동주택의 경우에는 하자보수보증금의 사용 후 (   )일 이내에 그 사용내역을 국토교통부령으로 정하는 바에 따라 시장·군수·구청장에게 신고하여야 한다.

41 공동주택관리법령의 하자보수보증금에 관한 규정이다. (   )에 들어갈 숫자를 각
상중하 각 쓰시오.

> 1. 하자보수보증금 지급 청구를 받은 하자보수보증서 발급기관은 청구일부터 (   )일 이내에 하자보수보증금을 지급해야 한다.
> 2. 하자보수보증금의 보증서 발급기관은 하자보수보증금을 의무관리대상 공동주택의 입주자대표회의에 지급한 날부터 (   )일 이내에 지급 내역을 국토교통부령으로 정하는 바에 따라 관할 시장·군수·구청장에게 통보하여야 한다.
> 3. 입주자대표회의는 하자보수보증금을 사용한 때에는 그날부터 (   )일 이내에 그 사용명세를 사업주체에게 통보하여야 한다.

42
상중하

공동주택관리법 시행령 제45조의 일부 규정이다. (   )에 들어갈 숫자를 각각 쓰시오.

입주자대표회의는 사업주체가 예치한 하자보수보증금을 다음 각 호의 구분에 따라 순차적으로 사업주체에게 반환하여야 한다.
1. 사용검사일부터 2년이 경과된 때 : 하자보수보증금의 100분의 (   )
2. 사용검사일부터 3년이 경과된 때 : 하자보수보증금의 100분의 40
3. 사용검사일부터 5년이 경과된 때 : 하자보수보증금의 100분의 25
4. 사용검사일부터 10년이 경과된 때 : 하자보수보증금의 100분의 (   )

43
상중하

공동주택관리법 제45조의 일부이다. (   )에 들어갈 숫자를 쓰시오.

하자분쟁조정위원회는 그 신청을 받은 날부터 하자심사 및 분쟁조정은 60일 (공용부분의 경우 90일) 이내, 분쟁재정은 (   )일[공용부분의 경우 (   )일] 이내에 그 절차를 완료하여야 한다.

44
상중하

공동주택관리법의 하자분쟁의 조정과 재정에 관한 규정의 일부이다. (   )에 들어갈 숫자 및 용어를 쓰시오.

조정서의 내용은 재판상 화해와 동일한 효력이 있다. 재정문서는 그 정본이 당사자에게 송달된 날부터 (   )일 이내에 당사자 양쪽 또는 어느 한쪽이 그 재정의 대상인 공동주택의 하자담보책임을 원인으로 하는 소송을 제기하지 아니하거나 그 소송을 취하한 경우 (   )와 동일한 효력이 있다.

45
상중하

공동주택관리법 제52조(주택관리업의 등록) 규정의 내용이다. (   )에 들어갈 숫자를 쓰시오.

주택관리업의 등록을 한 주택관리업자가 제53조에 따라 그 등록이 말소된 후 (   )년이 지나지 아니한 때에는 다시 등록할 수 없다.

46 공동주택관리법 제67조(주택관리사등의 자격) 규정의 일부이다. (   )에 들어갈 숫자를 순서대로 쓰시오.

> 다음 각 호의 어느 하나에 해당하는 사람은 주택관리사등이 될 수 없으며 그 자격을 상실한다.
> (1.~2. 생략)
> 3. 금고 이상의 실형을 선고받고 그 집행이 끝나거나(집행이 끝난 것으로 보는 경우를 포함한다) 집행이 면제된 날부터 (   )년이 지나지 아니한 사람
> 4. 금고 이상의 형의 집행유예를 선고받고 그 유예기간 중에 있는 사람
> 5. 주택관리사등의 자격이 취소된 후 (   )년이 지나지 아니한 사람(제1호 및 제2호에 해당하여 주택관리사등의 자격이 취소된 경우는 제외한다)

47 공동주택관리법 제70조(주택관리업자등의 교육) 규정의 일부이다. (   )에 들어갈 숫자를 순서대로 쓰시오.

> 관리사무소장으로 배치받으려는 주택관리사등이 배치예정일부터 직전 (   )년 이내에 관리사무소장·공동주택관리기구의 직원 또는 주택관리업자의 임직원으로서 종사한 경력이 없는 경우에는 국토교통부령으로 정하는 바에 따라 시·도지사가 실시하는 공동주택관리에 관한 교육과 윤리교육을 (   )일 이수하여야 관리사무소장으로 배치받을 수 있다.

48 공동주택관리법 시행령 제70조(손해배상책임의 보장) 규정의 일부이다. (   )에 들어갈 숫자를 쓰시오.

> 법 제64조 제1항에 따라 관리사무소장으로 배치된 주택관리사등은 법 제66조 제1항에 따른 손해배상책임을 보장하기 위하여 다음 각 호의 구분에 따른 금액을 보장하는 보증보험 또는 공제에 가입하거나 공탁을 하여야 한다.
> 1. 500세대 미만의 공동주택: (㉠)천만원
> 2. 500세대 이상의 공동주택: (㉡)천만원

49
상중하

공동주택관리법의 공동주택분쟁조정위원회의 일부 규정이다. (　)에 들어갈 용어를 순서대로 쓰시오.

---

1. 중앙분쟁조정위원회로부터 분쟁에 대하여 당사자가 조정안을 수락하거나 수락한 것으로 보는 때에는 그 조정서의 내용은 (　)와 동일한 효력을 갖는다.
2. 분쟁당사자가 지방분쟁조정위원회의 조정결과를 수락한 경우에는 당사자 간에 (　)와 같은 내용의 합의가 성립된 것으로 본다.

50
상중하

공동주택관리법 제85조(관리비용의 지원) 제2항 규정의 일부이다. (　)에 들어갈 용어를 쓰시오.

국가는 공동주택의 보수·개량에 필요한 비용의 일부를 (　)에서 융자할 수 있다.

51
상중하

공동주택관리법 제88조 제1항의 규정이다. (　)에 들어갈 용어를 쓰시오.

국토교통부장관은 공동주택관리의 투명성과 효율성을 제고하기 위하여 공동주택관리에 관한 정보를 종합적으로 관리할 수 있는 (　)을(를) 구축·운영할 수 있고, 이에 관한 정보를 관련 기관·단체 등에 제공할 수 있다.

M·E·M·O

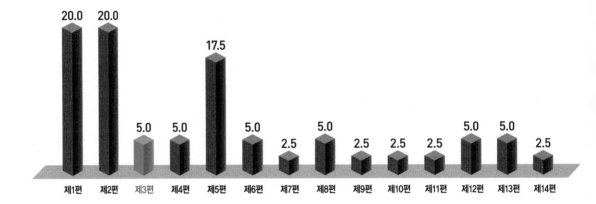

🔍 제26회 기출문제 분석

민간임대주택에 관한 특별법은 2문제가 출제되는데, 1문제는 주관식으로 출제되고 있다. 용어와 임대사업자, 주택임대관리업자, 촉진지구 등으로 개괄적인 정리가 필요하다.

민간임대주택에 관한 특별법

📖 **연계학습** 기본서 p.302~365

┌ **단 · 원 · 열 · 기**

민간임대주택에 관한 특별법은 2문제가 출제되는데, 1문제는 주관식으로 출제되었다. 임대사업자와 주택임대관리업자, 공공지원민간임대주택 공급촉진지구, 임차인대표회의, 특별수선충당금 등으로 개괄적인 정리가 필요하다.

01 민간임대주택에 관한 특별법령상 용어에 관한 설명으로 옳지 않은 것은?

상중하

① 민간임대주택은 민간건설임대주택과 민간매입임대주택으로 구분한다.

② 민간임대주택이란 임대 목적으로 제공하는 주택(토지를 임차하여 건설된 주택 및 준주택 및 대통령령으로 정하는 일부만을 임대하는 주택을 제외한다)으로서 임대사업자가 등록한 주택을 말한다.

③ 공공지원민간임대주택이란 임대사업자가 공공지원을 받은 민간임대주택을 10년 이상 임대할 목적으로 취득하여 이 법에 따른 임대료 및 임차인의 자격제한 등을 받아 임대하는 민간임대주택을 말한다.

④ 장기일반민간임대주택이란 임대사업자가 공공지원민간임대주택이 아닌 주택을 10년 이상 임대할 목적으로 취득하여 임대하는 민간임대주택을 말한다.

⑤ 임대사업자란 공공주택사업자가 아닌 자로서 1호 이상의 민간임대주택을 취득하여 임대하는 사업을 할 목적으로 등록한 자를 말한다.

02 민간임대주택에 관한 특별법령상 용어에 관한 설명으로 틀린 것은?

상중하

① 주택임대관리업은 자기관리형 주택임대관리업과 위탁관리형 주택임대관리업으로 구분한다.

② 역세권등이란 철도역 등 대통령령으로 정하는 시설로부터 1km 거리 이내에 위치한 지역을 말한다.

③ 주거지원대상자란 청년 · 신혼부부 등 주거지원이 필요한 사람으로서 국토교통부령으로 정하는 요건을 충족하는 사람을 말한다.

④ 공유형 민간임대주택이란 가족관계가 아닌 2명 이상의 임차인이 하나의 주택에서 거실 · 주방 등 어느 하나 이상의 공간을 공유하여 거주하는 민간임대주택으로서 임차인이 각각 임대차계약을 체결하는 민간임대주택을 말한다.

⑤ 복합지원시설이란 장기일반민간임대주택에 거주하는 임차인등의 경제활동과 일상생활을 지원하는 시설로서 대통령령으로 정하는 시설을 말한다.

03 민간임대주택에 관한 특별법령상 임대사업자로 등록할 수 있는 자를 열거한 것으로 이 중 틀린 것은?

① 민간임대주택으로 등록할 주택을 소유한 자
② 민간임대주택으로 등록할 주택을 건설하기 위하여 「주택법」에 따른 사업계획승인을 받은 자
③ 민간임대주택으로 등록할 주택을 건설하기 위하여 「건축법」에 따른 건축허가를 받은 자
④ 민간임대주택으로 등록할 주택을 매입하기 위하여 매매계약을 체결한 자
⑤ 민간임대주택으로 등록할 주택을 취득하려는 소속 근로자에게 임대하기 위하여 민간임대주택을 건설하려는 고용자(개인 또는 법인)

04 민간임대주택에 관한 특별법령상 임대사업자의 등록에 관한 설명으로 옳지 않은 것은?

① 임대사업자란 공공주택사업자가 아닌 자로서 1호 이상의 민간임대주택을 취득하여 임대하는 사업을 할 목적으로 특별자치시장·특별자치도지사·시장·군수 또는 자치구 구청장(이하 "시장·군수·구청장"이라 한다)에게 등록을 한 자를 말한다.
② 민간임대주택으로 등록할 주택을 취득하려는 계획이 확정되어 있는 자로서 민간임대주택으로 등록할 주택을 매입하기 위하여 매매계약을 체결한 자도 등록할 수 있다.
③ 등록한 자가 그 등록한 사항을 변경하거나 말소하고자 할 경우 시장·군수·구청장에게 신고하여야 한다.
④ 등록신청일부터 과거 5년 이내에 민간임대주택사업에서 부도의 발생사실이 있는 자는 임대사업자로 등록할 수 없으나, 부도 후 부도 당시의 채무를 변제하고, 임대주택사업을 정상화시킨 경우는 그러하지 아니하다.
⑤ 시장·군수·구청장은 임대사업자가 임대조건을 위반한 경우 그 등록을 말소하여야 한다.

05 민간임대주택에 관한 특별법령상 등록을 한 임대사업자는 법령에서 정하는 기간
이내 주택을 취득하지 않는 경우 그 등록을 말소할 수 있다. 이 경우 임대사업자와
법령에서 정하는 기간이 잘못 연결된 것은?

① 민간임대주택으로 등록할 주택을 건설하기 위하여 「주택법」에 따른 사업
계획승인을 받은 자 - 임대사업자로 등록한 날로부터 6년

② 민간임대주택으로 등록할 주택을 건설하기 위하여 「건축법」에 따른 건축허
가를 받은 자 - 임대사업자로 등록한 날로부터 4년

③ 민간임대주택으로 등록할 주택을 매입하기 위하여 매매계약을 체결한 자 -
임대사업자로 등록한 날로부터 3개월

④ 민간임대주택으로 등록할 주택을 매입하기 위하여 분양계약을 체결한 자 -
임대사업자로 등록한 날로부터 2년

⑤ 「주택법」에 따라 등록한 주택건설사업자 - 임대사업자로 등록한 날로부터 6년

06 민간임대주택에 관한 특별법령상 임대사업자의 등록에 관한 설명으로 옳은 것을
모두 고른 것은?

> ㉠ 주택을 임대하려는 자는 시·도지사에게 등록을 신청해야 한다.
> ㉡ 미성년자는 등록할 수 있다.
> ㉢ 등록한 자가 임대주택 면적을 10% 이하의 범위에서 증축하는 등 국토교통
> 부령으로 정하는 경미한 사항을 변경하고자 하는 경우에는 변경신고를 하지
> 않아도 된다.
> ㉣ 민간임대주택으로 등록할 주택을 2인 이상이 공동으로 건설하거나 소유하는
> 경우에는 그 중 어느 한 사람 명의로 등록할 수 있다.

① ㉠, ㉡, ㉣　　　　　　　　② ㉢
③ ㉡, ㉣　　　　　　　　　　④ ㉢, ㉣
⑤ ㉡, ㉢, ㉣

07 민간임대주택에 관한 특별법령상 민간임대협동조합에 관한 설명으로 옳지 않은 것은?

① 조합가입신청자가 민간임대협동조합 가입 계약을 체결하면 모집주체는 조합가입 신청자로 하여금 계약체결시 가입비등을 예치기관에 예치하게 하여야 한다.

② 조합가입신청자는 민간임대협동조합 가입 계약체결일부터 30일 이내에 민간임대협동조합 가입에 관한 청약을 철회할 수 있다.

③ 모집주체는 조합가입신청자가 청약 철회를 한 경우 청약 철회 의사가 도달한 날부터 7일 이내에 예치기관의 장에게 가입비등의 반환을 요청하여야 한다.

④ 예치기관의 장은 가입비등의 반환 요청을 받은 경우 요청일부터 10일 이내에 가입비등을 조합가입신청자에게 반환하여야 한다.

⑤ 조합가입신청자가 민간임대협동조합 가입 계약체결일부터 30일 이내에 청약철회를 하는 경우 모집주체는 조합가입신청자에게 청약철회를 이유로 위약금 또는 손해배상을 청구할 수 있다.

08 민간임대주택에 관한 특별법령상 민간임대협동조합에 관한 설명으로 옳지 않은 것은?

① 단독주택은 20호 이상, 공동주택 및 준주택은 20세대 이상의 주택을 공급할 목적으로 설립된 민간임대협동조합이나 민간임대협동조합의 발기인이 조합원을 모집하려는 경우 해당 민간임대주택 건설대지의 관할 시·도지사에게 신고하고, 공개모집의 방법으로 조합원을 모집하여야 한다.

② 공개모집 이후 조합원의 사망·자격상실·탈퇴 등으로 인한 결원을 충원하거나 미달된 조합원을 재모집하는 경우에는 신고하지 아니하고 선착순의 방법으로 조합원을 모집할 수 있다.

③ 신고를 받은 시장·군수·구청장은 신고내용이 이 법에 적합한 경우에는 신고를 수리하고 그 사실을 신고인에게 통보하여야 한다.

④ 해당 민간임대주택 건설대지의 80% 이상에 해당하는 토지의 사용권원을 확보하지 못한 경우 시장·군수·구청장은 조합원 모집 신고를 수리해서는 아니 된다.

⑤ 모집주체는 민간임대협동조합 가입 계약체결시 일정사항을 조합가입신청자에게 설명하고 이를 확인받아야 한다.

09 민간임대주택에 관한 특별법령상 주택임대관리업에 관한 설명으로 틀린 것은?

① 자기관리형 주택임대관리업을 등록한 경우에는 위탁관리형 주택임대관리업도 등록한 것으로 본다.

② 주택임대관리업 등록을 한 자가 등록한 사항 중 자본금이 증가한 경우 변경신고를 하여야 한다.

③ 주택임대관리업자는 분기마다 그 분기가 끝나는 달의 다음 달 말일까지 위탁받아 관리하는 주택의 호수·세대수 및 소재지를 시장·군수·구청장에게 신고하여야 한다.

④ 자기관리형 주택임대관리업을 하는 주택임대관리업자는 임대인 및 임차인의 권리보호를 위하여 보증상품에 가입하여야 한다.

⑤ 주택임대관리업자는 임대를 목적으로 하는 주택에 대하여 부수적으로 시설물 유지·보수·개량 및 그 밖의 주택관리업무를 수행할 수 있다.

10 민간임대주택에 관한 특별법령상 주택임대관리업에 관한 설명으로 옳지 않은 것은?

① 자기관리형 주택임대관리업은 주택의 소유자로부터 임대관리를 위탁받아 관리하지만 주택의 소유자로부터 주택을 임차하여 자기책임으로 전대(轉貸)하는 형태의 업을 말한다.

② 자기관리형 주택임대관리업 등록시 자본금은 1억 5천만원 이상이어야 한다.

③ 자기관리형 주택임대관리업을 하는 주택임대관리업자는 임대인 및 임차인의 권리보호를 위하여 보증상품에 가입하여야 한다.

④ 주택임대관리업자는 등록한 사항이 변경된 경우에는 변경 사유가 발생한 날부터 10일 이내에 시장·군수·구청장에게 신고하여야 하며, 주택임대관리업을 폐업하는 경우 폐업 후 30일 이내에 시장·군수·구청장에게 말소신고를 하여야 한다.

⑤ 고의 또는 중대한 과실로 임대를 목적으로 하는 주택을 잘못 관리하여 임대인 및 임차인에게 재산상의 손해를 입힌 경우에는 그 등록을 말소하거나 1년 이내의 기간을 정하여 영업의 전부 또는 일부의 정지를 명할 수 있다.

11 민간임대주택에 관한 특별법령상 주택임대관리업의 결격사유를 설명으로 옳지 않은
상중하 것은?

① 파산선고를 받고 복권되지 아니한 자

② 미성년자

③ 주택임대관리업의 등록이 말소된 후 2년이 지나지 아니한 자. 이 경우 등록
이 말소된 자가 법인인 경우에는 말소 당시의 원인이 된 행위를 한 사람과
대표자를 포함한다.

④ 이 법, 「주택법」, 「공공주택 특별법」 또는 「공동주택관리법」을 위반하여 금
고 이상의 실형을 선고받고 집행이 종료(집행이 종료된 것으로 보는 경우를
포함한다)되거나 그 집행이 면제된 날부터 3년이 지나지 아니한 사람

⑤ 이 법, 「주택법」, 「공공주택 특별법」 또는 「공동주택관리법」을 위반하여 형의
집행유예를 선고받고 그 유예기간 중에 있는 사람

12 민간임대주택에 관한 특별법령상 주택임대관리업자의 부수적 업무를 다음에서 모
상중하 두 고른 것은?

㉠ 임대차계약의 체결·해제·해지·갱신 및 갱신거절
㉡ 임대료의 부과·징수 등
㉢ 임차인의 입주 및 명도·퇴거 등(「공인중개사법」 제2조 제3호에 따른 중개
업은 제외한다)
㉣ 시설물 유지·보수·개량 및 그 밖의 주택관리업무

---

① ㉠, ㉡, ㉢   ② ㉠, ㉢
③ ㉣   ④ ㉢, ㉣
⑤ ㉡, ㉢, ㉣

13
상종하

민간임대주택에 관한 특별법령상 주택임대관리업의 등록을 말소해야 하는 경우가 아닌 것은?

① 거짓이나 그 밖의 부정한 방법으로 등록을 한 경우
② 영업정지기간 중에 주택임대관리업을 영위한 경우
③ 고의 또는 중대한 과실로 임대를 목적으로 하는 주택을 잘못 관리하여 임대인 및 임차인에게 재산상의 손해를 입힌 경우
④ 최근 3년간 2회 이상의 영업정지처분을 받은 자로서 그 정지처분을 받은 기간이 합산하여 12개월을 초과한 경우
⑤ 다른 자에게 자기의 명의 또는 상호를 사용하여 이 법에서 정한 사업이나 업무를 수행하게 하거나 그 등록증을 대여한 경우

14
상종하

민간임대주택에 관한 특별법령상 토지등의 우선공급에 관한 설명으로 옳지 않은 것은?

① 국가·지방자치단체·공공기관 또는 지방공사가 그가 소유하거나 조성한 토지를 공급(매각 또는 임대를 말한다)하는 경우에는 「주택법」 제30조에도 불구하고 민간임대주택을 건설하려는 임대사업자에게 우선적으로 공급할 수 있다.
② 국가·지방자치단체·한국토지주택공사 또는 지방공사는 그가 조성한 토지 중 3% 이상을 임대사업자에게 우선 공급하여야 한다.
③ 토지 및 종전부동산(이하 "토지등"이라 한다)을 공급받은 자는 토지등을 공급받은 날부터 2년 이내에 민간임대주택을 건설하여야 한다.
④ 토지등을 공급하는 자는 그 토지등을 공급한 날부터 2년 이내에 민간임대주택 건설을 완공하지 아니하면 그 토지등을 환매하거나 임대차계약을 해제·해지할 수 있다는 특약 조건을 붙여 공급할 수 있다.
⑤ 「주택법」에 따른 사업주체가 주택을 공급하는 경우에는 공공지원민간임대주택 또는 장기일반민간임대주택으로 운영하려는 임대사업자에게 주택(분양가상한제 적용주택은 제외한다) 전부를 우선적으로 공급할 수 있다.

15 민간임대주택에 관한 특별법령상 위탁관리형 주택임대관리업자의 현황신고를 다음에서 모두 고른 것은?

> ㉠ 자본금, 전문인력, 사무실 소재지
> ㉡ 위탁받아 관리하는 주택의 호수·세대수 및 소재지
> ㉢ 보증보험 가입사항
> ㉣ 계약기간, 관리수수료 등 위·수탁 계약조건에 관한 정보

① ㉠, ㉡, ㉣   ② ㉠, ㉡, ㉢
③ ㉠, ㉢, ㉣   ④ ㉡, ㉢, ㉣
⑤ ㉠, ㉡, ㉢, ㉣

16 민간임대주택에 관한 특별법령상 공공지원민간임대주택 공급촉진지구 지정절차 등에 관한 설명으로 틀린 것은?

① 촉진지구를 지정하려면 대통령령으로 정하는 바에 따라 주민 및 관계 전문가 등의 의견을 들어야 한다.

② 촉진지구를 지정하는 경우에는 관계 중앙행정기관의 장 및 관할 지방자치단체의 장과 협의하여야 한다.

③ 촉진지구를 지정하려면 원칙적으로 주거정책심의위원회의 심의를 거쳐야 한다.

④ 대통령령으로 정하는 경미한 사항은 심의를 거치지 아니하여도 된다.

⑤ 촉진지구를 지정한 경우 위치·면적, 시행자, 사업의 종류, 수용 또는 사용할 토지등의 세목 등을 관보 또는 공보에 고시하고, 관계 서류의 사본을 시장·군수·구청장에게 송부하여야 하며 지형도면을 고시하여야 한다.

17
상중하
민간임대주택에 관한 특별법령상 공공지원민간임대주택 공급촉진지구 내에서 허가를 받지 않고 할 수 있는 행위는?

① 관상용 죽목을 경작지에 임시로 심는 행위
② 경작을 위한 토지의 형질변경
③ 토지의 형질변경
④ 옮기기 쉽지 아니한 물건을 1개월 이상 쌓아 놓는 행위
⑤ 죽목을 베거나 심는 행위

18
상중하
민간임대주택에 관한 특별법령상 공공지원민간임대주택 공급촉진지구에서 시행자로 지정받아 촉진지구조성사업을 시행할 수 있는 시행자를 설명한 것으로 틀린 것은?

① 촉진지구 안에서 국유지·공유지를 포함한 토지 면적의 50% 이상에 해당하는 토지를 소유한 임대사업자
② 국가 또는 지방자치단체, 한국토지주택공사, 지방공사, 「공공기관의 운영에 관한 법률」 제5조에 따른 공공기관 중 대통령령으로 정하는 기관
③ ② 중 어느 하나에 해당하는 자가 총지분의 100분의 50을 초과하여 출자·설립한 법인
④ 주택도시기금으로 총지분의 전부를 출자하여 「부동산투자회사법」에 따라 설립한 부동산투자회사
⑤ ② 중 어느 하나에 해당하는 자가 총지분의 전부를 출자하여 「부동산투자회사법」에 따라 설립한 부동산투자회사

19 ㈜㈜㈜ 민간임대주택에 관한 특별법령상 공공지원민간임대주택 공급촉진지구(이하 "촉진지구"라 함)에 관한 설명으로 옳은 것은?

① 시·도지사는 도시지역의 부지 면적이 5천m² 이상 지역으로서 촉진지구에서 건설·공급되는 전체 주택 호수의 50% 이상이 공공지원민간임대주택으로 건설·공급되고, 유상공급 토지면적 중 주택건설 용도로 공급하는 면적이 유상공급 토지면적의 50%를 초과하지 아니한 지역을 촉진지구로 지정할 수 있다.

② 촉진지구 안에서 국유지·공유지를 포함한 토지면적의 50% 이상에 해당하는 토지소유자의 동의를 받은 자는 지정권자에게 촉진지구의 지정을 제안할 수 있다.

③ 촉진지구의 면적을 10% 범위에서 증감하는 경우에는 중앙도시계획위원회 또는 시·도도시계획위원회의 심의를 거치지 아니하여도 된다.

④ 지정권자가 촉진지구의 지정을 위해 관계 중앙행정기관의 장 및 관할 지방자치단체의 장과 협의를 하는 경우 「자연재해대책법」에 따른 재해영향 평가 등에 관한 협의를 한 것으로 간주된다.

⑤ 촉진지구가 지정고시된 날부터 2년 이내에 공공지원민간임대주택의 건축을 시작하지 아니하면 지정권자는 촉진지구의 지정을 해제할 수 있다.

20 ㈜㈜㈜ 민간임대주택에 관한 특별법령상 공공지원민간임대주택 공급촉진지구 조성사업에 관한 설명으로 옳은 것은?

① 촉진지구를 지정하여 고시한 때에는 「공익사업을 위한 토지 등의 취득 및 보상에 관한 법률」에 따른 사업인정 및 사업인정의 고시가 있는 것으로 본다.

② 시행자는 촉진지구 토지 면적의 2분의 1 이상에 해당하는 토지를 소유하고 토지 소유자 총수의 3분의 2 이상에 해당하는 자의 동의를 받은 경우 나머지 토지등을 수용 또는 사용할 수 있다.

③ 재결신청은 「공익사업을 위한 토지 등의 취득 및 보상에 관한 법률」에 따라 1년 이내 하여야 한다.

④ 시행자가 촉진지구 조성사업의 공사를 완료한 때에는 공사완료 보고서를 작성하여 국토교통부장관에게 준공검사를 받아야 한다.

⑤ 국가, 지방자치단체, 공공기관 또는 지방공사가 조성한 토지가 준공 후에는 매각되지 아니한 경우에 지정권자는 해당 토지의 전부 또는 일부를 촉진지구로 지정할 수 없다.

21 민간임대주택에 관한 특별법령상 민간임대주택공급에 관한 설명으로 틀린 것은?

① 장기일반민간임대주택은 임대사업자가 정한 기준에 따라 공급한다.

② 공공지원민간임대주택의 임차인은 국토교통부령으로 정하는 임차인의 자격을 갖추어야 한다.

③ 임대사업자가 임대의무기간이 지난 후 민간임대주택을 양도하려는 경우 국토교통부령으로 정하는 바에 따라 시장·군수·구청장에게 허가받아야 한다.

④ 공공지원민간임대주택의 임대의무기간은 10년이며, 장기일반민간임대주택의 임대의무기간은 10년이다.

⑤ 동일한 주택단지에서 30호 이상의 민간임대주택을 건설 또는 매입한 임대사업자가 최초로 민간임대주택을 공급하는 경우에는 임차인을 모집하려는 날의 10일 전까지 신고서에 국토교통부령으로 정하는 서류를 첨부하여 시장·군수·구청장에게 제출하여야 한다.

22 민간임대주택에 관한 특별법령상 민간임대주택의 임대료에 관한 설명으로 틀린 것은?

① 장기일반민간임대주택의 임대료인 경우 임대사업자가 정한다.

② 공공지원민간임대주택의 임대료인 경우 주거지원대상자 등의 주거안정을 위하여 국토교통부령으로 정하는 기준에 따라 임대사업자가 정한다.

③ 임대사업자는 임대기간 동안 임대료의 증액을 청구하는 경우에는 임대료의 5%의 범위에서 주거비 물가지수, 인근 지역의 임대료 변동률, 임대주택 세대수 등을 고려하여 대통령령으로 정하는 증액 비율을 초과하여 청구해서는 아니 된다.

④ 임대료 증액 청구는 임대차계약 또는 약정한 임대료의 증액이 있은 후 1년 이내에는 하지 못한다.

⑤ 임차인은 증액 비율을 초과하여 증액된 임대료를 지급한 경우 초과 지급한 임대료 상당금액의 반환을 청구할 수 없다.

23 민간임대주택에 관한 특별법령상 임대차계약에 관한 설명으로 틀린 것은?

① 임대사업자는 민간임대주택의 임대차계약을 체결한 날로부터 1개월 이내에 시장·군수·구청장에게 신고 또는 변경신고를 하여야 한다.

② 100세대 이상의 공동주택을 임대하는 임대사업자가 임대차 계약에 관한 사항을 변경하여 신고하는 경우에는 변경예정일 1개월 전까지 신고하여야 한다.

③ 시장·군수·구청장은 임대조건 신고 또는 변경신고를 받은 날부터 10일 이내에 임대조건 신고·변경증명서를 신고인에게 발급해야 한다.

④ 민간임대주택에 대한 임대차계약을 체결하거나 월임대료를 임대보증금으로 전환하는 등 계약내용을 변경하는 경우에는 임대사업자는 일정사항을 임차인에게 설명하고 이를 확인받아야 한다.

⑤ 임대사업자가 민간임대주택에 대한 임대차계약을 체결하려는 경우에는 국토교통부령으로 정하는 표준임대차계약서를 사용하여야 한다.

24 민간임대주택에 관한 특별법령상 임대사업자가 임대차계약을 해제 또는 해지하거나 임대차계약의 갱신을 거절할 수 있는 사유가 아닌 것은?

① 임대차계약기간이 시작된 날로부터 2개월 이내에 입주하지 않는 경우

② 민간임대주택 및 그 부대시설을 임대사업자의 동의를 받지 않고 개축·증축 또는 변경하거나 본래의 용도가 아닌 용도로 사용한 경우

③ 민간임대주택 및 그 부대시설을 고의로 파손 또는 멸실한 경우

④ 표준임대차계약서상의 의무를 위반한 경우

⑤ 월임대료를 3개월 이상 연속하여 연체한 경우

25 민간임대주택에 관한 특별법령상 준주택의 임대차계약 신고내용을 열거한 것으로 틀린 것은?

① 임대차기간

② 임대료

③ 임차인 현황

④ 임대보증금에 대한 보증에 관한 사항

⑤ 민간임대주택의 소유권을 취득하기 위하여 대출받은 금액(민간매입임대주택으로 한정한다)

26
상종하

민간임대주택에 관한 특별법령상 민간임대주택의 임대보증금에 대한 보증에 관한 규정으로 틀린 것은?

① 민간건설임대주택의 임대사업자의 경우 사용검사 신청일 이전까지 임대보증금에 대한 보증에 가입하여야 한다.

② 임대보증금에 대한 보증에 가입하는 경우 보증대상은 임대보증금 50%로 한다.

③ 보증수수료의 75%는 임대사업자가 부담하고, 25%는 임차인이 부담하도록 한다.

④ 임대사업자는 보증수수료를 1년 단위로 재산정하여 분할납부할 수 있다.

⑤ 보증에 가입한 임대사업자가 가입 후 1년이 지났으나 재산정한 보증수수료를 보증회사에 납부하지 아니하는 경우에는 보증회사는 그 보증계약을 해지할 수 있다.

27
상종하

민간임대주택에 관한 특별법령상 표준임대차계약서의 내용을 열거한 것으로 틀린 것은?

① 임대차 계약기간

② 민간임대주택의 계약당시 감정평가금액

③ 임대사업자 및 임차인의 권리·의무에 관한 사항

④ 민간임대주택의 수선·유지 및 보수에 관한 사항

⑤ 임대료 및 임대료증액제한에 관한 사항

28
상종하

민간임대주택에 관한 특별법령상 민간임대주택에 대한 임대차계약을 체결할 때 임대사업자가 임차인에게 설명하고 확인해야 하는 사항을 모두 고른 것은?

> ㉠ 임대료 증액제한에 관한 사항
> ㉡ 임대보증금에 대한 보증에 관한 사항
> ㉢ 임대의무기간 중 남아 있는 기간과 법 제45조에 따른 임대차계약의 해제·해지 등에 관한 사항
> ㉣ 민간임대주택의 선순위 담보권 등 권리관계에 관한 사항 및 임대차계약의 해제·해지등에 관한 사항

① ㉠, ㉡, ㉣　　　　　　　　　　② ㉠, ㉡, ㉢

③ ㉠, ㉢, ㉣　　　　　　　　　　④ ㉡, ㉢, ㉣

⑤ ㉠, ㉡, ㉢, ㉣

29 민간임대주택에 관한 특별법령상 민간임대주택의 관리에 관한 설명으로 옳은 항목을 모두 고른 것은?

> ㉠ 임대사업자가 민간임대주택을 자체관리하려면 대통령령으로 정하는 기술인력 및 장비를 갖추고 국토교통부령으로 정하는 바에 따라 시장·군수·구청장에게 허가를 받아야 한다.
> ㉡ 임대사업자는 민간임대주택이 300세대 이상의 공동주택 등 대통령령으로 정하는 규모 이상의 공동주택인 경우 주택관리업자에게 관리를 위탁하거나 자체관리하여야 한다.
> ㉢ 임대사업자가 단지별로 임차인대표회의 또는 임차인 과반수(임차인대표회의를 구성하지 아니하는 경우)의 찬성이 있는 즉시 민간임대주택을 공동으로 관리할 수 있다.

① ㉡
② ㉠
③ ㉡, ㉢
④ ㉠, ㉡
⑤ ㉠, ㉡, ㉢

30 민간임대주택에 관한 특별법령상 임대사업자가 임차인을 대행하여 징수권자에게 납부할 수 있는 사용료등을 모두 고른 것은?

> ㉠ 가스사용료
> ㉡ 수도료
> ㉢ 승강기유지비
> ㉣ 임차인대표회의 운영비
> ㉤ 지역난방방식인 공동주택의 난방비와 급탕비

① ㉠, ㉢, ㉤
② ㉠, ㉡, ㉣, ㉤
③ ㉡, ㉢, ㉣
④ ㉠, ㉡
⑤ ㉠, ㉡, ㉢, ㉣, ㉤

31 민간임대주택에 관한 특별법령상 임차인대표회의에 관한 규정으로 옳은 것은?

상중하

① 임차인대표회의는 회장 1명, 감사 1명 및 이사 1명을 동별 대표자 중에서 선출하여야 한다.

② 동별 대표자가 될 수 있는 사람은 해당 민간임대주택단지에서 6개월 이상 계속 거주하고 있는 임차인으로 한다. 다만, 최초로 임차인대표회의를 구성하는 경우에는 그러하지 아니하다.

③ 임대사업자가 20세대 이상의 임대주택을 공급하는 공동주택단지에 입주하는 임차인은 임차인대표회의를 구성하여야 한다.

④ 임대사업자가 150세대 이상의 민간임대주택을 공급하는 공동주택단지 중 대통령령으로 정하는 공동주택단지에 입주하는 임차인은 임차인대표회의를 구성할 수 있다.

⑤ 임차인대표회의를 소집하려는 경우에는 소집기일 7일 전까지 회의의 목적·일시 및 장소 등을 임차인에게 알리거나 공시하여야 한다.

32 민간임대주택에 관한 특별법령상의 임차인대표회의와 임대사업자의 협의사항을 열거한 것으로 틀린 것은?

상중하

① 특별수선충당금의 납입

② 관리비 및 임대료 증감

③ 하자보수

④ 민간임대주택의 공용부분·부대시설 및 복리시설의 유지·보수

⑤ 민간임대주택 관리규약의 제정 및 개정

33 민간임대주택에 관한 특별법령상 내용으로 옳지 않은 것은?

① 민간임대주택으로 등록한 준주택은 특별수선충당금에 관한 규정이 배제된다.

② 임대사업자는 임차인이 임차인대표회의를 구성하지 않는 경우에 임차인대표회의를 구성해야 한다는 사실과 협의사항 및 임차인대표회의의 구성·운영에 관한 사항을 반기 1회 이상 임차인에게 통지해야 한다.

③ 민간임대주택의 임대사업자는 민간임대주택이 300세대 이상의 공동주택단지인 경우 임대기간 중 해당 민간임대주택단지에 있는 관리사무소에 장기수선계획을 갖춰 놓아야 한다.

④ 임대사업자는 임차인대표회의와 협의하여 결정한 사항에 대해 전체 임차인 3분의 2 이상의 서면동의를 받은 경우에만 지방자치단체와 협약을 체결하여 주차장을 개방할 수 있다.

⑤ 관리비와 사용료등의 징수 및 그 사용명세에 대하여 임대사업자와 임차인 간의 다툼이 있을 때에는 임차인 과반수 이상의 결의가 있는 경우 또는 임차인대표회의는 임대사업자로 하여금 공인회계사등으로부터 회계감사를 받고 그 감사결과와 감사보고서를 열람할 수 있도록 갖춰 둘 것을 요구할 수 있다.

34 민간임대주택에 관한 특별법령상 민간임대주택의 장기수선계획수립대상 공동주택을 다음에서 모두 고른 것은?

> ㉠ 300세대 이상의 공동주택단지
> ㉡ 150세대 이상의 승강기가 설치된 공동주택
> ㉢ 150세대 이상의 중앙집중식난방방식의 공동주택
> ㉣ 150세대 이상의 지역난방방식의 공동주택

① ㉠, ㉡, ㉣

② ㉠, ㉢, ㉣

③ ㉡, ㉢, ㉣

④ ㉠, ㉡, ㉢

⑤ ㉠, ㉡, ㉢, ㉣

35 민간임대주택에 관한 특별법령상 특별수선충당금과 관련된 설명으로 옳은 것은?

상중하

① 임차인은 특별수선충당금을 사용검사일부터 1년이 지난 날이 속하는 달부터 매달 적립한다.

② 민간임대주택의 임대사업자는 「주택법」에 따른 사업계획승인 당시 표준 건축비의 1만분의 4의 요율로 매달 적립하여야 한다.

③ 임대사업자는 특별수선충당금을 사용하려면 미리 해당 임대주택의 임차인과 협의하여야 한다.

④ 특별수선충당금은 임대사업자와 해당 민간임대주택의 소재지를 관할하는 시장·군수·구청장의 공동 명의로 금융회사 등에 예치하여 따로 관리하여야 한다.

⑤ 임대사업자가 민간임대주택을 양도하는 경우에는 특별수선충당금은 임대사업자에게 귀속된다.

36 민간임대주택에 관한 특별법령상 임차인대표회의 및 특별수선충당금에 관한 설명으로 옳지 않은 것은?

상중하

① 최초로 임차인대표회의를 구성하는 경우가 아닌 한, 동별 대표자가 될 수 있는 사람은 해당 민간임대주택단지에서 1년 이상 계속 거주하고 있는 임차인으로 한다.

② 임차인대표회의는 회장 1명, 부회장 1명 및 감사 1명을 동별 대표자 중에서 선출하여야 한다.

③ 임차인대표회의를 소집하려는 경우에는 소집일 5일 전까지 회의의 목적·일시 및 장소 등을 임차인에게 알리거나 공고하여야 한다.

④ 임대사업자는 특별수선충당금을 사용하려면 미리 해당 민간임대주택의 소재지를 관할하는 시장·군수·구청장과 협의하여야 한다.

⑤ 특별수선충당금은 임대사업자와 해당 민간임대주택의 소재지를 관할하는 시장·군수·구청장의 공동 명의로 금융회사 등에 예치하여 따로 관리하여야 한다.

37 민간임대주택에 관한 특별법령상 임대주택분쟁조정위원회에 관한 설명으로 옳지
않은 것은?

① 시장·군수·구청장은 임대사업자와 임차인대표회의 간의 분쟁을 조정하기 위하여 임대주택분쟁조정위원회를 구성한다.

② 임대주택분쟁조정위원회는 위원장 1명을 포함하여 10명 이내로 구성하되, 위원장은 위원회의 위원 과반수 찬성으로 선임한다.

③ 주택관리사가 된 후 관련 업무에 3년 이상 근무한 사람을 1명 이상을 임대주택분쟁조정위원회의 위원으로 임명하거나 위촉한다.

④ 임대주택분쟁조정위원회의 위원장은 회의 개최일 2일 전까지 회의와 관련한 사항을 위원에게 알려야 한다.

⑤ 공공주택사업자와 임차인대표회의는 공공임대주택의 분양전환가격의 분쟁에 관하여 임대주택분쟁조정위원회에 조정을 신청할 수 있다.

38 민간임대주택에 관한 특별법령상 임대주택분쟁조정위원회(이하 "조정위원회"라고 한다)에 관한 설명으로 옳은 것은?

① 조정위원회는 위원장 1명을 포함하여 10명 이내로 구성하되 공무원이 6명 이상이 되어야 한다.

② 임대사업자 또는 임차인대표회의는 법 제44조에 따른 임대료의 증액에 해당하는 분쟁에 관하여 조정위원회에 조정을 신청할 수 있다.

③ 공공주택사업자 또는 임차인대표회의는 공공임대주택의 분양전환승인에 관한 사항에 해당하는 분쟁에 관하여 조정위원회에 조정을 신청할 수 있다.

④ 공무원이 아닌 위원의 임기는 2년으로 하며 한 차례만 연임할 수 있다.

⑤ 임대사업자와 임차인대표회의가 조정위원회의 조정안을 받아들이면 당사자 간에 재판상 화해의 효력이 있다.

주관식 단답형 문제

01
상⊛하
민간임대주택에 관한 특별법 시행령 제2조(정의) 규정의 일부이다. (   )에 들어 갈 용어 및 숫자를 쓰시오.

> 「민간임대주택에 관한 특별법」(이하 "법"이라 한다) 제2조 제1호에서 "오피스텔 등 대통령령으로 정하는 준주택"이란 다음 각 호의 건축물을 말한다(영 제2조).
> 1. 「주택법」 제2조 제1호에 따른 주택 외의 건축물을 「건축법」에 따라 「주택법 시행령」 제4조 제1호의 (㉠) 중 일반기숙사로 리모델링한 건축물
> 1의2. 「주택법 시행령」 제4조 제1호 (㉠) 중 임대형기숙사
> 2. 다음의 요건을 모두 갖춘 「주택법 시행령」 제4조 제4호의 오피스텔
>   (1) 전용면적이 (㉡)m² 이하일 것
>   (2) 상하수도 시설이 갖추어진 전용 입식 부엌, 전용 수세식 화장실 및 목욕 시설(전용 수세식 화장실에 목욕시설을 갖춘 경우를 포함한다)을 갖출 것

02
상⊛하
민간임대주택에 관한 특별법 제2조(정의) 규정의 일부이다. (   )에 들어갈 용어 를 쓰시오.

> "장기일반민간임대주택"이란 임대사업자가 (   )이 아닌 주택을 10년 이상 임대할 목적으로 취득하여 임대하는 민간임대주택(아파트를 임대하는 민 간매입임대주택은 제외한다)을 말한다.

03
상⊛하
민간임대주택에 관한 특별법 제2조(정의) 규정의 일부이다. (   )에 들어갈 용어 를 쓰시오.

> "임대사업자"란 「공공주택 특별법」 제4조 제1항에 따른 (   )가 아닌 자로서 1호 이상의 민간임대주택을 취득하여 임대하는 사업을 할 목적으로 제5조 에 따라 등록한 자를 말한다.

04 민간임대주택에 관한 특별법 제2조(정의) 규정의 일부이다. (　　)에 들어갈 용어
를 쓰시오.

> (　　　)이란 공공지원민간임대주택에 거주하는 임차인 등의 경제활동과 일상
> 생활을 지원하는 시설로서 대통령령으로 정하는 시설을 말한다.

05 민간임대주택에 관한 특별법 제3조(다른 법률과의 관계) 규정이다. (　　)에 들어
갈 법률명을 쓰시오.

> 민간임대주택의 건설·공급 및 관리 등에 관하여 이 법에서 정하지 아니한 사항
> 에 대하여는 「주택법」, 「건축법」, 및 「공동주택관리법」, (　　　)을 적용한다.

06 민간임대주택에 관한 특별법령상 임대사업자의 등록에 관한 일부 규정이다. (　　)에
들어갈 숫자를 쓰시오.

> 등록신청일부터 과거 (　　)년 이내에 민간임대주택 또는 공공임대주택사업에
> 서 부도(부도 후 부도 당시의 채무를 변제하고 사업을 정상화시킨 경우는 제외
> 한다)가 발생한 사실이 있는 자(부도 당시 법인의 대표자나 임원이었던 자와
> 부도 당시 법인의 대표자나 임원 또는 부도 당시 개인인 임대사업자가 대표자
> 나 임원으로 있는 법인을 포함한다)는 임대사업자로 등록할 수 없다.

07 민간임대주택에 관한 특별법 제4조의 일부 내용으로 (　　) 안에 들어갈 공통적인
용어를 쓰시오.

> (　　)형 민간임대주택이란 가족관계가 아닌 2명 이상의 임차인이 하나의 주택
> 에서 거실·주방 등 어느 하나 이상의 공간을 (　　)하여 거주하는 민간임대주
> 택으로서 임차인이 각각 임대차계약을 체결하는 민간임대주택을 말한다.

08
_{상중하}

민간임대주택에 관한 특별법 제5조의2 일부 내용으로 (   ) 안에 들어갈 용어를 쓰시오.

> 임대사업자는 등록한 민간임대주택이 임대의무기간과 임대료 증액기준을 준수하여야 하는 재산임을 (   )에 부기등기하여야 한다.

09
_{상중하}

민간임대주택에 관한 특별법 제5조의5(청약 철회 및 가입비등의 반환 등) 규정의 일부이다. (   )에 들어갈 아라비아 숫자를 쓰시오.

> • 조합가입신청자는 민간임대협동조합 가입 계약체결일부터 (㉠)일 이내에 민간임대협동조합 가입에 관한 청약을 철회할 수 있다.
> • 모집주체는 조합가입신청자가 청약 철회를 한 경우 청약 철회 의사가 도달한 날부터 (㉡)일 이내에 예치기관의 장에게 가입비등의 반환을 요청하여야 한다.

10
_{상중하}

민간임대주택에 관한 특별법령상 주택임대관리업을 하려는 자는 시장·군수·구청장에게 의무등록해야 하는데, 이와 관련한 다음의 (   ) 안에 들어갈 용어를 순서대로 쓰시오.

> "대통령령으로 정하는 규모"란 다음의 구분에 따른 규모를 말한다.
> 1. (   )형 주택임대관리업의 경우 : 단독주택은 100호, 공동주택은 100세대
> 2. (   )형 주택임대관리업의 경우 : 단독주택은 300호, 공동주택은 300세대

11
_{상중하}

민간임대주택에 관한 특별법 제14조 일부 규정이다. (   ) 안에 들어갈 용어를 쓰시오.

> 자기관리형 주택임대관리업을 하는 주택임대관리업자는 임대인 및 임차인의 권리보호를 위하여 (   )에 가입하여야 한다.

12
상중하

민간임대주택에 관한 특별법 제20조 일부 규정이다. (   ) 안에 들어갈 숫자를 순서대로 쓰시오.

> 임대사업자가 전용면적 (   )m² 이하의 민간임대주택을 단독주택의 경우에는 100호 이상, 공동주택의 경우에는 100세대 이상 건설하기 위하여 사업대상 토지 면적의 (   )% 이상을 매입한 경우로서 나머지 토지를 취득하지 아니하면 그 사업을 시행하기가 현저히 곤란해질 사유가 있는 경우에는 시·도지사에게 「공익사업을 위한 토지 등의 취득 및 보상에 관한 법률」 제4조 제5호에 따른 지정을 요청할 수 있다.

13
상중하

민간임대주택에 관한 특별법 제20조 일부 규정이다. (   ) 안에 들어갈 용어를 쓰시오.

> 공익사업자 지정을 받은 임대사업자가 「주택법」에 따른 사업계획승인을 받으면 「공익사업을 위한 토지 등의 취득 및 보상에 관한 법률」에 따른 (   )을 받은 것으로 본다. 다만, 재결신청은 토지를 확보한 후에 할 수 있으며, 「공익사업을 위한 토지 등의 취득 및 보상에 관한 법률」에도 불구하고 사업계획승인을 받은 주택건설사업기간에 할 수 있다.

14
상중하

민간임대주택에 관한 특별법 시행령 제18조 일부 규정이다. (   ) 안에 들어갈 용어를 쓰시오.

> (   )은 다음의 어느 하나에 해당하는 경우에는 촉진지구를 지정할 수 있다.
> 1. 둘 이상의 특별시·광역시·특별자치시·도에 걸쳐 촉진지구를 지정하는 경우
> 2. 그 밖에 국민의 주거안정을 위하여 공공지원민간임대주택을 건설·공급할 필요가 있는 경우

15
상중하

민간임대주택에 관한 특별법령상 공공지원민간임대주택 공급촉진지구 지정요건의 일부 내용이다. (   ) 안에 들어갈 숫자를 순서대로 쓰시오.

---

1. 도시지역의 경우 : 5천m²
2. 도시지역과 인접한 다음 각 지역의 경우 : (   )만m²
   ① 도시지역과 경계면이 접한 지역
   ② 도시지역과 경계면이 도로, 하천 등으로 분리되어 있으나 도시지역의 도로, 상하수도, 학교 등 주변 기반시설의 연결 또는 활용이 적합한 지역
3. 부지에 도시지역과 위 2.의 어느 하나에 해당하는 지역이 함께 포함된 경우 : (   )만m²
4. 그 밖의 지역의 경우 : (   )만m²

16
상중하

민간임대주택에 관한 특별법 제26조 제9항의 내용으로 (   ) 안에 들어갈 용어를 각각 쓰시오.

공공지원민간임대주택 공급촉진지구가 지정·고시된 경우 「국토의 계획 및 이용에 관한 법률」에 따른 (   )과 (   )으로 결정되어 고시된 것으로 본다.

17
상중하

민간임대주택에 관한 특별법 제27조 일부 규정으로 (   ) 안에 들어갈 숫자를 쓰시오.

지정권자는 다음의 어느 하나에 해당하는 경우에는 촉진지구의 지정을 해제할 수 있다.

1. 공공지원민간임대주택 공급촉진지구가 지정고시된 날부터 (   )년 이내에 법 제28조에 따른 지구계획 승인을 신청하지 아니하는 경우

<생략>

18
상중하

민간임대주택에 관한 특별법 제28조 일부 규정으로 공공지원민간임대주택 공급촉진지구 조성사업과 관련된 다음의 규정의 (   ) 안에 들어갈 용어를 쓰시오.

지정권자는 지구계획에 따른 기반시설 확보를 위하여 필요한 부지 또는 설치비용의 전부 또는 일부를 (   )에게 부담시킬 수 있다.

---

19 민간임대주택에 관한 특별법 제34조(토지등의 수용 등) 규정의 일부이다. (   ) 안에 들어갈 분수를 순서대로 각각 쓰시오.

> 시행자는 촉진지구 토지 면적의 (   ) 이상에 해당하는 토지를 소유하고 토지 소유자 총수의 (   ) 이상에 해당하는 자의 동의를 받은 경우 나머지 토지등을 수용 또는 사용할 수 있다. 다만, 국가 또는 지방자치단체, 한국토지주택공사, 지방공기업법에 따라 주택사업을 목적으로 설립된 지방공사 등이 시행자인 경우 이러한 요건을 적용하지 아니하고 수용 또는 사용할 수 있다.

20 민간임대주택에 관한 특별법 제42조 제4항의 규정으로 (   ) 안에 들어갈 숫자를 쓰시오.

> 동일한 주택단지에서 (   )호 이상의 민간임대주택을 건설 또는 매입한 임대사업자가 최초로 민간임대주택을 공급하는 경우에는 시장·군수·구청장에게 대통령령으로 정하는 방법에 따라 신고하여야 한다.

21 민간임대주택에 관한 특별법 제47조의 일부 규정으로 (   ) 안에 들어갈 용어를 쓰시오.

> 임대사업자가 민간임대주택에 대한 임대차계약을 체결하려는 경우에는 국토교통부령으로 정하는 (   )를 사용하여야 한다.

22 민간임대주택에 관한 특별법 제53조의 일부 규정으로 (   ) 안에 들어갈 용어를 쓰시오.

> 민간임대주택의 임대사업자는 주요 시설을 교체하고 보수하는 데에 필요한 특별수선충당금을 적립하여야 하며, 주요 시설의 범위·교체 및 보수 시기·방법 등에 필요한 사항은 (   )으로 정한다.

23
상중하
민간임대주택에 관한 특별법 제53조의 일부 규정으로 (   ) 안에 들어갈 용어를 쓰시오.

> 임대사업자가 민간임대주택을 양도하는 경우에는 특별수선충당금을 「공동주택관리법」에 따라 최초로 구성되는 (   )에 넘겨주어야 한다.

24
상중하
민간임대주택에 관한 특별법 제60조의 일부 규정으로 (   ) 안에 들어갈 용어 및 숫자를 각각 쓰시오.

> 국토교통부장관은 임대주택에 대한 국민의 정보 접근을 쉽게 하고 관련 통계의 정확성을 제고하기 위하여 (   )를 구축·운영할 수 있다.

25
상중하
민간임대주택에 관한 특별법 제63조의 일부 규정으로 (   ) 안에 들어갈 용어 및 숫자를 각각 쓰시오.

> 국토교통부장관은 다음 각 호의 어느 하나에 해당하는 임대사업자에 대하여 주택도시기금 융자금에 연 1% 포인트의 범위에서 (   )를 부과할 수 있다.
> 1. 법 제49조에 따른 임대보증금에 대한 보증에 가입하지 아니하거나 보증수수료(분할납부액을 포함한다)를 납부하지 아니한 자
> 2. 법 제67조 제1항 제8호에 따라 과태료를 부과받은 시점부터 (   )개월 이상 특별수선충당금을 적립하지 아니한 자

M·E·M·O

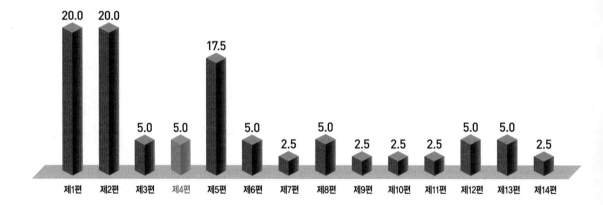

🔍 제26회 기출문제 분석

공공주택 특별법은 2문제가 출제되는데, 주로 용어 중심으로 정리하고 공공주택지구, 도심공공주택복합사업, 공공주택의 관리 등 중요부분을 학습하도록 한다.

공공주택
특별법

공공주택 특별법

🗐 **연계학습** 기본서 p.372~434

┌ 단 · 원 · 열 · 기 ┐

공공주택 특별법은 2문제가 출제되는데, 1문제는 주관식으로 출제되었다. 용어와 공공주택지구, 임대의무기간, 매각제한 등 공공주택의 운영 관리의 핵심부분을 학습하도록 한다.

01 공공주택 특별법령상 용어의 정의에 관한 설명으로 옳은 것은?

상중하

① 영구임대주택이란 국가나 지방자치단체의 재정이나 「주택도시기금법」에 따른 주택도시기금의 자금을 지원받아 저소득 서민의 주거안정을 위하여 30년 이상 장기간 임대를 목적으로 공급하는 공공임대주택을 말한다.

② 국민임대주택이란 국가나 지방자치단체의 재정이나 주택도시기금의 자금을 지원받아 최저소득 계층, 저소득 서민, 젊은 층 및 장애인 · 국가유공자 등 사회 취약계층 등의 주거안정을 목적으로 공급하는 공공임대주택을 말한다.

③ 기존주택전세임대주택이란 국가나 지방자치단체의 재정이나 주택도시기금의 자금을 지원받아 기존주택등(제37조 제1항 각호의 어느 하나에 해당하는 주택 또는 건축물)을 매입하여 「국민기초생활 보장법」에 따른 수급자 등 저소득층과 청년 및 신혼부부 등에게 공급하는 공공임대주택을 말한다.

④ 지분적립형 분양주택이란 공공주택사업자가 직접 건설하거나 매매 등으로 취득하여 공급하는 공공분양주택으로서 주택을 공급받은 자가 10년 이상 20년 이하의 범위에서 대통령령으로 정하는 기간 동안 공공주택사업자와 주택의 소유권을 공유하면서 대통령령으로 정하는 바에 따라 소유 지분을 적립하여 취득하는 주택을 말한다.

⑤ 이익공유형 분양주택이란 공공주택사업자가 직접 건설하거나 매매 등으로 취득하여 공급하는 공공분양주택으로서 주택을 공급받은 자가 해당 주택을 처분하려는 경우 공공주택사업자가 환매하되 공공주택사업자와 처분 손익을 공유하는 것을 조건으로 분양하는 주택을 말한다.

02 공공주택 특별법령상 용어의 정의에 관한 설명으로 틀린 것은?

상중하

① 공공주택이란 공공주택사업자가 국가 또는 지방자치단체의 재정이나 주택도시기금을 지원받아 이 법 또는 다른 법률에 따라 건설, 매입 또는 임차하여 공급하는 주택을 말한다.

② 공공건설임대주택이란 공공주택사업자가 직접 건설하여 공급하는 공공임대주택을 말하며, 공공매입임대주택이란 공공주택사업자가 직접 건설하지 아니하고 매매 등으로 취득하여 공급하는 공공임대주택을 말한다.

③ 공공주택지구란 공공주택의 공급을 위하여 공공주택이 전체주택 중 100분의 60 이상이 되고, 공공주택사업자가 지정·고시하는 지구를 말한다.

④ 도심 공공주택 복합지구란 도심 내 역세권, 준공업지역, 저층주거지에서 공공주택과 업무시설, 판매시설, 산업시설 등을 복합하여 조성하는 거점으로 제40조의7에 따라 지정·고시하는 지구를 말한다.

⑤ 공공주택사업자가 국가 또는 지방자치단체의 재정이나 주택도시기금을 지원받아 건설, 매입 또는 임차하여 임대를 목적으로 공급하는 「주택법」 제2조 제4호에 따른 준주택으로서 대통령령으로 정하는 준주택을 말한다.

03 공공주택 특별법령상 공공주택사업을 다음에서 모두 고른 것은?

상중하

㉠ 공공주택지구조성사업	㉡ 공공주택건설사업
㉢ 공공주택매입사업	㉣ 공공주택관리사업
㉤ 도심 공공주택 복합사업	

① ㉠, ㉡, ㉢, ㉣

② ㉡, ㉢, ㉣, ㉤

③ ㉠, ㉡, ㉢

④ ㉡, ㉢, ㉣

⑤ ㉠, ㉡, ㉢, ㉣, ㉤

04
상종하

공공주택 특별법령상 공공주택 공급·관리계획에 관한 설명으로 옳은 것을 모두 고른 것은?

⊙ 국토교통부장관은 공공주택의 원활한 건설, 매입, 관리 등을 위하여 「주거기본법」에 따른 5년 단위 주거종합계획과 연계하여 10년마다 공공주택 공급·관리계획을 수립하여야 한다.

ⓛ 국토교통부장관은 공공주택 공급·관리계획을 수립하려는 경우에는 미리 관계 중앙행정기관의 장 및 지방자치단체의 장에게 공공주택 공급·관리계획에 반영되어야 할 정책 및 사업에 관한 소관별계획서의 제출을 요청하여야 한다.

ⓒ 국토교통부장관은 소관별계획서를 기초로 공공주택 공급·관리계획을 마련하여 관계 중앙행정기관의 장 및 지방자치단체의 장과 협의 후 중앙도시계획위원회의 심의를 거쳐 확정한다.

① ㉠, ㉡   ② ㉡
③ ㉠   ④ ㉡, ㉢
⑤ ㉠, ㉡, ㉢

05
상종하

공공주택 특별법령상 공공주택에 관한 설명으로 틀린 것을 모두 고른 것은?

⊙ 국가 및 지방자치단체는 매년 공공주택 건설, 매입 또는 임차에 사용되는 자금을 세출예산에 반영하여야 한다.

ⓛ 국가 및 지방자치단체는 주거지원필요계층의 주거안정을 위하여 공공주택의 건설·취득 또는 관리와 관련한 국세 또는 지방세를 「조세특례제한법」, 「지방세특례제한법」, 그 밖에 조세 관계 법률 및 조례로 정하는 바에 따라 감면해야 한다.

ⓒ 국토교통부장관은 공공주택의 건설, 매입 또는 임차에 주택도시기금을 우선적으로 배정하여야 한다.

① ㉠, ㉡   ② ㉡, ㉢
③ ㉠, ㉢   ④ ㉢
⑤ ㉠, ㉡, ㉢

06 공공주택 특별법령상 국토교통부장관이 지정하는 공공주택사업자를 설명한 것으로 틀린 것은?

상중하

① 국가, 지방자치단체, 한국토지주택공사, 주택사업을 목적으로 설립된 지방공사, 「공공기관의 운영에 관한 법률」에 따른 공공기관은 공공주택사업자로 지정된다.

② 「공공기관의 운영에 관한 법률」에 따른 공공기관 중 공공주택사업자로 지정되는 공공기관에는 한국도로공사도 포함된다.

③ 위의 ①의 어느 하나에 해당하는 자가 총지분의 100분의 50을 초과하여 출자·설립한 법인은 공공주택사업자로 지정된다.

④ 주택도시기금으로 총지분의 전부를 출자(공동으로 출자한 경우를 포함한다)하여 「부동산투자회사법」에 따라 설립한 부동산투자회사도 공공주택사업자로 지정된다.

⑤ 위의 ①의 어느 하나에 해당하는 자가 총지분의 전부를 출자(공동으로 출자한 경우를 포함한다)하여 「부동산투자회사법」에 따라 설립한 부동산투자회사도 공공주택사업자로 지정된다.

07 공공주택 특별법령상 공공주택지구(이하 "주택지구"라 한다)의 조성에 관한 설명으로 옳지 않은 것은?

상중하

① 공공주택사업자는 주택지구의 조성 또는 공공주택건설을 위하여 필요한 경우에는 토지 등을 수용 또는 사용할 수 있다.

② 공공주택사업자는 주택지구로 조성된 토지가 판매시설용지 등 영리를 목적으로 사용될 토지에 해당하는 경우 수의계약의 방법으로 공급할 수 있다.

③ 공공주택사업자는 지구조성사업을 효율적으로 시행하기 위하여 지구계획의 범위에서 주택지구 중 일부지역에 한정하여 준공검사를 신청할 수 있다.

④ 공공주택사업자는 「주택법」에 따른 국민주택의 건설용지로 사용할 토지를 공급할 때 그 가격을 조성원가 이하로 할 수 있다.

⑤ 주택지구 안에 있는 국가 또는 지방자치단체 소유의 토지로서 지구조성사업에 필요한 토지는 지구조성사업 외의 목적으로 매각하거나 양도할 수 없다.

08 공공주택 특별법령상 공공주택지구에 관한 설명으로 틀린 것은?

① 국토교통부장관은 공공주택지구조성사업을 추진하기 위하여 필요한 지역을 공공주택지구로 지정하거나 지정된 공공주택지구를 변경 또는 해제할 수 있다.

② 공공주택사업자는 국토교통부장관에게 주택지구의 지정을 제안할 수 있다.

③ 국토교통부장관은 주택지구를 지정 또는 변경하려면 공고를 하여 주민 및 관계 전문가 등의 의견을 들어야 한다.

④ 공공주택지구 안에서 건축물의 건축등을 하고자 하는 자는 시장·군수 또는 구청장의 허가를 받아야 한다.

⑤ 공공주택사업자는 공공주택지구계획을 수립하여 시장·군수 또는 구청장의 승인을 받아야 한다.

09 공공주택 특별법령상 공공주택사업자가 주택지구의 변경 또는 해제를 제안할 수 있는 사유를 모두 고른 것은?

> ㉠ 주택지구의 경계선이 하나의 필지를 관통하는 경우
> ㉡ 주택지구의 지정으로 주택지구 밖의 토지나 건축물의 출입이 제한되거나 사용가치가 감소하는 경우
> ㉢ 주택지구의 변경으로 기반시설의 설치비용이 증가하는 경우
> ㉣ 사정의 변경으로 인하여 공공주택사업을 계속 추진할 필요성이 없어지거나 추진하는 것이 현저히 곤란한 경우

① ㉠, ㉡, ㉢   ② ㉡, ㉣   ③ ㉠, ㉢, ㉣

④ ㉠, ㉡, ㉣   ⑤ ㉠, ㉡, ㉢, ㉣

10 공공주택 특별법령상 지정·고시된 공공주택지구에서 허가 없이 할 수 있는 개발행위는?

① 건축물의 건축   ② 인공시설물의 설치

③ 토지의 분할 및 합병   ④ 죽목(竹木)을 베거나 심는 행위

⑤ 경작을 위한 토지의 형질변경

11
상중하

공공주택 특별법령상 특별관리지역에 관한 설명으로 틀린 것은?

① 국토교통부장관은 공공주택지구를 해제할 때 100만m² 이상으로서 체계적인 관리계획을 수립하여 관리하지 아니할 경우 난개발이 우려되는 지역에 대하여 10년의 범위에서 특별관리지역으로 지정할 수 있다.

② 국토교통부장관은 특별관리지역을 지정하고자 할 경우에는 특별관리지역 관리계획을 수립하여야 한다.

③ 종전 주택지구의 공공주택사업자는 관리계획의 입안을 제안할 수 있다.

④ 특별관리지역 안에서는 원칙적으로 건축물의 건축 및 용도변경, 공작물의 설치, 토지의 형질변경, 죽목의 벌채, 토지의 분할, 물건을 쌓아놓는 행위를 할 수 없다.

⑤ 특별관리지역의 지정기간이 만료되거나 해당 기관장이 특별관리지역 중 전부 또는 일부에 대하여 지정 등을 하여 도시·군관리계획을 수립한 경우에는 해당 지역은 특별관리지역에서 해제된 것으로 본다.

12
상중하

공공주택 특별법령상 공공주택지구계획에 관한 설명으로 틀린 것은?

① 공공주택사업자는 주택지구가 지정·고시된 날부터 1년 이내에 공공주택지구계획(이하 지구계획이라 한다)을 수립하여 국토교통부장관에게 승인을 신청하여야 한다.

② 국토교통부장관은 공공주택사업자가 주택지구가 지정·고시된 날부터 1년 이내에 승인을 신청하지 아니한 때에는 주택지구의 지정은 그 효력이 상실된다.

③ 지구계획에는 교통·공공·문화체육시설 등을 포함한 기반시설 설치계획이 포함된다.

④ 국토교통부장관은 지구계획을 승인하려면 공공주택통합심의위원회의 심의를 거쳐야 한다.

⑤ 지구계획의 승인 또는 변경승인이 있는 때에는 관계법령에 따른 인·허가 등을 받은 것으로 본다.

13 공공주택 특별법령상 공공주택통합심의위원회에 관한 설명으로 틀린 것은?

상중하

① 지구계획 또는 사업계획(이하 "관련계획"이라 한다)의 승인과 관련하여 도시계획·건축·환경·교통·재해 등의 사항을 검토 및 심의하기 위하여 시·군·구에 공공주택통합심의위원회를 둔다.

② 통합심의위원회는 위원장 1인 및 부위원장 1인을 포함하여 33인 이하의 위원으로 구성한다.

③ 위원장은 도시계획·건축·교통·환경·재해 분야 등의 전문가로서 택지개발 및 주택사업에 관한 학식과 경험이 풍부한 사람 중 국토교통부장관이 위촉한 사람 중 위원들이 호선한다.

④ 통합심의위원회의 회의는 재적위원 과반수의 출석으로 개의하고, 출석위원 과반수의 찬성으로 의결한다.

⑤ 공공주택사업자는 통합심의위원회에 최종의견서를 제출할 수 있으며, 통합심의위원회는 관련계획의 승인과 관련된 사항, 공공주택사업자의 최종의견서, 관계기관 의견서 등을 종합적으로 검토하여 심의하여야 한다.

14 공공주택 특별법령상 토지등의 수용 또는 사용에 관한 설명으로 옳은 것을 모두 고른 것은?

상중하

> ㉠ 공공주택지구 지정권자는 주택지구의 조성을 위하여 필요한 경우에는 토지 등을 수용 또는 사용할 수 있다.
> ㉡ 공공주택지구를 지정하거나 제35조 제1항에 따라 주택건설사업계획을 승인하여 고시한 때에는 「공익사업을 위한 토지등의 취득 및 보상에 관한 법률」에 따른 사업인정 및 사업인정의 고시가 있는 것으로 본다.
> ㉢ 토지등의 수용 또는 사용에 대한 재결신청은 「공익사업을 위한 토지등의 취득 및 보상에 관한 법률」에 따른다.

① ㉢

② ㉡

③ ㉠, ㉢

④ ㉡, ㉢

⑤ ㉠, ㉡, ㉢

15 공공주택 특별법령상 주택지구조성사업에 관한 설명으로 틀린 것은?

① 주택지구 안에 있는 국가 또는 지방자치단체 소유의 재산은 「국유재산법」 및 「공유재산 및 물품 관리법」에도 불구하고 공공주택사업자에게 수의계약으로 양도할 수 있다.

② 이 경우 그 재산의 용도폐지 및 양도에 관하여는 국토교통부장관이 미리 관계 행정기관의 장과 협의하여야 한다.

③ ②의 경우 국토교통부장관의 협의의 요청이 있는 때에는 관계 행정기관의 장은 그 요청을 받은 날부터 60일 이내에 용도폐지 및 양도, 그 밖의 필요한 조치를 하여야 한다.

④ 공공주택사업자에게 양도하고자 하는 재산 중 관리청을 알 수 없는 국유재산에 관하여는 다른 법령에도 불구하고 국토교통부장관이 이를 관리 또는 처분한다.

⑤ 국토교통부장관은 지구조성사업이 지구계획대로 완료되었다고 인정하는 경우에는 준공검사서를 공공주택사업자에게 교부하고 이를 대통령령으로 정하는 바에 따라 관보에 공고하여야 한다.

16 공공주택 특별법령상 공공주택에 대한 사업계획에 관한 설명으로 틀린 것은?

① 공공주택사업자는 공공주택에 대한 사업계획을 작성하여 국토교통부장관의 승인을 받아야 한다.

② 국토교통부장관은 주택지구 내에서 건설되는 민간분양주택등을 공공주택과 동시에 건설하는 것이 불가피하다고 판단하는 경우에는 민간분양주택등의 건설에 대한 사업계획을 해당 사업의 주체로부터 직접 신청을 받을 수는 없고 이 법에 따른 공공주택사업자를 통하여 신청받아 이를 승인할 수 있다.

③ 공공주택사업자는 주택건설사업계획을 지구계획 신청서에 포함하여 제출할 수 있다.

④ 국토교통부장관은 사업계획을 승인한 때에는 이에 관한 사항을 고시하여야 하며, 사업계획승인서 및 관계 서류의 사본을 지체 없이 관할 시·도지사에게 송부하여야 한다.

⑤ 국토교통부장관이 사업계획을 승인하고자 하는 경우 그 사업계획에 협의사항이 포함되어 있는 때에는 미리 관계 행정기관의 장과 협의하여야 한다.

17 공공주택 특별법상 다음 (   )에 들어갈 용어 및 숫자가 모두 옳은 것은?

상중하

> 국가와 지방자치단체는 「국유재산법」, 「공유재산 및 물품 관리법」, 그 밖의 관계 법률에도 불구하고 공공시설부지에서 공공주택사업의 원활한 시행을 위하여 필요한 경우에는 그 공공주택사업자에게 (   )의 방법으로 국유재산 또는 공유재산을 사용허가 하거나 매각·대부할 수 있다. 이 경우 국가와 지방자치단체는 사용허가 및 대부의 기간을 (   )년 이내로 할 수 있다.

① 수의계약, 50
② 경쟁입찰, 30
③ 성생입찰, 50
④ 추첨, 50
⑤ 수의계약, 30

18 공공주택 특별법령상 도심 공공주택 복합지구에 관한 설명으로 틀린 것은?

상중하

① 복합지구의 유형은 주거상업고밀지구, 주거산업융합지구, 주택공급활성화지구로 구분한다.
② 주거상업고밀지구는 역세권등 접근성은 양호하나 개발이 이루어지지 않거나 저조한 지역일 것
③ 주거산업융합지구는 준공업지역으로서 공장, 산업시설 등이 낙후되거나 주거지 인근에 위치하고 있어 정비가 필요한 지역일 것
④ 주택공급활성화지구는 30년 이상 경과한 저층 노후주거지 비율이 높고, 기반시설이 열악하여 계획적인 개발이 필요한 지역일 것
⑤ 국토교통부장관 또는 시·도지사(이하 "지정권자"라 한다)는 도심 공공주택 복합사업을 추진하기 위하여 필요한 지역을 도심 공공주택 복합지구로 지정하거나 지정된 복합지구를 변경 또는 해제할 수 있다.

19 공공주택 특별법령상 도심 공공주택 복합지구에 관한 설명으로 틀린 것은?

① 공공주택사업자는 지정권자에게 복합지구의 지정·변경을 제안할 수 있다.

② 공공주택사업자는 복합지구 지정 후 2년이 경과한 구역으로서 복합지구에 위치한 토지등소유자 5분의 1 이상이 공공주택사업자에게 해제를 요청하는 경우 해제를 제안할 수 있다.

③ 공공주택사업자가 복합지구의 지정·변경에 관한 주민 등의 의견청취의 공고일부터 1년이 지날 때까지 토지등소유자 3분의 2 이상의 동의와 토지 면적의 2분의 1 이상에 해당하는 토지를 확보하지 못하는 경우 복합지구 지정·변경 제안을 반려하여야 한다.

④ 공공주택사업자는 도심 공공주택 복합사업계획을 수립하여 지정권자의 승인을 받아야 한다.

⑤ 공공주택사업자가 시공자를 선정하는 경우 토지등소유자는 경쟁입찰 또는 수의계약(2회 이상 경쟁입찰이 유찰된 경우로 한정한다)의 방법으로 시공자를 추천할 수 있다.

20 공공주택 특별법령상 복합지구 중 주거상업고밀지구의 지정요건에 관한 설명으로 틀린 것은?

① 역세권 등 접근성은 양호하나 개발이 이루어지지 않거나 저조한 지역

② 면적이 5천m² 이상일 것

③ 역승강장 경계의 반경 1km 이내의 범위에서 국토교통부장관이 정하여 고시하는 범위 이내일 것

④ 전체 건축물 중 20년 이상 경과한 노후건축물의 비율이 100분의 40 이상의 범위에서 국토교통부장관이 정하여 고시하는 비율 이상일 것

⑤ 용도지역의 종류, 호수(戸數) 밀도 등이 국토교통부장관이 정하여 고시하는 요건에 해당할 것

21 공공주택 특별법령상 복합지구 중 주거산업융합지구의 지정요건에 관한 설명으로
상중하 틀린 것은?

① 준공업지역으로서 공장, 산업시설 등이 낙후되거나 주거지 인근에 위치하고
있어 정비가 필요한 지역일 것

② 면적이 5천m² 이상일 것

③ 역승강장 경계의 반경 500m 이내의 범위에서 국토교통부장관이 정하여 고
시하는 범위 이내일 것

④ 전체 건축물 중 20년 이상 경과한 노후건축물의 비율이 100분의 40 이상의
범위에서 국토교통부장관이 정하여 고시하는 비율 이상일 것

⑤ 용도지역의 종류, 호수(戶數) 밀도 등이 국토교통부장관이 정하여 고시하는
요건에 해당할 것

22 공공주택 특별법령상 복합지구 중 주택공급활성화지구의 지정요건에 관한 설명으
상중하 로 틀린 것은?

① 상업지역, 공업지역 등으로서 토지의 효율적 이용과 도심 또는 부도심 등의
도시 기능의 회복이 필요한 지구일 것

② 20년 이상 경과한 저층 노후주거지 비율이 높고, 기반시설이 열악하여 계획
적인 개발이 필요한 지역일 것

③ 면적이 1만m² 이상인 지역일 것

④ 전체 건축물 중 20년 이상 경과한 노후건축물의 비율이 100분의 40 이상의
범위에서 국토교통부장관이 정하여 고시하는 비율 이상일 것

⑤ 용도지역의 종류, 호수(戶數) 밀도 등이 국토교통부장관이 정하여 고시하는
요건에 해당할 것

23 공공주택 특별법령상 공공주택사업자가 공공매입임대주택으로 매입할 수 있는 「건축법 시행령」에 따른 기존주택등의 범위를 다음에서 모두 고른 것은?

> ㉠ 단독주택, 다중주택 및 다가구주택
> ㉡ 국민주택규모 이하인 공동주택
> ㉢ 근린생활시설, 노유자시설, 수련시설
> ㉣ 업무시설, 숙박시설

① ㉠, ㉡, ㉢ ② ㉡, ㉣ ③ ㉠, ㉢, ㉣
④ ㉠, ㉡, ㉣ ⑤ ㉠, ㉡, ㉢, ㉣

24 공공주택 특별법령상 공공주택사업과 관련한 설명으로 틀린 것은?

① 공공주택사업자는 부도임대주택 중에 국토교통부장관이 지정·고시하는 주택을 매입하여 공공임대주택으로 공급할 수 있다.
② 부도임대주택의 임차인이 공공주택사업자에게 매입을 동의한 경우에는 임차인에게 부여된 우선매수할 권리를 공공주택사업자에게 양도한 것으로 본다.
③ ②의 경우 공공주택사업자는 「민사집행법」 제113조에서 정한 보증의 제공하고 우선매수 신고를 할 수 있다.
④ 공공주택사업자는 기존주택을 임차하여 공공임대주택을 공급할 수 있다.
⑤ 공공주택사업의 신속한 추진 및 효율적 지원을 위하여 국토교통부에 공공주택본부를 설치한다.

25 공공주택 특별법령상 공공주택의 운영·관리에 관한 설명으로 옳지 않은 것은?

상중하

① 공공주택사업자는 공공임대주택의 임대조건 등 임대차계약에 관한 사항을 시장·군수 또는 구청장에게 신고하여야 한다.

② 공공주택사업자가 공공임대주택에 대한 임대차계약을 체결할 때 임대차 계약기간이 끝난 후 임대주택을 그 임차인에게 분양전환할 예정이면 임대차 계약기간을 2년 이내로 할 수 있다.

③ 공공분양주택 입주예정자가 입주의무기간 이내에 소유권이전등기를 완료한 상태에서 입주를 하지 아니한 경우에는 공공주택사업자가 해당 주택을 취득할 수 있다.

④ 공공주택사업자는 공공주택사업자의 귀책사유 없이 임대차 계약기간이 시작된 날부터 2개월 이내에 임차인이 입주하지 아니한 경우, 임대차계약을 해제 또는 해지할 수 있다.

⑤ 공공건설임대주택의 임차인이 임대의무기간이 종료한 후 공공주택사업자가 임차인에게 분양전환을 통보한 날부터 6개월(임대의무기간이 10년인 공공건설임대주택의 경우에는 12개월) 이상 우선 분양전환에 응하지 아니하는 경우에는 공공주택사업자는 해당 공공건설임대주택을 제3자에게 매각할 수 있다.

26 공공주택 특별법령상 공공주택의 임대조건 등에 관한 설명으로 옳은 것을 모두 고른 것은?

상중하

> ㉠ 임대료 중 임대보증금이 증액되는 경우 임차인은 대통령령으로 정하는 바에 따라 그 증액분을 분할하여 납부할 수 있다.
> ㉡ 공공주택사업자는 공공임대주택의 임대조건 등 임대차계약에 관한 사항을 시장·군수 또는 구청장에게 신고하여야 한다.
> ㉢ 공공주택사업자는 지분적립형 분양주택을 공급받은 자와 해당 주택의 소유권을 공유하는 동안 공공주택사업자가 소유한 지분에 대하여 대통령령으로 정하는 기준에 따라 산정한 임대료를 받을 수 있다.
> ㉣ 공공주택사업자는 임대 후 분양전환을 할 목적으로 건설한 공공건설임대주택을 임대의무기간이 지난 후 분양전환하는 경우에는 분양전환 당시까지 거주한 무주택자, 국가기관 또는 법인으로서 대통령령으로 정한 임차인에게 우선 분양전환하여야 한다.

① ㉠, ㉢　　　　　　② ㉡, ㉣　　　　　　③ ㉠, ㉢, ㉣
④ ㉡, ㉢, ㉣　　　　⑤ ㉠, ㉡, ㉢, ㉣

27 공공주택 특별법령상 공공주택의 운영·관리에 관한 설명으로 옳지 않은 것은?

① 공공주택사업자는 임차인의 보육수요 충족을 위하여 필요하다고 판단하는 경우 해당 공공임대주택의 일부 세대를 10년 이내의 범위에서 「영유아보육법」에 따른 가정어린이집을 설치·운영하려는 자에게 임대할 수 있다.

② 공공주택사업자는 임차인이 월임대료를 3개월 이상 연속하여 연체한 경우에는 임대차계약을 해제 또는 해지하거나 재계약을 거절할 수 있다.

③ 「혁신도시 조성 및 발전에 관한 특별법」에 따라 이전하는 기관 또는 그 기관에 종사하는 사람이 해당 기관이 이전하기 이전에 공공임대주택을 공급받아 전대하는 경우로서 공공주택사업자의 동의를 받은 경우에는 그 공공임대주택을 전대할 수 있다.

④ 공공주택사업자는 특별수선충당금을 사용하려면 미리 해당 공공임대주택의 주소지를 관할하는 시장·군수 또는 구청장과 협의하여야 한다.

⑤ 공공임대주택의 임대료 등 임대조건을 정하는 경우에는 임차인의 소득수준 및 공공임대주택의 규모 등을 고려하여 차등적으로 정할 수 있다.

28 공공주택 특별법령상 공공주택의 운영·관리에 관한 설명으로 옳은 것은?

① 공공임대주택의 임차인이 이혼으로 공공임대주택에서 퇴거하고, 해당 주택에 계속 거주하려는 배우자가 자신으로 임차인을 변경할 경우로서 공공주택사업자의 동의를 받은 경우, 임차인은 임차권을 양도할 수 있다.

② 공공주택사업자는 공공임대주택의 임대조건 등 임대차계약에 관한 사항에 대하여 시장·군수 또는 구청장의 허가를 받아야 한다.

③ 공공주택사업자가 임차인에게 우선 분양전환을 통보한 날부터 3개월 이내에 임차인이 우선 분양전환 계약을 하지 아니한 경우 공공주택사업자는 해당 임대주택을 제3자에게 매각할 수 있다.

④ 공공주택사업자가 임대차계약을 체결할 때 임대차 계약기간이 끝난 후 임대주택을 그 임차인에게 분양전환할 예정이라도 임대차 계약기간을 2년 이내로 할 수 없다.

⑤ 공공주택사업자의 귀책사유 없이 임차인이 표준임대차계약서상의 계약기간이 시작된 날부터 2개월 이내에 입주하지 아니한 경우 공공주택사업자는 임대차계약을 해지할 수 있다.

29
상중하

공공주택 특별법령상 공공임대주택의 표준임대차계약서에 포함되는 내용으로 옳지 않은 것은?

① 임대료 및 그 증액에 관한 사항, 임대차 계약기간
② 공공임대주택의 수선·유지 및 보수에 관한 사항
③ 공공주택사업자 및 임차인의 권리·의무에 관한 사항
④ 분납임대주택의 분납금의 납부 시기 및 산정기준
⑤ 분양전환공공임대주택의 분양전환승인에 관한 사항

30
상중하

공공주택 특별법령상 공공주택사업자가 임차인에 대해 임대차계약을 해제 또는 해지하거나 재계약을 거절할 수 있는 사항을 열거한 것으로 옳지 않은 것은?

① 임차인의 자산 또는 소득이 제48조에 따른 자격요건을 초과하는 범위에서 국토교통부령으로 정하는 기준을 초과하는 경우
② 전용면적이 85m²를 초과하는 공공임대주택의 임차인이 임대차계약 기간 중 다른 주택을 소유하게 된 경우
③ 공공주택사업자의 귀책사유 없이 표준임대차계약서상의 임대차 계약기간이 시작된 날부터 3개월 이내에 입주하지 아니한 경우
④ 월임대료를 3개월 이상 연속하여 연체한 경우
⑤ 분납임대주택의 분납금(분할하여 납부하는 분양전환금을 말한다)을 3개월 이상 연체한 경우

31
상중하

공공주택 특별법령상 임차인이 공공주택사업자에 대해 임대차계약을 해제 또는 해지하거나 재계약을 거절할 수 있는 사항을 열거한 것으로 옳지 않은 것은?

① 공공주택사업자의 귀책사유 없이 임대차 계약기간이 시작된 날부터 3개월 이내에 입주하지 않는 경우
② 시장·군수 또는 구청장이 공공임대주택에 거주하기 곤란할 정도의 중대한 하자가 있다고 인정한 경우
③ 공공주택사업자가 표준임대차계약서상의 의무를 위반한 경우
④ 공공주택사업자가 임차인의 의사에 반하여 공공임대주택의 부대시설·복리시설을 파손하거나 철거시킨 경우
⑤ 공공주택사업자가 시장·군수 또는 구청장이 지정한 기간에 하자보수명령을 이행하지 아니한 경우

32
상중하

공공주택 특별법령상 공공임대주택의 임차인이 임차권을 양도할 수 있는 규정으로 옳지 않은 것은?

① 공공임대주택(임대의무기간이 10년 이하) 임차인의 세대구성원 모두가 공공임대주택 입주 후 국외로 이주하거나 1년 이상 국외에 머무를 경우로서 무주택 세대구성원에게 임차권을 양도하거나 임대주택을 전대하는 경우

② 공공임대주택(임대의무기간이 10년 이하) 임차인이 6개월 이상의 질병치료 사유로 현재 거주하는 시·군 또는 구의 행정구역이 아닌 최단 직선거리가 40킬로미터 이상 떨어진 시·군 또는 구로 주거를 이전하는 경우

③ 「혁신도시 조성 및 발전에 관한 특별법」에 따라 이전하는 기관 또는 그 기관에 종사하는 사람이 해당 기관이 이전하기 이전에 공공임대주택을 공급받아 전대하는 경우

④ 임차인이 혼인 또는 이혼으로 공공임대주택에서 퇴거하고, 해당 공공임대주택에 계속 거주하려는 배우자로 임차인을 변경할 경우

⑤ 공공임대주택(임대의무기간이 10년 이하) 임차인의 세대구성원 모두가 공공임대주택 입주 후 상속 또는 혼인으로 소유하게 된 주택으로 이전할 경우로서 양도하거나 전대하는 경우

33
상중하

공공주택 특별법령상 지분적립형 분양주택의 전매제한에 관한 설명으로 옳지 않은 것은?

① 지분적립형 분양주택의 소유지분 또는 입주자로 선정된 지위는 해당 주택의 입주자로 선정된 날부터 5년이 지나기 전에는 전매하거나 전매를 알선할 수 없다.

② 지분적립형 분양주택을 공급받은 자가 ①에 따른 전매제한기간이 지난 후 해당 주택의 소유권 전부를 취득하기 이전에 소유지분을 전매하려면 공공주택사업자와 주택의 매매가격 등을 협의한 후 공공주택사업자의 동의를 받아 공공주택사업자의 소유지분과 함께 해당 주택의 소유권 전부를 전매하여야 한다.

③ ②의 경우 해당 주택의 소유지분을 배우자에게 증여하는 경우에는 그러하지 아니하다.

④ 지분적립형 분양주택을 전매하는 경우로서 매매가격이 취득가격보다 높은 경우에는 그 차액을 공공주택사업자와 해당 주택을 공급받은 자가 전매 시점의 소유지분 비율에 따라 나누어야 한다.

⑤ 지분적립형 분양주택을 공급받은 자(상속받은 자는 제외한다)는 해당 주택의 최초 입주가능일부터 5년 동안 계속하여 해당 주택에 거주하여야 한다.

PART
04

34
상중하

공공주택 특별법령상 이익공유형 분양주택에 관한 설명으로 틀린 것은?

① 이익공유형 분양주택의 원활한 공급을 위하여 세부 공급유형 및 공급대상에 따라 환매조건을 부과할 수 있다.

② 이익공유형 분양주택을 공급받은 자가 해당 주택 또는 그 지위를 처분하려는 경우에는 환매조건에 따라 공공주택사업자에게 해당 주택의 매입을 신청하여야 한다.

③ 매입신청을 받은 공공주택사업자가 이익공유형 분양주택을 환매하는 경우 해당 주택을 공급받은 자는 해당 주택의 공급가격 등을 고려하여 대통령령으로 정하는 기준에 따라 처분 손익을 공공주택사업자와 공유하여야 한다.

④ 이익공유형 분양주택을 공급받은 자가 이를 처분하려는 경우 공공주택사업자가 환매하는 주택임을 소유권에 관한 등기에 부기등기하여야 한다.

⑤ 이익공유형 분양주택을 공급받은 자(상속받은 자도 포함한다)는 해당 주택의 최초 입주가능일부터 최대 5년 이내에서 대통령령으로 정하는 거주의무기간 동안 계속하여 해당 주택에 거주하여야 한다.

35
상중하

공공주택 특별법령상 공공임대주택의 선수관리비에 관한 설명으로 틀린 것은?

① 공공주택사업자는 공공임대주택을 관리하는 데 필요한 경비를 임차인이 최초로 납부하기 전까지 해당 공공임대주택의 유지관리 및 운영에 필요한 경비(이하 "선수관리비"라 한다)를 대통령령으로 정하는 바에 따라 부담할 수 있다.

② 선수관리비를 부담하는 경우에는 해당 임차인의 입주가능일 전까지 관리주체에게 선수관리비를 지급해야 한다.

③ 관리주체는 해당 임차인의 임대기간이 종료되는 경우 지급받은 선수관리비를 공공주택사업자에게 반환하지 않아도 된다.

④ 다른 임차인이 해당 주택에 입주할 예정인 경우 등 공공주택사업자와 관리주체가 협의하여 정하는 경우에는 선수관리비를 반환하지 않을 수 있다.

⑤ 관리주체에게 지급하는 선수관리비의 금액은 해당 공공임대주택의 유형 및 세대수 등을 고려하여 공공주택사업자와 관리주체가 협의하여 정한다.

36 공공주택 특별법령상 공공임대주택의 임대의무기간으로 옳은 것을 모두 고른 것은?
상●하

> ㉠ 국민임대주택 : 30년　　　　　㉡ 행복주택 : 30년
> ㉢ 장기전세주택 : 10년　　　　　㉣ 통합공공임대주택 : 20년

① ㉠, ㉡　　　　　　　　　　　② ㉠, ㉢
③ ㉠, ㉣　　　　　　　　　　　④ ㉡, ㉢
⑤ ㉡, ㉣

37 공공주택 특별법령상 공공임대주택의 임대의무기간 동안 양도가능한 경우를 설명
상●하 한 것으로 틀린 것은?

① 국토교통부령으로 정하는 바에 따라 다른 공공주택사업자에게 매각하는 경우
② ①의 경우 해당 임대주택 소재지를 관할하는 시장·군수·구청장에게 신고
　하여야 한다.
③ 공공주택사업자가 경제적 사정 등으로 공공임대주택에 대한 임대를 계속할
　수 없는 경우로서 공공주택사업자가 시장·군수 또는 구청장의 허가를 받아
　임차인에게 분양전환하는 경우
④ 임대개시 후 해당 주택의 임대의무기간의 2분의 1이 지난 분양전환공공임
　대주택에 대하여 공공주택사업자와 임차인이 해당 임대주택의 분양전환에
　합의하여 공공주택사업자가 임차인에게 분양전환하는 경우
⑤ 주택도시기금의 융자를 받아 주택이 없는 근로자를 위하여 건설한 공공임
　대주택(1994년 9월 13일 이전에 사업계획승인을 받은 경우로 한정한다)을
　시장·군수 또는 구청장의 허가를 받아 분양전환하는 경우

38 공공주택 특별법령상 공공주택사업자가 임대 후 분양전환할 목적으로 건설한 공공건설임대주택을 임대의무기간이 지난 후 분양전환하는 경우에 우선 분양전환을 받을 수 있는 임차인에 해당하는 자를 모두 고른 것은?

㉠ 입주일 이후부터 분양전환 당시까지 해당 임대주택에 거주한 무주택자인 임차인
㉡ 선착순의 방법으로 해당 임대주택의 입주자로 선정된 자로서 입주일부터 분양전환할 때까지 계속하여 거주하면서 분양전환하는 시점에 해당 임대주택 입주시 자격요건 중 주택소유기준을 충족하고 있는 경우
㉢ 분양전환 당시 해당 임대주택의 임차인인 국가기관이나 법인
㉣ 분양전환 당시에 거주하고 있는 해당 임대주택이 전용면적 85m²를 초과하는 경우
㉤ 공공건설임대주택에 입주한 후 경매로 다른 주택을 소유하게 된 경우 분양전환 당시까지 거주한 자로서 그 주택을 처분하여 무주택자가 된 임차인

① ㉠, ㉡, ㉢
② ㉠, ㉡, ㉣
③ ㉠, ㉡, ㉢, ㉣
④ ㉡, ㉢, ㉤
⑤ ㉡, ㉢, ㉣, ㉤

39 공공주택 특별법령상 공공임대주택의 분양전환에 관한 설명으로 틀린 것은?

① 공공주택사업자는 공공건설임대주택의 임대의무기간이 지난 후 해당 주택의 임차인에게 우선 분양전환 자격, 우선 분양전환 가격 등 우선 분양전환에 관한 사항을 통보하여야 한다.

② 우선 분양전환 자격이 있다고 통보 받은 임차인이 우선 분양전환에 응하려는 경우에는 그 통보를 받은 후 1개월 이내에 우선 분양전환 계약을 하여야 한다.

③ 통보를 받은 후 임대의무기간이 10년인 공공건설임대주택의 경우에는 12개월 이내에 우선 분양전환 계약을 하여야 한다.

④ 공공주택사업자가 임차인에게 우선 분양전환에 관한 사항을 통보한 날부터 6개월(임대의무기간이 10년인 공공건설임대주택의 경우에는 12개월을 말한다) 이내에 임차인이 우선 분양전환 계약을 하지 아니한 경우 제3자에게 매각할 수 있다.

⑤ 공공주택사업자는 제3자에게 공공건설임대주택을 매각하려는 경우 그 매각시점이 감정평가가 완료된 날부터 1년이 지난 때에는 매각가격을 재산정할 수 있다.

40 공공주택 특별법령상 공공임대주택의 장기수선계획 및 특별수선충당금에 관한 설
명으로 틀린 것은?

① 300세대 이상의 공동주택, 승강기가 설치된 공동주택, 중앙집중식난방방식
의 공공임대주택을 건설한 공공주택사업자는 해당 공공임대주택의 공용부
분, 부대시설 및 복리시설(분양된 시설은 제외한다)에 대하여 장기수선계획
을 수립해야 한다.

② 공공주택사업자는 특별수선충당금을 사용검사일(임시 사용승인을 받은 경
우에는 임시 사용승인일을 말한다)부터 1년이 지난날이 속하는 달부터 매달
적립한다.

③ 특별수선충당금의 적립요율은 영구임대주택, 국민임대주택, 행복주택, 통합
공공임대주택, 장기전세주택은 국토교통부장관이 고시하는 표준건축비의 1만
분의 1이다.

④ 공공주택사업자는 특별수선충당금을 사용하려면 미리 해당 공공임대주택
의 주소지를 관할하는 시장·군수 또는 구청장과 협의하여야 한다.

⑤ 공공주택사업자가 임대의무기간이 지난 공공건설임대주택을 분양전환하는
경우에는 특별수선충당금을 최초로 구성되는 입주자대표회의에 넘겨주어
야 한다.

주관식 단답형 문제

01 공공주택 특별법 시행령 제2조에 따른 공공임대주택의 종류에 관한 내용이다.
상중하 ( )에 들어갈 용어를 쓰시오.

> ( )이란 국가나 지방자치단체의 재정이나 주택도시기금의 자금을 지원
> 받아 대학생, 사회초년생, 신혼부부 등 젊은 층의 주거안정을 목적으로 공급하
> 는 공공임대주택을 말한다.

02 공공주택 특별법 제2조 규정의 일부이다. ( )에 들어갈 용어를 쓰시오.
상중하

> ( ) 분양주택이란 공공주택사업자가 직접 건설하거나 매매 등으로 취득하
> 여 공급하는 공공분양주택으로서 주택을 공급받은 자가 해당 주택을 처분하려
> 는 경우 공공주택사업자가 환매하되 공공주택사업자와 처분 손익을 공유하는
> 것을 조건으로 분양하는 주택을 말한다.

03 공공주택 특별법 제2조(정의) 규정의 일부이다. ( )에 들어갈 용어와 아라비아
상중하 숫자를 쓰시오.

> "(㉠) 분양주택"이란 제4조에 따른 공공주택사업자가 직접 건설하거나 매매
> 등으로 취득하여 공급하는 공공분양주택으로서 주택을 공급받은 자가 20년 이상
> (㉡)년 이하의 범위에서 대통령령으로 정하는 기간 동안 공공주택사업자와
> 주택의 소유권을 공유하면서 대통령령으로 정하는 바에 따라 소유 지분을 적
> 립하여 취득하는 주택을 말한다.

04 공공주택 특별법 시행령 제4조 규정의 일부이다. (   )에 들어갈 숫자를 순서대로 쓰시오.

> "대통령령으로 정하는 준주택"이란 다음의 준주택을 말한다.
> 1. 기숙사·다중생활시설·노인복지주택으로서 전용면적이 (   )m² 이하인 것
> 2. 오피스텔로서 다음의 요건을 모두 갖춘 것
>   ① 전용면적이 (   )m² 이하일 것
>   ② 상·하수도 시설이 갖추어진 전용 입식 부엌, 전용 수세식 화장실 및 목욕시설(전용 수세식 화장실에 목욕시설을 갖춘 경우를 포함한다)을 갖출 것

05 공공주택 특별법 시행령 제3조(공공주택의 건설비율) 규정의 일부이다. (   )에 들어갈 숫자를 순서대로 쓰시오.

> 공공주택지구의 공공주택 비율은 다음 각 호의 구분에 따른다. 이 경우 제1호 및 제2호의 주택을 합한 주택이 공공주택지구 전체 주택 호수의 100분의 50 이상이 되어야 한다.
> 1. 공공임대주택: 전체 주택 호수의 100분의 (   ) 이상
> 2. 공공분양주택: 전체 주택 호수의 100분의 (   ) 이하

06 공공주택 특별법 제2조 규정의 일부이다. (   )에 들어갈 용어를 쓰시오.

> (   )란 도심 내 역세권, 준공업지역, 저층주거지에서 공공주택과 업무시설, 판매시설, 산업시설 등을 복합하여 조성하는 거점으로 제40조의7에 따라 지정·고시하는 지구를 말한다.

07 공공주택 특별법 제2조 규정의 일부이다. (   )에 들어갈 용어를 쓰시오.

> 공공주택사업이란 공공주택지구조성사업, 공공주택건설사업, 공공주택매입사업, 공공주택관리사업, (   )사업을 말한다.

08 공공주택 특별법 제12조 규정의 일부이다. (   )에 들어갈 용어를 차례대로 쓰시오.

국토교통부장관이 주택지구의 지정·변경 또는 해제를 고시한 때에는 「국토의 계획 및 이용에 관한 법률」에 따른 (   )으로의 용도지역, 결정된 도시·군계획시설, (   )이 지정·변경된 것으로 본다.

09 공공주택 특별법령의 일부 규정이다. (   )에 들어갈 용어 및 숫자를 쓰시오.

국토교통부장관은 주택지구를 해제할 때 면적 (㉠)만㎡ 이상으로서 체계적인 관리계획을 수립하여 관리하지 아니할 경우 (㉡)이 우려되는 지역에 대하여 (㉢)년의 범위에서 특별관리지역으로 지정할 수 있다.

10 공공주택 특별법 시행령의 일부 규정이다. (   )에 들어갈 용어를 순서대로 쓰시오.

도심 공공주택 복합지구의 유형 중
1. (   )는 역세권 등 접근성은 양호하나 개발이 이루어지지 않거나 저조한 지역일 것
2. (   )는 준공업지역으로서 공장, 산업시설 등이 낙후되거나 주거지 인근에 위치하고 있어 정비가 필요한 지역일 것일 것
3. 주택공급활성화지구는 20년 이상 경과한 저층 노후주거지 비율이 높고, 기반시설이 열악하여 계획적인 개발이 필요한 지역일 것일 것

11 공공주택 특별법 시행령 제3조의 일부 규정이다. (   )에 들어갈 숫자를 차례대로 쓰시오.

도심공공주택복합지구란 도심 내 역세권, 준공업지역, 저층주거지에서 공공주택과 업무시설, 판매시설, 산업시설 등을 복합하여 조성하는 거점으로 지정·고시하는 지구이며, 해당지구에서 공공주택 비율은 다음 각 호의 구분에 따른다.
⑴ 공공임대주택 : 전체 주택 호수의 100분의 10 이상. 다만, 주거상업고밀지구의 경우에는 100분의 (   ) 이상으로 한다.
⑵ 공공분양주택
  1) 지분적립형 분양주택 또는 이익공유형 분양주택 : 전체 주택 호수의 100분의 10 이상
  2) 1) 외의 공공분양주택 : 전체 주택 호수의 100분의 (   ) 이상

12 공공주택 특별법 시행령의 일부 규정이다. (　　)에 들어갈 용어를 쓰시오.

> 영구임대주택, 국민임대주택, 행복주택, 장기전세주택, 통합공공임대주택, 분양전환공공임대주택의 최초의 임대료(임대보증금 및 월임대료를 말한다)는 국토교통부장관이 정하여 고시하는 (　　　　　)를 초과할 수 없다.

13 공공주택 특별법 시행령 제47조(재계약의 거절 등) 제1항 규정의 일부이다. (　　) 에 들어갈 숫자를 쓰시오.

> 법 제49조의3 제1항 제6호에서 "기간 내 입주의무, 임대료 납부 의무, 분납금 납부 의무 등 대통령령으로 정하는 의무를 위반한 경우"란 다음 각 호의 어느 하나에 해당하는 경우를 말한다.
> 1. 공공주택사업자의 귀책사유 없이 법 제49조의2에 따른 표준임대차계약서상의 임대차 계약기간이 시작된 날부터 (㉠)개월 이내에 입주하지 아니한 경우
> 2. <생략>
> 3. 분납임대주택의 분납금(분할하여 납부하는 분양전환금을 말한다)을 (㉡) 개월 이상 연체한 경우

14 공공주택 특별법 제49조(공공임대주택의 임대조건 등) 규정의 일부이다. (　　) 안에 들어갈 숫자를 순서대로 각각 쓰시오.

> 공공임대주택의 공공주택사업자가 임대료 증액을 청구하는 경우(재계약을 하는 경우를 포함한다)에는 임대료의 100분의 (　) 이내의 범위에서 주거비 물가지수, 인근 지역의 주택 임대료 변동률 등을 고려하여 증액하여야 한다. 이 경우 증액이 있은 후 (　)년 이내에는 증액하지 못한다.
> (단, 소득수준 등의 변화로 임대료가 변경되는 경우는 고려하지 않음)

15 공공주택 특별법령상의 규정이다. ( ) 안에 들어갈 공통된 용어를 쓰시오.

> 공공임대주택의 임차인은 임차권을 다른 사람에게 양도(매매, 증여, 그 밖에 권리변동이 따르는 모든 행위를 포함하되, 상속의 경우는 제외한다)하거나 공공임대주택을 다른 사람에게 ( )할 수 없다. 다만, 근무·생업·질병치료 등 대통령령으로 정하는 경우로서 공공주택사업자의 동의를 받은 경우에는 양도하거나 ( )할 수 있다.

16 공공주택 특별법 시행령상 ( ) 안에 들어갈 숫자를 순서대로 각각 쓰시오.

> 공공임대주택을 전대하는 기관 또는 사람은 해당 기관의 이전이 완료된 경우에는 전대차 계약기간이 종료된 후 ( )개월 이내에 입주자를 입주시키거나 입주하여야 한다. 이 경우 전대차 계약기간은 ( )년을 넘을 수 없다.

17 공공주택 특별법 제50조의 일부 규정이다. ( ) 안에 용어를 쓰시오.

> 공공주택사업자는 공공임대주택을 관리하는 데 필요한 경비를 임차인이 최초로 납부하기 전까지 해당 공공임대주택의 유지관리 및 운영에 필요한 경비인 ( )를(을) 대통령령으로 정하는 바에 따라 부담할 수 있다.

18 공공주택 특별법령상 공공임대주택의 임대의무기간에 관한 규정의 일부이다. ( )에 들어갈 숫자를 순서대로 쓰시오.

> 시행령 제54조 ① 법 제50조의2 제1항에서 "대통령령으로 정한 임대의무기간"이란 그 공공임대주택의 임대개시일부터 다음 각 호의 기간을 말한다.
> 1. <생략>
> 2. <생략>
> 3. 행복주택: ( )년
> 4. 통합공공임대주택: ( )년

19 공공주택 특별법령상의 규정이다. (   ) 안에 들어갈 숫자 및 용어를 쓰시오.

> 공공주택사업자가 임대의무기간이 종료한 후 임차인에게 분양전환승인을 통보한 날로부터 (   )개월(임대의무기간이 10년인 공공건설임대주택의 경우에는 12개월을 말한다) 이내 우선 분양전환에 응하지 아니하는 경우에는 공공주택사업자는 해당 공공건설임대주택을 국토교통부령으로 정하는 바에 따라 (   )에게 매각할 수 있다.

20 공공주택 특별법 제50조의4 규정의 일부이다. (   ) 안에 용어를 순서대로 쓰시오.

> • 300세대 이상의 공동주택, 승강기가 설치된 공동주택, 중앙집중식난방방식의 공동주택에 해당하는 공공임대주택의 (   )는 주요 시설을 교체하고 보수하는 데에 필요한 특별수선충당금을 적립하여야 한다.
> • 공공주택사업자가 임대의무기간이 지난 공공건설임대주택을 분양전환하는 경우에는 특별수선충당금을 공동주택관리법 제11조에 따라 최초로 구성되는 (   )에 넘겨주어야 한다.

21 공공주택 특별법 제50조의4 제1항 및 동법시행령 제57조 제1항 규정의 일부이다. (   ) 안에 용어 및 숫자를 각각 쓰시오.

> (1) 대통령령으로 정하는 규모에 해당하는 공공임대주택의 공공주택사업자는 주요시설을 교체하고 보수하는 데에 필요한 (   )을 적립하여야 한다.
> (2) "대통령령으로 정하는 규모에 해당하는 공공임대주택"이란 공공임대주택 단지별로 다음의 어느 하나 해당하는 공공임대주택을 말한다. 다만, 1997년 3월 1일 전에 주택건설사업계획의 승인을 받은 공공임대주택은 제외한다 (영 제57조 제1항).
> ① (   )세대 이상의 공동주택
> ② 승강기가 설치된 공동주택
> ③ 중앙집중식난방방식의 공동주택

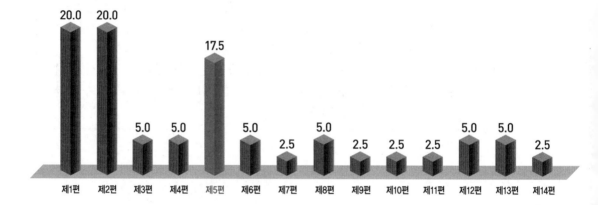

🔍 **제26회 기출문제 분석**

건축법은 주택법이나 공동주택관리법 다음으로 출제 비중이 높은 과목으로 7문제 출제 중 3문제가 주관식으로 출제되고 있다. 건축법 용어와 건축물의 용도, 허가 및 신고, 건폐율, 용적률, 건축선, 면적·높이·층수 산정, 구조 및 피난시설, 건축물의 높이제한, 이행강제금 등 핵심부분에 대한 집중적인 학습이 요구된다.

총 설

◻ **연계학습** 기본서 p.440~477

┌ **단·원·열·기** ┐

건축법은 7문제 출제가 되는데, 이 중 3문제가 주관식으로 출제되고 있다. 특히 용어 중 건축과 건축행위, 용도와 용도변경의 세심한 학습이 요구된다.

01
상중하

건축법령상 용어의 정의로서 틀린 것은?

① 건축이란 건축물을 신축·증축·개축·재축하거나 건축물을 이전하는 것을 말한다.

② 대수선이란 건축물의 기둥, 보, 내력벽, 주계단 등의 구조나 외부형태를 수선·변경하거나 증설하는 것으로서 대통령령으로 정하는 것을 말한다.

③ 리모델링이란 건축물의 노후화를 억제하거나 기능 향상 등을 위하여 대수선하거나 일부 증축 또는 개축하는 행위를 말한다

④ 주요구조부란 내력벽·기둥·바닥·보·주계단 및 지붕틀을 말한다.

⑤ 지하층이란 건축물의 바닥이 지표면 아래에 있는 층으로서 바닥에서 지표면까지 최고높이가 해당 층 높이의 2분의 1 이상인 것을 말한다.

02
상중하

건축법령상 신축에 해당하는 것을 모두 고른 항목은?

┌───┐
⊙ 신축이란 건축물이 없는 대지(기존 건축물이 해체되거나 멸실된 대지를 제외한다)에 새로 건축물을 축조하는 것
ⓛ 주된 건축물만 있는 대지에 새로 부속건축물을 축조하는 것
ⓒ 건축물을 해체하고 다시 종전과 같은 규모로 축조하는 것
ⓔ 기존 2층 건축물을 3층으로 1개층을 증가하여 축조하는 것
ⓜ 기존 3층 건축물을 해체하고 4층으로 다시 축조하는 것
└───┘

① ⊙, ⓜ
② ⊙, ⓒ
③ ⓜ
④ ⓒ, ⓔ
⑤ ⊙, ⓛ, ⓔ

03 건축법령상 용어의 정의에 관한 설명으로 틀린 것은?

① 건축주란 건축물의 건축·대수선·용도변경, 건축설비의 설치 또는 공작물의 축조(이하 '건축물의 건축등'이라 한다)에 관한 공사를 발주하거나 현장관리인을 두어 스스로 그 공사를 하는 자를 말한다.

② 설계자란 자기의 책임(보조자의 도움을 받는 경우를 포함한다)으로 설계도서를 작성하고 그 설계도서에서 의도하는 바를 해설하며, 지도하고 자문에 응하는 자를 말한다.

③ 공사시공자란 「건축법」에 따른 건설공사를 하는 자를 말한다.

④ 공사감리자란 자기의 책임(보조자의 도움을 받는 경우를 포함한다)으로 「건축법」으로 정하는 바에 따라 건축물, 건축설비 또는 공작물이 설계도서의 내용대로 시공되는지를 확인하고, 품질관리·공사관리·안전관리 등에 대하여 지도·감독하는 자를 말한다.

⑤ 관계전문기술자란 건축물의 구조·설비 등 건축물과 관련된 전문기술자격을 보유하고 설계와 공사감리에 참여하여 설계자 및 공사감리자와 협력하는 자를 말한다.

04 건축법령상 건축물과 분리하여 공작물을 축조할 때 특별자치시장·특별자치도지사 또는 시장·군수·구청장에게 신고를 하여야 하는 공작물이 아닌 것은?

① 높이 5m인 주거지역에 설치한 통신용 철탑
② 높이 6m인 광고탑
③ 높이 7m인 태양열 발전시설
④ 높이 10m인 고가수조
⑤ 바닥면적 50m²인 지하대피호

05 건축법령상 건축물의 대수선에 해당하지 않는 것은? (단, 증축·개축 또는 재축에 해당하지 않음을 전제로 함)

① 내력벽의 벽면적을 30m² 이상 수선 또는 변경하는 것
② 기둥을 증설 또는 해체하는 것
③ 방화벽을 위한 바닥 등을 증설 또는 해체하거나 수선 또는 변경하는 것
④ 건축물의 내부에 사용하는 마감재료를 증설 또는 해체하는 것
⑤ 다세대주택의 세대 간 경계벽을 수선 또는 변경하는 것

06 건축법령상 건축신고대상인 대수선의 범위에 해당하지 않는 것은?
① 주요구조부의 해체 없이 내력벽의 면적을 30m² 이상 수선하는 것
② 주요구조부의 해체 없이 기둥을 세 개 수선하는 것
③ 주요구조부의 해체 없이 보를 세 개 수선하는 것
④ 주요구조부의 해체 없이 주계단을 수선하는 것
⑤ 주요구조부의 해체 없이 다세대주택의 세대 간 경계벽을 수선하는 것

07 건축법령상 도로에 관한 설명으로 틀린 것은?
① 「국토의 계획 및 이용에 관한 법률」·「도로법」·「사도법」 그 밖에 관계 법령에 따라 신설 또는 변경에 관한 고시가 된 도로는 건축법상의 도로가 된다.
② 도로란 보행과 자동차 통행이 가능한 너비 4m 이상의 도로로서 예정도로는 건축법령상의 도로에 포함된다.
③ 특별자치시장·특별자치도지사·시장·군수·구청장이 지형적 조건으로 인하여 차량통행을 위한 도로의 설치가 곤란하다고 인정하여 그 위치를 지정·공고하는 구간의 너비 3m 이상인 도로도 건축법상의 도로가 된다.
④ 막다른 도로의 경우에는 그 도로의 길이가 10m 이상이고 35m 미만인 경우 그 너비는 4m 이상인 도로를 말한다.
⑤ 건축허가 또는 신고시에 시·도지사 또는 시장·군수·구청장(자치구의 구청장을 말한다)이 위치를 지정하여 공고한 도로는 건축법상의 도로가 된다.

08 건축법령상 건축관계자가 아닌 자는?
① 건축주
② 관계전문기술자
③ 공사시공자
④ 설계자
⑤ 공사감리자

09 건축법령상 다중이용건축물이 아닌 것은?

① 바닥면적의 합계가 5천m²인 식물원
② 바닥면적의 합계가 6천m²인 종교시설
③ 바닥면적의 합계가 7천m²인 운수시설 중 여객용시설
④ 바닥면적의 합계가 8천m²인 종합병원
⑤ 층수가 21층인 건축물

10 건축법령상 준다중이용건축물에 해당하는 것은? (단, 해당 용도로 쓰는 바닥면적의 합계가 1천m² 이상인 건축물이다)

① 업무시설   ② 동물원
③ 교육연구시설   ④ 창고시설
⑤ 발전시설

11 건축법령상 특수구조건축물에 해당하는 건축물을 모두 고른 것은?

> ㉠ 한쪽 끝은 고정되고 다른 끝은 지지(支持)되지 아니한 구조로 된 보·차양 등이 외벽의 중심선으로부터 3m 이상 돌출된 건축물
> ㉡ 기둥과 기둥 사이의 거리가 10m 이상인 건축물
> ㉢ 기둥이 없는 경우에는 내력벽과 내력벽의 중심선 사이의 거리가 10m 이상인 건축물
> ㉣ 특수한 설계·시공·공법 등이 필요한 건축물로서 허가권자가 정하여 고시하는 구조로 된 건축물

① ㉠
② ㉠, ㉡, ㉢
③ ㉡, ㉢
④ ㉢, ㉣
⑤ ㉠, ㉡, ㉢, ㉣

12
상중하

건축법령상 용도별 건축물의 종류에 관한 설명으로 옳은 것은?

① 일반음식점은 제1종 근린생활시설에 해당된다.
② 단란주점으로서 같은 건축물에 해당 용도로 쓰는 바닥면적의 합계가 150m² 미만인 것은 위락시설에 해당된다.
③ 자동차학원 및 무도학원은 교육연구시설에 속한다.
④ 경마장의 경우 관람석의 바닥면적의 합계가 1천m² 이상인 것은 문화 및 집회시설에 속한다.
⑤ 치과의원과 한의원은 의료시설에 속한다.

13
상중하

건축법령상 건축물의 용도에 관한 설명으로 옳은 것은?

① 다가구주택은 주택으로 쓰는 층수가 3개 층 이하이고 1개 동의 주택으로 쓰이는 바닥면적의 합계가 660m² 이하인 공동주택이다.
② 주차장은 자동차 관련 시설에 해당한다.
③ 기숙사 중 일반기숙사는 학교의 학생 또는 공장의 종업원 등을 위하여 쓰는 것으로서 1개 동의 공동취사 이용세대수가 전체의 75% 이상인 공동주택이다.
④ 「청소년활동진흥법」에 따른 유스호스텔은 숙박시설에 해당한다.
⑤ 「물류시설의 개발 및 운영에 관한 법률」에 따른 물류터미널은 운수시설이다.

14
상중하

건축법령상 공동주택의 형태를 모두 갖춘 건축물인 경우 공동주택에 포함되는데, 이에 해당하는 건축물이 아닌 것은?

㉠ 가정어린이집	㉡ 공동생활가정
㉢ 지역아동센터	㉣ 공동육아나눔터
㉤ 작은 도서관	㉥ 노인복지주택
㉦ 소형 주택	㉧ 다함께돌봄센터

① ㉢, ㉣, ㉤
② ㉦, ㉧
③ ㉥, ㉧
④ ㉢, ㉣, ㉦
⑤ ㉤, ㉥, ㉦, ㉧

15 건축법령상 제1종 근린생활시설이 아닌 것은?

① 자동차영업소로서 같은 건축물에 해당 용도로 쓰는 바닥면적의 합계가 1천m² 미만인 것

② 전기자동차 충전소(해당 용도로 쓰는 바닥면적의 합계가 1천m² 미만인 것으로 한정한다)

③ 금융업소, 사무소, 부동산중개사무소, 결혼상담소 등 소개업소, 출판사 등 일반업무시설로서 같은 건축물에 해당 용도로 쓰는 바닥면적의 합계가 30m² 미만인 것

④ 탁구장, 체육도장으로서 같은 건축물에 해당 용도로 쓰는 바닥면적의 합계가 500m² 미만인 것

⑤ 일용품을 판매하는 소매점으로서 같은 건축물에 해당 용도로 쓰는 바닥면적의 합계가 1천m² 미만인 것

16 건축법령상 제2종 근린생활시설에 해당하지 않는 것은?

① 휴게음식점, 제과점 등 음료·차(茶)·음식·빵·떡·과자 등을 조리하거나 제조하여 판매하는 시설로서 같은 건축물에 해당 용도로 쓰는 바닥면적의 합계가 300m² 이상인 것

② 테니스장, 체력단련장, 에어로빅장, 볼링장, 당구장, 실내낚시터, 골프연습장, 놀이형시설 등 주민의 체육 활동을 위한 시설로서 같은 건축물에 해당 용도로 쓰는 바닥면적의 합계가 500m² 미만인 것

③ 금융업소, 사무소, 부동산중개사무소, 결혼상담소 등 소개업소, 출판사 등 일반업무시설로서 같은 건축물에 해당 용도로 쓰는 바닥면적의 합계가 1천m² 미만인 것

④ 다중생활시설로서 같은 건축물에 해당 용도로 쓰는 바닥면적의 합계가 500m² 미만인 것

⑤ 종교집회장(교회, 성당, 사찰 등)으로서 같은 건축물에 해당 용도로 쓰는 바닥면적의 합계가 500m² 미만인 것

17 건축법령상의 용도변경에 관한 다음 설명 중 옳지 않은 것은?
상중하
① 건축물의 용도를 하위군에 속하는 시설을 상위군에 속하는 시설로 용도변경하려는 경우에는 허가를 받아야 한다.
② 같은 시설군 내에서 건축물의 용도를 변경하려는 자는 특별자치시장·특별자치도지사 또는 시장·군수·구청장에게 건축물대장 기재사항의 변경을 신청하여야 한다.
③ 허가대상인 경우로서 용도변경하려는 부분의 바닥면적의 합계가 $300m^2$ 이상인 용도변경의 설계에 관하여는 「건축법」제23조(건축물의 설계)의 규정을 준용한다.
④ 허가나 신고대상인 경우로서 용도변경하려는 부분의 바닥면적의 합계가 $100m^2$ 이상인 경우의 사용승인에 관하여는 「건축법」제22조(건축물의 사용승인)의 규정을 준용한다.
⑤ 기존의 건축물 또는 대지가 법령의 제정·개정 등으로 인하여 법령 등의 규정에 부적합하게 된 경우에는 해당 지방자치단체의 조례로 정하는 바에 따라 용도변경을 할 수 있다.

18 건축법령상 건축물의 용도변경의 시설군과 건축물의 용도를 연결한 것으로 틀린
상중하 것은?
① 산업 등 시설군 − 방송통신시설
② 문화집회시설군 − 위락시설
③ 영업시설군 − 판매시설
④ 교육 및 복지시설군 − 수련시설
⑤ 주거업무시설군 − 국방·군사시설

19 건축법령상 사용승인을 받은 건축물의 용도를 변경하려는 경우 특별자치시장·특
상중하 별자치도지사 또는 시장·군수·구청장의 허가를 받아야 하는 사항은?
① 아파트를 백화점으로 용도변경하는 경우
② 웨딩홀을 종합병원으로 용도변경하는 경우
③ 사립대학교를 국방·군사시설로 용도변경하는 경우
④ 유스호스텔을 오피스텔로 용도변경하는 경우
⑤ 폐차장을 야외음악당으로 용도변경하는 경우

20
상중하

건축법령상 A시에 소재한 단독주택의 용도를 다음 각 시설의 용도로 변경하려는 경우, A시장의 허가를 받아야 하는 것을 모두 고른 것은? (단, 공용건축물에 대한 특례 및 조례는 고려하지 않음)

㉠ 제1종 근린생활시설	㉡ 공동주택
㉢ 업무시설	㉣ 공장
㉤ 노유자시설	

① ㉠, ㉡, ㉢   ② ㉠, ㉡, ㉣
③ ㉠, ㉣, ㉤   ④ ㉡, ㉢, ㉤
⑤ ㉢, ㉣, ㉤

21
상중하

건축법령상 도시지역과 지구단위계획구역 외의 지역으로서 동이나 읍(동 또는 읍에 속하는 섬의 경우에는 인구가 500명 이상인 경우만 해당한다)이 아닌 지역에서는 일부 규정은 적용하지 않는다. 이러한 일부 규정이 아닌 것은?

① 대지와 도로의 관계(법 제44조)
② 도로의 지정·폐지 또는 변경(법 제45조)
③ 건축선의 지정(법 제46조), 건축선에 따른 건축제한(법 제47조)
④ 공개 공지 등의 확보(법 제43조)
⑤ 방화지구 안의 건축물(법 제51조), 대지의 분할 제한(법 제57조)

22
상중하

건축법령상의 규정이 배제되는 건축물이 아닌 것은?

① 고속도로 휴게소
② 철도부지에 있는 플랫폼
③ 「하천법」에 따른 하천구역 내의 수문조작실
④ 「문화유산의 보존 및 활용에 관한 법률」에 따른 지정문화유산
⑤ 「산업집적활성화 및 공장설립에 관한 법률」에 따라 공장의 용도로만 사용되는 건축물의 대지 안에 설치하는 것으로 이동이 용이한 컨테이너를 이용한 간이창고

23
상중하

건축법령상 건축관계자가 허가권자에게 건축법 기준을 완화하여 적용할 것을 허가권자에게 요청할 수 있는 건축물의 경우에 해당하지 않는 것은?

① 수면 위에 건축하는 건축물 등 대지의 범위를 설정하기 곤란한 경우
② 거실이 없는 통신시설 및 기계·설비시설
③ 리모델링 활성화 구역 안의 건축물
④ 전통사찰, 전통한옥 등 전통문화의 보존을 위하여 시·도의 건축조례로 정하는 지역의 건축물
⑤ 31층 이상인 건축물 중 건축물 전부가 공동주택인 건축물

24
상중하

건축법령상 건축위원회에 관한 설명으로 틀린 것은?

① 국토교통부에 두는 중앙건축위원회는 위원장 및 부위원장 각 1명을 포함하여 70명 이내의 위원으로 구성한다.
② 지방건축위원회는 시·도 및 시·군·구(자치구를 말한다)에 두며, 위원장 및 부위원장 각 1명을 포함하여 25명 이상 150명 이하의 위원으로 성별을 고려하여 구성한다.
③ 건축 등과 관련된 분쟁의 조정 및 재정을 하기 위하여 시·도 및 시·군·구에 건축분쟁전문위원회를 둔다.
④ 시·도 및 시·군·구에 설치하는 건축위원회에는 건축민원전문위원회를 운영할 수 있다.
⑤ 건축위원회에는 건축계획·건축구조·건축설비등 분야별 전문위원회를 두어 운영할 수 있다.

25
상중하

건축법령상 중앙건축위원회의 심의사항에 해당하지 않는 것은?

① 건축물의 건축등과 관련된 분쟁의 조정 또는 재정에 관한 사항
② 표준설계도서의 인정
③ 「건축법」과 「건축법 시행령」의 시행에 관한 중요사항
④ 건축선의 지정에 관한 사항
⑤ 다른 법령에서 중앙건축위원회의 심의를 받도록 한 경우의 심의사항

26 건축법령상 지방건축위원회의 심의사항에 해당하지 않는 것은?

① 다중이용건축물 및 특수구조건축물의 구조안전에 관한 사항
② 건축선의 지정에 관한 사항
③ 건축법령에 따른 조례의 제정·개정 및 시행에 관한 사항
④ 국토교통부장관이 지정하는 특별건축구역의 지정에 관한 사항
⑤ 분양을 목적으로 하는 건축물로서 건축조례로 정하는 용도 및 규모에 해당하는 건축물의 건축에 관한 사항

27 건축법령상 건축분쟁전문위원회(이하 "분쟁위원회"라 한다)에 관한 설명으로 틀린 것은?

① 분쟁위원회는 위원장과 부위원장 각 1명을 포함한 15명 이내의 위원으로 구성한다. 조정은 3명의 위원으로 구성되는 조정위원회에서 하고, 재정은 5명의 위원으로 구성되는 재정위원회에서 한다.
② 분쟁위원회는 판사, 검사 또는 변호사의 직에 6년 이상 재직한 자가 2명 이상 포함되어야 한다. 재정위원회는 판사·검사 또는 변호사의 직에 6년 이상 재직한 자로서 국토교통부장관이 임명 또는 위촉한 위원이 1명 이상 포함되어야 한다.
③ 조정신청은 해당 사건의 당사자 간의 합의로 하고, 재정신청은 해당 사건의 당사자 중 1명 이상이 한다.
④ 분쟁위원회는 당사자의 조정신청을 받으면 60일 이내에, 재정신청을 받으면 120일 이내에 절차를 마쳐야 한다.
⑤ 당사자가 조정안을 수락하고 조정서에 기명날인하면 조정서의 내용은 재판상 화해와 동일한 효력을 갖는다.

28 건축법령상 건축분쟁전문위원회에서 행하는 건축등과 관련된 분쟁 중 조정 및 재정의 대상이 아닌 것은?

① 건축관계자 간의 분쟁
② 건축관계자와 시장·군수·구청장 간의 분쟁
③ 건축관계자와 해당 건축물의 건축등으로 피해를 입은 인근주민 간의 분쟁
④ 관계전문기술자와 인근주민 간의 분쟁
⑤ 건축관계자와 관계전문기술자 간의 분쟁

29 건축법령상 건축민원전문위원회에 관한 설명으로 틀린 것은?

① 민원전문위원회는 건축물의 건축등과 관련된 질의민원을 심의한다.

② 시·도지사가 설치하는 건축민원전문위원회와 시장·군수·구청장이 설치하는 건축민원전문위원회로 구분한다.

③ 건축민원전문위원회는 신청인의 질의민원을 받으면 15일 이내에 심의절차를 마쳐야 한다. 다만, 사정이 있으면 건축민원전문위원회의 의결로 15일 이내의 범위에서 기간을 연장할 수 있다.

④ 건축민원전문위원회는 민원심의의 결정내용을 15일 이내 신청인 및 해당 허가권자등에게 통지하여야 한다.

⑤ 심의결정내용을 통지받은 허가권자등은 이를 존중하여야 하며, 통지받은 날부터 10일 이내에 그 처리결과를 해당 건축민원전문위원회에 통보하여야 한다.

CHAPTER

02

건축물의 건축

연계학습 기본서 p.478~516

단·원·열·기

건축허가에 대한 사전결정, 허가권자, 허가제한, 허가취소, 허가거부, 신고대상 건축물, 건축공사의 절차, 사용승인 등 디테일한 학습이 요구된다.

01 건축법령상 건축허가에 대한 사전결정제도에 관한 다음 사항 중 틀린 것은?

① 허가권자는 사전결정의 신청을 받으면 입지, 건축물의 규모·용도 등을 사전결정일부터 7일 이내에 사전결정신청자에게 알려야 한다.

② 사전결정신청자는 건축위원회 심의와 「도시교통정비촉진법」에 따른 교통영향평가서의 검토를 동시에 신청할 수 있다.

③ 허가에 대한 사전결정을 통지 받은 경우 개발행위허가, 산지전용의 허가 등, 농지전용의 허가 등, 하천점용의 허가를 받은 것으로 본다.

④ 허가권자는 사전결정이 신청된 건축물의 대지면적이 「환경영향평가법」에 따른 소규모 환경영향평가대상사업인 경우 환경부장관이나 지방환경관서의 장과 환경영향평가에 관한 협의를 해야 한다.

⑤ 사전결정신청자는 사전결정을 통지 받은 날부터 2년 이내에 착공하여야 하며, 이 기간에 착공을 하지 아니하면 사전결정의 효력이 상실된다.

02 건축법령상 건축복합민원일괄협의회(이하 "협의회"라 한다)에 관한 다음 설명 중 틀린 것은?

① 허가권자는 협의회의 회의를 사전결정 신청일 또는 건축허가 신청일부터 15일 이내에 개최하여야 한다.

② 건축허가권자는 허가를 하려면 해당 용도·규모 또는 형태의 건축물을 건축하려는 대지에 건축하는 것이 관계 법령에 맞는지를 확인해야 할 필요가 있는 경우 협의회를 개최하여야 한다.

③ 허가권자는 협의회의 회의 개최 3일 전까지 협의회의 회의 개최 사실을 관계 행정기관 및 관계 부서에 통보하여야 한다.

④ 협의회의 회의에 참석하는 관계 공무원은 협의회의 회의에서 관계 법령에 관한 의견을 발표하여야 한다.

⑤ 관계 행정기관 및 관계부서는 그 협의회의 회의를 개최한 날부터 5일 이내에 동의 또는 부동의 의견을 허가권자에게 제출하여야 한다.

03 건축법령상 건축허가에 관한 설명으로 틀린 것은?

상중하

① 특별시장 또는 광역시장의 허가를 받아야 하는 건축물의 건축은 층수가 21층 이상이거나 연면적의 합계가 10만m² 이상인 건축물의 건축이다.

② ①의 경우라도 공장, 창고, 지방건축위원회의 심의를 거친 건축물(초고층 건축물은 제외한다)은 특별시장 또는 광역시장의 허가대상에서 제외한다.

③ 건축허가를 받으려는 자는 해당 대지의 소유권을 확보하여야 한다.

④ 분양을 목적으로 하는 공동주택의 건축주가 대지의 소유권을 확보하지 못하였으나 그 대지를 사용할 수 있는 권원을 확보한 경우 건축허가를 받을 수 있다.

⑤ 건축하려는 대지에 포함된 국유지 또는 공유지에 대하여 허가권자가 해당 토지의 관리청이 해당 토지를 건축주에게 매각하거나 양여할 것을 확인한 경우 해당 대지의 소유권을 확보하지 않아도 된다.

04 건축법령상 건축허가에 관한 설명으로 옳은 것은? (단, 공용건축물에 대한 특례 및

상중하 조례는 고려하지 않음)

① 연면적의 합계가 10만m²인 공장을 특별시에 건축하려는 자는 특별시장의 허가를 받아야 한다.

② 건축주가 집합건물을 재건축하기 위하여 「집합건물의 소유 및 관리 관한 법률」 제47조에 따른 결의가 있었음을 증명한 경우 해당 대지의 소유권을 확보하여야 건축허가를 받을 수 있다.

③ 공동주택의 건축허가를 받은 자가 허가를 받은 날부터 1년 이내에 공사에 착수하지 아니한 경우, 허가권자는 건축허가를 취소하여야 한다.

④ 바닥면적의 합계가 85m²인 단층건물을 개축하려는 자는 건축허가를 받아야 한다.

⑤ 허가권자는 숙박시설에 해당하는 건축물의 건축허가신청에 대하여 해당 대지에 건축하려는 규모가 교육환경을 고려할 때 부적합하다고 인정되는 경우에는 건축위원회의 심의를 거쳐 건축허가를 하지 아니할 수 있다.

05 건축법령상 시·군에서 건축하는 건축물로서 도지사의 사전승인대상 건축물이 아닌
것은? (단, 건축물의 용도는 일반업무시설이다)

① 주거환경이나 교육환경 등 주변환경을 보호하기 위하여 필요하다고 인정하
여 도지사가 지정·공고하는 구역에 건축하는 건축물
② 층수가 21층인 건축물
③ 건축물의 연면적의 합계가 10만m²인 건축물
④ 연면적의 10분의 3 이상의 증축으로 인하여 층수가 21층 이상으로 되거나
연면적의 합계가 10만m² 이상으로 되는 건축물
⑤ 자연환경이나 수질을 보호하기 위하여 도지사가 지정·공고하는 구역에 건
축하는 3층 이상인 건축물

06 건축법령상 건축허가와 건축신고에 관한 설명으로 옳지 않은 것은?

① 허가권자는 건축허가를 신청한 숙박시설의 규모 또는 형태가 교육환경을
고려할 때 부적합하다고 인정되는 경우에는 건축위원회의 심의를 거쳐 건
축허가를 하지 아니할 수 있다.
② 건축위원회의 심의를 받은 자가 심의결과를 통지 받은 날부터 2년 이내에
건축허가를 신청하지 아니하면 건축위원회 심의의 효력이 상실된다.
③ 특별시나 광역시가 아닌 시에 21층 이상의 건축물을 건축하려면 도지사의
허가를 받아야 한다.
④ 연면적의 합계가 100m² 이하인 건축물을 신축하는 경우 건축신고를 하면
건축허가를 받은 것으로 본다.
⑤ 단층 건축물을 바닥면적의 합계가 85m² 이내로 재축하는 경우 건축신고를
하면 건축허가를 받은 것으로 본다.

07 건축법령상 건축허가와 건축신고에 관한 설명으로 옳은 것은?

① 건축허가를 받아도 「하수도법」 제34조 제2항에 따른 개인하수처리시설의 설치신고를 해야 한다.

② 건축주 A를 B로 변경하는 경우 다시 허가를 받아야 한다.

③ 건축위원회의 심의를 받은 자가 심의 결과를 통지 받은 날부터 1년 이내에 건축허가를 신청하지 아니하면 건축위원회 심의의 효력이 상실된다.

④ 건축신고한 자가 신고일로부터 1년 이내에 공사에 착수하지 아니하면 그 신고의 효력은 없어진다.

⑤ 바닥면적의 합계가 85m²를 초과하는 부분을 개축하려고 허가받은 사항을 변경하는 경우에는 건축신고를 하면 건축허가를 받은 것으로 본다.

08 건축법령상 건축신고 대상이 아닌 것은?

① 방재지구인 관리지역에서 연면적 200m² 미만이고 3층 미만인 건축물의 건축

② 바닥면적의 합계가 85m² 이내의 증축·개축 또는 재축

③ 연면적의 합계가 100m² 이하인 건축물의 건축

④ 건축물의 높이를 3m 이하의 범위 안에서 증축하는 건축물의 건축

⑤ 농업이나 수산업을 경영하기 위하여 읍·면지역에서 건축하는 연면적 200m² 이하의 창고

09 A는 연면적의 합계가 98m²인 건축물인 창고를 신축하기 위해 건축신고를 하였고 그 신고가 수리되었다. 건축법령상 이에 관한 설명으로 옳지 않은 것은?

① A는 건축허가를 받은 것으로 본다.

② A의 창고가 「농지법」에 따른 농지전용허가의 대상인 경우에는 건축신고 외에 별도의 농지전용허가를 받아야 한다.

③ A가 창고의 신축공사에 착수하려면 허가권자에게 공사계획을 신고하여야 한다.

④ A가 건축에 착수한 이후 건축주를 B로 변경하는 경우 신고를 하여야 한다.

⑤ A가 창고 신축을 완료하여 창고를 사용하려면 사용승인을 신청하여야 한다.

10 건축법령상 건축허가거부 및 허가취소에 관한 설명으로 틀린 것은?

① 위험물저장 및 처리시설이나 숙박시설에 해당하는 건축물의 건축을 허가하는 경우 해당 대지에 건축하려는 건축물의 용도·규모 또는 형태가 주거환경이나 교육환경 등 주변 환경을 고려할 때 부적합하다고 인정되는 경우 건축허가를 하지 아니할 수 있다.

② 방재지구 및 자연재해위험개선지구 등 상습적으로 침수되거나 침수가 우려되는 지역에 건축하려는 건축물에 대하여 지하층 등 일부 공간을 주거용으로 사용하거나 거실을 설치하는 것이 부적합하다고 인정되는 경우 건축허가를 하지 아니할 수 있다.

③ 허가를 받은 날부터 2년(「산업집적활성화 및 공장설립에 관한 법률」 제13조에 따라 공장의 신설·증설 또는 업종변경의 승인을 받은 공장은 3년) 이내에 공사에 착수하지 아니한 경우 허가를 취소하여야 한다.

④ 허가를 받은 날로부터 2년 이내에 공사를 착수하였으나 공사의 완료가 불가능하다고 인정되는 경우 허가를 취소하여야 한다.

⑤ 착공신고 전에 경매 또는 공매 등으로 건축주가 대지의 소유권을 상실한 때부터 6개월이 경과한 이후 공사의 착수가 불가능하다고 판단되는 경우 허가를 취소하여야 한다.

11 건축법령상 건축허가의 제한에 관한 설명으로 틀린 것은?

① 국토교통부장관은 국토관리를 위하여 특히 필요하다고 인정하거나 주무부장관이 국방·문화재보존·환경보전 또는 국민경제를 위하여 특히 필요하다고 인정하여 요청하면 허가권자의 건축허가나 허가를 받은 건축물의 착공을 제한할 수 있다.

② 특별시장·광역시장·도지사는 지역계획이나 도시·군계획에 특히 필요하다고 인정하면 시장·군수·구청장의 건축허가나 허가를 받은 건축물의 착공을 제한할 수 있다.

③ 국토교통부장관이나 시·도지사는 건축허가나 건축허가를 받은 건축물의 착공을 제한하려는 경우에는 「토지이용규제 기본법」 제8조에 따라 주민의견을 청취한 후 도시계획위원회의 심의를 거쳐야 한다.

④ 특별시장·광역시장·도지사는 시장·군수·구청장의 건축허가나 건축물의 착공을 제한한 경우 즉시 국토교통부장관에게 보고하여야 한다.

⑤ 건축허가나 건축물의 착공을 제한하는 경우 제한기간은 2년 이내로 한다. 다만, 1년 이내의 범위에서 제한기간을 연장하되 횟수는 1회로 한다.

12
상중하

건축법령상 도시 · 군계획시설예정지에서 가설건축물을 축조하려는 자가 특별자치시장 · 특별자치도지사 또는 시장 · 군수 · 구청장에게 신고한 후 착공하여야 하는 경우가 아닌 것은? (단, 조례 및 공용건축물에 대한 특례는 고려하지 않음)

① 조립식 경량구조로 된 외벽이 없는 임시 자동차 차고
② 조립식 구조로 된 경비용으로 쓰는 가설건축물로서 연면적이 10m² 이하인 것
③ 연면적이 100m² 이상인 간이축사용 천막
④ 야외흡연실 용도로 쓰는 가설건축물로서 연면적이 50m² 이하인 것
⑤ 도시지역 중 녹지지역에 설치하는 농업용 비닐하우스로서 연면적이 100m² 이상인 것

13
상중하

건축법령에 따른 가설건축물에 관한 설명이다. 이 중 틀린 것은?

① 도시 · 군계획시설 또는 도시 · 군계획시설예정지에서 가설건축물을 건축하는 경우에는 특별자치시장 · 특별자치도지사 또는 시장 · 군수 · 구청장의 허가를 받아야 한다.
② 허가 및 신고하여야 하는 가설건축물의 존치기간은 5년 이내로 한다.
③ 특별자치시장 · 특별자치도지사 또는 시장 · 군수 · 구청장은 존치기간 만료일 30일 전까지 해당 가설건축물의 건축주에게 존치기간 만료일을 알려야 한다.
④ 신고대상 가설건축물의 존치기간을 연장하려는 건축주는 존치기간 만료일 7일 전까지 특별자치시장 · 특별자치도지사 또는 시장 · 군수 · 구청장에게 신고하여야 한다.
⑤ 허가대상 가설건축물의 존치기간을 연장하려는 건축주는 존치기간 만료일 14일 전까지 특별자치시장 · 특별자치도지사 또는 시장 · 군수 · 구청장에게 허가 신청하여야 한다.

14 건축법령에 따른 공용건축물에 관한 설명이다. 틀린 것은?
상중하

① 국가나 지방자치단체는 건축물을 건축·대수선·용도변경하려는 경우에는 미리 건축물의 소재지를 관할하는 허가권자의 허가를 받는 것이 원칙이다.

② 국가 또는 지방자치단체가 건축물을 건축하려면 해당 건축공사를 시행하는 행정기관의 장 또는 그 위임을 받은 자는 건축공사에 착수하기 전에 그 공사에 관한 설계도서와 국토교통부령으로 정하는 관계 서류를 허가권자에게 제출하여야 한다.

③ ②의 경우 국가안보상 중요하거나 국가기밀에 속하는 건축물을 건축하는 경우에는 설계도서의 제출을 생략할 수 있다.

④ 국가 또는 지방자치단체가 건축물의 소재지를 관할하는 허가권자와 협의한 건축물에 대하여는 완공시 건축물의 사용승인 규정을 적용하지 아니한다.

⑤ 국가나 지방자치단체가 소유한 대지의 지상 또는 지하 여유공간에 구분지상권을 설정하여 주민편의시설을 설치하고자 하는 경우 허가권자는 구분지상권자를 건축주로 보고 구분지상권이 설정된 부분을 대지로 보아 건축허가를 할 수 있다.

15 건축법령상 국가나 지방자치단체가 소유한 대지의 지상 또는 지하 여유공간에 구분지상권을 설정하여 주민편의시설 등 대통령령으로 정하는 시설을 설치하고자 하는 경우, 허가권자는 구분지상권자를 건축주로 보고 구분지상권이 설정된 부분을 대지로 보아 건축허가를 할 수 있다. 이러한 시설에 해당하는 것을 다음에서 모두 고른다면 몇 개인가?

㉠ 의료시설	㉡ 교육연구시설
㉢ 다중생활시설	㉣ 오피스텔
㉤ 노유자시설	㉥ 공연장 및 전시장

① 2개 　　　　　　　　　　② 3개
③ 4개 　　　　　　　　　　④ 5개
⑤ 6개

16 건축법령에 따른 건축공사에 관한 설명이다. 이 중 틀린 것은?

① 건축허가 대상건축물, 리모델링을 하는 건축물의 건축등을 위한 설계는 건축사가 아니면 할 수 없다.

② 건축관계자 간의 책임에 관한 내용과 그 범위는 「건축법」에서 규정한 것 외에는 건축주와 설계자, 건축주와 공사시공자, 건축주와 공사감리자 간의 계약으로 정한다.

③ 공사시공자는 공사를 하는 데에 필요하다고 인정하거나 공사감리자로부터 상세시공도면을 작성하도록 요청을 받으면 상세시공도면을 작성하여 공사감리자의 확인을 받아야 하며, 이에 따라 공사를 하여야 한다.

④ 건축물에 대하여 해체 허가를 받거나 신고할 때 착공예정일을 기재한 경우에는 착공신고를 하지 않아도 된다.

⑤ 설계자는 건축허가 또는 용도변경 허가대상인 건축물인 경우 공사현장에 설계도서를 갖추어 두어야 한다.

17 건축법령상 건축물의 건축등을 위한 설계를 건축사가 아니라도 할 수 있는 경우에 해당하는 것은? (단, 건축물의 소재지는 읍·면지역이 아니며, 가설건축물은 고려하지 않음)

① 바닥면적의 합계가 85제곱미터인 건축물의 증축

② 바닥면적의 합계가 100제곱미터인 건축물의 개축

③ 바닥면적의 합계가 150제곱미터인 건축물의 재축

④ 연면적이 150제곱미터이고 층수가 2층인 건축물의 대수선

⑤ 연면적이 200제곱미터이고 층수가 4층인 건축물의 대수선

18 건축법령에 따른 건축공사의 안전관리에 관한 설명이다. 이 중 틀린 것은?

① 건축허가를 받은 자는 건축물의 건축공사를 중단하고 장기간 공사현장을 방치할 경우 공사현장의 미관개선과 안전관리 등 필요한 조치를 하여야 한다.

② 연면적이 1천m² 이상으로서 지방자치단체의 조례로 정하는 건축물에 대하여는 착공신고를 하는 건축주에게 장기간 건축물의 공사현장이 방치되는 것에 대비하여 미리 미관개선과 안전관리예치금을 건축공사비의 1%의 범위에서 예치하게 할 수 있다.

③ ②에서 「주택도시기금법」에 따른 주택도시보증공사가 분양보증을 한 건축물, 「건축물의 분양에 관한 법률」에 따른 분양보증이나 신탁계약을 체결한 건축물은 제외한다.

④ 허가권자는 공사현장이 방치되어 도시미관을 저해하고 안전을 위해한다고 판단되면 건축허가를 받은 자에게 건축물의 공사현장의 미관과 안전관리를 위한 개선을 명할 수 있다.

⑤ 허가권자는 착공신고 이후 건축 중에 공사가 중단된 건축물로서 공사중단 기간이 1년을 경과한 경우에는 건축주에게 서면으로 고지한 후 예치금을 사용하여 공사현장의 미관과 안전관리개선을 위한 조치를 할 수 있다.

19 건축법령에 따른 건축물의 안전영향평가에 관한 설명이다. 틀린 것은?

① 허가권자는 초고층 건축물이거나, 건축물이 16층 이상으로서 연면적 10만m² 이상인 건축물에 대하여 건축허가를 하기 전에 건축물의 구조안전과 인접 대지의 안전에 미치는 영향 등을 평가하는 건축물 안전영향평가를 안전영향평가기관에 의뢰하여 실시하여야 한다.

② 안전영향평가기관은 국토교통부장관이 「공공기관의 운영에 관한 법률」 제4조에 따른 공공기관으로서 건축 관련 업무를 수행하는 기관 중에서 지정하여 고시한다.

③ 안전영향평가기관은 안전영향평가를 의뢰받은 날부터 10일 이내에 안전영향평가 결과를 허가권자에게 제출하여야 한다.

④ ③의 경우 부득이한 경우에는 20일의 범위에서 그 기간을 한 차례만 연장할 수 있다.

⑤ 안전영향평가 결과는 건축위원회의 심의를 거쳐 확정한다.

20 건축법상 건축물 안전영향평가(이하 "안전영향평가"라 한다)에 관한 설명으로 옳지
상중하 않은 것은?

① 초고층 건축물은 안전영향평가의 대상이다.

② 안전영향평가에서는 건축물의 구조, 지반 및 풍환경(風環境) 등이 건축물의
구조안전과 인접 대지의 안전에 미치는 영향 등을 평가한다.

③ 안전영향평가 결과는 지방의회의 동의를 얻어 시·도지사가 확정한다.

④ 안전영향평가 대상 건축물의 건축주는 건축허가 신청시 제출하여야 하는 도
서에 안전영향평가 결과를 반영하여야 한다.

⑤ 허가권자는 건축위원회의 심의 결과 및 안전영향평가 내용을 즉시 공개하여
야 한다.

21 건축법령상 건축물의 공사감리에 관한 설명으로 틀린 것은?
상중하
① 건축허가대상건축물은 건축사를 감리자로 지정하여야 한다.

② 다중이용건축물은 건설엔지니어링사업자 또는 건축사(건설사업관리기술인
을 배치하는 경우만 해당)를 감리자로 지정하여야 한다.

③ 공사감리자는 공사감리를 할 때 관계 법령에 위반된 사항을 발견하거나 공
사시공자가 설계도서대로 공사를 하지 아니하면 이를 건축주에게 알린 후
공사시공자에게 이를 시정하거나 재시공하도록 요청하여야 한다.

④ 공사감리자는 공사시공자가 시정이나 재시공 요청을 받은 후 이에 따르지
아니하거나 공사중지 요청을 받고도 공사를 계속하면 시정 등을 요청할 때
에 명시한 기간이 만료되는 날부터 지체 없이 위법건축공사보고서를 허가
권자에게 제출하여야 한다.

⑤ 주택으로 사용하는 아파트·연립주택·다세대주택·다중주택·다가구주택은
허가권자가 공사감리자를 지정한다.

22 건축법령상 건축물의 사용승인에 관한 설명으로 옳은 것은?

① 건축주가 공사감리자를 지정한 경우에는 공사감리자가 사용승인을 신청하여야 한다.

② 허가권자로부터 건축물의 사용승인을 받은 경우에는 「전기안전관리법」에 따른 전기설비의 사용전검사를 받은 것으로 본다.

③ 임시사용승인의 기간은 3년 이내로 하며, 1회에 한하여 연장할 수 있다.

④ 도시·군계획시설에서 가설건축물 건축을 위한 허가를 받은 경우에는 따로 건축물 사용승인을 받지 않고 사용할 수 있다.

⑤ 허가권자인 구청장이 건축물의 사용승인을 하려면 관할 특별시장 또는 광역시장의 동의를 받아야 한다.

23 건축법령상 건축과정의 허용오차에 관한 연결이 틀린 것은?

① 건폐율 - 0.5% 이내(건축면적 5m²를 초과할 수 없다)

② 용적률 - 1% 이내(연면적 30m²를 초과할 수 없다)

③ 건축물 높이 - 2% 이내(1m를 초과할 수 없다)

④ 반자높이 - 3% 이내

⑤ 건축선의 후퇴거리 - 3% 이내

24 건축법령상 건축지도원에 관한 설명으로 틀린 것은?

① 시장·군수·구청장이 건축직렬의 공무원과 건축에 관한 학식이 풍부한 자로서 건축조례로 정하는 자격을 갖춘 자 중에서 건축지도원을 지정한다.

② 건축신고를 하고 건축 중에 있는 건축물의 시공지도를 한다.

③ 건축물의 대지, 높이 및 형태, 구조안전 및 화재안전, 건축설비 등이 법령 등에 적합하게 유지·관리되고 있는지의 확인·지도 및 단속을 한다.

④ 허가를 받지 아니하거나 신고를 하지 아니하고 건축하거나 용도변경한 건축물의 단속을 한다.

⑤ 위법시공을 한 건축물에 대한 해체명령 후 불이행시 해체한다.

건축물의 대지 및 도로

www.pmg.co.kr

📖 연계학습 기본서 p.517~527

┌ 단·원·열·기 ┐

대지의 조경, 공개공지 확보, 대지와 도로, 건축선 등은 법령의 내용을 정확하게 이해해야 한다.

01 건축법령상 대지안전에 관한 규정으로 틀린 것은?

상중하

① 대지는 인접한 도로면보다 낮아서는 안 되지만, 대지의 배수에 지장이 없거나 건축물의 용도상 방습의 필요가 없는 경우에는 인접한 도로면보다 낮아도 된다.

② 습한 토지, 물이 나올 우려가 많은 토지, 쓰레기, 그 밖에 이와 비슷한 것으로 매립된 토지에 건축물을 건축하는 경우에는 성토·지반의 개량 등 필요한 조치를 하여야 한다.

③ 대지에는 빗물과 오수를 배출하거나 처리하기 위하여 필요한 하수관, 하수구, 저수탱크, 그 밖에 이와 유사한 시설을 하여야 한다.

④ 손궤의 우려가 있는 토지에 대지를 조성하려면 성토 또는 절토하는 부분의 경사도가 1 : 1.5 이상으로서 높이 2m 이상인 부분에는 옹벽을 설치하여야 한다.

⑤ 손궤의 우려가 있는 토지에 대지를 조성할 때 옹벽의 높이가 2m 이상인 경우에는 이를 콘크리트구조로 하여야 하며, 옹벽의 높이가 2m를 초과할 경우 신고하여야 한다.

02 건축법령상 대지 안의 조경에 관한 규정으로 틀린 것은?

상중하

① 면적 200m² 이상인 대지에 건축을 하는 건축주는 용도지역 및 건축물의 규모에 따라 대지 안에 조경 기타 필요한 조치를 하여야 한다.

② 지구단위계획구역으로 지정된 관리지역에서 면적 200m² 이상인 대지에 건축을 하는 건축주는 조경의무가 없다.

③ 「국토의 계획 및 이용에 관한 법률 시행령」에 따른 관광·휴양형 지구단위계획구역에 설치하는 관광시설 중 조례로 정하는 건축물은 조경의무가 없다.

④ 주거지역 또는 상업지역에 건축하는 연면적의 합계가 1천 500m² 미만인 물류시설은 조경의무가 있다.

⑤ 건축물의 옥상에 필요한 조치를 하는 경우에는 옥상부분의 조경면적의 3분의 2에 해당하는 면적을 대지 안의 조경면적으로 산정할 수 있다.

03 건축법령상 대지에 조경등의 조치를 하여야 하는 건축물은? (단, 건축법상 적용제외 규정, 특별건축구역의 특례 및 건축조례는 고려하지 않음)

① 녹지지역인 면적 5천m²인 대지에 건축하는 건축물
② 도시·군계획시설예정지에서 건축하는 연면적 합계가 2천m²인 가설건축물
③ 상업지역인 면적 1천m²인 대지에 건축하는 숙박시설
④ 농림지역인 면적 3천m²인 대지에 건축하는 축사
⑤ 관리지역인 면적 1천 500m²인 대지에 건축하는 공장

04 다음은 건축법령상 예외적으로 대지에 조경등의 조치를 하지 아니할 수 있는 건축물에 관한 규정의 일부이다. (   ) 안에 들어갈 숫자를 순서대로 나열한 것은?

> 1. <생략>
> 2. 면적 (   )m² 미만인 대지에 건축하는 공장
> 3. 연면적의 합계가 (   )m² 미만인 공장
> 4. 「산업집적활성화 및 공장설립에 관한 법률」 제2조 제14호에 따른 산업단지의 공장
> 5. <생략>

① 5,000 − 1,500   ② 3,000 − 1,500
③ 5,000 − 1,000   ④ 3,000 − 1,000
⑤ 5,000 − 3,000

05 건축법령상 소규모 휴식시설 등의 공개공지 또는 공개공간을 설치해야 하는 용도지역을 모두 고른 것은?

> ㉠ 일반주거지역   ㉡ 전용주거지역
> ㉢ 준주거지역   ㉣ 상업지역
> ㉤ 준공업지역

① ㉠, ㉡, ㉤   ② ㉡, ㉢, ㉤
③ ㉢, ㉣, ㉤   ④ ㉠, ㉤
⑤ ㉠, ㉢, ㉣, ㉤

PART 05

06 건축법령상 대지에 공개공지 또는 공개공간을 설치하여야 하는 건축물은? (단, 건축물의 용도로 쓰는 바닥면적의 합계는 5천제곱미터 이상이며, 건축법령상 특례 및 조례는 고려하지 않음)

① 일반주거지역에 있는 초등학교
② 준주거지역에 있는 「농수산물 유통 및 가격안정에 관한 법률」에 따른 농수산물유통시설
③ 일반상업지역에 있는 관망탑
④ 자연녹지지역에 있는 「청소년활동진흥법」에 따른 유스호스텔
⑤ 준공업지역에 있는 여객용 운수시설

07 건축법령상 건축물의 대지가 도로(자동차만의 통행에 사용되는 도로는 제외)에 접해야 하는 경우 연면적의 합계가 3천m²인 공장의 대지가 접하여야 하는 도로의 기준으로 옳은 것은?

① 너비 6m 이상의 도로에 4m 이상 접하여야 한다.
② 너비 4m 이상의 도로에 2m 이상 접하여야 한다.
③ 너비 6m 이상의 도로에 2m 이상 접하여야 한다.
④ 너비 4m 이상의 도로에 6m 이상 접하여야 한다.
⑤ 너비 10m 이상의 도로에 6m 이상 접하여야 한다.

08 건축법령상 건축물의 대지와 도로에 관한 설명으로 옳은 것은? (단, 「건축법」 제3조에 따른 적용 제외, 제73조에 따른 적용 특례, 건축협정 및 조례는 고려하지 않음)

① 면적 3천m²인 대지에 건축하는 공장에 대하여는 조경등의 조치를 하여야 한다.
② 공개공지등의 면적은 대지면적의 최대 100분의 10이다.
③ 공개공지등을 설치하는 경우 건축물의 용적률은 완화하여 적용할 수 있으나, 건축물의 높이제한은 완화하여 적용할 수 없다.
④ 상업지역에 설치하는 공개공지는 필로티의 구조로 설치할 수 없다.
⑤ 건축물의 주변에 유원지가 있는 경우, 건축물의 대지는 6m 이상이 도로에 접하여야 한다.

09 건축법령상 건축물의 대지와 도로에 관한 설명으로 옳은 것은? (단, 「건축법」 제3조
에 따른 적용 제외는 고려하지 않음)

① 허가권자는 주민이 오랫동안 통행로로 이용하고 있는 사실상의 통로로서
해당 지방자치단체의 조례로 정한 경우에는 이해관계인의 동의와 건축위원
회의 심의를 거쳐 도로로 지정하여야 한다.

② 「국토의 계획 및 이용에 관한 법률」에 따른 도시지역 외의 지역에서 도로의
교차각이 90°이며 해당 도로와 교차되는 도로의 너비가 각각 6m라면 도로
경계선의 교차점으로부터 도로경계선에 따라 각 3m를 후퇴한 두 점을 연결
한 선이 건축선이 된다.

③ 도로면으로부터 높이 4.5m 이하에 있는 출입구, 창문, 그 밖에 이와 유사한
구조물은 열고 닫을 때 건축선의 수직면을 넘는 구조로 할 수 있다.

④ 건축물의 주변에 건축이 가능한 녹지가 있다면, 건축물의 대지가 2m 미만으
로 도로에 접하여도 건축법령을 위반한 것은 아니다.

⑤ 건축물과 담장, 지표 아래의 창고시설은 건축선의 수직면을 넘어서는 아니
된다.

10 건축법령상 건축선의 지정 및 건축제한에 관한 설명으로 틀린 것은?

① 대지가 소요 너비에 못 미치는 도로에 접하는 경우 그 중심선에서 그 소요
너비의 2분의 1의 수평거리만큼 물러난 선을 건축선으로 한다.

② 대지가 소요 너비에 미달되는 도로에 접하는 경우로서 그 도로의 반대쪽에
경사지 등이 있는 경우 그 경사지 등이 있는 쪽의 도로경계선에서 소요 너
비에 해당하는 수평거리의 선을 건축선으로 한다.

③ 특별자치시장·특별자치도지사 또는 시장·군수·구청장은 시가지 안에서
건축물의 위치나 환경을 정비하기 위하여 필요하다고 인정하면 건축선을
따로 지정할 수 있는바, 도시지역에서는 4m 이하의 범위에서 건축선을 따로
지정할 수 있다.

④ 건축물과 지표 아래의 부분 및 담장은 건축선의 수직면을 넘어서는 아니 된다.

⑤ 도로면으로부터 높이 4.5m 이하의 창문은 열고 닫을 때 건축선의 수직면을
넘지 아니하는 구조로 하여야 한다.

11 건축법령상 건축선과 대지의 면적에 관한 설명이다. (   )에 들어갈 내용으로 옳
상중하 은 것은? (단, 허가권자의건축선의 별도지정, 「건축법」 제3조에 따른 적용 제외, 건
축법상 특례 및 조례는 고려하지 않음)

> 건축법 제2조 제1항 제11호에 따른 소요 너비에 못 미치는 너비의 도로인 경우
> 에는 그 중심선으로부터 그 (㉠)을 건축선으로 하되, 그 도로의 반대쪽에 하천
> 이 있는 경우에는 그 하천이 있는 쪽의 도로경계선에서 (㉡)을 건축선으로 하
> 며, 그 건축선과 도로 사이의 대지면적은 건축물의 대지면적 산정시 (㉢)한다.

① ㉠: 소요 너비에 해당하는 수평거리만큼 물러난 선
　㉡: 소요 너비에 해당하는 수평거리의 선
　㉢: 포함

② ㉠: 소요 너비의 2분의 1의 수평거리만큼 물러난 선
　㉡: 소요 너비의 2분의 1의 수평거리의 선
　㉢: 제외

③ ㉠: 소요 너비의 2분의 1의 수평거리만큼 물러난 선
　㉡: 소요 너비에 해당하는 수평거리의 선
　㉢: 제외

④ ㉠: 소요 너비에 해당하는 수평거리만큼 물러난 선
　㉡: 소요 너비의 2분의 1의 수평거리의 선
　㉢: 포함

⑤ ㉠: 소요 너비에 해당하는 수평거리만큼 물러난 선
　㉡: 소요 너비의 2분의 1의 수평거리의 선
　㉢: 제외

CHAPTER

04

건축물의 구조 및 재료 등

☐ 연계학습 기본서 p.528~551

┌ 단·원·열·기

구조안전확인 대상건축물, 피난시설, 승강기등 출제빈도가 높은 부분을 빠짐없이 정리할 것이 요구된다.

01
상중하

건축법령상 건축물을 건축하거나 대수선하는 경우에 구조기준 및 구조계산에 따라 그 구조의 안전을 확인하여야 하는 건축물(다만, 표준설계도서에 따라 건축하는 건축물은 제외한다)을 모두 고른 항목은?

> ㉠ 높이가 12m 이상인 건축물
> ㉡ 처마높이가 7m 이상인 건축물
> ㉢ 기둥과 기둥 사이의 거리가 5m 이상인 건축물
> ㉣ 공동주택

① ㉠, ㉡
② ㉡, ㉢
③ ㉣
④ ㉠
⑤ ㉢, ㉣

02
상중하

건축법령상 사용승인을 받는 즉시 건축물의 내진능력을 공개하여야 하는 건축물이 아닌 것은? (다만, 표준설계도서에 따라 건축하는 건축물은 제외한다)

① 층수가 2층인 건축물
② 연면적이 500m²인 목구조 건축물인 작물재배사
③ 건축물의 용도 및 규모를 고려한 중요도가 높은 건축물로서 국토교통부령으로 정하는 건축물
④ 공관
⑤ 국가적 문화유산으로 보존할 가치가 있는 건축물로서 국토교통부령으로 정하는 것

03 건축법령상 건축물의 설계자가 건축구조기술사의 협력을 받아 구조안전의 확인을
해야 하는 건축물에 해당하지 않는 것은?

① 다중생활시설
② 6층 이상인 건축물
③ 준다중이용건축물
④ 특수구조건축물
⑤ 3층 이상의 필로티형식 건축물

04 건축법령상 직통계단의 설치기준에 관한 설명으로 틀린 것은?

① 건축물의 피난층 외의 층에서는 피난층 또는 지상으로 통하는 직통계단을
거실의 각 부분으로부터 가장 가까운 거리에 있는 계단에 이르는 보행거리
가 30m 이하가 되도록 설치해야 한다.
② 건축물의 주요구조부가 내화구조 또는 불연재료로 된 건축물은 그 보행거
리가 50m 이하가 되도록 직통계단을 설치할 수 있다.
③ 건축물의 주요구조부가 내화구조 또는 불연재료로 된 층수가 16층 이상인
공동주택은 그 보행거리가 40m 이하가 되도록 직통계단을 설치할 수 있다.
④ 5층 이상 또는 지하 2층 이하인 층에 설치하는 직통계단은 피난계단 또는
특별피난계단으로 설치해야 한다.
⑤ 공동주택(층당 4세대 이하인 것을 포함한다)으로서 그 층의 해당 용도로 쓰
는 거실의 바닥면적의 합계가 300m² 이상은 직통계단을 2개소 이상 설치하
여야 한다.

05 건축법령상 건축물의 피난시설 등에 관한 설명으로 옳지 않은 것은?

① 갓복도식의 공동주택의 경우에는 16층 이상의 층의 바닥면적이 400m² 이상의 층으로부터 피난층 또는 지상으로 통하는 직통계단은 특별피난계단으로 설치하여야 한다.

② 초고층 건축물에는 피난층 또는 지상으로 통하는 직통계단과 직접 연결되는 피난안전구역(건축물의 피난·안전을 위하여 건축물 중간층에 설치하는 대피공간을 말한다)을 지상층으로부터 최대 30개 층마다 1개소 이상 설치하여야 한다.

③ 준초고층 건축물에는 피난층 또는 지상으로 통하는 직통계단과 직접 연결되는 피난안전구역을 해당 건축물 전체 층수의 2분의 1에 해당하는 층으로부터 상하 5개층 이내에 1개소 이상 설치하여야 한다.

④ 고층건축물에는 대통령령으로 정하는 바에 따라 피난안전구역을 설치하거나 대피공간을 확보한 계단을 설치하여야 한다.

⑤ 아파트로서 4층 이상의 각 세대가 2개 이상의 직통계단을 사용할 수 없는 경우로서 아파트 발코니에 설치하는 대피공간을 각 세대별로 설치하는 경우, 대피공간의 바닥면적은 2m² 이상이어야 한다.

06 건축법령상 피난과 소화를 위해 관람실 또는 집회실로부터의 출구를 건축물에 설치해야 하는 시설이 아닌 것은?

① 전시장
② 종교시설
③ 위락시설
④ 장례시설
⑤ 제2종 근린생활시설 중 공연장(해당 용도로 쓰는 바닥면적의 합계가 300제곱미터인 경우)

07 건축법령상 건축물로부터 바깥쪽으로 나가는 출구를 설치하여야 하는 건축물이 아닌 것은? (단, 건축물은 해당 용도로 쓰는 바닥면적의 합계가 300제곱미터 이상으로 승강기를 설치하여야 하는 건축물이 아니며, 건축법령상 특례는 고려하지 않음)

① 전시장
② 무도학원
③ 동물 전용의 장례식장
④ 인터넷컴퓨터게임시설제공업소
⑤ 업무시설 중 국가 또는 지방자치단체의 청사

08 건축법령상 5층 이상의 층이 일정한 용도에 해당될 경우 건축물의 옥상에 피난광장을 설치하여야 하는데 이러한 용도로 규정되어 있지 않은 것은?

① 공연장
② 종교시설
③ 위락시설중 주점영업
④ 판매시설
⑤ 동물원 및 식물원

09 건축법령상 방화시설 등에 관한 다음 설명으로 틀린 것은?

① 주요구조부가 내화구조 또는 불연재료로 된 건축물로서 연면적이 1천m²를 넘는 것은 방화구획을 하여야 한다.
② 연면적 1천m² 이상인 건축물은 방화벽으로 구획하되, 각 구획된 바닥면적의 합계는 1천m² 미만이어야 한다.
③ 연면적이 1천m² 이상인 목조 건축물의 구조는 국토교통부령으로 정하는 바에 따라 방화구조로 하거나 불연재료로 하여야 한다.
④ 방화지구 안에서는 건축물의 주요구조부와 지붕·외벽은 내화구조로 하여야 한다.
⑤ 방화지구 안의 공작물로서 간판·광고탑 그 밖에 대통령령으로 정하는 공작물 중 건축물의 지붕 위에 설치하는 공작물이나 높이 2m 이상의 공작물은 그 주요부를 불연재료로 하여야 한다.

10 건축법령에 규정된 방화에 장애가 되는 건축물의 용도제한에 관해 설명한 것으로
상중하 옳은 것은?

① 공동주택과 제2종 근린생활시설 중 다중생활시설은 같은 건축물에 함께 설치할 수 있다.

② 공동주택과 위락시설이 같은 초고층 건축물에 있는 경우에는 함께 설치할 수 있다.

③ 아동 관련 시설 및 노인복지시설과 도매시장 및 소매시장은 같은 건축물에 함께 설치할 수 있다.

④ 공장과 기숙사는 같은 건축물에 함께 설치할 수 없다.

⑤ 지식산업센터와 직장어린이집은 같은 건축물에 함께 설치할 수 없다.

11 건축법령상 방화문의 구분과 그에 대한 설명으로 옳은 것은?
상중하

① 180분 + 방화문: 연기 및 열을 차단할 수 있는 시간이 180분 이상이고, 불꽃을 차단할 수 있는 시간이 60분 이상인 방화문

② 120분 + 방화문: 연기 및 불꽃을 차단할 수 있는 시간이 120분 이상이고, 열을 차단할 수 있는 시간이 60분 이상인 방화문

③ 60분 + 방화문: 연기 및 열을 차단할 수 있는 시간이 60분 이상인 방화문

④ 60분 방화문: 연기 및 열을 차단할 수 있는 시간이 60분이고, 불꽃을 차단할 수 있는 시간이 30분인 방화문

⑤ 30분 방화문: 연기 및 불꽃을 차단할 수 있는 시간이 30분 이상 60분 미만인 방화문

12
상중하

건축법령상 피난과 관련된 건축물의 구조 등에 관한 설명으로 틀린 것은? (단, 「건축법」 제3조에 따른 적용 제외는 고려하지 않음)

① 5층 이상인 층을 판매시설의 용도로 쓰는 경우에는 피난 용도로 쓸 수 있는 광장을 옥상에 설치하여야 한다.

② 인접 대지경계선으로부터 직선거리 2m 이내에 이웃 주택의 내부가 보이는 창문을 설치하는 경우에는 차면시설을 설치하여야 한다.

③ 막구조의 건축물은 주요구조부에는 불연재료로 하여야 한다.

④ 층수가 11층 이상인 건축물로서 11층 이상의 층의 바닥면적의 합계가 1만m² 이상인 건축물의 옥상에는 건축물의 지붕을 평지붕으로 하는 경우 헬리포트를 설치하거나 헬리콥터를 통하여 인명 등을 구조할 수 있는 공간을 확보하여야 한다.

⑤ 방화지구 안에 있더라도 도매시장의 용도로 쓰는 건축물로서 그 주요구조부가 불연재료로 된 건축물은 주요구조부와 외벽을 내화구조로 하지 않을 수 있다.

13
상중하

건축법령상 건축물의 가구·세대 등 소음방지를 위한 경계벽을 설치하여야 하는 경우가 아닌 것은?

① 판매시설 중 상점 간 경계벽

② 의료시설의 병실 간 경계벽

③ 노인복지주택의 각 세대 간 경계벽

④ 교육연구시설 중 학교의 교실 간 경계벽

⑤ 제2종 근린생활시설 중 다중생활시설의 호실 간 경계벽

14
상중하

건축법령상 가구·세대 등 간 소음 방지를 위하여 국토교통부령으로 정하는 기준에 따라 층간바닥(화장실의 바닥은 제외)을 설치하여야 하는 건축물이 아닌 것은? (단, 특별건축구역의 적용특례는 고려하지 않음)

① 단독주택 중 다중주택
② 공동주택(「주택법」 제16조에 따른 주택건설사업계획승인 대상은 제외한다)
③ 업무시설 중 오피스텔
④ 제2종 근린생활시설 중 다중생활시설
⑤ 숙박시설 중 다중생활시설

15
상중하

건축법령상 범죄예방기준에 따라 건축하여야 하는 건축물이 아닌 것은?

① 아파트, 연립주택, 다세대주택, 다가구주택
② 동·식물원
③ 다중생활시설
④ 오피스텔
⑤ 노유자시설

16
상중하

건축법령상 건축설비 설치의 원칙으로 옳지 않은 것은?

① 건축설비는 건축물의 안전·방화, 위생, 에너지 및 정보통신의 합리적 이용에 지장이 없도록 설치하여야 한다.
② 배관피트 및 닥트의 단면적과 수선구의 크기를 해당 설비의 수선에 지장이 없도록 하는 등 설비의 유지·관리가 쉽게 설치하여야 한다.
③ 건축물에 설치하는 건축설비의 설치에 관한 기술적 기준은 국토교통부령으로 정하되, 에너지 이용 합리화와 관련한 건축설비의 기술적 기준에 관하여는 국토교통부장관과 협의하여 정한다.
④ 공동주택에는 방송수신에 지장이 없도록 방송 공동수신설비를 설치하여야 한다.
⑤ 바닥면적의 합계가 5천m² 이상으로서 업무시설이나 숙박시설의 용도로 쓰는 건축물에는 방송 공동수신설비를 설치하여야 한다.

17 건축법령상 승강기에 관한 설명으로 틀린 것은?

상중하

① 건축주는 6층 이상으로서 연면적이 2천m² 이상인 건축물(대통령령으로 정하는 건축물은 제외한다)을 건축하려면 승용승강기를 설치하여야 한다.

② 층수가 6층인 건축물로서 각 층 거실의 바닥면적 300m² 이내마다 1개소 이상의 직통계단을 설치한 건축물은 승용승강기를 설치하지 아니하여도 된다.

③ 높이 31m를 초과하는 건축물에는 대통령령으로 정하는 바에 따라 승용승강기뿐만 아니라 비상용승강기를 추가로 설치하여야 한다.

④ 2대 이상의 비상용승강기를 설치하는 경우에는 화재가 났을 때 소화에 지장이 없도록 일정한 간격을 두고 설치하여야 한다.

⑤ 고층건축물에는 건축물에 설치하는 승용승강기 중 1대 이상을 대통령령으로 정하는 바에 따라 비상용승강기로 설치하여야 한다.

18 건축법령상 지능형건축물의 인증에 관한 설명으로 틀린 것은?

상중하

① 국토교통부장관은 지능형건축물의 건축을 활성화하기 위하여 지능형건축물 인증제도를 실시한다.

② 국토교통부장관은 지능형건축물의 인증을 위하여 인증기관을 지정할 수 있다.

③ 지능형건축물의 인증을 받으려는 자는 국토교통부장관에게 인증을 신청하여야 한다.

④ 국토교통부장관은 건축물을 구성하는 설비 및 각종 기술을 최적으로 통합하여 건축물의 생산성과 설비 운영의 효율성을 극대화할 수 있도록 지능형건축물 인증기준을 고시한다.

⑤ 허가권자는 지능형건축물로 인증을 받은 건축물에 대하여 조경설치면적을 100분의 85까지 완화하여 적용할 수 있으며, 용적률 및 건축물의 높이를 100분의 115의 범위에서 완화하여 적용할 수 있다.

CHAPTER

05

지역 · 지구 · 구역에서의 건축제한

www.pmg.co.kr

📄 **연계학습** 기본서 p.552~570

┌ 단·원·열·기 ┐

대지면적 · 건축면적 · 바닥면적의 산정방법, 높이, 층수, 건폐율, 용적률, 건축물의 높이제한 등 전반적인
학습이 요구된다.

01 건축법령상 건축물 및 대지가 지역 · 지구에 걸치는 경우에 관한 설명 중 틀린 것은?
상중하
① 대지가 둘 이상의 지역에 걸치는 경우 원칙적으로 그 대지의 과반이 속하는
지역의 규정을 적용한다.
② 하나의 건축물이 방화지구와 그 밖의 구역에 걸치는 경우에는 그 건축물 및
대지의 전부에 대하여 방화지구 안의 건축물에 관한 이 법의 규정을 적용한다.
③ 방화지구의 경계에 방화벽을 설치한 경우 그 지구 밖의 건축물 부분에 대하
여는 방화지구의 규정을 적용하지 않는다.
④ 대지가 녹지지역과 그 밖의 지역 · 지구 또는 구역에 걸치는 경우에는 각 지
역 · 지구 또는 구역 안의 건축물 및 대지에 관한 이 법의 규정을 적용한다.
⑤ 녹지지역 안의 건축물이 방화지구에 걸치는 경우에는 건축물 전부에 대해
서 방화지구의 규정을 적용한다.

02 건축법령상 건축물의 면적 등의 산정방법에 관한 설명으로 틀린 것은?
상중하
① 대지면적은 대지의 수평투영면적으로 한다.
② 소요너비 미달 도로의 건축선과 도로모퉁이에서의 건축선의 경우에 그 건
축선과 도로 사이의 대지면적을 포함한다.
③ 소요너비 이상 도로에서 건축선을 별도로 정한 경우에는 건축선과 도로 사
이의 대지면적을 포함한다.
④ 건축면적은 건축물의 외벽의 중심선으로 둘러싸인 부분의 수평투영면적으
로 한다.
⑤ 바닥면적은 건축물의 각 층 또는 그 일부로서 벽 · 기둥 그 밖에 이와 비슷
한 구획의 중심선으로 둘러싸인 부분의 수평투영면적으로 한다.

03 건축법령상 건축면적에 산입하는 것은?

상중하

① 지표면으로부터 1m 이하에 있는 부분
② 건축물 지상층에 일반인이나 차량이 통행할 수 있도록 설치한 보행통로나 차량통로
③ 건축물 지하층의 출입구 상부(출입구 너비에 상당하는 규모의 부분)
④ 지하주차장의 경사로
⑤ 단열재를 구조체의 외기측에 설치하는 단열공법으로 건축된 건축물

04 건축법령상 건축물의 면적 등의 산정방법에 관한 설명으로 옳은 것은?

상중하

① 태양열을 주된 에너지원으로 이용하는 주택의 건축면적은 건축물의 외벽의 중심선을 기준으로 한다.
② 공동주택으로서 지상층에 설치한 기계실, 전기실, 어린이놀이터, 조경시설 및 생활폐기물 보관시설의 면적은 건축면적에 산입하지 않는다.
③ 벽·기둥의 구획이 없는 건축물(캔틸레버)에 있어서는 그 지붕 끝부분으로부터 수평거리 1m를 후퇴한 선으로 둘러싸인 수평투영면적을 건축면적으로 한다.
④ 건축물을 리모델링하는 경우로서 미관 향상, 열의 손실 방지 등을 위하여 외벽에 부가하여 마감재 등을 설치하는 부분은 바닥면적에 산입하지 아니한다.
⑤ 연면적은 하나의 건축물 각 층(지하층을 포함한다)의 건축면적의 합계로 한다.

05 건축법령상 건축면적 및 바닥면적에 공통적으로 산입하지 않는 것을 열거한 것이다. 이 중 틀린 것은?

상중하

① 「영유아보육법」에 따른 어린이집의 비상구에 연결하여 설치하는 폭 2m 이하의 영유아용 대피용 미끄럼대 또는 비상계단의 면적
② 「매장문화재 보호 및 조사에 관한 법률」에 따른 현지보존 및 이전보존을 위하여 매장문화재 보호 및 전시에 전용되는 부분
③ 「장애인·노인·임산부 등의 편의증진 보장에 관한 법률 시행령」에 따른 장애인용 승강기, 장애인용 에스컬레이터, 휠체어리프트, 경사로 또는 승강장
④ 「가축전염병 예방법」에 따른 소독설비를 갖추기 위하여 가축사육시설에서 설치하는 시설
⑤ 「다중이용업소의 안전관리에 관한 특별법 시행령」에 따라 기존의 다중이용업소의 비상구에 연결하여 설치하는 폭 2m 이하의 옥외 피난계단

06 건축법령상 건축물의 층수산정 및 높이에 관한 설명으로 틀린 것은?

상중하

① 지하층은 층수에 산입하지 아니한다.

② 승강기탑, 옥탑 등의 옥상부분으로서 그 수평투영면적의 합계가 해당 건축물의 건축면적의 6분의 1 이하인 것은 건축물의 층수에 산입하지 아니한다.

③ 층의 구분이 명확하지 아니한 건축물은 그 건축물의 높이 4m마다 하나의 층으로 산정한다.

④ 건축물의 부분에 따라 그 층수를 달리하는 경우에는 그 중 가장 많은 층수를 당해 건축물의 층수로 한다.

⑤ 층고는 방의 바닥구조체 윗면으로부터 위층 바닥구조체 윗면까지의 높이로 한다.

07 건축법령상 건축의 용적률을 산정할 경우 연면적에서 제외되는 것이 아닌 사항은?

상중하

① 사업계획승인을 받는 공동주택에 설치하는 비영리 주민공동시설의 면적

② 지하층의 면적

③ 지상층의 주차용으로서 부속용도로 쓰이는 바닥면적

④ 초고층 건축물과 준초고층 건축물의 피난안전구역의 면적

⑤ 층수가 11층 이상인 건축물로서 11층 이상인 층의 바닥면적의 합계가 1만m²이상인 건축물의 지붕을 경사지붕으로 하는 경우 경사지붕 아래 설치하는 대피공간의 면적

08 건축법령상 대지의 최소분할제한 기준 면적이 틀린 것은?

상중하

① 주거지역: 60m²

② 상업지역: 150m²

③ 공업지역: 150m²

④ 녹지지역: 120m²

⑤ 위의 용도지역에 해당하지 아니하는 지역: 60m²

09 건축법령상 건축물이 있는 대지는 법령에 따른 기준에 못 미치게 분할할 수 없다.
이 중 해당하지 않는 사항은?
① 건폐율, 용적률
② 대지의 조경
③ 대지와 도로의 관계, 대지 안의 공지
④ 가로구역단위별 건축물의 높이제한
⑤ 일조 등의 확보를 위한 건축물의 높이제한

10 건축법령상 대지 안의 공지 규정이 옳은 것은?
① 아파트는 건축선으로부터 1~5m 이하 띄어야 한다.
② 연립주택은 건축선으로부터 2~4m 이하 띄어야 한다.
③ 다세대주택는 건축선으로부터 1~3m 이하 띄어야 한다.
④ 아파트는 인접대지경계선으로부터 2~5m 이하 띄어야 한다.
⑤ 연립주택는 인접대지경계선으로부터 1.5~5m 이하 띄어야 한다.

11 건축법령상 맞벽건축의 대상지역이 아닌 것은?
① 허가권자가 도시미관 또는 한옥 보전·진흥을 위하여 건축조례로 정하는
   구역
② 주거지역(건축물 및 토지의 소유자 간 맞벽건축을 합의한 경우에 한정한다)
③ 지구단위계획구역
④ 건축협정구역
⑤ 상업지역(다중이용건축물 및 공동주택은 스프링클러나 그 밖에 이와 비슷
   한 자동식 소화설비를 설치한 경우로 한정한다)

12 건축물의 가로구역별 건축물의 높이에 관한 다음 설명 중 틀린 것은?

① 허가권자는 가로구역을 단위로 하여 건축물의 높이를 지정·공고할 수 있다.

② 허가권자는 가로구역별 건축물의 높이를 지정하려면 지방건축위원회의 심의를 거쳐야 한다.

③ 허가권자는 같은 가로구역에서 건축물의 용도 및 형태에 따라 건축물의 높이를 다르게 정할 수 있다.

④ 허가권자는 일조(日照)·통풍 등 주변 환경 및 도시미관에 미치는 영향이 크지 않다고 인정하더라도 이 법 및 다른 법률에 따른 가로구역의 높이 완화에 관한 규정을 중첩하여 적용해서는 안 된다.

⑤ 특별시장이나 광역시장은 도시의 관리를 위하여 필요하면 가로구역별 건축물의 높이를 특별시나 광역시의 조례로 정할 수 있다.

13 건축법령상 일조 등의 확보를 위한 건축물의 높이제한에 관한 설명으로 틀린 것은?

① 전용주거지역 또는 일반주거지역에서 건축물의 높이 10m 이하인 부분은 정북방향으로의 인접대지경계선으로부터 1.5m 이상 거리를 띄어 건축하여야 한다.

② 전용주거지역 또는 일반주거지역에서 건축물의 높이 10m 초과하는 부분은 정북방향으로의 인접대지경계선으로부터 해당 건축물의 각 부분의 높이의 2분의 1 이상의 거리를 띄어 건축하여야 한다.

③ 지구단위계획구역 안의 대지 상호간에 건축하는 건축물로서 해당 대지가 너비 20m 이상의 도로에 접한 경우에는 정북방향으로의 일조 등의 확보를 위한 건축물의 높이제한 규정을 적용하지 아니한다.

④ 근린상업지역에서 건축할 경우 공동주택(기숙사 제외)의 각 부분의 높이는 그 부분으로부터 채광을 위한 창문 등이 있는 벽면으로부터 직각방향으로 인접대지경계선까지의 수평거리의 2배 이하로 한다.

⑤ 채광을 위한 창문 등이 있는 벽면에서 직각방향으로 인접 대지경계선까지의 수평거리가 1m 이상으로서 건축조례가 정하는 거리 이상인 다세대주택인 경우 채광방향에 따른 건축물의 높이제한 규정을 적용하지 않는다.

14 건축물의 높이를 정남방향의 인접대지경계선으로부터의 거리에 따라 시장·군수·구청장이 정하는 높이 이하로 할 수 있는 지역이 아닌 것은?

① 「택지개발촉진법」에 따른 택지개발지구
② 「도시개발법」에 따른 도시개발구역
③ 「주택법」에 따른 대지조성사업지구
④ 「도시 및 주거환경정비법」에 따른 정비구역
⑤ 「도시재정비 촉진을 위한 특별법」에 따른 재정비촉진지구

15 건축법령상 일정한 구역안에 대지상호간에 건축하는 건축물로서 해당 대지가 너비 20m 이상의 도로에 접한 경우 정북방향에서의 일조 등의 확보를 위한 건축물의 높이제한을 적용하지 않는바, 이에 해당하는 일정한 구역을 모두 고른 것은?

㉠ 지구단위계획구역	㉡ 중점경관관리구역
㉢ 특별건축구역	㉣ 경관지구

① ㉠, ㉡, ㉣
② ㉡, ㉢
③ ㉡, ㉢, ㉣
④ ㉠, ㉡, ㉢
⑤ ㉠, ㉡, ㉢, ㉣

16 건축법령상 공동주택의 일조 등의 확보를 위한 건축물의 높이제한에 관한 설명으로 틀린 것은?

① 같은 대지에서 두 동 이상의 건축물이 서로 마주보고 있는 경우 건축물 각 부분 사이의 거리는 채광을 위한 창문 등이 있는 벽면으로부터 직각방향으로 건축물 각 부분 높이의 0.5배(도시형 생활주택의 경우에는 0.25배) 이상의 범위에서 건축조례로 정하는 거리 이상을 띄어 건축하여야 한다.
② 건축물과 부대시설 또는 복리시설이 서로 마주보고 있는 경우에는 부대시설 또는 복리시설 각 부분 높이의 0.5배 이상 거리를 띄어 건축하여야 한다.
③ 채광창(창넓이 $0.5m^2$ 이상의 창을 말함)이 없는 벽면과 측벽이 마주보는 경우에는 8m 이상 거리를 띄어 건축하여야 한다.
④ 측벽과 측벽이 마주보는 경우에는 4m 이상을 띄어 건축하여야 한다.
⑤ 일반상업지역과 중심상업지역에 건축하는 것은 공동주택의 일조 등의 확보를 위한 건축물의 높이제한을 적용하지 않는다.

특별건축구역 등

☐ **연계학습** 기본서 p.571~592

단·원·열·기

특별건축구역, 특별가로구역, 건축협정구역, 결합건축대상지역을 서로 비교하여 정리할 것이 요구된다.

01 건축법령상 특별건축구역에 관한 설명으로 틀린 것은?
상중하

① 국토교통부장관 또는 시·도지사는 도시나 지역의 일부가 특별건축구역으로 특례 적용이 필요하다고 인정하는 경우에는 특별건축구역을 지정할 수 있다.

② 국토교통부장관이 지정하는 경우 국토교통부에 두는 주거정책심의위원회의 심의를 거쳐야 하며, 시·도지사가 지정하는 경우에는 특별시·광역시·도에 두는 주거정책심의위원회의 심의를 거쳐야 한다.

③ 국토교통부장관 또는 시·도지사는 필요한 경우 직권으로 특별건축구역을 지정할 수 있다.

④ 특별건축구역에서 건축물의 특례규정에 따라 건축기준 등의 특례사항을 적용하여 건축허가를 신청하고자 하는 자는 특례적용계획서를 첨부하여 해당 허가권자에게 건축허가를 신청하여야 한다.

⑤ 국토교통부장관은 특별건축구역의 지정·변경 및 해제에 관한 권한을 시·도지사에게 위임한다.

02 건축법령상 도시나 지역의 일부에 대해 특별건축구역으로 지정할 수 없는 지역·
상중하 지구·구역을 모두 고른 것은?

> ㉠ 「개발제한구역의 지정 및 관리에 관한 특별조치법」에 따른 개발제한구역
> ㉡ 「자연공원법」에 따른 자연공원
> ㉢ 「도로법」에 따른 접도구역
> ㉣ 「산지관리법」에 따른 보전산지
> ㉤ 「군사기지 및 군사시설 보호법」에 따른 군사기지 및 군사시설 보호구역

① ㉠, ㉡, ㉢, ㉣　　　　　　　　② ㉡, ㉢

③ ㉡, ㉢, ㉣, ㉤　　　　　　　　④ ㉠, ㉡, ㉢

⑤ ㉠, ㉡, ㉢, ㉣, ㉤

03 건축법령상 특별건축구역에서 건축하는 특례대상 건축물에 대해서는 일부 규정이
적용되지 않는데, 다음 중 이에 해당되지 않는 사항은?

① 대지의 조경, 건폐율, 용적률
② 건축선의 지정
③ 대지 안의 공지
④ 가로구역단위별 건축물의 높이제한
⑤ 일조확보를 위한 건축물의 높이제한

04 건축법령상 특별건축구역의 지정해제 사유가 아닌 것은?

① 거짓이나 그 밖의 부정한 방법으로 지정을 받은 경우
② 특별건축구역 지정일부터 5년 이내에 특별건축구역 지정목적에 부합하는
건축물의 착공이 이루어지지 아니하는 경우
③ 지정신청기관의 지정해제 요청이 있는 경우
④ 특별건축구역 지정요건 등을 위반하였으나 시정이 불가능한 경우
⑤ 특별건축구역 지정 이후 변경이 있는 경우

05 건축법령상 특별건축구역에서 도시경관의 창출, 건설기술 수준향상 및 건축 관련
제도개선을 위하여 특례적용이 필요하다고 허가권자가 인정하는 건축물과 그 규모
를 연결한 것으로 옳은 것은?

① 공동주택(주거용 외의 용도와 복합된 건축물을 포함한다) - 100세대 이상
② 문화 및 집회시설, 판매시설, 운수시설, 의료시설, 교육연구시설, 수련시설
- 3천m² 이상
③ 운동시설, 업무시설, 숙박시설, 관광휴게시설, 방송통신시설 - 2천m² 이상
④ 단독주택(한옥 또는 한옥건축양식의 단독주택) - 30동 이상
⑤ 노유자시설 - 1천m² 이상

06 건축법령상 경관지구 등에서 일정한 도로와 접한구역을 특별가로구역으로 지정할
수 있는데, 다음 중 이에 해당되지 않는 도로는?

① 「지역문화진흥법」에 따른 문화지구 안의 도로
② 건축선을 후퇴한 대지에 접한 도로로서 허가권자가 건축조례로 정하는 도로
③ 보행자전용도로로서 도시미관 개선을 위하여 허가권자가 건축조례로 정하
는 도로
④ 「국토의 계획 및 이용에 관한 법률」에 따른 특별계획구역 안의 도로
⑤ 허가권자가 리모델링 활성화가 필요하다고 인정하여 지정·공고한 지역 안의
도로

07 건축법령상 건축협정을 체결할 수 있는 지역 또는 구역에 해당하지 않는 것은?

① 「국토의 계획 및 이용에 관한 법률」 제51조에 따라 지정된 지구단위계획구역
② 「도시 및 주거환경정비법」 제2조 제2호 가목에 따른 주거환경개선사업을
시행하기 위하여 같은 법 제8조에 따라 지정·고시된 정비구역
③ 「도시재정비 촉진을 위한 특별법」 제2조 제6호에 따른 존치지역
④ 「도시재생 활성화 및 지원에 관한 특별법」 제2조 제1항 제5호에 따른 도시
재생활성화지역
⑤ 「건축법」 제77조의4 제1항 제5호에 따라 국토교통부장관이 도시 및 주거환
경개선이 필요하다고 인정하여 지정하는 구역

08 건축법령상 건축협정구역에 관한 설명이 틀린 것은?

① 소유자등이 건축협정을 체결하는 경우에는 건축협정서를 작성하여야 한다.
② 건축협정사항에는 건축물의 용도, 높이 및 층수, 건폐율 및 용적률도 포함한다.
③ 협정체결자 또는 건축협정운영회의 대표자는 건축협정서를 작성하여 국토
교통부령으로 정하는 바에 따라 해당 건축협정인가권자의 인가를 받아야 한다.
④ 건축협정대상구역에서 둘 이상의 토지를 소유한 자가 1인인 경우에 그 토지
소유자는 해당 토지의 구역을 건축협정대상지역으로 하는 건축협정을 정할
수 없다.
⑤ 용적률을 완화하여 적용하는 경우에는 건축위원회의 심의와 「국토의 계획
및 이용에 관한 법률」에 따른 지방도시계획위원회의 심의를 통합하여 거쳐
야 한다.

09 건축법령상 건축협정의 인가를 받은 건축협정구역에서 연접한 대지에 대하여 개별 건축물마다 적용하지 아니하고 통합하여 적용할 수 있는 규정이 아닌 것은?

① 대지와 도로와의 관계

② 건폐율

③ 대지 안의 공지

④ 「주차장법」에 따른 부설주차장의 설치

⑤ 「하수도법」에 따른 개인하수처리시설의 설치

10 건축법령상 건축협정구역에 건축하는 건축물에 대하여 완화하여 적용할 수 있는 규정이 아닌 것은?

① 대지의 조경, 건폐율, 용적률

② 대지 안의 공지

③ 가로구역 단위별 건축물의 높이제한

④ 일조 등의 확보를 위한 건축물의 높이제한

⑤ 건축선에 의한 건축제한

11 건축법령상 결합건축 대상지역이 아닌 것은?

① 「건축법」에 따른 특별가로구역

② 「역세권의 개발 및 이용에 관한 법률」에 따라 지정된 역세권개발구역

③ 「도시 및 주거환경정비법」에 따른 주거환경개선사업의 시행을 위한 정비구역

④ 「도시재생 활성화 및 지원에 관한 특별법」에 따른 도시재생활성화지역

⑤ 「한옥 등 건축자산의 진흥에 관한 법률」에 따른 건축자산 진흥구역

12 건축법령상 결합건축에 관한 설명으로 틀린 것은?

① 결합건축 대상지역에서 대지 간의 최단거리가 100m 이내의 범위에서 대통령령으로 정하는 범위에 있는 2개의 대지의 건축주가 서로 합의한 경우 용적률을 조정하여 건축물을 건축한다.

② ①에서 대통령령으로 정하는 범위에 있는 2개의 대지란 2개의 대지 모두가 결합건축 대상지 각 지역 중 동일한 지역에 속할 것 또한 2개의 대지 모두가 너비 12m 이상인 도로로 둘러싸인 하나의 구역 안에 있을 것이 요구된다.

③ 허가권자는 「국토의 계획 및 이용에 관한 법률」에 따른 도시·군계획사업에 편입된 대지가 있는 경우에는 결합건축을 포함한 건축허가를 아니할 수 있다.

④ 결합건축협정서에 따른 협정체결 유지기간은 최소 20년으로 한다.

⑤ 결합건축으로 조정되어 적용되는 대지별 용적률이 「국토의 계획 및 이용에 관한 법률」에 따라 해당 대지에 적용되는 도시계획조례의 용적률의 100분의 20을 초과하는 경우에는 대통령령으로 정하는 바에 따라 건축위원회 심의와 도시계획위원회 심의를 공동으로 하여 거쳐야 한다.

13 건축법령상 결합건축대상지역에서 3개 이상 대지의 건축주들이 3개 이상 대지를 대상으로 결합건축을 할 수 있는 사항을 모두 고른 것은? (단, 대지 모두가 결합건축대상지역 중 같은 지역에 속하고 모든 대지 간 최단거리는 500m 이내이다)

> ㉠ 국가·지방자치단체 또는 「공공기관의 운영에 관한 법률」 제4조 제1항에 따른 공공기관이 소유 또는 관리하는 건축물과 결합건축하는 경우
> ㉡ 「빈집 및 소규모주택 정비에 관한 특례법」 제2조 제1항 제1호에 따른 빈집 또는 「건축물관리법」 제42조에 따른 빈 건축물을 철거하여 그 대지에 공원, 광장 등 대통령령으로 정하는 시설을 설치하는 경우
> ㉢ 마을회관, 마을공동작업소, 마을도서관, 어린이집 등 공동이용건축물과 결합건축하는 경우
> ㉣ 공동주택 중 「공공주택에 관한 특별법」 제2조 제1호의 공공임대주택과 결합건축하는 경우

① ㉠, ㉡, ㉢   ② ㉡, ㉣
③ ㉡, ㉢, ㉣   ④ ㉠, ㉡, ㉣
⑤ ㉠, ㉡, ㉢, ㉣

보칙 및 벌칙

📄 **연계학습** 기본서 p.593~598

┌ 단·원·열·기 ┐

위반건축물에 대한 이행강제금, 벌칙 부분은 핵심적인 내용의 학습이 요구된다.

01 건축법령상 위반 건축물에 대한 조치 및 이행강제금에 관한 설명으로 틀린 것은?
상중하

① 허가권자는 「건축법」 또는 「건축법」에 따른 명령이나 처분에 위반되는 대지 또는 건축물에 대하여 허가 또는 승인을 취소하거나 그 건축물의 건축주 등에 대하여 그 공사의 중지를 명하거나 상당한 기간을 정하여 그 건축물의 해체·개축·증축·수선·용도변경·사용금지·사용제한, 그 밖에 필요한 조치를 명할 수 있다.

② 시정명령을 받고 이행하지 아니한 건축물에 대하여 허가권자가 다른 법령에 따른 영업을 허가하지 아니하도록 요청한 경우 그 요청을 받은 자는 특별한 이유가 없으면 요청에 따라야 한다.

③ 임대 등 영리를 목적으로 허가나 신고 없이 위반면적이 20m²를 초과하여 신축 또는 증축한 경우 이행강제금의 금액을 100분의 100의 범위에서 가중할 수 있다.

④ 신축 또는 증축을 하지 않더라도 임대 등 영리를 목적으로 허가 없이 다세대주택의 세대수를 5세대 증가시킨 경우 허가권자는 이행강제금의 금액을 100분의 100의 범위에서 가중할 수 있다.

⑤ 허가권자는 동일인이 최근 3년 내에 2회 이상 법 또는 법에 따른 명령이나 처분을 위반한 경우에는 위반행위 후 소유권이 변경된 경우에는 이행강제금의 금액을 100분의 100의 범위에서 가중할 수 없다.

02 건축법령상 이행강제금 부과·징수절차에 관한 내용으로 틀린 것은?

① 이행강제금을 부과하기 전에 이행강제금을 부과·징수한다는 뜻을 미리 문서로 계고(戒告)하여야 한다.

② 이행강제금은 금액, 부과 사유, 납부기한, 수납기관, 이의제기 방법 및 이의제기 기관 등을 구체적으로 밝히는 경우 문서로 부과하여야 한다.

③ 최초의 시정명령이 있었던 날을 기준으로 하여 1년에 2회 이내의 범위에서 해당 지방자치단체의 조례로 정하는 횟수만큼 그 시정명령이 이행될 때까지 반복하여 이행강제금을 부과·징수할 수 있다.

④ 시정명령을 받은 자가 이를 이행하면 새로운 이행강제금의 부과는 즉시 중지하고, 이미 부과된 이행강제금은 징수하여야 한다.

⑤ 이행강제금 부과처분을 받은 자가 이행강제금을 납부기한까지 내지 아니하면 「국세징수법」상 국세체납의 예에 따라 징수한다.

03 건축법령상 허가를 받지 않고 건축된 건축물에 부과하는 이행강제금의 산정방식이다. (   )에 들어갈 내용으로 옳은 것은? (단, 가중·감경 특례 및 조례는 고려하지 않음)

> 「지방세법」에 따라 해당 건축물에 적용되는 $1m^2$의 시가표준액의 100분의 50에 해당하는 금액에 위반면적을 곱한 금액 이하의 범위에서 100분의 (   )을 곱한 금액

① 100
② 90
③ 80
④ 70
⑤ 50

04 건축법령상 지역건축안전센터의 업무를 모두 고른 것은?
상중하

> ㉠ 제21조, 제22조, 제27조 및 제87조에 따른 기술적인 사항에 대한 보고·확인·검토·심사 및 점검
> ㉡ 제11조, 제14조 및 제16조에 따른 허가 또는 신고에 관한 업무
> ㉢ 제25조에 따른 공사감리에 대한 관리·감독
> ㉣ 관할구역 내 건축물의 안전에 관한 사항으로서 해당 지방자치단체의 조례로 정하는 사항

① ㉠, ㉡, ㉢   ② ㉠, ㉢, ㉣
③ ㉡, ㉢, ㉣   ④ ㉠, ㉡, ㉣
⑤ ㉠, ㉡, ㉢, ㉣

05 건축법령상 과태료의 부과기준에 관한 설명으로 옳지 않은 것은?
상중하
① 위반행위의 횟수에 따른 과태료의 부과기준은 최근 1년간 같은 위반행위로 과태료를 부과받은 경우에 적용한다.
② 과태료 부과시 위반행위가 둘 이상인 경우에는 부과금액이 많은 과태료를 부과한다.
③ 과태료를 늘려 부과하는 경우 「건축법」 규정에 따른 과태료 금액의 상한의 2배까지 부과할 수 있다.
④ 위반행위자가 법 위반상태를 바로 정정하거나 시정하여 해소한 경우, 개별기준에 따른 과태료 금액의 2분의 1 범위에서 그 금액을 줄일 수 있다.
⑤ 감경 사유가 여러 개 있는 경우라도 감경의 범위는 과태료 금액의 2분의 1을 넘을 수 없다.

주관식 단답형 문제

01 건축법령상 (   ) 안에 들어갈 용어를 순서와 무관하게 쓰시오.
상중하

> 이 법은 건축물의 대지·구조·설비 기준 및 용도 등을 정하여 건축물의 안전·(   )·환경 및 (   )을 향상시킴으로써 공공복리의 증진에 이바지하는 것을 목적으로 한다.

02 건축법 제2조(정의)의 내용이다. (   ) 안에 들어갈 용어를 쓰시오.
상중하

> (   )란 내력벽·기둥·바닥·보·주계단 및 지붕틀을 말한다. 다만, 사이기둥·최하층 바닥·작은 보·차양·옥외 계단 그 밖에 이와 유사한 것으로서 건축물의 구조상 중요하지 아니한 부분을 제외한다.

03 다음에서 설명하고 있는 건축법령상의 용어를 쓰시오.
상중하

> 건축물을 그 주요구조부를 해체하지 아니하고 같은 대지의 다른 위치로 옮기는 것을 말한다.

04 건축법 제2조(정의) 규정의 일부이다. (   )에 들어갈 단어를 순서에 관계없이 쓰시오.
상중하

> ① 이 법에서 사용하는 용어의 뜻은 다음과 같다.
> (1.~13. 생략)
> 14. "설계도서"란 건축물의 건축등에 관한 공사용 도면, (   ), (   ), 그 밖에 국토교통부령으로 정하는 공사에 필요한 서류를 말한다.

05 건축법 제2조(정의) 제15호의 내용이다. (   ) 안에 들어갈 용어를 쓰시오.

상중하

> 공사감리자란 자기의 책임(보조자의 도움을 받는 경우를 포함한다)으로 건축
> 법이 정하는 바에 따라 건축물, 건축설비 또는 공작물이 설계도서의 내용대로
> 시공되는지를 확인하고, 품질관리·공사관리·(   ) 등에 대하여 지도·감
> 독하는 자를 말한다.

06 건축법 제2조(정의)의 다음 설명에 해당하는 용어를 쓰시오.

상중하

> 건축물의 노후화를 억제하거나 기능 향상 등을 위하여 대수선하거나 일부 증
> 축 또는 개축하는 행위를 말한다.

07 건축법 제2조(정의)의 다음 설명에 해당하는 용어를 쓰시오.

상중하

> 건축물의 구조·설비 등 건축물과 관련된 전문기술자격을 보유하고 설계와 공
> 사감리에 참여하여 설계자 및 공사감리자와 협력하는 자를 말한다.

08 건축법 제2조(정의) 제18호의 내용이다. (   ) 안에 들어갈 용어를 쓰시오.

상중하

> (   )이란 조화롭고 창의적인 건축물의 건축을 통하여 도시경관의 창출, 건
> 설기술 수준향상 및 건축 관련 제도개선을 도모하기 위하여 「건축법」 또는 관
> 계 법령에 따라 일부 규정을 적용하지 아니하거나 완화 또는 통합하여 적용할
> 수 있도록 특별히 지정하는 구역을 말한다.

09 건축법 시행령 제2조(정의) 규정의 일부이다. (　　)에 들어갈 용어를 각각 쓰시오.
상중하

> (㉠)(이)란 건축물의 내부와 외부를 연결하는 완충공간으로서 전망이나 휴식 등의 목적으로 건축물 (㉡)에 접하여 부가적으로 설치되는 공간을 말한다.

10 건축법 제8조(리모델링에 대비한 특례 등) 규정의 일부이다. (㉠)에 공통으로 들
상중하 어갈 용어와 (㉡)에 들어갈 숫자를 쓰시오.

> 리모델링이 쉬운 구조의 (㉠)의 건축을 촉진하기 위하여 (㉠)(을)를 대통령령으로 정하는 구조로 하여 건축허가를 신청하면 제56조, 제60조 및 제61조에 따른 기준을 100분의 (㉡)의 범위에서 대통령령으로 정하는 비율로 완화하여 적용할 수 있다.

11 건축법 제19조(용도변경) 규정의 일부이다. (　　)에 들어갈 숫자를 쓰시오.
상중하

> 허가나 신고대상인 경우로서 용도변경하려는 부분의 바닥면적의 합계가 (　　)㎡ 이상인 경우의 사용승인에 관하여는 「건축법」 제22조(건축물의 사용승인)의 규정을 준용한다.

12 건축법 시행령 [별표1]의 용도별 건축물의 종류에 관한 규정의 일부이다. (㉠)에
상중하 공통으로 들어갈 용어와 (㉡)에 들어갈 숫자를 쓰시오.

> 2. 공동주택[공동주택의 형태를 갖춘 가정어린이집 · 공동생활가정 · 지역아동센터 · 공동육아나눔터 · 작은 도서관 · 노인복지시설(노인복지주택은 제외한다) 및 「주택법 시행령」 제10조 제1항 제1호에 따른 소형 주택을 포함한다]. 다만, 가목이나 나목에서 층수를 산정할 때 1층 전부를 (㉠) 구조로 하여 주차장으로 사용하는 경우에는 (㉠) 부분을 층수에서 제외하고, <생략>
>   가. 아파트 : <생략>
>   나. 연립주택 : 주택으로 쓰는 1개 동의 바닥면적(2개 이상의 동을 지하주차장으로 연결하는 경우에는 각각의 동으로 본다) 합계가 (㉡)㎡를 초과하고, 층수가 4개 층 이하인 주택
>   다. 다세대주택 : <생략>

13 건축법 제92조의 일부이다. ( )에 들어갈 숫자를 순서대로 쓰시오.

> 분쟁위원회는 당사자의 조정신청을 받으면 ( )일 이내에, 재정신청을 받으면 ( )일 이내에 절차를 마쳐야 한다. 다만, 부득이한 사정이 있으면 분쟁위원회의 의결로 기간을 연장할 수 있다.

14 건축법 제14조의 일부이다. ( )에 들어갈 숫자를 순서대로 쓰시오.

> 건축신고를 한 자가 신고일부터 ( )년 이내에 공사에 착수하지 아니하면 그 신고의 효력은 없어진다. 다만, 건축주의 요청에 따라 허가권자가 정당한 사유가 있다고 인정하면 ( )년의 범위에서 착수기한을 연장할 수 있다.

15 건축법 제10조의 일부이다. ( )에 들어갈 숫자를 쓰시오.

> 사전결정신청자는 사전결정을 통지 받은 날부터 ( )년 이내에 건축허가를 신청하여야 하며, 이 기간에 건축허가를 신청하지 아니하면 사전결정의 효력이 상실된다.

16 건축법 제11조의 일부이다. ( )에 들어갈 숫자를 순서대로 쓰시오.

> 특별시장 또는 광역시장의 허가를 받아야 하는 건축물의 건축은 층수가 ( )층 이상이거나 연면적의 합계가 ( )만m² 이상인 건축물의 건축을 말한다.

17 건축법 제12조의 일부이다. ( )에 들어갈 용어를 쓰시오.

> 건축허가권자는 허가를 하려면 해당 용도·규모 또는 형태의 건축물을 건축하려는 대지에 건축하는 것이 「국토의 계획 및 이용에 관한 법률」과 「건축법」 등 관계 법령에 맞는지를 확인하고, 사전결정시의 관계 행정기관의 협의사항의 처리 또는 건축허가시의 관계 행정기관의 협의사항을 처리하기 위하여 대통령령으로 정하는 바에 따라 ( )를(을) 개최하여야 한다.

18 _{상중하} 건축법 시행규칙 제7조의 일부이다. (   )에 들어갈 숫자를 순서대로 쓰시오.

> 시장·군수의 사전승인신청을 받은 도지사는 승인요청을 받은 날부터 (   )일 이내에 승인여부를 시장·군수에게 통보하여야 한다. 다만, 건축물의 규모가 큰 경우 등 불가피한 경우에는 (   )일의 범위 내에서 그 기간을 연장할 수 있다.

19 _{상중하} 건축법 제11조의 일부이다. (   )에 들어갈 숫자를 순서대로 쓰시오.

> 허가를 받은 날부터 (   )년 [「산업집적활성화 및 공장설립에 관한 법률」제13조에 따라 공장의 신설·증설 또는 업종변경의 승인을 받은 공장은 (   )년] 이내에 공사에 착수하지 아니한 경우 허가를 취소하여야 한다.

20 _{상중하} 건축법 제18조의 일부이다. (   )에 들어갈 숫자를 순서대로 쓰시오.

> 건축허가나 건축물의 착공을 제한하는 경우 제한기간은 (   )년 이내로 한다. 다만, 1회에 한하여 (   )년 이내의 범위에서 제한기간을 연장할 수 있다.

21 _{상중하} 건축법 제13조 제2항의 규정이다. (   )에 들어갈 숫자를 순서대로 쓰시오.

> 허가권자는 연면적이 (   )m² 이상인 건축물(「주택도시기금법」에 따른 주택도시보증공사가 분양보증을 한 건축물, 「건축물의 분양에 관한 법률」에 따른 분양보증이나 신탁계약을 체결한 건축물은 제외한다)로서 해당 지방자치단체의 조례로 정하는 건축물에 대하여는 착공신고를 하는 건축주(「한국토지주택공사법」에 따른 한국토지주택공사 또는 「지방공기업법」에 따라 건축사업을 수행하기 위하여 설립된 지방공사는 제외한다)에게 장기간 건축물의 공사현장이 방치되는 것에 대비하여 미리 미관 개선과 안전관리에 필요한 비용(대통령령으로 정하는 보증서를 포함하며, 이하 "예치금"이라 한다)을 건축공사비의 (   )%의 범위에서 예치하게 할 수 있다.

PART

05

22 건축법 제15조의 일부이다. ( )에 공통적으로 들어갈 용어를 쓰시오.
상중하

> 국토교통부장관은 건축관계자 간의 책임에 관한 내용과 그 범위에 대한 계약
> 체결에 필요한 ( )를 작성하여 보급하고 활용하게 하거나 「건축사법」에
> 따른 건축사협회, 「건설산업기본법」에 따른 건설사업자단체로 하여금 ( )를
> 작성하여 보급하고 활용하게 할 수 있다.

23 건축법 제13조의2 및 동법시행령 제10조의3 제1항 일부이다. ( )에 들어갈 용
상중하 어와 숫자를 각각 쓰시오.

> 허가권자는 초고층 건축물 등 대통령령으로 정하는 주요 건축물에 대하여 건
> 축허가를 하기 전에 안전영향평가를 (㉠)에 의뢰하여 실시하여야 한다.
> "초고층 건축물 등 대통령령으로 정하는 주요 건축물"이란 다음의 어느 하나에
> 해당하는 건축물을 말한다.
> 1. 초고층 건축물
> 2. 다음의 요건을 모두 충족하는 건축물
>   ① 연면적(하나의 대지에 둘 이상의 건축물을 건축하는 경우에는 각각의
>   건축물의 연면적을 말한다)이 (㉡)만m² 이상일 것
>   ② (㉢)층 이상일 것

24 건축법 시행령 제19조 제1항(공사감리자의 지정) 일부이다. ( )에 들어갈 용어
상중하 를 쓰시오.

> 공사감리자를 지정하여 공사감리를 하게 하는 경우에는 다음의 구분에 따른
> 자를 공사감리자로 지정하여야 한다(영 제19조 제1항).
> 1. <생략>
> 2. 다중이용 건축물을 건축하는 경우: 「건설기술 진흥법」에 따른 ( )
>   또는 건축사(「건설기술 진흥법 시행령」에 따라 건설사업관리기술인을 배치
>   하는 경우만 해당한다)

25
상중하

건축법 제25조 제5항, 동법시행령 제19조 제4항의 일부이다. (   )에 들어갈 숫자를 쓰시오.

연면적의 합계가 (   )m² 이상인 건축공사의 공사감리자는 필요하다고 인정하는 경우에는 공사시공자에게 상세시공도면을 작성하도록 요청할 수 있다.

26
상중하

건축법 제22조 제2항, 동법시행규칙 제16조 제3항의 일부이다. (   )에 들어갈 숫자를 쓰시오.

허가권자는 사용승인신청을 받은 경우 국토교통부령으로 정하는 기간, 즉 그 신청서를 접수한 날부터 (   )일 이내에 다음의 사항에 대한 검사를 실시하고, 검사에 합격된 건축물에 대하여는 사용승인서를 내주어야 한다.

27
상중하

건축법 제40조의 일부이다. (   )에 공통적으로 들어갈 용어를 쓰시오.

대지는 인접한 (   )보다 낮아서는 아니 된다. 다만, 대지의 배수에 지장이 없거나 건축물의 용도상 방습의 필요가 없는 경우에는 인접한 (   )보다 낮아도 된다.

28
상중하

건축법 제42조(대지의 조경)의 규정의 일부이다. (   ) 안에 들어갈 숫자 및 용어를 쓰시오.

면적이 (   )m² 이상인 대지에 건축을 하는 건축주는 용도지역 및 건축물의 규모에 따라 해당 지방자치단체의 (   )로 정하는 기준에 따라 대지에 조경이나 그 밖에 필요한 조치를 하여야 한다.

29 건축법 시행령 제27조 제3항(옥상 조경)의 규정이다. (   ) 안에 들어갈 분수 및
숫자를 차례대로 쓰시오.

> 건축물의 옥상에 조경의무 규정에 따라 국토교통부장관이 고시하는 기준에 따
> 라 조경이나 그 밖에 필요한 조치를 하는 경우에는 옥상부분의 조경면적의
> (   )에 해당하는 면적을 대지의 조경면적으로 산정할 수 있다. 이 경우 조경
> 면적으로 산정하는 면적은 의무조경면적의 (   )%를 초과할 수 없다.

30 건축법 시행령 제27조의2(공개공지등의 확보)의 규정의 일부이다. (   ) 안에 들
어갈 용어 및 숫자를 차례대로 쓰시오.

> 다음의 어느 하나에 해당하는 건축물의 대지에는 공개공지 또는 공개공간(이
> 하 '공개공지등'이라 한다)을 설치해야 한다. 이 경우 공개공지는 (   )의 구
> 조로 설치할 수 있다.
> ① 바닥면적의 합계가 (   )m² 이상인 문화 및 집회시설, 종교시설, 판매시설
> (「농수산물 유통 및 가격안정에 관한 법률」에 따른 농수산물유통시설을 제
> 외한다), 운수시설(여객용 시설만 해당한다), 업무시설 및 숙박시설
> ② 그 밖에 다중이 이용하는 시설로서 건축조례로 정하는 건축물

31 건축법 시행령 제28조(대지와 도로와의 관계) 규정의 일부이다. (   )에 들어갈
숫자를 순서대로 쓰시오.

> 법 제44조 제2항에 따라 연면적의 합계가 2천m²(공장인 경우에는 3천m²) 이상
> 인 건축물(축사, 작물재배사, 그 밖에 이와 비슷한 건축물로서 건축조례로 정하
> 는 규모의 건축물은 제외한다)의 대지는 너비 (   )m 이상의 도로에 (   )m
> 이상 접하여야 한다.

32 건축법령상 (   ) 안에 들어갈 용어 및 숫자를 각각 쓰시오.

> 건축물과 담장은 건축선의 (   )을 넘어서는 아니 되며, [다만, 지표(地表) 아래 부분은 그러하지 아니하다] 도로면으로부터 높이 (   )m 이하에 있는 출입구, 창문, 그 밖에 이와 유사한 구조물은 열고 닫을 때 건축선의 (   )을 넘지 아니하는 구조로 하여야 한다.

33 건축물의 구조 및 재료 등에 관한 건축법 제48조의2의 규정이다. (   ) 안에 들어갈 용어를 쓰시오.

> 국토교통부장관은 지진으로부터 건축물의 구조 안전을 확보하기 위하여 건축물의 용도, 규모 및 설계구조의 중요도에 따라 (   )을(를) 설정하여야 한다.

34 건축법 제48조의3의 제1항 규정의 일부이다. (   ) 안에 들어갈 용어를 쓰시오.

> 다음의 어느 하나에 해당하는 건축물을 건축하고자 하는 자는 사용승인을 받는 즉시 (   )을 공개하여야 한다.
> 1. 층수가 2층(목구조 건축물의 경우에는 3층) 이상인 건축물
> 2. 연면적이 200m²(목구조 건축물의 경우에는 500m²) 이상인 건축물
> <생략>

35 건축법 시행령 제34조 제3항 규정이다. (   ) 안에 들어갈 용어를 쓰시오.

> 초고층 건축물에는 피난층 또는 지상으로 통하는 직통계단과 직접 연결되는 (   )(건축물의 피난·안전을 위하여 건축물 중간층에 설치하는 대피공간을 말한다)을 지상층으로부터 최대 30개 층마다 1개소 이상 설치하여야 한다.

36 건축법 시행령 제37조 규정이다. (   ) 안에 들어갈 숫자 및 용어를 순서대로 쓰시오.

> 바닥면적의 합계가 (   )m² 이상인 공연장·집회장·관람장 또는 전시장을 지하층에 설치하는 경우에는 각 실에 있는 자가 지하층 각 층에서 건축물 밖으로 피난하여 옥외 계단 또는 경사로 등을 이용하여 피난층으로 대피할 수 있도록 천장이 개방된 (   )을 설치하여야 한다.

37 건축법 제50조(건축물의 내화구조와 방화벽) 제1항 규정이다. (   )에 들어갈 용어를 쓰시오

> 문화 및 집회시설, 의료시설, 공동주택 등 대통령령으로 정하는 건축물은 국토교통부령으로 정하는 기준에 따라 (   )(와)과 지붕을 내화(耐火)구조로 하여야 한다. 다만, 막구조 등 대통령령으로 정하는 구조는 (   )에만 내화구조로 할 수 있다.

38 건축법 시행령 제64조 규정의 일부이다. (   )에 들어갈 용어를 쓰시오.

> 제64조(방화문의 구분) ① 방화문은 다음 각 호와 같이 구분한다.
> 1. (㉠) 방화문: 연기 및 불꽃을 차단할 수 있는 시간이 60분 이상이고, (㉡)을(를) 차단할 수 있는 시간이 30분 이상인 방화문
> 2. 60분 방화문: <생략>
> 3. 30분 방화문: <생략>

39 건축법 제53조의2(건축물의 범죄예방) 규정의 일부이다. (   )에 들어갈 용어를 순서에 관계없이 쓰시오.

> 국토교통부장관은 범죄를 예방하고 안전한 생활환경을 조성하기 위하여 (   ), 건축설비 및 (   )에 관한 범죄예방 기준을 정하여 고시할 수 있다.

40 건축법 제58조(대지 안의 공지) 규정이다. (   )에 들어갈 용어와 아라비아 숫자
를 쓰시오.

> 건축물을 건축하는 경우에는 「국토의 계획 및 이용에 관한 법률」에 따른 용도
> 지역·용도지구, 건축물의 용도 및 규모 등에 따라 (㉠) 및 인접 대지경계선
> 으로부터 (㉡)미터 이내의 범위에서 대통령령으로 정하는 바에 따라 해당 지
> 방자치단체의 조례로 정하는 거리 이상을 띄워야 한다.

41 다음은 건축법령상 건축설비의 원칙에 관한 설명이다. (   ) 안에 들어갈 용어를
쓰시오.

> 건축설비는 건축물의 안전·방화, 위생, 에너지 및 정보통신의 합리적 이용에
> 지장이 없도록 설치하여야 하고, 배관피트 및 닥트의 단면적과 (   )의 크기
> 를 해당 설비의 수선에 지장이 없도록 하는 등 설비의 유지·관리가 쉽게 설치
> 하여야 한다.

42 건축법 시행령 제87조 제6항 규정이다. (   ) 안에 들어갈 숫자를 쓰시오.

> 연면적이 (   )m² 이상인 건축물의 대지에는 국토교통부령으로 정하는 바에
> 따라 「전기사업법」에 따른 전기사업자가 전기를 배전하는 데 필요한 전기설비
> 를 설치할 수 있는 공간을 확보하여야 한다.

43 건축법 제64조 규정의 일부이다. (   ) 안에 들어갈 숫자를 순서대로 쓰시오.

> 건축주는 (   )층 이상으로서 연면적이 (   )m² 이상인 건축물(대통령령으로
> 정하는 건축물은 제외한다)을 건축하려면 승강기를 설치하여야 한다.

44
상종하

건축법 제64조(승강기) 제2항의 규정이다. (   )에 들어갈 아라비아 숫자를 쓰시오.

> 높이 (   )m를 초과하는 건축물에는 대통령령으로 정하는 바에 따라 제1항에 따른 승강기뿐만 아니라 비상용승강기를 추가로 설치하여야 한다. 다만, 국토교통부령으로 정하는 건축물의 경우에는 그러하지 아니하다.

45
상종하

건축물의 대지가 지역·지구·구역에 걸치는 경우의 조치에 대한 건축법 제54조 제2항의 규정이다. 다음 (   )에 알맞은 용어를 쓰시오.

> 하나의 건축물이 방화지구와 그 밖의 구역에 걸치는 경우에는 그 전부에 대하여 방화지구 안의 건축물에 관한 이 법의 규정을 적용한다. 다만, 건축물의 방화지구에 속한 부분과 그 밖의 구역에 속한 부분의 경계가 (   )으로 구획되는 경우 그 밖의 구역에 있는 부분에 대하여는 그러하지 아니하다.

46
상종하

건축법 시행령 제119조(면적 등의 산정방법) 제1항 규정의 일부이다. (   )에 공통으로 들어갈 용어를 쓰시오.

> 법 제84조에 따라 건축물의 면적·높이 및 층수 등은 다음 각 호의 방법에 따라 산정한다.
> 1. 대지면적: <생략>
> 2. 건축면적: 건축물의 외벽(외벽이 없는 경우에는 외곽 부분의 기둥을 말한다)의 중심선으로 둘러싸인 부분의 (   )(으)로 한다. <이하 생략>
> 3. 바닥면적: 건축물의 각 층 또는 그 일부로서 벽, 기둥, 그 밖에 이와 비슷한 구획의 중심선으로 둘러싸인 부분의 (   )(으)로 한다. <이하 생략>

47 건축법령의 용적률에 관한 규정이다. (   ) 안에 들어갈 숫자를 순서대로 쓰시오.

> 용적률이란 대지면적에 대한 건축물의 연면적의 비율을 말한다. 대지에 둘 이상의 건축물이 있는 경우에는 이들 연면적의 합계로 한다. 용적률을 산정할 때에는 다음에 해당하는 면적은 연면적에서 제외한다.
> ① 지하층의 면적
> ② 지상층의 주차용(해당 건축물의 부속용도인 경우만 해당한다)으로 쓰는 면적
> ③ 초고층 건축물과 준초고층 건축물의 피난안전구역의 면적
> ④ 층수가 (   )층 이상인 건축물로서 (   )층 이상인 층의 바닥면적의 합계가 (   )m² 이상인 건축물의 지붕을 경사지붕으로 하는 경우 경사지붕 아래 설치하는 대피공간의 면적

48 건축법령상 아래와 같은 조건을 갖는 건축물의 용적률은 몇 퍼센트(%)인가?

> • 대지면적: 20,000m²
> • 지하 2층: 주차장(12,000m²), 전기실·기계실 등 공용시설(2,000m²)
> • 지하 1층: 제2종 근린생활시설(8,000m²), 주차장(6,000m²)
> • 지상 1층: 필로티구조로 전부를 상층부 공동주택의 부속용도인 주차장으로 사용(4,000m²)
> • 지상 2층~지상 9층: 공동주택(각 층 4,000m²)

49 건축법 제61조(일조 등의 확보를 위한 건축물의 높이 제한) 규정의 일부이다. (   )에 들어갈 용어를 순서대로 쓰시오.

> ① (   )과(와) 일반주거지역 안에서 건축하는 건축물의 높이는 일조 등의 확보를 위하여 정북방향의 인접 대지경계선으로부터의 거리에 따라 대통령령으로 정하는 높이 이하로 하여야 한다.
> ② 다음 각 호의 어느 하나에 해당하는 공동주택[일반상업지역과 (   )에 건축하는 것은 제외한다]은 채광 등의 확보를 위하여 대통령령으로 정하는 높이 이하로 하여야 한다.
> 1. 인접 대지경계선 등의 방향으로 채광을 위한 창문 등을 두는 경우
> 2. 하나의 대지에 두 동(棟) 이상을 건축하는 경우

50
상중하

건축법령상 특별건축구역에서 건축기준 등의 특례사항을 적용하여 건축할 수 있는 건축물에 관한 내용이다. (   ) 안에 들어갈 숫자를 쓰시오.

용 도	규모(연면적)
「한옥 등 건축자산의 진흥에 관한 법률」 제2조 제2호 또는 제3호의 한옥 또는 한옥건축양식의 단독주택	( )동 이상

51
상중하

건축법 제77조의15 규정의 일부이다. (   )에 들어갈 숫자를 쓰시오.

다음 각 호의 어느 하나에 해당하는 지역에서 대지 간의 최단거리가 (   )m 이내의 범위에서 대통령령으로 정하는 범위에 있는 2개의 대지의 건축주가 서로 합의한 경우 2개의 대지를 대상으로 결합건축을 할 수 있다.
1. 「국토의 계획 및 이용에 관한 법률」 제36조에 따라 지정된 상업지역
2. 「역세권의 개발 및 이용에 관한 법률」 제4조에 따라 지정된 역세권개발구역
3.~4. <생략>

52
상중하

건축법 제80조의 규정의 일부이다. (   ) 안에 들어갈 숫자 및 용어를 순서대로 쓰시오.

허가권자는 최초의 시정명령이 있었던 날을 기준으로 하여 1년에 (   )회 이내의 범위에서 해당 지방자치단체의 조례로 정하는 횟수만큼 그 시정명령이 이행될 때까지 반복하여 (   )을 부과 · 징수할 수 있다.

M·E·M·O

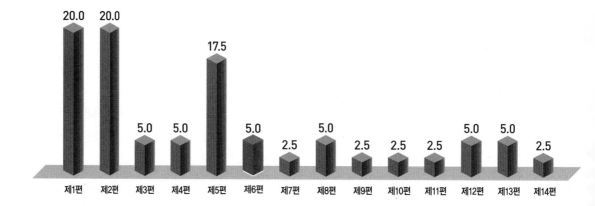

🔍 제26회 기출문제 분석

도시 및 주거환경정비법은 2문제가 출제되는데, 1문제는 주관식으로 출제되고 있다. 주로 용어와 정비사업의 개략적인 절차와 사업시행자, 시행방식, 정비사업조합, 관리처분계획 중심으로 정리하되, 특히 최근 공공재개발사업 및 공공재건축사업은 필수적으로 정리해둘 필요가 있다.

도시 및
주거환경정비법

총 설

☐ **연계학습** 기본서 p.608~612

┌ 단·원·열·기 ┐

도시 및 주거환경정비법은 2문제가 출제되는데, 1문제는 주관식으로 출제된다. 용어 중 최근 개정된 공공재개발사업과 공공재건축사업의 개념도 이해할 것이 요구된다.

01 도시 및 주거환경정비법령상 용어의 정의가 옳은 것은?

상중하

① 대지란 지목이 대(垈)인 토지를 말한다.

② 공동이용시설이란 도로·상하수도·공원·공용주차장·공동구 그 밖에 주민의 생활에 필요한 열·가스 등의 공급시설로서 대통령령으로 정하는 시설을 말한다.

③ 정비기반시설이란 주민이 공동으로 사용하는 놀이터·마을회관·공동작업장 그 밖에 대통령령으로 정하는 시설을 말한다.

④ 토지주택공사등이란 「한국토지주택공사법」에 따라 설립된 한국토지주택공사 또는 「지방공기업법」에 따라 주택사업을 수행하기 위하여 설립된 지방공사를 말한다.

⑤ 도시미관을 저해하거나 노후화된 건축물로서 준공된 후 30년 이상의 범위에서 시·도조례로 정하는 기간이 지난 건축물은 노후불량건축물에 해당한다.

02 도시 및 주거환경정비법령상 정비기반시설에 해당하지 않는 것은? (단, 주거환경

상중하 개선사업을 위하여 지정·고시된 정비구역이 아님)

① 녹지

② 공공공지

③ 공용주차장

④ 소방용수시설

⑤ 공동으로 사용하는 구판장

03 도시 및 주거환경정비법령상 도시·주거환경정비기본계획(이하 "기본계획"이라 한
다)에 관한 설명으로 틀린 것은?

① 특별시장·광역시장·특별자치시장·특별자치도지사 또는 시장은 10년 단
위로 기본계획을 수립하여야 한다.

② 특별시장·광역시장·특별자치시장·특별자치도지사 또는 시장은 기본계
획에 대하여 5년마다 그 타당성 여부를 검토하여 그 결과를 기본계획에 반
영하여야 한다.

③ 특별시장·광역시장·특별자치시장·특별자치도지사 또는 시장은 기본계
획을 수립시 지방도시계획위원회의 심의를 거쳐야 한다.

④ 기본계획의 수립권자는 기본계획을 수립하거나 변경하려는 경우에는 14일
이상 주민에게 공람하여 의견을 들어야 한다.

⑤ 정비기본계획의 작성기준 및 작성방법은 특별시장·광역시장·특별자치시
장·특별자치도지사 또는 시장이 정하여 고시한다.

04 도시 및 주거환경정비법상 정비계획의 내용에 포함되어야 할 사항이 아닌 것은?
(단, 조례는 고려하지 않음)

① 정비사업의 기본방향
② 도시·군계획시설의 설치에 관한 계획
③ 공동이용시설 설치계획
④ 건축물의 주용도·건폐율·용적률·높이에 관한 계획
⑤ 도심기능의 활성화 및 도심공동화 방지 방안

05 도시 및 주거환경정비법령상 정비계획에 관한 설명으로 틀린 것은?

상중하

① 자치구의 구청장 또는 광역시의 군수(이하 "구청장등"이라 한다)는 정비계획을 입안하여 특별시장·광역시장에게 정비구역 지정을 신청하여야 한다.

② 정비구역의 지정권자는 정비구역 지정을 위하여 직접 정비계획을 입안할 수 있다.

③ 토지등소유자는 정비계획의 입안권자에게 정비계획의 입안을 제안할 수 있다.

④ 정비계획의 입안권자는 재개발사업 정비계획의 입안을 위하여 정비기본계획의 내용의 일부 중 정비예정구역별 정비계획의 수립시기가 도래한 때에 안전진단을 실시하여야 한다.

⑤ 정비계획의 작성기준 및 작성방법은 국토교통부장관이 정하여 고시한다.

06 도시 및 주거환경정비법령상 정비구역에 관한 설명으로 틀린 것은?

상중하

① 정비구역의 지정권자는 기본계획에 적합한 범위에서 노후·불량건축물이 밀집하는 등 대통령령으로 정하는 요건에 해당하는 구역에 대하여 정비계획을 결정하여 정비구역을 지정할 수 있다.

② 정비구역의 지정권자는 정비구역을 지정하거나 변경지정하려면 대통령령으로 정하는 바에 따라 지방건축위원회의 심의를 거쳐야 한다.

③ 정비구역의 지정·고시가 있는 경우 해당 정비구역 및 정비계획 중 「국토의 계획 및 이용에 관한 법률」상 지구단위계획에 해당하는 사항은 지구단위계획구역 및 지구단위계획으로 결정·고시된 것으로 본다.

④ 정비구역 안에서 건축물의 건축등 대통령령으로 정하는 행위를 하고자 하는 자는 시장·군수등의 허가를 받아야 한다.

⑤ 정비구역 안에서 허가를 받고 하여야 하는 행위를 허가를 받지 않고 한 자에 대하여 원상회복을 명할 수 있다. 이 경우 명령을 받은 자가 그 의무를 이행하지 아니하는 때에는 시장·군수등은 「행정대집행법」에 따라 대집행할 수 있다.

07 도시 및 주거환경정비법령상 재건축사업에 관한 설명으로 틀린 것은?

① 재건축사업은 정비기반시설은 양호하나 노후·불량 건축물에 해당하는 공동주택이 밀집한 지역에서 주거환경을 개선하기 위한 사업이다.

② 재건축사업에 있어 토지등소유자는 정비구역에 위치한 건축물 및 부속토지의 소유자를 말한다.

③ 재건축사업은 주택단지를 대상으로 하며, 주택단지가 아닌 지역을 정비구역에 포함할 수 있다.

④ 재건축사업의 경우 재건축사업에 동의하지 않은 토지등소유자는 정비사업의 조합원이 될 수 없다.

⑤ 조합설립을 위한 동의자 수 산정에 있어, 1인이 둘 이상의 소유권을 소유하고 있는 경우에는 소유권의 수에 비례하여 토지등소유자를 둘 이상으로 산정한다.

08 도시 및 주거환경정비법령상 안전진단에 관한 설명으로 틀린 것은?

① 정비계획의 입안을 제안하려는 자가 입안을 제안하기 전에 해당 정비예정구역에 위치한 건축물 및 그 부속토지의 소유자 10분의 1 이상의 동의를 받아 안전진단의 실시를 요청하는 경우 정비계획의 입안권자는 안전진단을 실시하여야 한다.

② 재건축사업의 안전진단은 주택단지의 건축물을 대상으로 한다.

③ 정비계획의 입안권자가 진입도로 등 기반시설 설치를 위하여 불가피하게 정비구역에 포함된 것으로 인정하는 건축물은 안전진단 대상에서 제외할 수 있다.

④ 정비계획의 입안권자는 안전진단의 요청이 있는 때에는 요청일부터 30일 이내에 시·도 조례가 정하는 바에 따라 안전진단의 실시여부를 결정하여 요청인에게 통보하여야 한다.

⑤ 안전진단을 의뢰받은 안전진단기관은 국토교통부장관이 정하여 고시하는 기준에 따라 안전진단을 실시하여야 하며, 안전진단 결과보고서를 작성하여 정비계획의 입안권자 및 안전진단의 실시를 요청한 자에게 제출하여야 한다.

09 도시 및 주거환경정비법령상 정비구역에서 허가 없이도 할 수 있는 행위는?

상중하

① 기존 건축물의 붕괴 등 안전사고의 우려가 있는 경우 해당 건축물에 대한 안전조치를 위한 행위
② 토지의 형질변경
③ 토지분할
④ 이동이 쉽지 아니한 물건을 1개월 이상 쌓아놓는 행위
⑤ 건축물(가설건축물 포함)의 건축, 용도변경

10 도시 및 주거환경정비법령상 정비구역의 해제에 관한 설명으로 틀린 것은?

상중하

① 재건축사업으로서 추진위원회가 추진위원회 승인일부터 2년이 되는 날까지 조합설립인가를 신청하지 아니하는 경우 정비구역을 해제하여야 한다.
② 재개발사업으로서 토지등소유자가 정비구역으로 지정·고시된 날부터 2년이 되는 날까지 조합설립추진위원회의 승인을 신청하지 아니하는 경우 정비구역을 해제하여야 한다.
③ 정비구역등의 추진 상황으로 보아 지정 목적을 달성할 수 없다고 인정되는 경우 정비구역을 해제하여야 한다.
④ 재개발사업으로서 토지등소유자가 정비구역으로 지정·고시된 날부터 3년이 되는 날까지 조합 설립인가를 신청하지 아니하는 경우(공공지원을 시행하려는 경우로서 추진위원회를 구성하지 아니하는 경우로 한정한다)정비구역을 해제하여야 한다.
⑤ 재개발사업·재건축사업으로서 조합설립인가를 받은 날부터 3년이 되는 날까지 사업시행계획인가를 신청하지 아니하는 경우 정비구역을 해제하여야 한다.

정비사업의 시행

🗐 **연계학습** 기본서 p.613~630

단·원·열·기

정비사업의 시행방법, 시행자, 정비사업조합, 사업시행계획인가, 관리처분계획의 인가 등 전체적인 정비사업의 시행절차를 파악한 후 각 논점별로 핵심사항을 정리해둔다.

01 도시 및 주거환경정비법령상 정비사업의 시행방법에 관한 설명으로 틀린 것은?

① 주거환경개선사업의 시행자가 정비구역에서 정비기반시설 및 공동이용시설을 새로 설치하거나 확대하고 토지등소유자가 스스로 주택을 보전·정비하거나 개량하는 방법으로 시행할 수 있다.

② 재개발사업은 정비구역에서 인가 받은 관리처분계획에 따라 건축물을 건설하여 공급하거나, 환지로 공급하는 방법으로 한다.

③ 주거환경개선사업의 시행자가 환지로 공급하거나, 인가받은 관리처분계획에 따라 주택 및 부대시설·복리시설을 건설하여 공급하는 방법으로 시행할 수 있다.

④ 재건축사업은 정비구역에서 인가받은 관리처분계획에 따라 주택, 부대시설·복리시설 및 오피스텔을 건설하여 공급하는 방법으로 시행한다.

⑤ 재개발사업의 시행자가 정비구역의 전부 또는 일부를 수용하여 주택을 건설한 후 토지등소유자에게 우선 공급하거나 대지를 토지등소유자 또는 토지등소유자 외의 자에게 공급하는 방법으로 시행할 수 있다.

02 도시 및 주거환경정비법령상 정비사업의 시행자에 관한 설명으로 틀린 것은?

(상)(중)(하)

① 수용방법·환지방법·관리처분계획에 따른 방법으로 시행하는 주거환경개선사업은 시장·군수등이 직접 시행하거나 토지주택공사등을 지정하여 시행하게 하거나, 국가, 지방자치단체, 토지주택공사등 또는 공공기관이 총지분의 100분의 50을 초과하는 출자로 설립한 법인에게 지정하여 시행하게 할 수 있다.

② 주거환경개선사업을 토지등소유자가 스스로 주택을 보전·정비하거나 개량하는 방법으로 시행하는 경우 조합이 시행하거나 조합이 조합원의 과반수의 동의를 받아 시장·군수등, 토지주택공사등, 건설업자 또는 등록사업자와 공동으로 시행할 수 있다.

③ 재개발사업은 조합이 시행하거나 조합이 조합원의 과반수의 동의를 받아 시장·군수등, 토지주택공사등, 건설업자, 등록사업자 또는 대통령령으로 정하는 요건을 갖춘 자와 공동으로 시행할 수 있다.

④ 재개발사업은 토지등소유자가 20인 미만인 경우에는 토지등소유자가 시행하거나 토지등소유자가 토지등소유자의 과반수의 동의를 받아 시장·군수등, 토지주택공사등, 건설업자, 등록사업자 또는 대통령령으로 정하는 요건을 갖춘 자와 공동으로 시행할 수 있다.

⑤ 재건축사업은 조합이 시행하거나 조합이 조합원의 과반수의 동의를 받아 시장·군수등, 토지주택공사등, 건설업자 또는 등록사업자와 공동으로 시행할 수 있다.

03 도시 및 주거환경정비법령상 시장·군수등이 재건축사업을 직접 정비사업을 시행하거나 토지주택공사등을 사업시행자로 지정하여 정비사업을 시행하게 할 수 있는 사유가 아닌 것은?

(상)(중)(하)

① 천재지변 등 그 밖의 불가피한 사유로 긴급하게 정비사업을 시행할 필요가 있다고 인정하는 때

② 지방자치단체의 장이 시행하는 「국토의 계획 및 이용에 관한 법률」제2조 제11호에 따른 도시·군계획사업과 병행하여 정비사업을 시행할 필요가 있다고 인정하는 때

③ 고시된 정비계획에서 정한 정비사업시행 예정일부터 2년 이내에 사업시행계획인가를 신청하지 아니하거나 사업시행계획인가를 신청한 내용이 위법 또는 부당하다고 인정하는 때

④ 순환정비방식으로 정비사업을 시행할 필요가 있다고 인정하는 때

⑤ 사업시행계획인가가 취소된 때

04 도시 및 주거환경정비법령상 시장·군수등이 사업시행자로 지정하는 지정개발자가 될 수 있는 자를 모두 고른 것은?

> ㉠ 정비구역의 토지 중 정비구역 전체면적대비 50% 이상의 토지를 소유한 자 또는 토지등소유자의 2분의 1 이상의 추천을 받은 자
> ㉡ 「사회기반시설에 대한 민간투자법」에 따른 민관합동법인(민간투자사업의 부대사업으로 시행하는 경우에만 해당한다)으로서 토지등소유자의 2분의 1 이상의 추천을 받은 자
> ㉢ 신탁업자로서 토지등소유자의 2분의 1 이상의 추천을 받은 자
> ㉣ 정비사업조합으로서 정비구역 안의 토지면적의 50% 이상을 소유한 자

① ㉠, ㉡, ㉢
② ㉠, ㉢, ㉣
③ ㉡, ㉢
④ ㉢, ㉣
⑤ ㉠, ㉡, ㉢, ㉣

05 도시 및 주거환경정비법령상 재개발사업·재건축사업의 사업대행자에 대한 설명 중 틀린 것은?

① 장기간 정비사업이 지연되거나 권리관계에 관한 분쟁 등으로 해당 조합 또는 토지등소유자가 시행하는 정비사업을 계속 추진하기 어렵다고 인정하는 경우 시장·군수등은 직접 정비사업을 시행하거나 토지주택공사등 또는 지정개발자에게 해당 조합 또는 토지등소유자를 대신하여 정비사업을 시행하게 할 수 있다.

② 토지등소유자(조합을 설립한 경우에는 조합원을 말한다)의 과반수 동의로 요청하는 경우 시장·군수등은 직접 정비사업을 시행하거나 토지주택공사등 또는 지정개발자에게 해당 조합 또는 토지등소유자를 대신하여 정비사업을 시행하게 할 수 있다.

③ 시장·군수등이 아닌 사업대행자는 재산의 처분, 자금의 차입 그 밖에 사업시행자에게 재산상 부담을 가하는 행위를 하려는 때에는 미리 시장·군수등의 승인을 받아야 한다.

④ 사업대행자는 사업시행자에게 청구할 수 있는 보수 또는 비용의 상환에 대한 권리로써 사업시행자에게 귀속될 대지 또는 건축물을 압류할 수 있다.

⑤ 사업대행자는 정비사업을 대행하는 경우 지방자치단체의 공보등에 고시를 한 날의 그 날부터 사업대행완료를 고시하는 날까지 사업시행자의 이름 및 자기의 계산으로 사업시행자의 업무를 집행하고 재산을 관리한다.

06 도시 및 주거환경정비법령상 정비사업의 시공자에 관한 설명 중 틀린 것은?
상충하

① 조합은 조합설립인가를 받은 후 조합총회에서 시공자로 선정하여야 한다.

② 토지등소유자가 재건축사업을 시행하는 경우에는 사업시행계획인가를 받은 후 정관에 따라 시공자로 선정하여야 한다.

③ 시장·군수등이 직접 정비사업을 시행하거나 토지주택공사등 또는 지정개발자를 사업시행자로 지정한 경우 사업시행자는 사업시행자 지정·고시 후 시공자로 선정하여야 한다.

④ 인가받은 관리처분계획에 따라 주택 및 부대시설·복리시설을 건설하여 공급하는 방법으로 시행하는 주거환경개선사업의 사업시행자가 시공자를 선정하는 경우 주민대표회의는 시공자를 추천할 수 있다.

⑤ 주민대표회의 또는 토지등소유자 전체회의가 시공자를 추천한 경우 사업시행자는 추천받은 자를 시공자로 선정하여야 한다.

07 도시 및 주거환경정비법령상 정비사업조합의 설립추진위원회에 관한 설명 중 틀린 것은?
상충하

① 조합을 설립하려는 경우에는 정비구역 지정·고시 후 토지등소유자 과반수의 동의를 받아 조합설립을 위한 추진위원회를 구성하여 시장·군수등의 승인을 받아야 한다.

② 정비사업에 대하여 공공지원을 하려는 경우에는 조합설립을 위한 추진위원회를 구성하여 시장·군수등의 승인을 받아야 한다.

③ 추진위원회가 정비사업전문관리업자를 선정하려는 경우에는 추진위원회 승인을 받은 후 경쟁입찰 또는 수의계약(2회 이상 경쟁입찰이 유찰된 경우로 한정한다)의 방법으로 선정하여야 한다.

④ 추진위원회는 추진위원회를 대표하는 추진위원장 1명과 감사를 두어야 한다.

⑤ 추진위원회는 사용경비를 기재한 회계장부 및 관계서류를 조합설립인가일부터 30일 이내에 조합에 인계하여야 한다.

08 도시 및 주거환경정비법령상 정비사업조합에 관한 설명으로 옳은 것은?

① 시장·군수등, 토지주택공사등 또는 지정개발자가 아닌 자가 정비사업을 시행하려는 경우에는 토지등소유자로 구성된 조합을 설립하여 시장·군수등의 허가를 받아야 한다.

② 조합은 조합설립의 인가를 받은 날 성립한다.

③ 정비사업의 조합원(사업시행자가 신탁업자인 경우에는 위탁자를 말한다)은 토지등소유자로 한다.

④ 정비사업의 조합원은 재건축사업의 경우에는 재건축사업에 동의여부에 관계없이 조합원이 된다.

⑤ 조합에 관하여는 「도시 및 주거환경정비법」에 규정된 것을 제외하고는 「민법」중 재단법인에 관한 규정을 준용한다.

09 도시 및 주거환경정비법령상 재건축추진위원회가 조합설립인가를 받기 위한 동의요건으로 (   )에 들어갈 내용이 옳은 것은?

> • 재건축사업의 추진위원회가 조합을 설립하려면 주택단지의 공동주택의 각 동별 구분소유자의 과반수의 동의(공동주택의 각 동별 구분소유자가 5 이하인 경우는 제외)와 주택단지의 전체 구분소유자의 (㉠) 이상 및 토지면적의 4분의 3 이상의 토지소유자의 동의를 얻어 시장·군수등의 인가를 받아야 한다.
> • 주택단지가 아닌 지역이 정비구역에 포함된 때에는 주택단지가 아닌 지역의 토지 또는 건축물 소유자의 4분의 3 이상 및 토지면적의 (㉡) 이상의 토지소유자의 동의를 받아야 한다.

① ㉠: 5분의 4, ㉡: 4분의 3

② ㉠: 4분의 3, ㉡: 3분의 2

③ ㉠: 3분의 2, ㉡: 2분의 1

④ ㉠: 2분의 1, ㉡: 4분의 3

⑤ ㉠: 4분의 3, ㉡: 5분의 4

10 도시 및 주거환경정비법령상 조합의 정관을 변경하기 위하여 총회에서 조합원 3분의 2 이상의 찬성을 요하는 사항을 모두 고른 항목은?

> ㉠ 조합원의 자격, 제명, 탈퇴 및 교체
> ㉡ 정비구역의 위치 및 면적
> ㉢ 조합의 비용부담 및 조합의 회계
> ㉣ 정비사업비의 부담 시기 및 절차
> ㉤ 청산금의 징수·지급의 방법 및 절차

① ㉠, ㉡, ㉢
② ㉠, ㉡, ㉢, ㉣
③ ㉡, ㉢, ㉣, ㉤
④ ㉢, ㉣, ㉤
⑤ ㉠, ㉡, ㉢, ㉣, ㉤

11 도시 및 주거환경정비법령상 정비사업조합의 임원에 관한 설명으로 틀린 것은?

① 조합은 조합장 1명과 이사, 감사를 임원으로 둔다.
② 이사의 수는 3명 이상(토지등소유자의 수가 100명을 초과하는 경우에는 이사의 수를 5명 이상으로 한다)으로 하고, 감사의 수는 1명 이상 3명 이하로 한다.
③ 이 법을 위반하여 벌금 100만원 이상의 형을 선고 받고 2년이 지난 자는 조합임원의 결격사유가 해소된다.
④ 조합임원은 조합원 10분의 1 이상의 요구로 소집된 총회에서 조합원 과반수의 출석과 출석 조합원 과반수의 동의를 받아 해임할 수 있다. 이 경우 요구자 대표로 선출된 자가 해임 총회의 소집 및 진행을 할 때에는 조합장의 권한을 대행한다.
⑤ 조합장 또는 이사가 자기를 위하여 조합과 계약이나 소송을 할 때에는 감사가 조합을 대표한다.

12 상중하 도시 및 주거환경정비법령상 정비사업조합의 총회 및 대의원에 관한 규정으로 틀린 것은?

① 총회의 의결은 조합원의 100분의 10 이상이 직접 출석하여야 한다.

② 창립총회, 사업시행계획서의 작성 및 변경, 관리처분계획의 수립 및 변경을 의결하는 총회의 경우에는 조합원의 100분의 20 이상이 직접 출석하여야 한다.

③ 총회의 의결은 이 법 또는 정관에 다른 규정이 없으면 조합원 과반수의 출석과 출석 조합원의 과반수 찬성으로 한다.

④ 관리처분계획의 수립 및 변경시 정비사업비가 100분의 20 이상 늘어나는 경우에는 조합원 5분의 4 이상의 찬성으로 의결하여야 한다.

⑤ 조합원의 수가 100명 이상인 조합은 조합원의 10분의 1 이상으로 대의원회를 구성한다. 조합원의 10분의 1이 100명을 넘는 경우에는 조합원의 10분의 1 범위에서 100명 이상으로 구성할 수 있다.

13 상중하 도시 및 주거환경정비법령상 주민대표회의에 관한 설명으로 틀린 것은?

① 토지등소유자가 시장·군수등 또는 토지주택공사등의 사업시행을 원하는 경우에는 정비구역 지정·고시 후 주민대표기구(이하 "주민대표회의"라 한다)를 구성하여야 한다.

② 주민대표회의는 위원장을 포함하여 5명 이상 25명 이하로 구성한다.

③ 주민대표회의에는 위원장과 부위원장 각 1명과, 1명 이상 3명 이하의 감사를 둔다.

④ 주민대표회의는 토지등소유자의 과반수의 동의를 받아 구성하며, 국토교통부령으로 정하는 방법 및 절차에 따라 구성하며, 시장·군수등에게 신고하면 승인을 받을 필요는 없다.

⑤ 주민대표회의는 사업시행자가 시행규정을 정하는 때에 토지 및 건축물의 보상에 관한 사항에 관하여 의견을 제시할 수 있다.

14
상용하

재개발사업 · 재건축사업의 지정개발자로서의 사업시행자로 지정된 신탁업자는 일정한 사항에 관하여 토지등소유자 전체회의의 의결을 거쳐야 하는데, 이러한 의결 사항이 아닌 것은?

① 정관의 작성 및 변경
② 시공자의 선정 및 변경
③ 정비사업비의 토지등소유자별 분담내역
④ 사업시행계획서의 작성 및 변경
⑤ 관리처분계획의 수립 및 변경

15
상용하

도시 및 주거환경정비법상 사업시행계획서에 포함되어야 하는 사항을 모두 고른 것은? (단, 조례는 고려하지 않음)

> ㉠ 분양대상자별 종전의 토지 또는 건축물 명세
> ㉡ 정비구역부터 200미터 이내의 교육시설의 교육환경 보호에 관한 계획
> ㉢ 현금으로 청산하여야 하는 토지등소유자별 기존의 토지 · 건축물에 대한 청산방법
> ㉣ 사업시행기간 동안 정비구역 내 가로등 설치, 폐쇄회로 텔레비전 설치 등 범죄예방대책

① ㉠, ㉢
② ㉠, ㉣
③ ㉡, ㉣
④ ㉠, ㉡, ㉢
⑤ ㉡, ㉢, ㉣

16 도시 및 주거환경정비법령상 사업시행계획인가와 관련한 설명으로 틀린 것은?

상중하

① 사업시행자인 정비사업조합은 사업시행계획인가를 신청하기 전에 미리 총회의 의결을 거쳐야 한다.

② 사업시행계획서의 제출이 있은 날부터 60일 이내에 인가 여부를 결정하여 사업시행자에게 통보하여야 한다.

③ 토지등소유자가 재개발사업을 시행하려는 경우에는 사업시행계획인가를 신청하기 전에 사업시행계획서에 대하여 토지등소유자의 4분의 3 이상 및 토지면적의 2분의 1 이상의 토지소유자의 동의를 받아야 한다.

④ 지정개발자가 정비사업을 시행하려는 경우에는 사업시행계획인가를 신청하기 전에 토지등소유자의 과반수의 동의 및 토지면적의 2분의 1 이상의 토지소유자의 동의를 받아야 한다.

⑤ 시장·군수등은 재개발사업의 사업시행계획인가를 하는 경우 해당 정비사업의 사업시행자가 지정개발자인 때에는 정비사업비의 100분의 10의 범위에서 시·도조례로 정하는 금액을 예치하게 하여야 한다.

17 도시 및 주거환경정비법령상 정비사업시행에 관한 설명으로 틀린 것은?

상중하

① 사업시행자는 법 제61조에 따라 공공단체(지방자치단체는 제외한다) 또는 개인의 시설이나 토지를 일시사용함으로써 손실을 입은 자가 있는 경우에는 손실을 보상하여야 한다.

② 사업시행자는 재건축사업의 시행으로 철거되는 주택의 소유자 또는 세입자에게 해당 정비구역 안과 밖에 위치한 임대주택 등의 시설에 임시로 거주하게 하거나 주택자금의 융자를 알선하는 등 임시거주에 상응하는 조치를 하여야 한다.

③ 정비사업의 시행으로 지상권·전세권 또는 임차권의 설정목적을 달성할 수 없는 때에는 그 권리자는 계약을 해지할 수 있다.

④ ③의 계약을 해지할 수 있는 자가 가지는 전세금·보증금 그 밖의 계약상의 금전의 반환청구권은 사업시행자에게 행사할 수 있다.

⑤ ④의 금전의 반환청구권의 행사에 따라 해당 금전을 지급한 사업시행자는 해당 토지등소유자에게 구상할 수 있다.

18 도시 및 주거환경정비법령상 분양신청과 관련한 설명으로 옳은 것은?

상중하

① 사업시행자는 사업시행계획인가의 고시가 있은 날부터 90일 이내에 토지등소유자에게 통지하고, 분양의 대상이 되는 대지 또는 건축물의 내역 등 해당 지역에서 발간되는 일간신문에 공고하여야 한다.

② 분양신청기간은 통지한 날부터 30일 이상 60일 이내로 하여야 한다. 다만, 분양신청기간을 20일의 범위에서 한 차례만 연장할 수 있다.

③ 사업시행자는 정관등으로 정하고 있거나 총회의 의결을 거친 경우 분양신청을 하지 않거나 분양신청기간 종료 이전에 분양신청을 철회한 토지등소유자에게 분양신청을 다시 하게 할 수 없다.

④ 사업시행자는 관리처분계획이 인가·고시된 그 날부터 90일 이내에 분양신청을 하지 아니한 자와 토지, 건축물 또는 그 밖의 권리의 손실보상에 관한 협의를 하여야 한다

⑤ 사업시행자는 ④에 따른 손실보상에 관한 협의가 되지 아니하면 그 기간의 만료일 다음 날부터 30일 이내에 수용재결을 신청하거나 매도청구소송을 제기하여야 한다.

19 도시 및 주거환경정비법상 관리처분계획의 내용으로 볼 수 없는 것은?

상중하

① 자금계획

② 분양대상자별 종전의 토지 또는 건축물 명세 및 사업시행계획인가 고시가 있은 날을 기준으로 한 가격

③ 분양대상자의 종전 토지 또는 건축물에 관한 소유권 외의 권리명세

④ 분양대상자별 분양예정인 대지 또는 건축물의 추산액

⑤ 현금으로 청산하여야 하는 토지등소유자별 기존의 토지·건축물 또는 그 밖의 권리의 명세와 이에 대한 청산방법

20 도시 및 주거환경정비법상 관리처분계획의 기준에 관한 설명으로 틀린 것은?

① 분양설계에 관한 계획은 분양신청기간이 만료되는 날을 기준으로 하여 수립한다.

② 너무 좁은 토지 또는 건축물이나 정비구역 지정 후 분할된 토지를 취득한 자에 대하여는 현금으로 청산할 수 없다.

③ 1세대 또는 1명이 하나 이상의 주택 또는 토지를 소유한 경우 1주택을 공급하고, 같은 세대에 속하지 아니하는 2명 이상이 1주택 또는 1토지를 공유한 경우에는 1주택만 공급한다.

④ 과밀억제권역(투기과열지구 또는 조정대상지역에서 최초 사업시행계획인가를 신청하는 경우는 제외)에 위치하지 아니하는 재건축사업의 토지등소유자는 소유한 주택 수만큼 공급할 수 있다.

⑤ 과밀억제권역(투기과열지구 또는 조정대상지역에서 최초 사업시행계획인가를 신청하는 경우는 제외)에 위치한 재건축사업의 경우에는 토지등소유자가 소유한 주택수의 범위에서 3주택까지 공급할 수 있다.

21 도시 및 주거환경정비법상 정비사업의 시행과 관련된 규정으로 틀린 것은?

① 사업시행자가 토지주택공사등인 경우에는 분양대상자와 사업시행자가 공동 소유하는 방식으로 주택(이하 "지분형주택"이라 한다)을 공급할 수 있다.

② 지분형주택의 규모는 주거전용면적 $60m^2$ 이하인 주택으로 한정한다.

③ 지분형주택의 공동 소유기간은 소유권이전고시일부터 20년의 범위에서 사업시행자가 정하는 기간으로 한다.

④ 국토교통부장관, 시·도지사, 시장, 군수, 구청장 또는 토지주택공사등은 정비구역에 세입자와 대통령령으로 정하는 면적 이하의 토지 또는 주택을 소유한 자의 요청이 있는 경우에는 인수한 임대주택의 일부를 「주택법」에 따른 토지임대부 분양주택으로 전환하여 공급하여야 한다.

⑤ 대지 또는 건축물을 분양받을 자는 고시가 있은 날의 다음 날에 그 대지 또는 건축물의 소유권을 취득한다.

22
상중하

정비사업시행에 있어서 사업시행자의 청산금에 관한 다음 설명으로 틀린 것은?

① 종전에 소유하고 있던 토지 또는 건축물의 가격과 분양받은 대지 또는 건축물의 가격 사이에 차이가 있는 경우 사업시행자는 소유권이전고시가 있은 후에 그 차액에 상당하는 금액(이하 "청산금"이라 한다)을 분양받은 자로부터 징수하거나 분양받은 자에게 지급하여야 한다.

② 사업시행자는 청산금을 관리처분계획인가 후부터 소유권이전고시가 있은 날까지 일정기간 별로 분할징수하거나 분할지급할 수 있다.

③ 청산금을 평가하는 경우 그 토지 또는 건축물의 규모·위치·용도·이용상황·정비사업비 등을 참작하여 평가하여야 한다.

④ 시장·군수등인 사업시행자는 청산금을 납부할 자가 이를 납부하지 아니하는 경우 국세 체납처분의 예에 따라 징수할 수 있다.

⑤ 청산금을 지급받을 권리 또는 이를 징수할 권리는 소유권이전고시일 다음 날부터 5년간 행사하지 아니하면 소멸한다.

23
상중하

도시 및 주거환경정비법령상 정비기반시설 및 토지등의 귀속에 관한 내용으로 틀린 것은?

① 시장·군수등 또는 토지주택공사등이 정비사업의 시행으로 새로 정비기반시설을 설치한 경우 종래의 정비기반시설은 사업시행자에게 유상으로 귀속된다.

② 시장·군수등 또는 토지주택공사등이 정비사업의 시행으로 새로 정비기반시설을 설치한 경우 그 시설을 관리할 국가 또는 지방자치단체에 무상으로 귀속된다.

③ 시장·군수등 또는 토지주택공사등이 아닌 사업시행자가 정비사업의 시행으로 새로 설치한 정비기반시설은 그 시설을 관리할 국가 또는 지방자치단체에 무상으로 귀속된다.

④ 시장·군수등 또는 토지주택공사등이 아닌 사업시행자가 정비사업의 시행으로 용도가 폐지되는 국가 또는 지방자치단체 소유의 정비기반시설은 사업시행자가 새로 설치한 정비기반시설의 설치비용에 상당하는 범위에서 그에게 무상으로 양도된다.

⑤ 시장·군수등은 정비기반시설의 귀속 및 양도에 관한 사항이 포함된 정비사업을 시행하거나 그 시행을 인가하려는 경우에는 미리 그 관리청의 의견을 들어야 한다.

24 도시 및 주거환경정비법령상의 정비사업전문관리업에 관한 설명이다. 틀린 것은?

① 정비사업의 시행을 위하여 추진위원회 또는 사업시행자로부터 위탁받거나 이와 관련한 자문을 하려는 자는 자본·기술인력 등의 기준을 갖춰 시·도지사에게 등록하여야 한다.

② 정비사업전문관리업의 등록기준 중 자본금은 개인은 10억원 이상이며, 법인은 5억원 이상이다.

③ 정비사업전문관리업의 등록기준 중 건축사·감정평가사·법무사·세무사 등 상근인력 5명 이상 확보하여야 한다.

④ 주택의 건설 등 정비사업 관련 업무를 하는 한국토지주택공사·한국부동산원은 시·도지사에게 등록하여야 한다.

⑤ 정비사업전문관리업자는 동일한 정비사업에 대하여 건축물의 철거, 정비사업의 설계, 정비사업의 시공, 정비사업의 회계감사, 안전진단업무를 병행하여 수행할 수 없다.

25 도시 및 주거환경정비법령에 관한 규정이다. 이 중 틀린 것은?

① 시장·군수등 또는 토지주택공사등이 아닌 사업시행자는 「주식회사 등의 외부감사에 관한 법률」에 따른 감사인의 회계감사를 받아야 한다.

② 국토교통부장관은 정비사업 상담지원업무 등을 수행하기 위하여 정비사업지원기구를 설치할 수 있다.

③ 정비사업의 시행으로 발생한 분쟁을 조정하기 위하여 정비구역이 지정된 특별자치시, 특별자치도, 또는 시·군·구(자치구를 말한다)에 도시분쟁조정위원회를 둔다.

④ 시장·군수등은 정비사업의 투명성 강화 및 효율성 제고를 위하여 시·도조례로 정하는 정비사업에 대하여 사업시행 과정을 지원(이하 "공공지원"이라 한다)하거나 토지주택공사등, 신탁업자, 주택도시보증공사 또는 대통령령으로 정하는 기관에 공공지원을 위탁할 수 있다.

⑤ 시장·군수등은 정비사업의 투명성 강화를 위하여 공공지원과 관련하여 시행하는 정비사업에 관한 일정한 사항을 분기마다 인터넷과 그 밖의 방법을 병행하여 공개하여야 한다.

26 상중하 도시 및 주거환경정비법령상 공공재개발사업 및 공공재건축사업에 관한 규정으로 틀린 것은?

① 공공재개발사업 시행자는 시장·군수 등 또는 토지주택공사등(조합과 공동으로 시행하는 경우를 포함한다)이 주거환경개선사업의 시행자, 재개발사업의 시행자나 재개발사업의 대행자이다.

② 공공재건축사업 시행자는 시장·군수 등 또는 토지주택공사등(조합과 공동으로 시행하는 경우를 포함한다)이 재건축사업의 시행자나 재건축사업의 대행자이다.

③ 공공재개발사업으로 건설·공급되는 주택의 전체 세대수 또는 전체 연면적 중 토지등소유자 대상 분양분(지분형주택은 포함한다)을 제외한 나머지 주택의 세대수 또는 연면적의 100분의 20 이상 100분의 50 이하 범위에서 시·도 조례로 정하는 비율 이상을 지분형주택, 공공임대주택 또는 공공지원민간임대주택으로 건설·공급해야 한다.

④ 공공재건축사업으로 종전의 용적률, 토지면적, 기반시설 현황 등을 고려하여 공공재건축사업을 추진하는 단지의 종전 세대수의 100분의 120에 해당하는 세대수 이상을 건설·공급해야 한다.

⑤ 정비구역의 지정권자는 공공재개발사업 예정구역이 지정·고시된 날부터 2년이 되는 날까지 공공재개발사업을 위한 정비구역으로 지정되지 아니하거나, 공공재개발사업 시행자가 지정되지 아니하면 그 2년이 되는 날의 다음 날에 공공재개발사업 예정구역 지정을 해제하여야 한다.

주관식 단답형 문제

01 도시 및 주거환경정비법령상 정비사업에 관한 설명이다. (   )에 들어갈 용어를
상중하 쓰시오.

> 정비사업이란 「도시 및 주거환경정비법」에서 정한 절차에 따라 도시기능을 회
> 복하기 위하여 정비구역에서 정비기반시설을 정비하거나 주택 등 건축물을 개
> 량 또는 건설하는 사업으로서 (   )사업, 재개발사업, 재건축사업을 말한다.

02 도시 및 주거환경정비법령상 공공재개발사업에 관한 설명이다. (   )에 들어갈
상중하 숫자를 쓰시오.

> 다음 요건을 모두 갖추어 시행하는 재개발사업을 "공공재개발사업"이라 한다.
> 1. 시장·군수등 또는 토지주택공사등이 주거환경개선사업의 시행자, 제25조
>   제1항 또는 제26조 제1항에 따른 재개발사업의 시행자나 제28조에 따른 재
>   개발사업의 대행자(이하 "공공재개발사업 시행자"라 한다)일 것
> 2. 건설·공급되는 주택의 전체 세대수 또는 전체 연면적 중 토지등소유자 대
>   상 분양분(제80조에 따른 지분형주택은 제외한다)을 제외한 나머지 주택의
>   세대수 또는 연면적의 100분의 (㉠) 이상 100분의 (㉡) 이하 범위에서
>   시·도 조례가 정하는 비율 이상을 지분형주택, 공공임대주택 또는 공공지
>   원민간임대주택으로 건설·공급할 것. 이 경우 주택 수 산정방법 및 주택
>   유형별 건설비율은 대통령령으로 정한다.

03 도시 및 주거환경정비법령상 공공재건축사업에 관한 설명이다. (   )에 들어갈
상중하 숫자를 쓰시오.

> 다음 요건을 모두 갖추어 시행하는 재건축사업을 "공공재건축사업"이라 한다.
> 1. 시장·군수등 또는 토지주택공사등이 제25조 제2항 또는 제26조 제1항에
>   따른 재건축사업의 시행자나 제28조 제1항에 따른 재건축사업의 대행자(이
>   하 "공공재건축사업 시행자"라 한다)일 것
> 2. 종전의 용적률, 토지면적, 기반시설 현황 등을 고려하여 공공재건축사업을
>   추진하는 단지의 100분의 (   )에 해당하는 세대수 이상을 건설·공급할
>   것. 다만, 제8조 제1항에 따른 정비구역의 지정권자가 「국토의 계획 및 이용
>   에 관한 법률」 제18조에 따른 도시·군기본계획, 토지이용 현황 등 대통령
>   령으로 정하는 불가피한 사유로 해당하는 세대수를 충족할 수 없다고 인정
>   하는 경우에는 그러하지 아니하다.

04 도시 및 주거환경정비법 제2조(정의) 규정의 일부이다. (   )에 들어갈 용어를 쓰
⑤⑥⑨ 시오.

> "(   )"(이)란 도로 · 상하수도 · 공원 · 공용주차장 · 공동구(「국토의 계획 및
> 이용에 관한 법률」 제2조 제9호의 규정에 의한 공동구를 말한다) 그 밖에 주민
> 의 생활에 필요한 열 · 가스 등의 공급시설로서 대통령령으로 정하는 시설을
> 말한다.

05 도시 및 주거환경정비법 제3조 규정의 일부이다. (   )에 들어갈 숫자를 순서대로
⑤⑥⑨ 쓰시오.

> 국토교통부장관은 도시 및 주거환경을 개선하기 위하여 (   )년마다 기본방
> 침을 정하고, (   )년마다 그 타당성을 검토하여 그 결과를 기본방침에 반영
> 하여야 한다.

06 도시 및 주거환경정비법 제10조(임대주택 및 주택규모별 건설비율) 제1항 규정의
⑤⑥⑨ 내용이다. (   )에 들어갈 숫자를 순서대로 쓰시오.

> 정비계획의 입안권자는 주택수급의 안정과 저소득 주민의 입주기회 확대를 위
> 하여 정비사업으로 건설하는 주택에 대하여 다음 각 호의 구분에 따른 범위에
> 서 국토교통부장관이 정하여 고시하는 임대주택 및 주택규모별 건설비율 등을
> 정비계획에 반영하여야 한다.
> 1. 「주택법」 제2조 제6호에 따른 국민주택규모의 주택이 전체 세대수의 100분
>   의 (   ) 이하에서 대통령령으로 정하는 범위
> 2. 임대주택(「민간임대주택에 관한 특별법」에 따른 민간임대주택 및 「공공주
>   택 특별법」에 따른 공공임대주택을 말한다)이 전체 세대수 또는 전체 연면
>   적의 100분의 (   ) 이하에서 대통령령으로 정하는 범위

07 도시 및 주거환경정비법 제19조 규정의 일부이다. (   )에 들어갈 숫자 및 용어를 순서대로 쓰시오.

> 국토교통부장관, 시·도지사, 시장·군수 또는 구청장(자치구의 구청장)은 비경제적인 건축행위 및 투기수요의 유입을 막기 위하여 기본계획을 공람 중인 정비예정구역 또는 정비계획을 수립 중인 지역에 대하여 (   )년 이내의 기간 (1년의 범위에서 한 차례만 연장할 수 있다)을 정하여 대통령령으로 정하는 방법과 절차에 따라 건축물의 건축행위와 (   )행위를 제한할 수 있다.

08 도시 및 주거환경정비법 제21조의2 규정이다. (   )에 들어갈 용어를 쓰시오.

> 정비구역 해제사유에 따라 정비구역등이 해제된 경우 정비구역의 지정권자는 해제된 정비구역등을 「도시재생 활성화 및 지원에 관한 특별법」에 따른 (   )으로 지정하도록 국토교통부장관에게 요청할 수 있다.

09 도시 및 주거환경정비법 제131조(재건축사업의 안전진단 재실시) 규정의 일부이다. (   )에 들어갈 용어와 아라비아 숫자를 쓰시오.

> 시장·군수등은 정비구역이 지정·고시된 날부터 (㉠)년이 되는 날까지 제50조에 따른 (㉡)을(를) 받지 아니하고 다음 각 호의 어느 하나에 해당하는 경우에는 안전진단을 다시 실시하여야 한다.
> 3. 「공동주택관리법」 제37조 제3항에 따라 공동주택의 구조안전에 중대한 하자가 있다고 인정하여 안전진단을 실시하는 경우

10 도시 및 주거환경정비법상 시공자의 선정 등에 관한 내용이다. 다음 (   )에 알맞은 용어를 각각 쓰시오.

> 조합은 조합(   )를 받은 후 조합총회에서 경쟁입찰 또는 (   )(2회 이상 경쟁입찰이 유찰된 경우로 한정한다)의 방법으로 건설업자 또는 등록사업자를 시공자로 선정하여야 한다.

11
상중하

도시 및 주거환경정비법상 재개발조합의 설립인가를 위한 동의요건에 관한 규정이다. 다음 (   )에 알맞은 분수를 순서대로 쓰시오.

> 재개발사업의 추진위원회(공공지원에 따라 추진위원회를 구성하지 아니하는 경우에는 토지등소유자를 말한다)가 조합을 설립하려면 토지등소유자의 (   ) 이상 및 토지면적의 (   ) 이상의 토지소유자의 동의를 받아 일정한 사항을 첨부하여 시장·군수등의 인가를 받아야 한다.

12
상중하

도시 및 주거환경정비법상 투기과열지구로 지정된 지역에서 정비사업을 시행하는 경우 조합원의 자격에 관한 규정이다. 다음 (   )에 들어갈 용어를 차례대로 쓰시오.

> 「주택법」에 따른 투기과열지구로 지정된 지역에서 재건축사업을 시행하는 경우 (   ) 후, 재개발사업을 시행하는 경우에는 (   ) 후 해당 정비사업의 건축물 또는 토지를 양수(매매·증여, 그 밖의 권리의 변동을 수반하는 일체의 행위를 포함하되, 상속·이혼으로 인한 양도·양수의 경우는 제외한다)한 자는 조합원이 될 수 없다. 다만, 양도인이 법령에서 정하는 경우 그 양도인으로부터 그 건축물 또는 토지를 양수한 자는 그러하지 아니하다.

13
상중하

도시 및 주거환경정비법상 정비사업조합의 총회에 관한 법 제44조 제2항 일부 규정이다. 다음 (   )에 들어갈 분수를 차례대로 쓰시오.

> 총회는 조합장이 직권으로 소집하거나 조합원 (   ) 이상(정관의 기재사항 중 제40조 제1항 제6호에 따른 조합임원의 권리·의무·보수·선임방법·변경 및 해임에 관한 사항을 변경하기 위한 총회의 경우는 10분의 1 이상으로 한다) 또는 대의원 (   ) 이상의 요구로 조합장이 소집한다.

14
상중하

도시 및 주거환경정비법 제48조 규정의 일부이다. (   ) 안에 들어갈 용어를 쓰시오.

> 재개발사업·재건축사업의 지정개발자로서의 사업시행자로 지정된 신탁업자는 일정한 사항에 관하여 해당 정비사업의 토지등소유자(재건축사업의 경우에는 신탁업자를 사업시행자로 지정하는 것에 동의한 토지등소유자를 말한다) 전원으로 구성되는 회의인 (   )의 의결을 거쳐야 한다.

15 도시 및 주거환경정비법 제53조 규정의 일부이다. (　　) 안에 들어갈 용어를 쓰시오.

> 시장·군수등, 토지주택공사등 또는 신탁업자가 단독으로 정비사업을 시행하는 경우 일정한 사항을 포함하는 (　　)을 작성하여야 한다.

16 도시 및 주거환경정비법 제59조 규정의 일부이다. (　　) 안에 들어갈 용어를 쓰시오.

> 사업시행자는 정비구역의 안과 밖에 새로 건설한 주택 또는 이미 건설되어 있는 주택의 경우 그 정비사업의 시행으로 철거되는 주택의 소유자 또는 세입자(정비구역에서 실제 거주하는 자로 한정한다)를 임시로 거주하게 하는 등 그 정비구역을 순차적으로 정비하여 주택의 소유자 또는 세입자의 이주대책을 수립하여야 한다. 이러한 정비사업 방식을 (　　　　　)이라 한다.

17 도시 및 주거환경정비법 제60조(지정개발자의 정비사업비의 예치 등) 규정의 일부이다. (　　) 안에 들어갈 숫자를 쓰시오.

> 시장·군수등은 재개발사업의 사업시행인가를 하고자 하는 경우 해당 정비사업의 사업시행자가 지정개발자(지정개발자가 토지등소유자인 경우로 한정한다)인 때에는 정비사업비의 100분의 (　　)의 범위 이내에서 시·도조례로 정하는 금액을 예치하게 할 수 있다.

18 도시 및 주거환경정비법 제61조(임시거주시설·임시상가의 설치 등) 규정의 일부이다. (　　)에 들어갈 용어와 아라비아 숫자를 쓰시오.

> • 사업시행자는 주거환경개선사업 및 재개발사업의 시행으로 철거되는 주택의 소유자 또는 (㉠)에게 해당 정비구역 안과 밖에 위치한 임대주택 등의 시설에 임시로 거주하게 하거나 주택자금의 융자를 알선하는 등 임시거주에 상응하는 조치를 하여야 한다.
> • 사업시행자는 정비사업의 공사를 완료한 때에는 완료한 날부터 (㉡)일 이내에 임시거주시설을 철거하고, 사용한 건축물이나 토지를 원상회복하여야 한다.

19 도시 및 주거환경정비법 제78조 관리처분계획인가 규정의 일부이다. (   ) 안에
들어갈 숫자를 순서대로 쓰시오.

> 시장·군수등은 사업시행자의 관리처분계획인가의 신청이 있은 날부터 (   )
> 일 이내에 인가 여부를 결정하여 사업시행자에게 통보하여야 한다. 다만, 시
> 장·군수등은 관리처분계획의 타당성 검증을 요청하는 경우에는 관리처분계
> 획인가의 신청을 받은 날부터 (   )일 이내에 인가 여부를 결정하여 사업시행
> 자에게 통지하여야 한다.

20 도시 및 주거환경정비법 제80조 규정의 일부이다. (   )에 들어갈 용어를 쓰시오.

> 사업시행자가 토지주택공사등인 경우에는 분양대상자와 사업시행자가 공동
> 소유하는 방식으로 주택(이하 "(   )주택"이라 한다)을 공급할 수 있다.

21 도시 및 주거환경정비법 시행령 제70조(지분형주택의 공급) 제1항 규정의 일부이다.
(   )에 들어갈 숫자를 쓰시오.

> 지분형주택의 규모는 주거전용면적 (   )m² 이하인 주택으로 한정한다.

22 도시 및 주거환경정비법 제80조 제2항 규정이다. (   )에 들어갈 용어를 쓰시오.

> 국토교통부장관, 시·도지사, 시장, 군수, 구청장 또는 토지주택공사등은 정비
> 구역에 세입자와 대통령령으로 정하는 면적 이하의 토지 또는 주택을 소유한
> 자의 요청이 있는 경우에는 법 제79조 제5항에 따라 인수한 임대주택의 일부를
> 「주택법」에 따른 (   )으로 전환하여 공급하여야 한다.

23 상 중 하

도시 및 주거환경정비법 제89조 제1항 규정이다. (   )에 들어갈 용어를 쓰시오.

> 대지 또는 건축물을 분양받은 자가 종전에 소유하고 있던 토지 또는 건축물의 가격과 분양받은 대지 또는 건축물의 가격 사이에 차이가 있는 경우 사업시행자는 소유권이전고시가 있은 후에 그 차액에 상당하는 금액인 (   )을 분양받은 자로부터 징수하거나 분양받은 자에게 지급하여야 한다.

24 상 중 하

도시 및 주거환경정비법 제123조 제5항 규정이다. (   )에 들어갈 분수를 쓰시오.

> 사업시행자는 정비계획이 수립된 주거환경개선사업을 인가받은 관리처분계획에 따라 주택 및 부대시설 복리시설을 건설하여 공급하는 방법으로 변경하려는 경우에는 토지등소유자의 (   )이상의 동의를 받아야 한다.

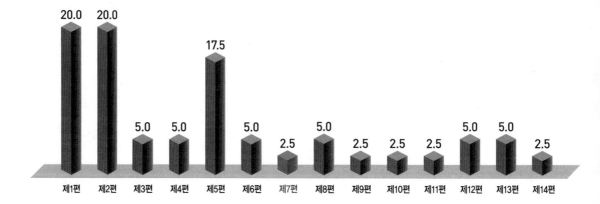

🔍 제26회 기출문제 분석

도시재정비 촉진을 위한 특별법은 1문제가 출제되는데, 용어와 재정비촉진지구, 총괄계획가, 총괄사업관리자등을 중심으로 학습하는 것이 효율적이다.

도시재정비 촉진을 위한 특별법

도시재정비 촉진을 위한 특별법

📖 연계학습 기본서 p.711~736

단·원·열·기

도시재정비 촉진을 위한 특별법은 1문제가 출제되는데 용어와 재정비촉진지구, 총괄계획가, 총괄사업관리자, 사업협의회 등을 중심으로 학습하는 것이 효율적이다.

01 도시재정비 촉진을 위한 특별법상 재정비촉진사업에 해당하는 것을 모두 고른 것은?
상중하

> ㉠ 「도시 및 주거환경정비법」에 따른 재개발사업 및 재건축사업
> ㉡ 「빈집 및 소규모주택 정비에 관한 특례법」에 따른 소규모재건축사업
> ㉢ 「전통시장 및 상점가 육성을 위한 특별법」에 따른 시장정비사업
> ㉣ 「국토의 계획 및 이용에 관한 법률」에 따른 도시·군계획시설사업

① ㉠   ② ㉠, ㉡
③ ㉢, ㉣   ④ ㉡, ㉢, ㉣
⑤ ㉠, ㉡, ㉢, ㉣

02 도시재정비 촉진을 위한 특별법상 재정비촉진사업에 해당하지 않는 것을 모두 고
상중하 른 것은?

> ㉠ 「도시재생 활성화 및 지원에 관한 특별법」에 따른 주거재생혁신지구의 혁신
>   지구재생사업
> ㉡ 「공공주택 특별법」에 따른 도심 공공주택 복합사업
> ㉢ 「주택법」에 따른 주택건설사업
> ㉣ 「빈집 및 소규모주택 정비에 관한 특례법」에 따른 가로주택정비사업, 소규
>   모재개발사업

① ㉢   ② ㉢, ㉣
③ ㉠, ㉢   ④ ㉠, ㉡
⑤ ㉠, ㉣

03 도시재정비 촉진을 위한 특별법령상 용어에 관한 설명으로 틀린 것은?

상중하

① 재정비촉진지구란 도시의 낙후된 지역에 대한 주거환경의 개선, 기반시설의 확충 및 도시기능의 회복을 광역적으로 계획하고 체계적·효율적으로 추진하기 위하여 지정하는 지구를 말한다.

② 재정비촉진지구의 유형은 주거지형, 중심지형, 고밀복합형으로 구분한다.

③ 재정비촉진계획이란 재정비촉진지구의 재정비촉진사업을 계획적이고 체계적으로 추진하기 위한 재정비촉진지구의 토지이용, 기반시설의 설치 등에 관한 계획을 말한다.

④ 우선사업구역이란 재정비촉진구역 중 재정비촉진사업의 활성화, 소형주택 공급확대, 주민 이주대책 지원 등을 위하여 다른 구역에 우선하여 개발하는 구역으로서 조례로 결정되는 구역을 말한다.

⑤ 존치지역이란 재정비촉진지구에서 재정비촉진사업을 할 필요성이 적어 재정비촉진계획에 따라 존치하는 지역을 말한다.

04 도시재정비 촉진을 위한 특별법령상 토지등소유자의 범위를 틀리게 설명한 것은?

상중하

① 「도시 및 주거환경정비법」에 따른 주거환경개선사업, 재개발사업 및 「빈집 및 소규모주택 정비에 관한 특례법」에 따른 가로주택정비사업의 경우에는 재정비촉진구역 안에 소재한 토지 또는 건축물의 소유자와 그 지상권자

② 「전통시장 및 상점가 육성을 위한 특별법」에 따른 시장정비사업의 경우에는 재정비촉진구역 안에 소재한 토지 또는 건축물의 소유자와 그 지상권자

③ 「도시 및 주거환경정비법」에 따른 재건축사업 및 「빈집 및 소규모주택 정비에 관한 특례법」에 따른 소규모재건축사업의 경우에는 재정비촉진구역 안에 소재한 토지 또는 건축물의 소유자와 그 지상권자

④ 「도시재생 활성화 및 지원에 관한 특별법」에 따른 주거재생혁신지구의 혁신지구재생사업의 경우에는 재정비촉진구역에 있는 토지·물건 또는 권리의 소유자

⑤ 「공공주택 특별법」에 따른 도심 공공주택 복합사업의 경우에는 재정비촉진구역에 있는 토지 또는 건축물의 소유자

PART

07

05 도시재정비 촉진을 위한 특별법령상 재정비촉진지구 등에 관한 설명으로 옳지 않
상중하 은 것은?

① 재정비촉진지구의 지정권자는 국토교통부장관이다.
② 재정비촉진지구의 유형은 주거지형, 중심지형, 고밀복합형으로 구분한다.
③ 재정비촉진계획이란 재정비촉진지구의 재정비촉진사업을 계획적이고 체계
적으로 추진하기 위한 토지이용, 기반시설의 설치 등에 관한 계획을 말한다.
④ 재정비촉진사업에는 재정비촉진지구 안에서 시행되는 「도시개발법」에 따른
도시개발사업도 포함된다.
⑤ 재정비촉진지구를 지정하는 때에는 이를 지체 없이 해당 지방자치단체의
공보에 고시하여야 한다.

06 도시재정비 촉진을 위한 특별법령상 재정비촉진지구를 지정할 수 있는 경우로 규
상중하 정하고 있지 않은 것은?

① 노후·불량 주택과 건축물이 밀집한 지역으로서 주로 주거환경의 개선과
기반시설의 정비가 필요한 경우
② 상업지역, 공업지역 등으로서 토지의 효율적 이용과 도심 또는 부도심 등의
도시기능의 회복이 필요한 경우
③ 주요 역세권, 간선도로의 교차지 등 양호한 기반시설을 갖추고 있어 대중교
통 이용이 용이한 지역으로서 도심내 소형주택의 공급 확대, 토지의 고도이
용과 건축물의 복합개발이 필요한 경우
④ 국가 또는 지방자치단체의 계획에 따라 이전되는 대규모 시설의 기존 부지
를 포함한 지역으로서 도시기능의 재정비가 필요한 경우
⑤ 일단(一團)의 토지를 활용하여 주택건설 및 주거생활이 가능한 택지조성이
필요한 경우

07 도시재정비 촉진을 위한 특별법령상 재정비촉진계획의 수립 및 결정에 관한 설명
으로 옳지 않은 것은?

① 시장·군수·구청장은 재정비촉진계획을 수립하여 특별시장·광역시장 또
는 도지사에게 결정을 신청하여야 한다.

② 재정비촉진지구가 둘 이상의 시·군·구의 관할 지역에 걸쳐 있는 경우에
는 관할 시·도지사가 재정비촉진계획을 수립한다.

③ 재정비촉진계획에는 토지이용에 관한 계획, 인구·주택 수용계획, 교육시
설, 문화시설, 복지시설 등 기반시설 설치계획 등이 포함된다.

④ 존치관리구역이란 재정비촉진구역의 지정 요건에 해당하지 아니하거나 기
존의 시가지로 유지·관리할 필요가 있는 구역을 말한다.

⑤ 재정비촉진사업 관계 법률에 따라 재정비촉진구역 지정의 효력이 상실된
경우에는 해당 재정비촉진구역에 대한 재정비촉진계획 결정의 효력도 상실
된 것으로 본다.

08 도시재정비 촉진을 위한 특별법령에 관한 내용으로 틀린 것은?

① 특별시장·광역시장 또는 도지사는 재정비촉진지구의 지정을 신청받은 경
우에는 관계 행정기관의 장과 협의를 거쳐 지방도시계획위원회의 심의를
거쳐 재정비촉진지구를 지정한다.

② 국토교통부장관은 재정비촉진계획수립의 모든 과정을 총괄 진행·조정하
게 하기 위하여 도시계획·도시설계·건축등 분야의 전문가인 자를 총괄계
획가로 위촉할 수 있다.

③ 재정비촉진계획에 따라 설치되는 기반시설의 설치비용은 「도시재정비 촉진
을 위한 특별법」에 특별한 규정이 있는 경우를 제외하고는 사업시행자가 부
담하는 것을 원칙으로 한다.

④ 사업협의회 위원의 2분의 1 이상이 요청하는 경우에 사업협의회를 개최한다.

⑤ 총괄사업관리자는 지방자치단체의 장을 대행하여 도로 등 기반시설의 설치
업무를 수행한다.

09 도시재정비 촉진을 위한 특별법령에 관한 내용으로 옳은 것은?

① 우선사업구역의 재정비촉진사업은 관계 법령에도 불구하고 토지등소유자의 3분의 1 이상의 동의를 받아 특별자치시장, 특별자치도지사, 시장·군수·구청장이 직접 시행하여야 한다.

② 재정비촉진구역이 10곳 이상인 경우 사업협의회는 20인 이내의 위원으로 구성한다.

③ 한국토지주택공사가 사업시행자로 지정된 경우 시공자는 주민대표회의가 선정한다.

④ 재정비촉진계획 수립권자는 사업을 효율적으로 추진하기 위하여 재정비촉진계획 수립단계에서부터 한국토지주택공사 또는 지방공사를 총괄사업관리자로 지정할 수 있다.

⑤ 재정비촉진계획의 결정·고시일부터 3년 이내에 해당 사업을 규정하고 있는 관계 법률에 따른 조합설립인가를 신청하지 아니하거나, 2년 이내에 관계 법률에 따른 사업시행인가를 신청하지 아니한 경우에는 특별자치시장, 특별자치도지사, 시장·군수·구청장이 그 사업을 직접 시행하거나 총괄사업관리자를 사업시행자로 우선하여 지정할 수 있다.

10 도시재정비 촉진을 위한 특별법령은 다음과 같이 임대주택등의 건설비율을 규정하고 있다. (   )에 들어갈 임대주택등의 건설비율은?

> 사업시행자는 세입자의 주거안정과 개발이익의 조정을 위하여 해당 재정비촉진사업으로 증가되는 용적률의 (   )% 범위에서 '대통령령으로 정하는 바'에 따라 임대주택등으로 공급하여야 한다. 건설되는 임대주택등 중 주거전용면적이 85m²를 초과하는 주택의 비율은 (   )% 이하의 범위에서 대통령령으로 정한다.

① 30, 40   ② 50, 40
③ 70, 50   ④ 75, 50
⑤ 80, 60

주관식 단답형 문제

01
<u>상 중 하</u>
도시재정비 촉진을 위한 특별법 제2조(정의) 규정의 일부이다. (   )에 들어갈 용어를 쓰시오.

> 1. "재정비촉진지구"란 도시의 낙후된 지역에 대한 주거환경의 개선, 기반시설의 확충 및 도시기능의 회복을 광역적으로 계획하고 체계적 · 효율적으로 추진하기 위하여 제5조에 따라 지정하는 지구(地區)를 말한다. 이 경우 지구의 특성에 따라 다음 각 목의 유형으로 구분한다.
>   다. (   )형 : 주요 역세권, 간선도로의 교차지 등 양호한 기반시설을 갖추고 있어 대중교통 이용이 용이한 지역으로서 도심 내 소형주택의 공급 확대, 토지의 고도이용과 건축물의 복합개발이 필요한 지구

02
<u>상 중 하</u>
도시재정비 촉진을 위한 특별법 제6조 규정이다. (   ) 안에 들어갈 숫자를 순서대로 쓰시오.

> 지정되는 재정비촉진지구의 면적은 (   )만m² 이상으로 한다.

03
<u>상 중 하</u>
도시재정비 촉진을 위한 특별법 제7조(재정비촉진지구 지정의 효력 상실 등) 규정의 일부이다. (㉠)에 공통으로 들어갈 숫자와 (㉡)에 들어갈 용어를 쓰시오.

> 제5조에 따라 재정비촉진지구 지정을 고시한 날부터 (㉠)년이 되는 날까지 제12조에 따른 (㉡)(이)가 결정되지 아니하면 그 (㉠)년이 되는 날의 다음 날에 재정비촉진지구 지정의 효력이 상실된다.

04
상중하

도시재정비 촉진을 위한 특별법 제9조 제1항 재정비촉진계획 내용의 일부이다.
(   )에 들어갈 용어를 차례대로 쓰시오.

> 1. (   ): 재정비촉진구역의 지정 요건에는 해당하지 아니하나 시간의 경과
>   등 여건의 변화에 따라 재정비촉진사업 요건에 해당할 수 있거나 재정비촉
>   진사업의 필요성이 높아질 수 있는 구역
> 2. (   ): 재정비촉진구역의 지정 요건에 해당하지 아니하거나 기존의 시
>   가지로 유지 · 관리할 필요가 있는 구역

05
상중하

도시재정비 촉진을 위한 특별법 제9조 제5항 규정이다. (   ) 안에 들어갈 용어를
쓰시오.

> 시 · 도지사 또는 대도시의 시장은 대통령령으로 정하는 바에 따라 재정비촉진
> 계획수립의 모든 과정을 총괄 진행 · 조정하게 하기 위하여 도시계획 · 도시설
> 계 · 건축등 분야의 전문가인 자를 (   )로 위촉할 수 있다.

06
상중하

도시재정비 촉진을 위한 특별법 제14조 규정이다. (   ) 안에 들어갈 용어를 쓰
시오.

> 재정비촉진계획 수립권자는 사업을 효율적으로 추진하기 위하여 재정비촉진
> 계획 수립단계에서부터 한국토지주택공사 또는 지방공사를 (   )로 지정할 수
> 있다.

07
상중하

도시재정비 촉진을 위한 특별법 제31조 규정의 일부이다. (   )에 들어갈 아라비아
숫자를 쓰시오.

> 제31조(임대주택 등의 건설) ① 사업시행자는 세입자의 주거안정과 개발이익
> 의 조정을 위하여 해당 재정비촉진사업으로 증가되는 용적률의 (㉠)%
> 범위에서 대통령령으로 정하는 바에 따라 임대주택 및 분양주택(이하 "임
> 대주택 등"이라 한다)을 공급하여야 한다.
> ② 제1항에 따라 건설되는 임대주택 등 중 주거전용면적이 (㉡)m²를 초과하
> 는 주택의 비율은 50% 이하의 범위에서 대통령령으로 정한다.

08 도시재정비 촉진을 위한 특별법 시행령 제21조 제1항의 일부이다. (   )에 들어갈
숫자를 차례대로 쓰시오.

> 재정비촉진사업에서 규모가 주거전용면적 $85m^2$ 이하인 주택의 건설비율은 다
> 음과 같다.
> 1. 「도시 및 주거환경정비법」에 따른 주거환경개선사업의 경우 : 전체 세대수
>   중 (   )% 이상
> 2. 「도시 및 주거환경정비법」에 따른 재개발사업의 경우 : 전체 세대수 중
>   (   )% 이상. 다만, 「도시 및 주거환경정비법」에 따라 국토교통부장관이
>   고시하는 비율이 이보다 낮은 경우에는 그 고시하는 비율에 따른다.

09 도시재정비 촉진을 위한 특별법 제24조 제1항의 규정이다. (   )에 들어갈 용어를
쓰시오.

> 시·도지사 또는 시장·군수·구청장은 재정비촉진사업을 촉진하고 기반시설
> 의 설치지원 등을 하기 위하여 (   )에 재정비촉진특별회계를 설치할
> 수 있다.

10 도시재정비 촉진을 위한 특별법 제26조의 내용이다. (   )에 들어갈 용어를 쓰시오.

> 재정비촉진계획에 따라 설치되는 기반시설의 설치비용은 「도시재정비 촉진을
> 위한 특별법」에 특별한 규정이 있는 경우를 제외하고는 (   )가 부담하는
> 것을 원칙으로 한다.

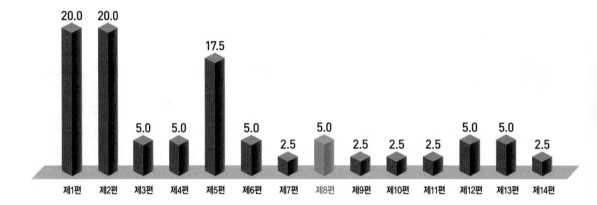

🔍 제26회 기출문제 분석

시설물의 안전 및 유지관리에 관한 특별법은 2문제가 출제되는데, 1문제는 주관식으로 출제된다. 주로 용어중심으로 정리하고 안전점검, 정밀안전진단 등 핵심사항을 학습하도록 한다.

시설물의 안전 및 유지관리에 관한 특별법

시설물의 안전 및 유지관리에 관한 특별법

📄 **연계학습** 기본서 p.741~773

시설물의 안전 및 유지관리에 관한 특별법은 2문제가 출제되는데, 1문제는 주관식으로 출제되었다. 용어, 안전점검, 정밀안전진단, 성능평가, 대행기관 등 핵심사항을 중심으로 세부적인 학습이 필요하다.

01 시설물의 안전 및 유지관리에 관한 특별법령의 용어의 정의이다. 틀린 것은?

상중하

① 시설물이란 건설공사를 통하여 만들어진 교량·터널·항만·댐·건축물 등 구조물과 그 부대시설로서 법 제7조 각 호에 따른 제1종 시설물, 제2종 시설물 및 제3종 시설물을 말한다.

② 정밀안전진단이란 경험과 기술을 갖춘 자가 육안이나 점검기구 등으로 검사하여 시설물에 내재(內在)되어 있는 위험요인을 조사하는 행위를 말한다.

③ 긴급안전점검이란 시설물의 붕괴·전도 등으로 인한 재난 또는 재해가 발생할 우려가 있는 경우에 시설물의 물리적·기능적 결함을 신속하게 발견하기 위하여 실시하는 점검을 말한다.

④ 성능평가란 시설물의 기능을 유지하기 위하여 요구되는 시설물의 구조적 안전성, 내구성, 사용성 등의 성능을 종합적으로 평가하는 것을 말한다.

⑤ 유지관리란 완공된 시설물의 기능을 보전하고 시설물이용자의 편의와 안전을 높이기 위하여 시설물을 일상적으로 점검·정비하고 손상된 부분을 원상복구하며 경과시간에 따라 요구되는 시설물의 개량·보수·보강에 필요한 활동을 하는 것을 말한다.

02 시설물의 안전 및 유지관리에 관한 특별법령의 내용으로 옳지 않은 것은?

① 정밀안전진단이란 시설물의 물리적·기능적 결함을 발견하고 그에 대한 신속하고 적절한 조치를 하기 위하여 구조적 안전성과 결함의 원인 등을 조사·측정·평가하여 보수·보강 등의 방법을 제시하는 행위를 말한다.

② 관리주체는 소관 시설물의 안전과 기능을 유지하기 위하여 정기적으로 안전점검을 실시하여야 한다.

③ 구조상 안전 및 유지관리에 고도의 기술이 필요한 대규모 시설물로서 21층 이상 또는 연면적 5만m² 이상의 건축물은 제1종 시설물에 해당한다

④ 제1종 시설물 외에 사회기반시설 등 재난이 발생할 위험이 높거나 재난을 예방하기 위하여 계속적으로 관리할 필요가 있는 시설물로서 16층 이상 또는 연면적 3만m² 이상의 건축물은 제2종 시설물에 해당한다.

⑤ 준공 또는 사용승인 후부터 최초 안전등급이 지정되기 전까지의 기간에 실시하는 정기안전점검은 매년 1회 이상 실시한다.

03 시설물의 안전 및 유지관리에 관한 특별법령상 제1종 시설물을 다음에서 모두 고른 것은?

> ㉠ 고속철도 교량, 연장 500m 이상의 도로 및 철도 교량
> ㉡ 고속철도 및 도시철도 터널, 연장 1000m 이상의 도로 및 철도 터널
> ㉢ 연면적 3만m² 이상의 건축물
> ㉣ 연장 500m 이상의 방파제

① ㉠, ㉢, ㉣　　　　　　　　② ㉠, ㉡
③ ㉢, ㉣　　　　　　　　　④ ㉡, ㉢, ㉣
⑤ ㉠, ㉡, ㉢, ㉣

04 시설물의 안전 및 유지관리에 관한 특별법령상 제2종 시설물이 아닌 것은?

① 16층 이상의 아파트
② 특별시 또는 광역시에 있는 철도 터널
③ 지방상수도 전용댐 및 총저수용량 1백만톤 이상의 용수전용댐
④ 하구둑, 포용저수량 8천만톤 이상의 방조제
⑤ 총저수용량 1백만톤 이상의 용수전용댐

05 시설물의 안전 및 유지관리에 관한 특별법령상 제3종 시설물에 관한 설명으로 틀린 것은?

① 제3종 시설물이란 제1종 시설물 및 제2종 시설물 외에 안전관리가 필요한 소규모 시설물로서 중앙행정기관의 장 또는 지방자치단체의 장에 의해 지정·고시된 시설물을 말한다

② 중앙행정기관의 장 또는 지방자치단체의 장은 다중이용시설 등 재난이 발생할 위험이 높거나 재난을 예방하기 위하여 계속적으로 관리할 필요가 있다고 인정되는 제1종 시설물 및 제2종 시설물 외의 시설물을 대통령령으로 정하는 바에 따라 제3종 시설물로 지정·고시하여야 한다.

③ 제3종 시설물의 지정 및 지정 해제에 관한 세부기준은 관할 시장·군수·구청장이 정하여 고시한다.

④ 제3종 시설물의 관리주체는 시설물의 보수·보강 등으로 인하여 재난 발생의 위험이 해소되거나 용도변경 등으로 인하여 재난을 예방하기 위하여 계속적으로 관리할 필요성이 없는 경우에는 해당 시설물의 지정권자에게 국토교통부령으로 정하는 바에 따라 제3종 시설물의 지정을 해제해 줄 것을 요청할 수 있다.

⑤ 준공 후 10년이 경과된 시설물로서 보도육교는 제3종 시설물이다.

06 시설물의 안전 및 유지관리에 관한 특별법령상 제3종 시설물을 다음에서 모두 고른 것은? (단, 다음의 시설물들은 모두 준공 후 15년이 경과된 시설물이다)

> ㉠ 5층 이상 15층 이하인 아파트
> ㉡ 연면적이 660m²를 초과하고 4층 이하인 연립주택
> ㉢ 연면적이 660m²를 이하로서 3층 이하인 다가구주택
> ㉣ 연면적 660m² 이하인 기숙사

① ㉠, ㉡
② ㉢, ㉣
③ ㉠, ㉢, ㉣
④ ㉡, ㉢, ㉣
⑤ ㉠, ㉡, ㉢, ㉣

07 시설물의 안전 및 유지관리에 관한 특별법령에 관한 시설물의 안전 및 유지관리에 관한 계획과 관련한 설명으로 옳지 않은 것은?

① 국토교통부장관은 5년마다 시설물의 안전 및 유지관리에 관한 기본계획을 수립·시행하여야 한다.

② 관리주체는 시설물의 안전 및 유지관리에 관한 기본계획에 따라 소관 시설물에 대한 시설물관리계획을 수립·시행하여야 한다.

③ 공공관리주체는 소속 중앙행정기관의 장, 시·도지사에게 시설물관리계획을 매년 2월 15일까지 제출하여야 한다.

④ 민간관리주체는 시설물관리계획을 수립한 경우 관할 시·도지사에게 매년 2월 15일까지 제출하여야 한다.

⑤ 시설물관리계획을 보고받거나 제출받은 중앙행정기관의 장과 시·도지사는 그 현황을 확인한 후 시설물관리계획에 관한 자료를 15일 이내에 국토교통부장관에게 제출하여야 한다.

08 시설물의 안전 및 유지관리에 관한 특별법령상 시설물의 안전점검 및 정밀안전진단에 관한 설명으로 옳은 것은?

① 안전점검은 정기안전점검·정밀안전점검·긴급안전점검으로 구분한다.

② 관리주체는 시설물의 하자담보책임기간이 끝나기 전에 마지막으로 실시하는 정밀안전점검의 경우에는 관할 시장·군수·구청장에 의뢰하여 실시하여야 한다.

③ 민간관리주체가 어음·수표의 지급 불능으로 인한 부도 등 부득이한 사유로 인하여 안전점검을 실시하지 못하게 될 때에는 관할 시장·군수·구청장이 민간관리주체를 대신하여 안전점검을 실시할 수 있고, 이 경우 안전점검에 드는 비용은 그 민간관리주체에게 부담하게 할 수 없다.

④ 대통령령으로 정하는 시설물에 대한 정밀안전진단은 안전진단전문기관이 대행한다.

⑤ 관리주체는 「지진·화산재해대책법」 제14조 제1항에 따른 내진설계 대상 시설물 중 내진성능평가를 받지 않은 시설물에 대하여 정밀안전진단을 실시하는 경우에는 해당 시설물에 대한 내진성능평가를 포함하여 실시하여야 한다.

09
상 중 하

시설물의 안전 및 유지관리에 관한 특별법령상 시설물의 안전등급에 관한 설명으로 틀린 것은?

① A: 문제점이 없는 최상의 상태

② B: 주요부재에 경미한 결함이 발생하였으나 기능 발휘에는 지장이 없으며, 내구성 증진을 위하여 일부의 보수가 필요한 상태

③ C: 주요부재에 경미한 결함 또는 보조부재에 광범위한 결함이 발생하였으나 전체적인 시설물의 안전에는 지장이 없으며, 주요부재에 내구성, 기능성 저하방지를 위한 보수가 필요하거나 보조부재에 간단한 보강이 필요한 상태

④ D: 주요부재에 결함이 발생하여 긴급한 보수·보강이 필요하며 사용제한 여부를 결정하여야 하는 상태

⑤ E: 주요부재에 발생한 심각한 결함으로 인하여 시설물의 안전에 위험이 있어 즉각 사용을 금지하고 보강 또는 개축을 하여야 하는 상태

10
상 중 하

시설물의 안전 및 유지관리에 관한 특별법령상 시설물의 안전점검 등에 관한 설명으로 틀린 것은?

① 제1종 및 제2종 시설물의 정기안전점검은 A·B·C등급의 경우에는 반기에 1회 이상, D·E등급의 경우에는 해빙기·우기·동절기 전 각각 1회씩 1년에 3회 이상 실시한다.

② 제3종 시설물 중 「공동주택관리법」 제2조 제2호에 따른 의무관리대상 공동주택이 아닌 공동주택 등 민간관리주체 소관 시설물 중 대통령령으로 정하는 시설물의 경우에는 시장·군수·구청장이 안전점검을 실시하여야 한다.

③ 준공 또는 사용승인 후부터 최초 안전등급이 지정되기 전까지의 기간에 실시하는 정기안전점검은 반기에 1회 이상 실시한다.

④ 공동주택의 정기안전점검은 반기에 1회 이상 실시한다.

⑤ 최초로 실시하는 정밀안전점검은 시설물의 준공일 또는 사용승인일을 기준으로 3년 이내(건축물은 4년 이내)에 실시한다.

11 시설물의 안전 및 유지관리에 관한 특별법령상 시설물의 긴급안전점검에 관한 설명으로 틀린 것은?

① 관리주체는 시설물의 붕괴·전도 등이 발생할 위험이 있다고 판단하는 경우 긴급안전점검을 실시하여야 한다.

② 국토교통부장관 및 관계 행정기관의 장은 긴급안전점검을 실시할 때는 미리 긴급안전점검대상 시설물의 관리주체에게 긴급안전점검의 목적·날짜 및 대상 등을 서면으로 통지하여야 한다.

③ 국토교통부장관 또는 관계 행정기관의 장이 긴급안전점검을 실시하는 경우 점검의 효율성을 높이기 위하여 관계 기관 또는 전문가와 합동으로 긴급안전점검을 실시할 수 있다.

④ 국토교통부장관 또는 관계 행정기관의 장은 긴급안전점검을 종료한 날부터 15일 이내에 그 결과를 해당 관리주체에게 서면으로 통보하여야 한다.

⑤ 관리주체 또는 관계 행정기관의 장이 긴급안전점검을 실시한 경우 그 결과 보고서를 시장·군수·구청장에게 제출하여야 한다.

12 시설물의 안전 및 유지관리에 관한 특별법령상 시설물의 안전점검 등에 관한 설명으로 옳은 것을 모두 고른 것은?

> ㉠ 제3종 시설물에 대한 정밀안전점검은 정기안전점검 결과 해당 시설물의 안전등급이 D등급(미흡) 또는 E등급(불량)인 경우에 한정하여 실시한다.
> ㉡ 정밀안전점검, 긴급안전점검 및 정밀안전진단의 실시 완료일이 속한 반기에 실시하여야 하는 정기안전점검은 생략할 수 있다.
> ㉢ 관리주체로부터 안전점검등의 실시에 관한 도급을 받은 안전진단전문기관은 전문기술이 필요한 경우 총 도급금액의 100분의 60 이하의 범위에서 한 차례만 하도급할 수 있다.

① ㉠
② ㉡
③ ㉠, ㉡
④ ㉡, ㉢
⑤ ㉠, ㉡, ㉢

13 시설물의 안전 및 유지관리에 관한 특별법령상 시설물의 정밀안전진단에 관한 설명으로 틀린 것은?

① 관리주체는 안전점검 또는 긴급안전점검을 실시한 결과 재해 및 재난을 예방하기 위하여 필요하다고 인정되는 경우에는 정밀안전진단을 실시하여야 한다.

② 최초로 실시하는 정밀안전진단은 준공일 또는 사용승인일(준공 또는 사용승인 후에 구조형태의 변경으로 제1종 시설물로 된 경우에는 최초 준공일 또는 사용승인일을 말한다) 후 10년이 지난 때부터 1년 이내에 실시한다.

③ 관리주체는 제1종 시설물에 대하여 정기적으로 정밀안전진단을 실시하여야 한다.

④ 안전등급이 D등급인 경우 5년에 1회 이상의 정밀안전진단을 실시한다.

⑤ 관리주체는 「지진·화산재해대책법」 제14조 제1항에 따른 내진설계 대상 시설물 중 내진성능평가를 받지 않은 시설물에 대하여 정밀안전진단을 실시하는 경우에는 해당 시설물에 대한 내진성능평가를 포함하여 실시하여야 한다.

14 시설물의 안전 및 유지관리에 관한 특별법령상 시설물의 안전조치에 관한 설명으로 옳지 않은 것은?

① 안전점검 등을 실시하는 자는 해당 시설물에서 시설물기초의 세굴, 부등침하 등 대통령령으로 정하는 중대한 결함을 발견하는 경우에는 지체 없이 그 사실을 관리주체 및 관할 시장·군수·구청장에게 통보하여야 한다.

② 관리주체는 시설물의 중대한 결함 등을 통보받는 등 시설물의 구조상 공중의 안전한 이용에 미치는 영향이 중대하여 긴급한 조치가 필요하다고 인정되는 경우에는 시설물의 사용제한·사용금지·철거, 주민대피 등의 안전조치를 하여야 한다.

③ 관리주체는 사용제한 등을 하는 경우에는 7일 이내에 그 사실을 관계 행정기관의 장 및 국토교통부장관에게 통보하여야 한다.

④ 시장·군수·구청장은 안전조치명령을 받은 자가 그 명령을 이행하지 아니하는 경우에는 그에 대신하여 필요한 안전조치를 할 수 있다. 이 경우 「행정대집행법」을 준용한다.

⑤ 관리주체는 긴급안전점검결과에 따른 조치명령을 받거나 시설물의 중대한 결함 등에 대한 통보를 받은 경우 시설물의 보수·보강 등 필요한 조치를 하여야 한다.

15 시설물의 안전 및 유지관리에 관한 특별법령상 시설물의 안전관리에 관한 설명으로 옳지 않은 것은?

① 안전점검등을 실시하는 자는 건축물의 구조안전에 중대한 영향을 미치는 것으로 인정되는 기둥·보 또는 내력벽의 내력(耐力) 손실을 발견하는 경우에는 7일 이내에 그 사실을 관리주체 및 관할 시장·군수·구청장에게 통보하여야 한다.

② 관리주체는 시설물의 붕괴·전도 등이 발생할 위험이 있다고 판단하는 경우 긴급안전점검을 실시하여야 한다.

③ 국토교통부장관이 소속 공무원으로 하여금 긴급안전점검을 하게 한 경우 그 긴급안전점검을 종료한 날부터 15일 이내에 그 결과를 해당 관리주체에게 서면으로 통보하여야 한다.

④ 제3종 시설물의 경우 관리주체가 실시하여야 하는 안전점검의 수준은 정기안전점검이다.

⑤ 국가는 지방자치단체에 대하여 제3종 시설물의 지정과 안전점검등에 필요한 지원을 할 수 있다.

16 시설물의 안전 및 유지관리에 관한 특별법령상 시설물의 안전점검 등의 대행에 관한 설명으로 옳지 않은 것은?

① 관리주체는 안전점검 및 긴급안전점검을 국토안전관리원, 안전진단전문기관 또는 안전점검전문기관에 대행하게 할 수 있다.

② 관리주체는 정밀안전진단을 실시하려는 경우 이를 직접 수행하거나 국토안전관리원 또는 안전진단전문기관에 대행하게 하여야 한다.

③ 관리주체는 성능평가를 국토안전관리원과 안전진단전문기관에게 대행하게 할 수 있다.

④ 안전진단전문기관, 안전점검전문기관 또는 국토안전관리원은 관리주체로부터 안전점검 등의 실시에 관한 도급을 받은 경우에는 이를 하도급할 수 없다. 다만, 총 도급금액의 100분의 50 이하의 범위에서 전문기술이 필요한 경우 등 대통령령으로 정하는 경우에는 분야별로 한 차례만 하도급할 수 있다.

⑤ 시설물의 안전점검 등 또는 성능평가를 대행하려는 자는 기술인력 및 장비 등 대통령령으로 정하는 분야별 등록기준을 갖추어 시·도지사에게 안전진단전문기관으로 등록을 하여야 한다.

17 시설물의 안전 및 유지관리에 관한 특별법령상 제1종 시설물인 X의 관리주체인 지방공기업 A에 관한 설명으로 옳은 것을 모두 고른 것은?

> ㉠ A는 X에 대하여 정기적으로 정밀안전진단을 실시하여야 한다.
> ㉡ A는 X의 구조상 공중의 안전한 이용에 미치는 영향이 중대하여 긴급한 조치가 필요하다고 인정되는 경우에는 시설물의 사용제한·사용금지·철거, 주민대피 등의 안전조치를 하여야 한다.
> ㉢ A는 긴급안전점검을 실시한 경우 그 결과보고서를 행정안전부장관에게 제출하여야 한다.
> ㉣ A는 X에 대한 시설물관리계획을 수립하는 경우 시설물의 보수·보강 등 유지관리 및 그에 필요한 비용에 관한 사항을 생략할 수 있다.

① ㉠, ㉡
② ㉠, ㉣
③ ㉡, ㉢
④ ㉡, ㉣
⑤ ㉠, ㉢, ㉣

18 시설물의 안전 및 유지관리에 관한 특별법령상 시설물의 유지관리 등에 관한 설명으로 옳은 것을 모두 고른 것은?

> ㉠ 연면적이 3만m^{2}인 21층의 업무시설인 건축물은 제1종 시설물에 해당한다.
> ㉡ 시·도지사는 3년마다 시설물의 안전 및 유지관리에 관한 기본계획을 수립·시행하여야 한다.
> ㉢ 국토교통부장관은 성능평가 비용산정기준을 정하여 고시하려는 경우 기획재정부장관과 협의하여야 한다.
> ㉣ 시설물을 시공한 자는 시설물의 유지관리에 드는 비용을 부담하지만, 시설물의 유지관리를 대행할 수는 없다.

① ㉠, ㉢
② ㉢, ㉣
③ ㉠, ㉡, ㉣
④ ㉡, ㉣
⑤ ㉠, ㉡, ㉢

19 시설물의 안전 및 유지관리에 관한 특별법령상 시설물의 성능평가에 관한 설명으로 틀린 것은?

① 성능평가대상시설물의 관리주체는 해당 시설물의 생애주기를 고려하여 소관 시설물별로 5년마다 중기관리계획을 수립·시행하고, 중기관리계획에 따라 매년 시설물관리계획을 수립·시행하여야 한다.

② 도로, 철도, 항만, 댐 등 대통령령으로 정하는 시설물의 관리주체는 시설물의 성능을 유지하기 위하여 시설물에 대한 성능평가를 실시하여야 한다.

③ 관리주체는 성능평가를 국토안전관리원과 안전진단전문기관에게 대행하게 할 수 있다.

④ 성능평가의 실시시기는 5년에 1회 이상으로 한다.

⑤ 최초로 실시하는 성능평가는 성능평가대상시설물 중 제2종 시설물의 경우에는 최초로 정밀안전진단을 실시하는 때, 제1종 시설물의 경우에는 하자담보책임기간이 끝나기 전에 마지막으로 실시하는 정밀안전점검을 실시하는 때에 실시한다.

20 시설물의 안전 및 유지관리에 관한 특별법령상 시설물의 유지관리에 관한 설명으로 옳지 않은 것은?

① 관리주체는 대통령령으로 정하는 유지관리를 시행한 경우에는 대통령령으로 정하는 바에 따라 그 결과보고서를 작성하고 이를 국토교통부장관에게 제출하여야 한다.

② 관리주체는 건설사업자 또는 그 시설물을 시공한 자로 하여금 시설물의 유지관리를 대행하게 할 수 있다.

③ 시설물의 유지관리에 드는 비용은 관리주체가 부담한다.

④ 관리주체는 소관 시설물의 안전 및 유지관리에 관한 정보를 체계적으로 관리하기 위하여 정보화시스템을 구축·운영할 수 있다.

⑤ 시설물의 유지관리업무를 성실하게 수행하지 아니함으로써 시설물에 중대한 손괴를 야기하여 공공의 위험을 발생하게 한 자에게는 1억원 이하의 과태료를 부과한다.

21
상중하

시설물의 안전 및 유지관리에 관한 특별법령상 안전진단전문기관에 관한 설명으로 옳은 것은?

① 안전진단전문기관은 계속하여 3개월 이상 휴업하거나 재개업 또는 폐업하려는 경우에는 시·도지사에게 신고하여야 한다.

② 시·도지사는 폐업신고를 받은 때에는 그 등록을 말소할 수 있다.

③ 미성년자는 안전진단전문기관으로 등록할 수 없다.

④ 국토교통부장관, 주무부처의 장 또는 지방자치단체의 장이 폐업사실을 확인한 때에는 그 등록을 취소할 수 있다.

⑤ 안전진단전문기관이 영업의 양도나 합병을 하려는 경우에는 시·도지사에게 인가를 받아야 한다.

22
상중하

시설물의 안전 및 유지관리에 관한 특별법령상 안전진단전문기관의 필연적등록취소사유에 해당하는 것을 모두 고른 것은?

> ㉠ 최근 3년 이내에 두 번의 영업정지처분을 받고 다시 영업정지처분에 해당하는 행위를 한 경우
> ㉡ 영업정지처분을 받고 그 영업정지기간 중 안전점검 등 또는 성능평가의 대행계약을 새로 체결한 경우
> ㉢ 법 제30조를 위반하여 타인에게 자기의 명칭 또는 상호를 사용하게 하거나 그 안전진단전문기관 등록증을 대여한 경우
> ㉣ 결격사유에 해당하는 임원이 있는 법인이 6개월 이내에 그 임원을 바꾸어 임명한 경우

① ㉠, ㉢　　　　　　　　　　② ㉡, ㉢

③ ㉠, ㉡, ㉣　　　　　　　　④ ㉡, ㉣

⑤ ㉠, ㉡, ㉢

23 시설물의 안전 및 유지관리에 관한 특별법령상의 내용으로 옳은 것은?

① 안전진단전문기관은 등록된 기술인력이 변경된 때에는 그 날부터 60일 이내에 시·도지사에게 신고하여야 한다.

② 위험표지의 글씨의 색상은 노랑으로 하되, 붕괴위험지역은 빨강으로 한다.

③ 준공 또는 사용승인 후부터 최초 안전등급이 지정되기 전까지의 기간에 실시하는 정기안전점검은 매년 1회 실시하여야 한다.

④ 국토교통부장관은 사망자 또는 실종자가 3명 이상이거나 사상자가 10명 이상인 인명피해가 발생한 시설물의 사고조사 등을 위하여 필요하다고 인정되는 때에는 중앙시설물사고조사위원회를 구성·운영할 수 있다.

⑤ 안전진단전문기관이 소속 임직원인 기술자가 수행하여야 할 안전점검등 또는 성능평가 업무를 소속 임직원이 아닌 기술자에게 수행하게 한 경우 시·도지사는 그 등록을 취소하여야 한다.

24 시설물의 안전 및 유지관리에 관한 특별법령상 과태료가 부과되는 경우가 아닌 것은?

① 안전점검을 실시하지 않은 경우

② 관리주체가 기본계획에 따라 소관 시설물에 대한 안전 및 유지관리계획을 수립하지 않은 경우

③ 안전진단전문기관이 재개업 신고를 하지 않은 경우

④ 안전진단전문기관이 휴업 신고를 하지 않은 경우

⑤ 안전진단전문기관이 타인에게 안전진단전문기관 등록증을 대여(貸與)한 경우

25 시설물의 안전 및 유지관리에 관한 특별법령상 이행강제금에 관한 설명으로 옳은
상중하 것은?

① 제9조 제5항, 제17조 제5항, 제18조 제4항에 따른 명령을 받은 후 이행기간 이내에 그 명령을 이행하지 아니한 자에 대해 해당 명령이 이행될 때까지 매달 1,000만원 이하의 범위에서 이행강제금을 부과할 수 있다.

② 국토교통부장관은 이행강제금을 부과하기 전에 이행강제금을 부과·징수한다는 것을 미리 문서로 알려 주어야 한다.

③ 이행강제금을 부과·징수한다는 뜻을 미리 문서로써 알려줄 때에는 30일 이상의 기간을 정하여 구술 또는 서면으로 의견을 진술할 수 있는 기회를 주어야 한다. 이 경우 지정된 기일까지 의견진술이 없는 때에는 의견이 없는 것으로 본다.

④ 국토교통부장관은 이행강제금 부과처분을 받은 자가 이행강제금을 기한까지 납부하지 아니하면 「지방행정제재·부과금의 징수 등에 관한 법률」의 체납처분의 예에 따라 징수한다.

⑤ 국토교통부장관은 제9조 제5항, 제17조 제5항 또는 제18조 제4항에 따라 이행명령을 받은 자가 명령을 이행하면 새로운 이행강제금의 부과를 즉시 중지하고, 이미 부과된 이행강제금은 징수를 철회하여야 한다.

주관식 단답형 문제

01
상중하

시설물의 안전 및 유지관리에 관한 특별법 제2조의 일부 내용이다. (   )에 들어갈 용어를 쓰시오.

> 안전점검이란 경험과 기술을 갖춘 자가 육안이나 점검기구 등으로 검사하여 시설물에 내재(內在)되어 있는 위험요인을 조사하는 행위를 말하며, 점검목적 및 점검수준을 고려하여 국토교통부령으로 정하는 바에 따라 (㉠)안전점검 및 (㉡)안전점검으로 구분한다

02
상중하

시설물의 안전 및 유지관리에 관한 특별법 제2조(정의) 및 제12조(정밀안전진단의 실시) 규정의 일부이다. (   )에 들어갈 단어를 순서대로 쓰시오.

> • "정밀안전진단"이란 시설물의 물리적ㆍ기능적 결함을 발견하고 그에 대한 신속하고 적절한 조치를 하기 위하여 구조적 안전성과 결함의 원인 등을 조사ㆍ측정ㆍ(㉠)하여 보수ㆍ보강 등의 방법을 제시하는 행위를 말한다.
> • 관리주체는 (㉡)에 대하여 정기적으로 정밀안전진단을 실시하여야 한다.

03
상중하

시설물의 안전 및 유지관리에 관한 특별법 제2조(정의) 규정의 일부이다. (   )에 들어갈 용어를 쓰시오.

> • (㉠)(이)란 시설물의 붕괴ㆍ전도 등으로 인한 재난 또는 재해가 발생할 우려가 있는 경우에 시설물의 물리적ㆍ기능적 결함을 신속하게 발견하기 위하여 실시하는 점검을 말한다.
> • (㉡)(이)란 지진으로부터 시설물의 안전성을 확보하고 기능을 유지하기 위하여 「지진ㆍ화산재해대책법」 제14조 제1항에 따라 시설물별로 정하는 내진설계기준(耐震設計基準)에 따라 시설물이 지진에 견딜 수 있는 능력을 평가하는 것을 말한다.

04 시설물의 안전 및 유지관리에 관한 특별법 제2조(정의) 규정의 일부이다. (　　)에 들어갈 용어를 쓰시오.

> (　　)이란 도급받은 안전점검 · 정밀안전진단이나 긴급안전점검, 유지관리 또는 성능평가 용역의 전부 또는 일부를 도급하기 위하여 수급인(受給人)이 제3자와 체결하는 계약을 말한다.

05 시설물의 안전 및 유지관리에 관한 특별법 제2조(정의) 규정의 일부이다. (　　)에 들어갈 용어를 쓰시오.

> (　　)란 완공된 시설물의 기능을 보전하고 시설물이용자의 편의와 안전을 높이기 위하여 시설물을 일상적으로 점검 · 정비하고 손상된 부분을 원상복구하며 경과시간에 따라 요구되는 시설물의 개량 · 보수 · 보강에 필요한 활동을 하는 것을 말한다.

06 시설물의 안전 및 유지관리에 관한 특별법 제2조(정의) 규정의 일부이다. (　　)에 들어갈 용어를 쓰시오.

> 성능평가란 시설물의 기능을 유지하기 위하여 요구되는 시설물의 구조적 안전성, (　　), (　　) 등의 성능을 종합적으로 평가하는 것을 말한다.

07 시설물의 안전 및 유지관리에 관한 특별법 제7조(시설물의 종류) 규정의 일부이다. (　　)에 들어갈 숫자를 순서대로 쓰시오.

> 제1종 시설물: 공중의 이용편의와 안전을 도모하기 위하여 특별히 관리할 필요가 있거나 구조상 안전 및 유지관리에 고도의 기술이 필요한 대규모 시설물로서 다음 각 목의 어느 하나에 해당하는 시설물 등 대통령령으로 정하는 시설물
> 가. ~ 라. <생략>
> 마. (㉠)층 이상 또는 연면적 (㉡)m² 이상의 건축물
> 바. ~ 사. <생략>

08 시설물의 안전 및 유지관리에 관한 특별법 제7조(시설물의 종류) 규정의 일부이다. ( )에 들어갈 숫자를 순서대로 쓰시오.

> 제2종 시설물이란 제1종 시설물 외에 사회기반시설 등 재난이 발생할 위험이 높거나 재난을 예방하기 위하여 계속적으로 관리할 필요가 있는 시설물로서 다음의 어느 하나에 해당하는 시설물 등 대통령령으로 정하는 시설물을 말한다.
> 가. ~ 라. <생략>
> 마. (㉠)층 이상 또는 연면적 (㉡)m² 이상의 건축물
> 바. ~ 사. <생략>

09 시설물의 안전 및 유지관리에 관한 특별법 제7조(시설물의 종류) 및 동법시행령 별표 1의2 규정의 일부이다. ( )에 들어갈 숫자를 쓰시오.

> 1. 제3종 시설물이란 제1종 시설물 및 제2종 시설물 외에 안전관리가 필요한 소규모 시설물로서 대통령령으로 정하는 바에 따라 중앙행정기관의 장 또는 지방자치단체의 장에 따라 지정·고시된 시설물을 말한다.
>   <생략>
> 2. 건축분야: 준공 후 15년이 경과된 건축물
>   가. 공동주택 1) (㉠)층 이상 (㉡)층 이하인 아파트
>   <생략>

10 시설물의 안전 및 유지관리에 관한 특별법 제11조 규정의 일부이다. ( )에 들어갈 용어를 쓰시오.

> 관리주체는 시설물의 하자담보책임기간(동일한 시설물의 각 부분별 하자담보책임기간이 다른 경우에는 시설물의 부분 중 대통령령으로 정하는 주요 부분의 하자담보책임기간을 말한다)이 끝나기 전에 마지막으로 실시하는 정밀안전점검의 경우에는 안전진단전문기관이나 ( )에 의뢰하여 실시하여야 한다.

11 시설물의 안전 및 유지관리에 관한 특별법 제12조 규정의 일부이다. (   )에 공통적으로 들어갈 용어를 쓰시오.

> • 관리주체는 제1종 시설물에 대하여 정기적으로 (   )을 실시하여야 한다.
> • 관리주체는 제11조에 따른 안전점검 또는 제13조에 따른 긴급안전점검을 실시한 결과 재해 및 재난을 예방하기 위하여 필요하다고 인정되는 경우에는 (   )을(를) 실시하여야 한다.

12 시설물의 안전 및 유지관리에 관한 특별법 제12조 제3항이다. (   )에 들어갈 용어를 쓰시오.

> 관리주체는 「지진·화산재해대책법」 제14조 제1항에 따른 내진설계 대상 시설물 중 내진성능평가를 받지 않은 시설물에 대하여 정밀안전진단을 실시하는 경우에는 해당 시설물에 대한 (   )를 포함하여 실시하여야 한다.

13 시설물의 안전 및 유지관리에 관한 특별법 시행령 별표3의 일부 규정이다. (   )에 들어갈 숫자를 쓰시오.

> 최초로 실시하는 정밀안전점검은 시설물의 준공일 또는 사용승인일(구조형태의 변경으로 시설물로 된 경우에는 구조형태의 변경에 따른 준공일 또는 사용승인일을 말한다)을 기준으로 (㉠)년 이내(건축물은 (㉡)년 이내)에 실시한다.

14 시설물의 안전 및 유지관리에 관한 특별법 시행령 별표3의 일부 규정이다. (   )에 들어갈 숫자를 쓰시오.

> 정기안전점검 결과 안전등급이 D등급(미흡) 또는 E등급(불량)으로 지정된 제3종 시설물의 최초 정밀안전점검은 해당 정기안전점검을 완료한 날부터 (   )년 이내에 실시한다. 다만, 이 기간 내 정밀안전진단을 실시한 경우에는 해당 정밀안전점검을 생략할 수 있다

15 시설물의 안전 및 유지관리에 관한 특별법 시행령 별표3의 일부 규정이다. (   ) 에 들어갈 용어를 쓰시오.

> 정밀안전점검, 긴급안전점검 및 정밀안전진단의 실시 완료일이 속한 반기에 실시하여야 하는 (   )은 생략할 수 있다.

16 시설물의 안전 및 유지관리에 관한 특별법 시행령 별표3의 일부 규정이다. (   ) 에 들어갈 숫자를 쓰시오.

> 정밀안전진단의 실시 완료일부터 (   )개월 전 이내에 그 실시 주기의 마지막 날이 속하는 정밀안전점검은 생략할 수 있다.

17 시설물의 안전 및 유지관리에 관한 특별법 시행령 별표3의 일부 규정이다. (   ) 에 들어갈 숫자를 쓰시오.

> 최초로 실시하는 정밀안전진단은 준공일 또는 사용승인일(준공 또는 사용승인 후에 구조형태의 변경으로 제1종 시설물로 된 경우에는 최초 준공일 또는 사용 승인일을 말한다) 후 (   )년이 지난 때부터 1년 이내에 실시한다.

18 시설물의 안전 및 유지관리에 관한 특별법 제26조 제1항이다. (   )에 들어갈 용어를 쓰시오.

> 관리주체는 안전점검 및 긴급안전점검을 국토안전관리원, 안전진단전문기관 또는 (   )에게 대행하게 할 수 있다.

19
상중하

시설물의 안전 및 유지관리에 관한 특별법 제26조 제2항이다. (   )에 들어갈 용어를 쓰시오.

> 관리주체는 정밀안전진단을 실시하려는 경우 이를 직접 수행할 수 없고 국토안전관리원 또는 안전진단전문기관에 대행하게 하여야 한다. 다만, 대통령령으로 정하는 시설물의 경우에는 (   )에만 대행하게 하여야 한다.

20
상중하

시설물의 안전 및 유지관리에 관한 특별법 시행령 별표3의 일부 규정이다. (   )에 들어갈 숫자 및 용어를 쓰시오.

> • 성능평가의 실시시기는 (㉠)년에 1회 이상으로 한다.
> • 최초로 실시하는 성능평가는 성능평가대상시설물 중 제(㉡)종 시설물의 경우에는 최초로 정밀안전진단을 실시하는 때, 제(㉢)종 시설물의 경우에는 하자담보책임기간이 끝나기 전에 마지막으로 실시하는 정밀안전점검을 실시하는 때에 실시한다.

21
상중하

시설물의 안전 및 유지관리에 관한 특별법의 일부 내용이다. (   ) 안에 들어갈 용어를 쓰시오.

> 안전점검등과 성능평가에 드는 비용은 관리주체가 부담한다. 다만, (   )기간 내에 시공자가 책임져야 할 사유로 정밀안전진단을 실시하여야 하는 경우 그에 드는 비용은 시공자가 부담한다.

22
상중하

시설물의 안전 및 유지관리에 관한 특별법 제23조(긴급안전조치)규정의 일부이다. (   )에 들어갈 법률을 쓰시오.

> • 시장·군수·구청장은 시설물의 중대한결함등을 통보받는 등 시설물의 구조상 공중의 안전한 이용에 미치는 영향이 중대하여 긴급한 조치가 필요하다고 인정되는 경우에는 관리주체에게 시설물의 사용제한·사용금지·철거, 주민대피 등의 안전조치를 명할 수 있다. 이 경우 관리주체는 신속하게 안전조치명령을 이행하여야 한다.
> • 시장·군수·구청장은 안전조치명령을 받은 자가 그 명령을 이행하지 아니하는 경우에는 그에 대신하여 필요한 안전조치를 할 수 있다. 이 경우 (   )을 준용한다.

23 시설물의 안전 및 유지관리에 관한 특별법 제55조의 일부내용이다. (   )에 들어
갈 용어를 차례대로 쓰시오.

> • 국토교통부장관은 시설물의 안전 및 유지관리에 관한 정보를 체계적으로 관
>   리하기 위하여 다음의 사항이 포함된 (   )를 구축·운영하
>   여야 한다.
> • 관리주체는 소관 시설물의 안전 및 유지관리에 관한 정보를 체계적으로 관
>   리하기 위하여 (   )을 구축·운영할 수 있다.

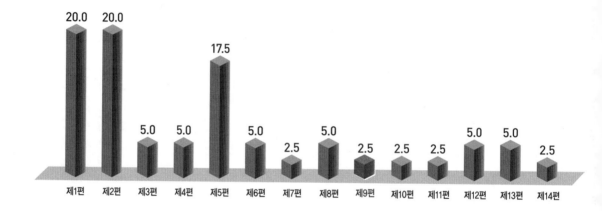

제1편 20.0 제2편 20.0 제3편 5.0 제4편 5.0 제5편 17.5 제6편 5.0 제7편 2.5 제8편 5.0 제9편 2.5 제10편 2.5 제11편 2.5 제12편 5.0 제13편 5.0 제14편 2.5

🔍 **제26회 기출문제 분석**

소방기본법은 1문제가 출제되는데, 용어와 소방활동 등을 중심으로 정리하되, 법조문의 분량이 얼마되지 않기 때문에 벌칙부분도 정리해둘 필요가 있다.

소방기본법

☐ **연계학습** 기본서 p.779~806

┌ 단·원·열·기 ┐

소방기본법은 1문제가 출제되었는데 용어, 화재오인지역, 소방활동구역, 소방활동 등을 중심으로 정리하되, 법조문의 분량이 얼마 되지 않기 때문에 벌칙부분도 함께 정리하는 것이 유리하다.

01 소방기본법상 용어의 정의로 틀린 것은?

① "소방대상물"이란 건축물, 차량, 선박(「선박법」에 따른 선박으로서 항해 중인 선박만 해당한다), 선박건조구조물, 산림, 그 밖의 공작물 또는 물건을 말한다.

② "관계지역"이란 소방대상물이 있는 장소 및 그 이웃지역으로서 화재의 예방·경계·진압, 구조·구급 등의 활동에 필요한 지역을 말한다.

③ "관계인"이란 소방대상물의 소유자·점유자 또는 관리자를 말한다.

④ "소방본부장"이란 시·도에서 화재의 예방·경계·진압·조사 및 구조·구급 등의 업무를 담당하는 부서의 장을 말한다.

⑤ "소방대장"이란 소방본부장 또는 소방서장 등 화재, 재난·재해 그 밖의 위급한 상황이 발생한 현장에서 소방대를 지휘하는 자를 말한다.

02 소방기본법령상 소방력(消防力) 및 소방용수시설 등에 관한 설명으로 틀린 것은?

① 소방기관이 소방업무를 수행하는 데에 필요한 인력과 장비 등을 소방력이라 한다.

② 시·도지사는 소방력의 기준에 따라 관할 구역의 소방력을 확충하기 위하여 필요한 계획을 수립하여 시행하여야 한다.

③ 소방활동에 필요한 소화전·급수탑·저수조를 소방용수시설이라 한다.

④ 시·도지사는 소방활동에 필요한 소방용수시설을 설치하고 유지·관리하여야 한다.

⑤ 「수도법」에 따라 소화전을 설치하는 일반수도사업자는 시·도지사와 사전협의를 거친 후 소화전을 설치하여야 한다.

03 소방기본법령상 특별시 · 광역시 또는 도의 소방본부에 설치된 종합상황실의 실장이 소방청의 종합상황실에 서면 · 팩스 또는 컴퓨터통신 등으로 지체 없이 보고하여야 하는 상황에 해당하는 것을 모두 고른 것은?

㉠ 사망자가 5인 이상 발생한 화재
㉡ 이재민이 100인 이상 발생한 화재
㉢ 재산피해액이 50억원 이상 발생한 화재
㉣ 건축법령상 층수가 10층 이상인 건축물

---

① ㉠, ㉢, ㉣
② ㉠, ㉡, ㉣
③ ㉠, ㉡, ㉢
④ ㉡, ㉢, ㉣
⑤ ㉠, ㉡, ㉢, ㉣

04 소방기본법령상 소방용수시설의 설치기준에 관한 설명으로 틀린 것은?

① 소화전은 상수도와 연결하여 지하식 또는 지상식의 구조로 하고, 소방용호스와 연결하는 소화전의 연결금속구의 구경은 65mm로 할 것
② 급수탑의 경우 급수배관의 구경은 100mm 이상으로 하고, 개폐 밸브는 지상에서 1.5m 이상 1.7m 이하의 위치에 설치하도록 할 것
③ 저수조는 지면으로부터의 낙차가 2.5m 이하일 것
④ 저수조의 흡수부분의 수심이 0.5m 이상일 것
⑤ 저수조의 흡수관의 투입구가 사각형의 경우에는 한 변의 길이가 60cm 이상, 원형의 경우에는 지름이 60cm 이상일 것

05 소방기본법령상 상업지역에 소방기본법령상 소방용수시설을 설치하는 경우, 소방대상물과의 수평거리는 최대 얼마까지 될 수 있는가?

① 60m
② 80m
③ 100m
④ 120m
⑤ 140m

06 소방기본법령상 소방력과 소방업무와 관한 설명으로 옳지 않은 것은?

① 소방본부장 또는 소방서장은 소방자동차의 진입이 곤란한 지역 등 화재발생시에 초기 대응이 필요한 지역으로서 대통령령으로 정하는 지역에 소방호스 또는 호스 릴 등을 소방용수시설에 연결하여 화재를 진압하는 시설이나 장치(이하 "비상소화장치"라 한다)를 설치하고 유지ㆍ관리할 수 있다.

② 소방본부장 또는 소방서장은 소방활동을 할 때에 긴급한 경우에는 이웃한 소방본부장 또는 소방서장에게 소방업무의 응원을 요청할 수 있다.

③ 소방업무의 응원을 위하여 파견된 소방대원은 응원을 요청한 소방본부장 또는 소방서장의 지휘에 따라야 한다.

④ 시ㆍ도지사는 소방업무의 응원을 요청하는 경우를 대비하여 출동 대상지역 및 규모와 필요한 경비의 부담 등에 관하여 필요한 사항을 행정안전부령으로 정하는 바에 따라 이웃하는 시ㆍ도지사와 협의하여 미리 규약으로 정하여야 한다.

⑤ 소방청장은 시ㆍ도지사에게 동원된 소방력을 화재, 재난ㆍ재해 등이 발생한 지역에 지원ㆍ파견하여 줄 것을 요청하거나 필요한 경우 직접 소방대를 편성하여 화재진압 및 인명구조 등 소방에 필요한 활동을 하게 할 수 있다.

07 소방기본법령상 설명으로 옳은 것은?

① 시ㆍ도지사는 소방시설, 소방공사 및 위험물 안전관리 등과 관련된 법령해석 등의 민원을 종합적으로 접수하여 처리할 수 있는 기구(이하 "소방기술민원센터"라 한다)를 설치ㆍ운영한다.

② 소방청장은 화재, 재난ㆍ재해, 그 밖의 위급한 상황으로부터 국민의 생명ㆍ신체 및 재산을 보호하기 위하여 소방업무에 관한 종합계획을 5년마다 수립ㆍ시행하여야 한다.

③ 소방의 역사와 안전문화를 발전시키고 국민의 안전의식을 높이기 위하여 시ㆍ도지사는 소방박물관을 설립하여 운영할 수 있다.

④ 소방청장은 소방체험관을 설립하여 운영할 수 있다.

⑤ 국민의 안전의식과 화재에 대한 경각심을 높이고 안전문화의 정착시키기 위하여 매년 1월 19일을 '소방의 날'로 정하여 기념행사를 한다.

08 소방기본법령상 소방대의 소방지원활동이 아닌 것은?

① 산불에 대한 예방·진압 등 지원활동
② 자연재해에 따른 급수·배수 및 제설 등 지원활동
③ 집회·공연 등 각종 행사시 사고에 대비한 근접대기 등 지원활동
④ 화재, 재난·재해로 인한 피해복구 지원활동
⑤ 단전사고시 비상전원 또는 조명의 공급

09 소방기본법령상 소방청장·소방본부장 또는 소방서장이 신고에 따라 소방대를 출동시켜 하게 하는 생활안전활동에 해당하지 않는 것은?

① 위해동물의 포획 활동
② 단전사고시 비상전원 또는 조명의 공급
③ 낙하가 우려되는 고드름의 제거 활동
④ 소방시설 오작동 신고에 따른 조치활동
⑤ 끼임에 따른 구출 활동

10 소방기본법령상 소방활동 등에 관한 설명으로 옳지 않은 것은?

① 소방대가 방송제작 또는 촬영 관련 지원활동을 하는 것은 소방지원활동에 속한다.
② 소방대상물에 화재가 발생한 경우 소방활동 종사명령에 따라 소방활동에 종사한 해당 소방대상물의 관계인은 시·도지사로부터 소방활동의 비용을 지급받을 수 있다.
③ 유관기관·단체 등의 요청에 따른 소방지원활동에 드는 비용은 지원요청을 한 유관기관·단체 등에게 부담하게 할 수 있다.
④ 소방대장은 폭발 등으로 화재가 확대되는 것을 막기 위하여 가스·전기 또는 유류 등의 시설에 대하여 위험물질의 공급을 차단하는 등 필요한 조치를 할 수 있으며, 이로 인해 손실을 입은 자는 손실보상을 받을 수 있다.
⑤ 소방자동차의 우선 통행에 관하여는 이 법에서 규정한 것 외에는 「도로교통법」에서 정하는 바에 따른다.

11 소방기본법령상 화재예방, 소방활동 또는 소방훈련을 위하여 사용되는 소방신호의 종류가 아닌 것은?

① 예비신호　　　　　　　　　② 발화신호
③ 훈련신호　　　　　　　　　④ 경계신호
⑤ 해제신호

12 소방기본법령상 소방대원에 대한 소방훈련의 종류에 해당되지 않는 것은?

① 재난대비훈련　　　　　　　② 응급처치훈련
③ 현장지휘훈련　　　　　　　④ 화재진압훈련
⑤ 인명구조훈련

13 소방기본법령상 소방안전관리사에 관한 설명으로 틀린 것은?

① 소방청장은 소방안전교육을 위하여 소방청장이 실시하는 시험에 합격한 사람에게 소방안전교육사 자격을 부여한다.
② 소방안전교육사 시험은 2년마다 1회 시행함을 원칙으로 하되, 소방청장이 필요하다고 인정하는 때에는 그 횟수를 증감할 수 있다.
③ 소방안전교육사는 소방안전교육의 기획·진행·분석·평가 및 교수업무를 수행한다.
④ 피한정후견인은 소방안전교육사가 될 수 없다.
⑤ 시험이 정지되거나 무효로 처리된 사람은 그 처분이 있은 날부터 2년간 소방안전교육사 시험에 응시하지 못한다

14 소방기본법령상 화재로 오인할 만한 우려가 있는 불을 피우거나 연막소독을 실시할 경우, 시·도의 조례가 정하는 바에 따라 관할 소방본부장 또는 소방서장에게 신고하여야 하는 지역이 아닌 것은?

① 시장지역　　　　　　　　　② 공장·창고가 밀집한 지역
③ 목조 건물이 밀집한 지역　　④ 위락시설이 밀집한 지역
⑤ 석유화학제품을 생산하는 공장이 있는 지역

15 소방기본법령상 소방활동구역에 출입할 수 있는 사람이 아닌 자는?

상중하

① 소방활동구역 밖에 있는 소방대상물의 소유자·관리자 또는 점유자
② 전기·가스·수도·통신·교통의 업무에 종사하는 자로서 원활한 소방활동을 위하여 필요한 자
③ 의사·간호사 그 밖의 구조·구급업무에 종사하는 사람
④ 취재인력 등 보도업무에 종사하는 사람
⑤ 수사업무에 종사하는 사람

16 소방기본법령상 소방활동 등에 관한 설명으로 옳지 않은 것은?

상중하

① 소방서장은 공공의 안녕질서 유지 또는 복리증진을 위하여 필요한 경우 소방활동 외에 방송제작 또는 촬영 관련 소방지원활동을 하게 할 수 있다.
② 화재발생 현장에서 소방활동 종사 명령에 따라 소방활동에 종사한 소방대상물의 점유자는 시·도지사로부터 소방활동의 비용을 지급받을 수 있다.
③ 소방대장은 화재 발생을 막기 위하여 가스·전기 또는 유류 등의 시설에 대하여 위험물질의 공급을 차단할 수 있다.
④ 시장지역에서 화재로 오인할 만한 우려가 있는 불을 피우려는 자는 시·도의 조례로 정하는 바에 따라 관할 소방본부장 또는 소방서장에게 신고하여야 한다.
⑤ 경찰공무원은 소방대가 화재발생 현장의 소방활동구역에 있지 아니한 경우 소방활동에 필요한 사람으로서 대통령령으로 정하는 사람 외에는 그 구역의 출입을 제한할 수 있다.

17 소방기본법령상 소방활동 종사명령에 관한 설명으로 옳지 않은 것은?

상중하

① 소방본부장, 소방서장 또는 소방대장은 필요한 경우 그 관할 구역 외 거주자 또는 화재현장에 있지 않은 자에게도 명령할 수 있다.
② 소방활동 종사자가 소방활동으로 인해 사망 또는 부상을 입은 경우 소방청장 또는 시·도지사가 이를 보상해야 한다.
③ 고의 또는 과실로 화재 또는 구조·구급활동이 필요한 상황을 발생시킨 사람은 소방활동에 종사한 경우라도 소방활동비를 지급 받을 수 없다.
④ 소방활동에 종사한 사람은 시·도지사로부터 소방활동비를 지급 받을 수 있다.
⑤ 소방활동 종사자의 활동내용에는 사람을 구출하는 일도 포함된다.

18 소방기본법령상 소방본부장이나 소방서장 또는 소방대장이 명령하거나 취할 수 있
상종하 는 처분이나 조치 등에 해당하지 않는 것은?

① 화재, 재난·재해, 그 밖의 위급한 상황이 발생하여, 사람의 생명을 위험하
게 할 것으로 인정할 때에는 일정한 구역을 지정하여 그 구역 안에 있는 사
람에게 그 구역 밖으로 피난할 것을 명할 수 있다.

② 화재 발생을 막거나 폭발 등으로 화재가 확대되는 것을 막기 위하여 가스·
전기 또는 유류 등의 시설에 대하여 위험물질의 공급 차단을 해당 기관에
의뢰만 할 수 있고, 직접 공급을 차단할 수는 없다.

③ 소방활동을 위하여 긴급하게 출동할 때에는 소방자동차의 통행과 소방활동
에 방해가 되는 주차 또는 정차된 차량 및 물건 등을 제거하거나 이동시킬
수 있다.

④ 사람을 구출하거나 불이 번지는 것을 막기 위하여 필요할 때에는 화재가 발
생하거나 불이 번질 우려가 있는 소방대상물 및 토지를 일시적으로 사용하
거나 그 사용의 제한 또는 소방활동에 필요한 처분을 할 수 있다.

⑤ 소방본부장, 소방서장 또는 소방대장은 화재진압 등 소방활동을 위하여 필
요할 때에는 소방용수 외에 댐·저수지 또는 수영장 등의 물을 사용하거나
수도의 개폐장치 등을 조작할 수 있다.

19 소방기본법령상 한국소방안전원에 관한 설명으로 틀린 것은?
상종하
① 소방기술과 안전관리기술의 향상 및 홍보, 그 밖의 교육·훈련 등 행정기관
이 위탁하는 업무의 수행과 소방 관계 종사자의 기술 향상을 위하여 한국소
방안전원(이하 "안전원"이라 한다)을 소방청장의 인가를 받아 설립한다.

② 안전원에 임원으로 원장 1명을 포함한 9명 이내의 이사와 1명의 감사를 둔다.

③ 안전원은 소방기술과 안전관리에 관한 교육 및 조사·연구 등의 업무를 수
행한다.

④ 안전원장은 소방기술과 안전관리의 기술향상을 위하여 매년 교육 수요조사
를 실시하여 교육계획을 수립하고 소방청장의 승인을 받아야 한다.

⑤ 안전원에 관하여 「소방기본법」에 규정된 것을 제외하고는 「민법」 중 사단
법인에 관한 규정을 준용한다.

20 소방기본법령상 한국소방안전원의 업무가 아닌 것은?

① 소방기술 및 소방산업의 국외시장의 개척사업
② 소방기술과 안전관리에 관한 각종 간행물의 발간
③ 화재 예방과 안전관리의식 고취를 위한 대국민 홍보
④ 소방기술과 안전관리에 관한 교육 및 조사·연구
⑤ 소방안전에 관한 국제협력

21 소방기본법령의 내용으로 틀린 것은?

① 시·도지사는 소방자동차의 공무상 운행 중 교통사고가 발생한 경우 그 운전자의 법률상 분쟁에 소요되는 비용을 지원할 수 있는 보험에 가입하여야 한다.
② 국가는 소방자동차 보험 가입비용의 전부를 지원할 수 있다.
③ 소방공무원이 소방활동으로 인하여 타인을 사상(死傷)에 이르게 한 경우 그 소방활동이 불가피하고 소방공무원에게 고의 또는 중대한 과실이 없는 때에는 그 정상을 참작하여 사상에 대한 형사책임을 감경하거나 면제할 수 있다.
④ 소방청장, 소방본부장 또는 소방서장은 소방공무원이 소방활동, 소방지원활동, 생활안전활동으로 인하여 민·형사상 책임과 관련된 소송을 수행할 경우 변호인 선임 등 소송수행에 필요한 지원을 할 수 있다.
⑤ 국가가 국공립 연구기관등 기관이나 단체로 하여금 소방기술의 연구·개발 사업을 수행하게 하는 경우에는 필요한 경비를 지원하여야 한다.

22 소방기본법령상 내용으로 틀린 것은?

① 소방청장은 한국소방안전원의 업무를 감독한다.
② 소방청장은 화재, 재난·재해, 그 밖의 위급한 상황으로부터 국민의 생명·신체 및 재산을 보호하기 위하여 소방업무에 관한 종합계획을 5년마다 수립·시행하여야 하고, 이에 필요한 재원을 확보하도록 노력하여야 한다.
③ 한국소방안전원이 정관을 변경하려면 관할 시·도지사의 인가를 받아야 한다.
④ 소방안전교육사를 소방청·소방본부 또는 소방서·한국소방안전원·한국소방산업기술원에 배치할 수 있다.
⑤ 소방청장은 「소방기본법」에 따른 권한의 일부를 대통령령으로 정하는 바에 따라 시·도지사, 소방본부장 또는 소방서장에게 위임할 수 있다.

23 소방기본법령상 벌칙에 관한 설명으로 옳은 것은?

① 소방자동차의 출동을 방해한 사람은 200만원 이하의 과태료 부과대상이다.

② 목조건물이 밀집한 지역에서 화재로 오인할 만한 우려가 있는 불을 피우고도 관할 소방본부장 또는 소방서장에게 신고하지 아니하여 소방자동차를 출동하게 한 사람은 100만원 이하의 과태료 부과대상이다.

③ 출동한 소방대원에게 폭행 또는 협박을 행사하여 화재진압·인명구조 또는 구급활동을 방해한 경우 500만원 이하의 과태료 부과대상이다.

④ 소방자동차전용구역에 차를 주차하거나 소방자동차전용구역에의 진입을 가로막는 등의 방해행위를 한 자에게는 100만원 이하의 과태료 부과대상이다.

⑤ 화재 또는 구조·구급이 필요한 상황을 거짓으로 알린 사람은 200만원 이하의 과태료 부과대상이다.

주관식 단답형 문제

01 소방기본법 제2조의 규정의 일부이다. (   ) 안에 들어갈 용어를 쓰시오.
상중하

> (   )이란 소방대상물의 소유자 · 관리자 또는 점유자를 말한다.

02 소방기본법 제2조의 규정의 일부이다. (   ) 안에 들어갈 용어를 쓰시오.
상중하

> (   )이란 소방대상물이 있는 장소 및 그 이웃 지역으로서 화재의 예방 · 경계 · 진압, 구조 · 구급 등의 활동에 필요한 지역을 말한다.

03 소방기본법 제4조의 규정의 일부이다. (   ) 안에 들어갈 용어를 쓰시오.
상중하

> 소방청장, 소방본부장 및 소방서장은 화재, 재난 · 재해, 그 밖에 구조 · 구급이 필요한 상황이 발생하였을 때에 신속한 소방활동을 위한 정보의 수집 · 분석과 판단 · 전파, 상황관리, 현장 지휘 및 조정 · 통제 등의 업무를 수행하기 위하여 (   )을 설치 · 운영하여야 한다.

04 소방기본법 제4조의3 규정의 일부이다. (   ) 안에 들어갈 용어를 쓰시오.
상중하

> 소방청장 또는 소방본부장은 소방시설, 소방공사 및 위험물 안전관리 등과 관련된 법령해석 등의 민원을 종합적으로 접수하여 처리할 수 있는 기구인 (   )를 설치 · 운영할 수 있다.

05 소방기본법 제5조의 규정의 일부이다. (　　) 안에 들어갈 용어를 각각 쓰시오.

> 소방의 역사와 안전문화를 발전시키고 국민의 안전의식을 높이기 위하여 소방
> 청장은 (　　　　)을, 시·도지사는 (　　　　　)을 설립하여 운영할 수 있다.

06 소방기본법 제10조의 일부 내용이다. (　　) 안에 들어갈 용어를 쓰시오.

> 시·도지사는 소방활동에 필요한 소화전·급수탑·저수조 (이하 '소방용수시
> 설'이라 한다)를 설치하고 유지·관리하여야 한다. 다만, 「수도법」에 따라 소화
> 전을 설치하는 (　　　　)는(은) 관할 소방서장과 사전협의를 거친 후 소화전을
> 설치하여야 하며, 설치 사실을 관할 소방서장에게 통지하고, 그 소화전을 유
> 지·관리하여야 한다.

07 소방기본법 제10조의 일부 내용이다. (　　) 안에 들어갈 용어를 쓰시오.

> 시·도지사는 소방자동차의 진입이 곤란한 지역 등 화재발생시에 초기 대응이
> 필요한 지역으로서 대통령령으로 정하는 지역에 소방호스 또는 호스 릴 등을
> 소방용수시설에 연결하여 화재를 진압하는 시설이나 장치, 즉 (　　　　)를
> 설치하고 유지·관리할 수 있다.

08 소방기본법 제16조의3 규정의 일부이다. (　　) 안에 들어갈 용어를 쓰시오.

> 소방청장·소방본부장 또는 소방서장은 신고가 접수된 생활안전 및 위험제거
> 활동(화재, 재난·재해, 그 밖의 위급한 상황에 해당하는 것은 제외한다)에 대
> 응하기 위하여 소방대를 출동시켜 (　　　　)을 하게 하여야 한다.

09
상중하

소방기본법 제20조의2 제1항의 규정이다. (　　) 안에 들어갈 용어를 쓰시오.

> (　　)은 화재를 진압하거나 구조·구급 활동을 하기 위하여 상설 조직체(「위험물안전관리법」 제19조 및 그 밖의 다른 법령에 따라 설치된 자체소방대를 포함하며, 이하 "자체소방대"라 한다)를 설치·운영할 수 있다.

10
상중하

소방기본법 제21조의2 및 동법 시행령 제7조의12 내용이다. (　　) 안에 들어갈 숫자를 순서대로 쓰시오.

> ⑴ 「건축법」에 따른 공동주택 중 대통령령으로 정하는 공동주택의 건축주는 제16조 제1항에 따른 소방활동의 원활한 수행을 위하여 공동주택에 소방자동차 전용구역을 설치하여야 한다.
> ⑵ ⑴에서 "대통령령으로 정하는 공동주택"이란 다음의 주택을 말한다.
> 　　1. 「건축법 시행령」 별표 1 제2호 가목의 아파트 중 세대수가 (　　)세대 이상인 아파트
> 　　2. 「건축법 시행령」 별표 1 제2호 라목의 기숙사 중 (　　)층 이상의 기숙사

11
상중하

소방기본법 제23조 제1항 규정이다. (　　) 안에 들어갈 용어를 쓰시오.

> (　　)은 화재, 재난·재해, 그 밖의 위급한 상황이 발생한 현장에 소방활동구역을 정하여 소방활동에 필요한 사람으로서 대통령령으로 정하는 사람 외에는 그 구역에 출입하는 것을 제한할 수 있다.

12
상중하

소방기본법 제49조의2 일부 내용이다. (　　) 안에 들어갈 숫자를 차례대로 쓰시오.

> 손실보상을 청구할 수 있는 권리는 손실이 있음을 안 날부터 (　　)년, 손실이 발생한 날부터 (　　)년간 행사하지 아니하면 시효의 완성으로 소멸한다.

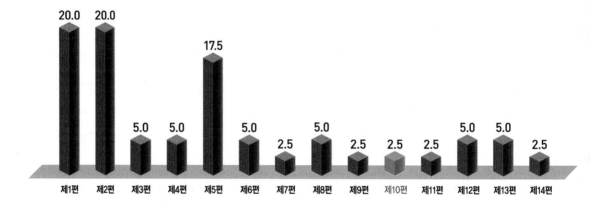

제1편	제2편	제3편	제4편	제5편	제6편	제7편	제8편	제9편	제10편	제11편	제12편	제13편	제14편
20.0	20.0	5.0	5.0	17.5	5.0	2.5	5.0	2.5	2.5	2.5	5.0	5.0	2.5

🔍 제26회 기출문제 분석

소방시설 설치 및 관리에 관한 법률은 1문제가 출제되는데, 용어와 건축허가 등의 동의, 성능위주설계, 방염, 자체점검 등 중요한 부분을 중심으로 전반적인 학습이 이루어지도록 한다.

소방시설 설치 및 관리에 관한 법률

소방시설 설치 및 관리에 관한 법률

📖 **연계학습** 기본서 p.811~863

┌ 단·원·열·기

소방시설 설치 및 관리에 관한 법률은 1문제가 출제되는데 용어와 소방시설안전관리대상건축물, 성능위주설계대상 특정소방안전관리대상물, 자체점검 등 중요한 부분을 학습하도록 한다.

01 소방시설 설치 및 관리에 관한 법령상 내용으로 옳지 않은 것은?

① "소방시설"이란 소화설비, 경보설비, 피난구조설비, 소화용수설비, 그 밖에 소화활동설비로서 대통령령으로 정하는 것을 말한다.

② "소방용품"이란 소방시설과 비상구(非常口), 그 밖에 소방 관련 시설로서 대통령령으로 정하는 것을 말한다.

③ "특정소방대상물"이란 건축물 등의 규모·용도 및 수용인원 등을 고려하여 소방시설을 설치하여야 하는 소방대상물로서 대통령령으로 정하는 것을 말한다.

④ "화재안전성능"이란 화재를 예방하고 화재발생시 피해를 최소화하기 위하여 소방대상물의 재료, 공간 및 설비 등에 요구되는 안전성능을 말한다.

⑤ "성능위주설계"란 건축물 등의 재료, 공간, 이용자, 화재 특성 등을 종합적으로 고려하여 공학적 방법으로 화재 위험성을 평가하고 그 결과에 따라 화재안전성능이 확보될 수 있도록 특정소방대상물을 설계하는 것을 말한다.

02 소방시설 설치 및 관리에 관한 법률상 소방시설이란 소화설비, 경보설비, 피난구조설비, 소화용수설비, 그 밖에 소화활동설비로서 대통령령으로 정하는 것을 말한다. 각 소방시설과 그에 속하는 기계·기구설비의 연결이 잘못된 것은?

① 소화설비 : 자동소화장치, 스프링클러설비

② 경보설비 : 자동화재탐지설비, 자동화재속보설비

③ 피난구조설비 : 완강기, 피난유도선

④ 소화용수설비 : 상수도소화용수설비, 저수조

⑤ 소화활동설비 : 제연설비, 공기호흡기

03 소방시설 설치 및 관리에 관한 법령상 특정소방대상물을 모두 고른 것은?

> ㉠ 공동주택 ㉡ 지하가
> ㉢ 지하구 ㉣ 지정문화유산인 건축물
> ㉤ 단독주택

① ㉠, ㉡, ㉢ ② ㉡, ㉢, ㉣
③ ㉢, ㉣, ㉤ ④ ㉠, ㉡, ㉢, ㉣
⑤ ㉠, ㉡, ㉢, ㉣, ㉤

04 소방시설 설치 및 관리에 관한 법령상 무창층의 요건을 다음에서 모두 고른다면?

> ㉠ 지상층 중 개구부 면적의 합계가 해당 층의 건축면적의 30분의 1 이하가 되는 층
> ㉡ 개구부의 크기는 지름 50cm 이하의 원이 통과할 수 있을 것
> ㉢ 해당 층의 바닥면으로부터 개구부 윗부분까지의 높이가 1.2m 이내일 것
> ㉣ 화재시 건축물로부터 쉽게 피난할 수 있도록 창살이나 그 밖의 장애물이 설치되지 아니할 것
> ㉤ 내부 또는 외부에서 쉽게 부수거나 열 수 있을 것

① ㉠, ㉡, ㉢ ② ㉡, ㉢, ㉣
③ ㉣, ㉤ ④ ㉢, ㉤
⑤ ㉠, ㉡, ㉢, ㉣, ㉤

05 소방시설 설치 및 관리에 관한 법률상 건축물의 건축허가를 함에 있어서 미리 소방본부장 또는 소방서장의 동의를 받아야 하는 건축물에 해당하지 않는 것은?

① 층수가 6층 이상 또는 연면적 400m² 이상인 건축물
② 승강기 등 기계장치에 의한 주차시설로서 자동차 10대 이상을 주차할 수 있는 시설
③ 「의료법」에 따른 요양병원
④ 특정소방대상물 중 항공기격납고, 관망탑, 항공관제탑, 방송용 송수신탑
⑤ 차고·주차장으로 사용되는 바닥면적이 200m² 이상인 층이 있는 건축물이나 주차시설

06 소방시설 설치 및 관리에 관한 법령상 성능위주설계에 관한 설명으로 틀린 것은?
(단, 신축하는 경우를 전제로 함)

① 성능위주설계의 신고를 하려는 자는 해당 특정소방대상물이 「건축법」에 따른 건축위원회의 심의를 받아야 하는 건축물인 경우에는 그 심의를 신청하기 전에 성능위주설계의 기본설계도서 등에 대해서 해당 특정소방대상물의 시공지 또는 소재지를 관할하는 시·도지사의 사전검토를 받아야 한다.

② 성능위주설계의 신고, 변경신고 또는 사전검토 신청을 받은 경우에는 소방청 또는 관할 소방본부에 설치된 성능위주설계평가단의 검토·평가를 거쳐야 한다.

③ 소방서장은 신기술·신공법 등 검토·평가에 고도의 기술이 필요한 경우에는 중앙소방기술심의위원회에 심의를 요청할 수 있다.

④ 성능위주설계에 대한 전문적·기술적인 검토 및 평가를 위하여 소방청 또는 소방본부에 성능위주설계 평가단(이하 "평가단"이라 한다)을 둔다.

⑤ 창고시설 중 연면적 10만m² 이상인 것은 성능위주설계 대상이다.

07 소방시설 설치 및 관리에 관한 법률상 특정소방대상물에 소방시설을 설치하려는 경우 성능위주설계를 하여야 하는 것이 아닌 것은? (단, 신축하는 경우를 전제로 함)

① 「건축법」상 초고층 아파트 등
② 연면적 20만m²인 아파트 등
③ 연면적 3만m²인 공항시설
④ 지하층을 포함한 층수가 30층인 종합병원
⑤ 길이가 5천m 이상인 터널

08 소방시설 설치 및 관리에 관한 법률상 「건축법」에 따른 주택의 소유자가 주택용소방시설을 설치하지 않아도 되는 것의 조합은?

㉠ 아파트	㉡ 연립주택
㉢ 기숙사	㉣ 다세대주택
㉤ 단독주택	

① ㉠, ㉢
② ㉡, ㉣
③ ㉣, ㉤
④ ㉠, ㉣
⑤ ㉢, ㉣, ㉤

09 소방시설 설치 및 관리에 관한 법령상 내용으로 틀린 것은?

① 특정소방대상물의 관계인은 대통령령으로 정하는 소방시설을 화재안전기준에 따라 설치·관리하여야 한다.
② 소방본부장이나 소방서장은 소방시설이 화재안전기준에 따라 설치·관리되고 있지 아니할 때에는 해당 특정소방대상물의 관계인에게 필요한 조치를 명할 수 있다.
③ 특정소방대상물의 관계인은 소방시설을 설치·관리하는 경우 화재시 소방시설의 기능과 성능에 지장을 줄 수 있는 폐쇄(잠금을 포함한다)·차단 등의 행위를 하여서는 아니 된다.
④ 시·도지사는 소방시설의 작동정보 등을 실시간으로 수집·분석할 수 있는 시스템(이하 "소방시설정보관리시스템"이라 한다)을 구축·운영할 수 있다.
⑤ 소방청장은 건축 환경 및 화재위험특성 변화사항을 효과적으로 반영할 수 있도록 소방시설 규정을 3년에 1회 이상 정비하여야 한다.

10 소방시설 설치 및 관리에 관한 법령상 임시소방시설에 관한 설명으로 틀린 것은? (단, 신축하는 경우를 전제로 함)

① 특정소방대상물의 건축등을 위한 공사를 시공하는 자는 공사 현장에서 화재위험작업을 하기 전에 설치 및 철거가 쉬운 화재대비시설인 임시소방시설을 설치하고 관리하여야 한다.
② 임시소방시설에는 소화기·간이소화장치·비상경보장치·간이피난유도선 가스누설경보기·비상조명등·방화포 등이 있다.
③ 소방시설공사업자가 화재위험작업 현장에 소방시설 중 임시소방시설과 기능 및 성능이 유사한 것으로서 대통령령으로 정하는 소방시설을 화재안전기준에 맞게 설치 및 관리하고 있는 경우에는 공사시공자가 임시소방시설을 설치하고 관리한 것으로 본다.
④ 소방본부장이나 소방서장은 특정소방대상물의 관계인이 피난시설, 방화구획 및 방화시설을 폐쇄하거나 훼손하는 등의 행위를 한 경우에는 피난시설, 방화구획 및 방화시설의 관리를 위하여 필요한 조치를 명할 수 있다.
⑤ 임시소방시설의 설치 및 관리 기준은 시·도지사가 정하여 고시한다.

11 소방시설 설치 및 관리에 관한 법령상 소방기술심의위원회에 관한 설명으로 틀린 것은?

① 소방청에 중앙소방기술심의위원회(이하 "중앙위원회"라 한다)를 두며, 위원장을 포함하여 60명 이내의 위원으로 성별을 고려하여 구성한다.

② 중앙위원회의 위원은 과장급 직위 이상의 소방공무원과 소방기술사, 소방시설관리사 등에 해당하는 사람 중에서 소방청장이 임명하거나 성별을 고려하여 위촉한다.

③ 중앙위원회 위원장은 소방청장이 해당 위원 중에서 위촉하고, 위원 중 위촉위원의 임기는 2년으로 하되, 한 차례만 연임할 수 있다.

④ 시·도에 지방소방기술심의위원회(이하 "지방위원회"라 한다)를 두며, 지방위원회는 위원장을 포함하여 5명 이상 9명 이하의 위원으로 구성한다.

⑤ 소방시설에 하자가 있는지의 판단에 관한 사항은 중앙위원회의 심의사항이다.

12 소방시설 설치 및 관리에 관한 법령상 중앙소방기술심의위원회 심의사항이 아닌 것은?

① 화재안전기준에 관한 사항

② 소방시설의 구조 및 원리 등에서 공법이 특수한 설계 및 시공에 관한 사항

③ 연면적 10만m² 미만의 특정소방대상물에 설치된 소방시설의 설계·시공·감리의 하자 유무에 관한 사항

④ 소방시설의 설계 및 공사감리의 방법에 관한 사항

⑤ 소방시설공사의 하자를 판단하는 기준에 관한 사항

13 소방시설 설치 및 관리에 관한 법령상 소방용품의 내용연수에 관한 내용이다. ( )에 들어갈 숫자로 옳은 것은? (단, 사용기한을 연장하는 경우는 고려하지 않음)

> 특정소방대상물의 관계인은 내용연수가 경과한 소방용품을 교체하여야 한다. 이 경우 내용연수를 설정하여야 하는 소방용품은 분말형태의 소화약제를 사용하는 소화기로 하며, 그 소방용품의 내용연수는 ( )년으로 한다.

① 3   ② 5
③ 7   ④ 10
⑤ 15

14 ❚상·중·하❚ 소방시설 설치 및 관리에 관한 법령상 방염성능기준에 관한 설명으로 틀린 것은?

① 버너의 불꽃을 제거한 때부터 불꽃을 올리며 연소하는 상태가 그칠 때까지 시간은 20초 이내일 것

② 버너의 불꽃을 제거한 때부터 불꽃을 올리지 않고 연소하는 상태가 그칠 때까지 시간은 60초 이내일 것

③ 탄화(炭化)한 면적은 50cm² 이내, 탄화한 길이는 20cm 이내일 것

④ 불꽃에 의하여 완전히 녹을 때까지 불꽃의 접촉 횟수는 3회 이상일 것

⑤ 소방청장이 정하여 고시한 방법으로 발연량(發煙量)을 측정하는 경우 최대 연기밀도는 400 이하일 것

15 ❚상·중·하❚ 소방시설 설치 및 관리에 관한 법령상 방염성능기준 이상으로 방염대상물품을 설치하여야 하는 특정소방대상물이 아닌 것은?

① 층수가 11층 이상인 아파트

② 의료시설

③ 문화 및 집회시설

④ 다중이용업소

⑤ 방송통신시설 중 방송국 및 촬영소

16 ❚상·중·하❚ 소방시설 설치 및 관리에 관한 법령상 방염대상물품이 아닌 것은?

① 제조 또는 가공공정에서 방염처리를 한 카페트

② 제조 또는 가공공정에서 방염처리를 한 무대용 합판

③ 제조 또는 가공공정에서 방염처리를 한 전시용 섬유판

④ 제조 또는 가공공정에서 방염처리를 한 두께가 2mm 미만인 벽지류로서 종이벽지

⑤ 제조 또는 가공공정에서 방염처리를 한 암막·무대막

17 소방시설 설치 및 관리에 관한 법령상 연소(延燒)우려가 있는 건축물의 구조에 관한 내용이다. ( ) 안에 들어갈 내용이 순서대로 옳은 것은?

> "행정안전부령으로 정하는 연소 우려가 있는 구조"란 다음 각 호의 기준에 모두 해당하는 구조를 말한다.
> ㉠ 건축물대장의 건축물 현황도에 표시된 대지경계선 안에 ( ) 이상의 건축물이 있는 경우
> ㉡ 각각의 건축물이 다른 건축물의 외벽으로부터 수평거리가 1층의 경우에는 ( )m 이하, 2층 이상의 층의 경우에는 ( )m 이하인 경우
> ㉢ 개구부가 다른 건축물을 향하여 설치되어 있는 경우

① 둘, 5, 10
② 둘, 6, 10
③ 셋, 6, 12
④ 셋, 8, 10
⑤ 셋, 8, 12

18 소방시설 설치 및 관리에 관한 법령상 소방시설의 자체점검에 관한 설명으로 틀린 것은?

① 소방시설의 작동점검은 연 1회 이상 실시한다.
② 작동점검 또는 종합점검을 실시한 경우 그 점검결과를 2년간 자체보관해야 한다.
③ 소방시설의 종합점검은 원칙적으로 연 1회 이상 실시한다.
④ 특급소방안전관리대상물에 해당하는 특정소방대상물의 경우에는 반기에 1회 이상 종합점검을 실시한다.
⑤ 「위험물안전관리법」 제2조 제6호에 따른 제조소등은 연 1회 이상 작동점검을 실시한다.

19 소방시설 설치 및 관리에 관한 법령상 자체점검 중 종합점검 대상에 해당되지 않는
상중하 것은?

① 스프링클러설비가 설치된 특정소방대상물
② 물분무등소화설비[호스릴(Hose Reel) 방식의 물분무등소화설비만을 설치
한 경우는 제외한다]가 설치된 연면적 5천m² 이상인 위험물 제조소등
③ 「다중이용업소의 안전관리에 관한 특별법 시행령」의 다중이용업의 영업장
이 설치된 특정소방대상물로서 연면적이 2천m² 이상인 것
④ 제연설비가 설치된 터널
⑤ 「공공기관의 소방안전관리에 관한 규정」에 따른 공공기관 중 연면적이 1천m²
이상인 것으로서 옥내소화전설비 또는 자동화재탐지설비가 설치된 것. 다
만, 소방대가 근무하는 공공기관은 제외한다.

20 소방시설 설치 및 관리에 관한 법령상 소방시설등 자체점검에 관한 설명으로 틀린
상중하 것은?

① 특정소방대상물의 관계인은 그 대상물에 설치되어 있는 소방시설등이 이
법이나 이 법에 따른 명령 등에 적합하게 설치·관리되고 있는지에 대하여
스스로 점검하거나 관리업자등으로 하여금 정기적으로 점검(이하 "자체점
검"이라 한다)하게 하여야 한다.
② 해당 특정소방대상물의 소방시설등이 신설된 경우 「건축법」 제22조에 따라
건축물을 사용할 수 있게 된 날부터 10일 내에 자체점검을 해야 한다.
③ 작동점검 및 종합점검(최초점검은 제외한다)은 건축물 사용승인 후 그 다음
해부터 실시한다.
④ 소방본부장 또는 소방서장은 자체점검 결과를 공개하는 경우 30일 이상 법
제48조에 따른 전산시스템 또는 인터넷 홈페이지 등을 통해 공개해야 한다.
⑤ 특정소방대상물의 관계인은 공개 내용 등을 통보받은 날부터 10일 이내에
관할 소방본부장 또는 소방서장에게 이의신청을 할 수 있다.

21
상중하

소방시설 설치 및 관리에 관한 법령상 아파트등 세대별 점검방법에 관한 설명으로 틀린 것은?

① 관리자(관리소장, 입주자대표회의 및 소방안전관리자를 포함한다) 및 입주민 (세대 거주자를 말한다)은 2년 이내 모든 세대에 대하여 점검을 해야 한다.

② 아날로그감지기 등 특수감지기가 설치되어 있는 경우에는 수신기에서 원격 점검할 수 있으며, 점검할 때마다 모든 세대를 점검해야 한다.

③ 자동화재탐지설비의 선로 단선이 확인되는 때에는 단선이 난 세대 또는 그 경계구역에 대하여 현장점검을 해야 한다.

④ 관리자는 수신기에서 원격 점검이 불가능한 경우 매년 작동점검만 실시하는 아파트등은 1회 점검시 마다 전체 세대수의 30% 이상, 종합점검을 실시하는 아파트등은 1회 점검시 마다 전체 세대수의 50% 이상 점검하도록 자체점검 계획을 수립·시행해야 한다.

⑤ 관리자는 세대별 점검현황을 작성하여 자체점검이 끝난 날부터 2년간 자체 보관해야 한다.

22
상중하

소방시설 설치 및 관리에 관한 법령상 소방시설관리사에 관한 설명으로 틀린 것은?

① 소방시설관리사(이하 "관리사"라 한다)가 되려는 사람은 소방청장이 실시 하는 관리사시험에 합격하여야 한다.

② 관리사는 동시에 둘 이상의 업체에 취업하여서는 아니 된다.

③ ②의 경우 그 자격을 취소하거나 1년 이내의 기간을 정하여 그 자격의 정지 를 명할 수 있다.

④ 피성년후견인은 관리사가 될 수 없다.

⑤ 소방기술사 등 대통령령으로 정하는 사람에 대하여는 대통령령으로 정하는 바에 따라 관리사시험 과목 가운데 일부를 면제할 수 있다.

23 소방시설 설치 및 관리에 관한 법령상 소방시설관리업에 관한 설명으로 틀린 것은?
상중하

① 소방시설등의 점검 및 관리를 업으로 하려는 자 또는 「화재의 예방 및 안전관리에 관한 법률」 제25조에 따른 소방안전관리업무의 대행을 하려는 자는 대통령령으로 정하는 업종별로 소방청장에게 소방시설관리업(이하 "관리업"이라 한다) 등록을 하여야 한다.

② 관리업의 등록이 취소(피성년후견인에 해당하여 등록이 취소된 경우는 제외한다)된 날부터 2년이 지나지 아니한 자는 등록을 할 수 없다.

③ 관리업자는 등록한 사항 중 대표자가 변경되었을 때 시·도지사에게 변경사항을 변경일로부터 30일 이내 신고하여야 한다.

④ 관리업자가 사망한 경우 그 상속인은 종전의 관리업자의 지위를 승계한다.

⑤ 관리업자의 지위를 승계한 상속인이 관리업의 등록의 결격사유 각 호의 어느 하나에 해당하는 경우에는 상속을 개시한 날부터 6개월 동안은 등록취소 규정을 적용하지 아니한다.

24 소방시설 설치 및 관리에 관한 법령상 소방용품의 품질관리에 관한 내용으로 옳지 상중하 않은 것은?

① 대통령령으로 정하는 소방용품을 제조하거나 수입하려는 자는 소방청장의 형식승인을 받아야 한다. 다만, 연구개발 목적으로 제조하거나 수입하는 소방용품은 그러하지 아니하다.

② 소방청장은 제조자 또는 수입자 등의 요청이 있는 경우 소방용품에 대하여 성능인증을 할 수 있다.

③ 형식승인을 받은 자는 그 소방용품에 대하여 제품검사를 받아야 하나 성능인증을 받은 자는 제품검사를 생략한다.

④ 우수품질인증의 유효기간은 5년의 범위에서 행정안전부령으로 정한다.

⑤ 소방청장은 소방용품의 품질관리를 위하여 필요하다고 인정할 때에는 유통 중인 소방용품을 수집하여 검사할 수 있다.

25 소방시설 설치 및 관리에 관한 법령상 제품검사 전문기관에 관한 내용으로 옳지 않은 것은?

① 소방청장은 제품검사를 전문적·효율적으로 실시하기 위하여 제품검사 전문기관(이하 "전문기관"이라 한다)으로 지정할 수 있다.

② 소방청장은 전문기관을 지정하는 경우에는 소방용품의 품질 향상, 제품검사의 기술개발 등에 드는 비용을 부담하게 하는 등 필요한 조건을 붙일 수 있다.

③ 소방청장은 전문기관을 지정한 경우에는 행정안전부령으로 정하는 바에 따라 전문기관의 제품검사 업무에 대한 평가를 실시할 수 있으며, 제품검사를 받은 소방용품에 대하여 확인검사를 할 수 있다.

④ 확인검사를 실시하는 때에는 행정안전부령으로 정하는 바에 따라 전문기관에 대하여 확인검사에 드는 비용을 부담하게 할 수 있다.

⑤ 전문기관이 정당한 사유 없이 1년 이상 계속하여 제품검사 또는 실무교육 등 지정받은 업무를 수행하지 아니한 경우 소방청장은 그 지정을 취소해야 한다.

26 소방시설 설치 및 관리에 관한 법령상 소방청장 또는 시·도지사가 청문을 하여야 하는 사항을 다음에서 모두 고른 것은?

> ㉠ 소방시설관리사 자격의 취소 및 정지
> ㉡ 관리업의 등록취소 및 영업정지
> ㉢ 소방용품의 형식승인 취소, 성능인증의 취소 및 제품검사 중지
> ㉣ 우수품질인증의 취소
> ㉤ 제품검사전문기관의 지정취소 및 업무정지

① ㉠, ㉡, ㉢

② ㉢, ㉣

③ ㉣, ㉤

④ ㉣

⑤ ㉠, ㉡, ㉢, ㉣, ㉤

27 소방시설 설치 및 관리에 관한 법령상 과태료 부과처분을 열거한 것으로 틀린 것은?

상 중 하

① 법 제25조 제8항을 위반하여 동시에 둘 이상의 업체에 취업한 소방시설관리사

② 법 제12조 제1항을 위반하여 소방시설을 화재안전기준에 따라 설치·관리하지 아니한 자

③ 법 제15조 제1항을 위반하여 공사 현장에 임시소방시설을 설치·관리하지 아니한 자

④ 법 제16조 제1항을 위반하여 피난시설, 방화구획 또는 방화시설의 폐쇄·훼손·변경 등의 행위를 한 자

⑤ 법 제20조 제1항을 위반하여 방염대상물품을 방염성능기준 이상으로 설치하지 아니한 자

주관식 단답형 문제

01
상중하

소방시설 설치 및 관리에 관한 법률 제2조(정의) 규정의 일부이다. (   )에 들어갈 용어를 쓰시오.

> (   )이란 소화설비, 경보설비, 피난구조설비, 소화용수설비, 그 밖에 소화활동설비로서 대통령령으로 정하는 것을 말한다.

02
상중하

소방시설 설치 및 관리에 관한 법률 제2조(정의) 규정의 일부이다. (   )에 들어갈 용어를 쓰시오.

> (   )이란 소방시설과 비상구(非常口), 그 밖에 소방 관련 시설로서 대통령령으로 정하는 것을 말한다.

03
상중하

소방시설 설치 및 관리에 관한 법률 제2조(정의) 규정의 일부이다. (   )에 들어갈 용어를 쓰시오.

> (   )이란 건축물 등의 규모·용도 및 수용인원 등을 고려하여 소방시설을 설치하여야 하는 소방대상물로서 대통령령으로 정하는 것을 말한다

04
상중하

소방시설 설치 및 관리에 관한 법률 제2조(정의) 규정의 일부이다. (   )에 들어갈 숫자를 순서대로 쓰시오.

> (   )이란 화재를 예방하고 화재발생시 피해를 최소화하기 위하여 소방대상물의 재료, 공간 및 설비 등에 요구되는 안전성능을 말한다.

05 소방시설 설치 및 관리에 관한 법률 제2조(정의) 규정의 일부이다. (   ) 안에 들어갈 용어를 쓰시오.

> (   )란 건축물 등의 재료, 공간, 이용자, 화재 특성 등을 종합적으로 고려하여 공학적 방법으로 화재 위험성을 평가하고 그 결과에 따라 화재안전성능이 확보될 수 있도록 특정소방대상물을 설계하는 것을 말한다.

06 소방시설 설치 및 관리에 관한 법률 제2조(정의) 규정의 일부이다. (   ) 안에 들어갈 용어를 쓰시오.

> "화재안전기준"이란 소방시설 설치 및 관리를 위한 다음 각 목의 기준을 말한다.
> (1) 성능기준
>   화재안전 확보를 위하여 재료, 공간 및 설비 등에 요구되는 안전 성능으로서 소방청장이 고시로 정하는 기준
> (2) (   )기준
>   (1)에 따른 성능기준을 충족하는 상세한 규격, 특정한 수치 및 시험방법 등에 관한 기준으로서 행정안전부령으로 정하는 절차에 따라 소방청장의 승인을 받은 기준

07 소방시설 설치 및 관리에 관한 법률 제2조 일부 규정으로 (   ) 안에 들어갈 용어를 쓰시오.

> (   )이란 소방시설등을 구성하거나 소방용으로 사용되는 제품 또는 기기로서 대통령령으로 정하는 것을 말한다.

08

소방시설 설치 및 관리에 관한 법률 시행령 제2조 일부 규정으로 (　　) 안에 들어
갈 숫자를 순서대로 쓰시오.

> "무창층"(無窓層)이란 지상층 중 다음 각 목의 요건을 모두 갖춘 개구부의 면
> 적의 합계가 해당 층의 바닥면적의 (　　)분의 1 이하가 되는 층을 말한다.
> ① 크기는 지름 (　　)센티미터 이상의 원이 통과할 수 있을 것
> ② 해당 층의 바닥면으로부터 개구부 밑부분까지의 높이가 1.2m 이내일 것
> ③ 도로 또는 차량이 진입할 수 있는 빈터를 향할 것
> ④ 화재시 건축물로부터 쉽게 피난할 수 있도록 창살이니 그 밖의 장애물이
> 　 설치되지 않을 것
> ⑤ 내부 또는 외부에서 쉽게 부수거나 열 수 있을 것

09

소방시설 설치 및 관리에 관한 법률 시행령 제2조의 규정이다. (　　)에 들어갈 용어를
쓰시오.

> (　　)이란 곧바로 지상으로 갈 수 있는 출입구가 있는 층을 말한다.

10

소방시설 설치 및 관리에 관한 법률 제6조 및 동법 시행령 제7조의 일부 내용이다.
(　　) 안에 들어갈 숫자를 순서대로 쓰시오.

> 건축허가 등을 할 때 소방본부장이나 소방서장의 동의를 받아야 하는 건축물
> 등의 범위는 다음과 같다.
> 1. 연면적이 (　　)m² 이상인 건축물이나 시설.
> 　 <생략>
> 4. 층수가 (　　)층 이상인 건축물

11

소방시설 설치 및 관리에 관한 법률 제7조의 내용이다. (　　) 안에 들어갈 용어를
쓰시오.

> 「지진·화산재해대책법」 제14조 제1항 각 호의 시설 중 대통령령으로 정하는
> 특정소방대상물에 대통령령으로 정하는 소방시설을 설치하려는 자는 지진이
> 발생할 경우 소방시설이 정상적으로 작동될 수 있도록 소방청장이 정하는
> (　　　　)에 맞게 소방시설을 설치하여야 한다.

12 소방시설 설치 및 관리에 관한 법령의 일부 내용이다. (　　) 안에 들어갈 소방시
설 용어를 쓰시오.

> 다음 각 호의 주택의 소유자는 소화기 및 (　　　)(이하 "주택용소방시설"이라
> 한다)을 설치하여야 한다.
> 1. 「건축법」 제2조 제2항 제1호의 단독주택
> 2. 「건축법」 제2조 제2항 제2호의 공동주택(아파트 및 기숙사는 제외한다)

13 소방시설 설치 및 관리에 관한 법률 제12조의 일부 내용이다. (　　) 안에 들어갈
용어를 쓰시오.

> 소방청장, 소방본부장 또는 소방서장은 소방시설의 작동정보 등을 실시간으로
> 수집·분석할 수 있는 시스템인 (　　　　　　　)을 구축·운영할 수 있다

14 소방시설 설치 및 관리에 관한 법률 시행령 별표 8 규정의 일부이다. (　　) 안에
들어갈 용어를 쓰시오.

> <생략>
>
> (7) (　　　)
> 　　용접·용단 등의 작업시 발생하는 불티로부터 가연물이 점화되는 것을 방
> 지해주는 천 또는 불연성 물품으로서 소방청장이 정하는 성능을 갖추고 있
> 을 것

15 소방시설 설치 및 관리에 관한 법률 시행령 제19조의 일부 규정이다. (　　) 안에
들어갈 숫자를 쓰시오.

> 분말형태의 소화약제를 사용하는 소화기의 내용연수는 (　　)년으로 한다.

16 소방시설 설치 및 관리에 관한 법률 시행규칙 별표3의 일부 내용이다. (   ) 안에 들어갈 숫자를 쓰시오.

> 공동주택(아파트등으로 한정한다) 세대별 점검방법은 다음과 같다.
> ⑴ 관리자(관리소장, 입주자대표회의 및 소방안전관리자를 포함한다) 및 입주민 (세대 거주자를 말한다)은 ( )년 이내 모든 세대에 대하여 점검을 해야 한다.

17 소방시설 설치 및 관리에 관한 법률 제22조 제1항의 일부 규정이다. (   ) 안에 들어갈 숫자를 쓰시오.

> 특정소방대상물의 관계인은 그 대상물에 설치되어 있는 소방시설 등이 이 법이나 이 법에 따른 명령 등에 적합하게 설치·관리되고 있는지에 대하여 다음 각 호의 구분에 따른 기간 내에 스스로 점검하거나 제34조에 따른 점검능력 평가를 받은 관리업자 등으로 하여금 자체점검을 하게 하여야 한다.
> 가. 해당 특정소방대상물의 소방시설 등이 신설된 경우:「건축법」제22조에 따라 건축물을 사용할 수 있게 된 날부터 ( )일
> 나. 가. 외의 경우: 행정안전부령으로 정하는 기간

18 소방시설 설치 및 관리에 관한 법률 제22조의 일부 내용이다. (   ) 안에 들어갈 용어를 쓰시오.

> 소방청장은 소방시설등 자체점검에 대한 품질확보를 위하여 필요하다고 인정하는 경우에는 특정소방대상물의 규모, 소방시설등의 종류 및 점검인력 등에 따라 관계인이 부담하여야 할 자체점검 비용의 표준이 될 금액인 (   )을 (를) 정하여 공표하거나 관리업자등에게 이를 소방시설등 자체점검에 관한 표준가격으로 활용하도록 권고할 수 있다.

19 소방시설 설치 및 관리에 관한 법률 제39조의 및 제42조 일부 내용이다. (   ) 안
⬤⬤⬤ 에 들어갈 숫자를 각각 쓰시오.

> 1. 소방용품의 형식승인이 취소된 자는 그 취소된 날부터 (   )년 이내에는 형
>   식 승인이 취소된 소방용품과 동일한 품목에 대하여 형식승인을 받을 수 없다.
> 2. 소방용품의 성능인증이 취소된 자는 그 취소된 날부터 (   )년 이내에는 성
>   능 인증이 취소된 소방용품과 동일한 품목에 대하여는 성능인증을 받을 수
>   없다.

20 소방시설 설치 및 관리에 관한 법률 제43조의 일부 내용이다. (   ) 안에 들어갈
⬤⬤⬤ 숫자를 쓰시오.

> 우수품질인증의 유효기간은 (   )년의 범위에서 행정안전부령으로 정한다.

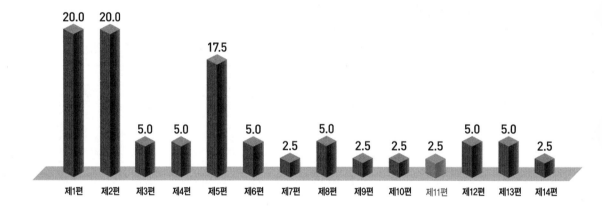

🔍 제26회 기출문제 분석

화재예방 및 안전관리에 관한 법률은 1문제가 출제되는데, 용어와 화재안전조사, 화재예방강화지구, 소방안전관리대상물, 특별관리시설물 등 핵심적인 부분을 학습하도록 한다.

화재의 예방 및
안전관리에 관한 법률

화재의 예방 및 안전관리에 관한 법률

▢ **연계학습** 기본서 p.869~911

단 · 원 · 열 · 기

화재의 예방 및 안전관리에 관한 법률은 1문제가 출제되는데, 용어와 화재안전조사, 안전관리대상건축물, 특별관리시설물의 소방안전관리 등 중요한 부분을 학습하도록 한다.

01 화재의 예방 및 안전관리에 관한 법률상 용어를 설명한 것으로 틀린 것은?

상중하

① 예방이란 화재의 위험으로부터 사람의 생명·신체 및 재산을 보호하기 위하여 화재발생을 사전에 제거하거나 방지하기 위한 모든 활동을 말한다.

② 안전관리란 화재로 인한 피해를 최소화하기 위한 예방, 대비, 대응 등의 활동을 말한다.

③ 화재안전조사란 소방관서장이 소방대상물, 관계지역 또는 관계인에 대하여 소방시설 등이 소방 관계 법령에 적합하게 설치·관리되고 있는지, 소방대상물에 화재의 발생 위험이 있는지 등을 확인하기 위하여 실시하는 현장조사·문서열람·보고요구 등을 하는 활동을 말한다.

④ 화재예방강화지구란 소방관서장이 화재발생 우려가 크거나 화재가 발생할 경우 피해가 클 것으로 예상되는 지역에 대하여 화재의 예방 및 안전관리를 강화하기 위해 지정·관리하는 지역을 말한다.

⑤ 화재예방안전진단이란 화재가 발생할 경우 사회·경제적으로 피해 규모가 클 것으로 예상되는 소방대상물에 대하여 화재위험요인을 조사하고 그 위험성을 평가하여 개선대책을 수립하는 것을 말한다.

02 화재의 예방 및 안전관리에 관한 법률상 화재의 예방 및 안전관리에 관한 계획을
상중하 설명한 것으로 틀린 것은?

① 소방청장은 화재예방정책을 체계적·효율적으로 추진하고 이에 필요한 기
반 확충을 위하여 화재의 예방 및 안전관리에 관한 기본계획(이하 "기본계
획"이라 한다)을 5년마다 수립·시행하여야 한다.

② 기본계획은 대통령령으로 정하는 바에 따라 소방청장이 관계 중앙행정기관
의 장과 협의하여 수립한다.

③ 기본계획내용에는 화재의 예방과 안전관리 관련 기술의 개발·보급이 포함
된다.

④ 소방청장은 기본계획을 시행하기 위하여 5년마다 시행계획을 수립·시행하
여야 한다.

⑤ 기본계획과 시행계획을 통보받은 관계 중앙행정기관의 장과 시·도지사는
소관 사무의 특성을 반영한 세부시행계획을 수립·시행하고 그 결과를 소
방청장에게 통보하여야 한다.

03 화재의 예방 및 안전관리에 관한 법령상 화재안전조사에 관한 설명으로 옳지 않은
상중하 것은?

① 「소방시설 설치 및 관리에 관한 법률」 제22조에 따른 자체점검이 불성실하
거나 불완전하다고 인정되는 경우 소방관서장은 화재안전조사를 실시할 수
있다.

② 화재안전조사의 항목에는 화재의 예방조치 상황, 소방시설등의 관리 상황
및 소방대상물의 화재 등의 발생 위험과 관련된 사항이 포함되어야 한다.

③ 소방관서장은 화재안전조사를 실시하려는 경우 사전에 관계인에게 조사대
상, 조사기간 및 조사사유 등을 우편, 전화, 전자메일 또는 문자전송 등을 통
하여 통지하고 인터넷 홈페이지나 전산시스템 등을 통하여 14일 이상 공개
하여야 한다.

④ 화재안전조사는 관계인의 승낙 없이 소방대상물의 공개시간 또는 근무시간
이외에는 할 수 없다.

⑤ ④의 경우 화재가 발생할 우려가 뚜렷하여 긴급하게 조사할 필요가 있는 경
우에는 그러하지 아니하다.

04
상중하

화재의 예방 및 안전관리에 관한 법령상 가연성물건 등에 대한 보관에 관한 설명으로 옳지 않은 것은?

① 소방관서장은 옮긴 물건 등을 보관하는 경우에는 그날부터 14일 동안 해당 소방관서의 인터넷 홈페이지에 그 사실을 공고해야 한다.

② 옮긴 물건등의 보관기간은 공고기간의 종료일 다음 날부터 7일까지로 한다.

③ 소방관서장은 보관기간이 종료된 때에는 보관하고 있는 옮긴 물건등을 매각해야 한다. 다만, 보관하고 있는 옮긴 물건등이 부패·파손 또는 이와 유사한 사유로 정해진 용도로 계속 사용할 수 없는 경우에는 폐기할 수 있다.

④ 소방관서장은 보관하던 옮긴 물건등을 매각한 경우에는 지체 없이 「소방기본법」에 따라 세입조치를 해야 한다.

⑤ 소방관서장은 매각되거나 폐기된 옮긴 물건등의 소유자가 보상을 요구하는 경우에는 보상금액에 대하여 소유자와의 협의를 거쳐 이를 보상해야 한다.

05
상중하

화재의 예방 및 안전관리에 관한 법령상 화재예방강화지구 및 이에 준하는 대통령령으로 정하는 장소에서 금지하는 행위를 다음에서 모두 고른 것은?

㉠ 모닥불, 흡연 등 화기의 취급
㉡ 풍등 등 소형열기구 날리기
㉢ 용접·용단 등 불꽃을 발생시키는 행위
㉣ 「위험물안전관리법」 제2조 제1항 제1호에 따른 위험물을 방치하는 행위

---

① ㉠, ㉣
② ㉡, ㉢
③ ㉠, ㉡, ㉣
④ ㉠, ㉢, ㉣
⑤ ㉠, ㉡, ㉢, ㉣

06 화재의 예방 및 안전관리에 관한 법령상 화재안전조사에 관한 설명으로 틀린 것은?

① 소방관서장은 화재안전조사를 효율적으로 수행하기 위하여 대통령령으로 정하는 바에 따라 소방청에는 중앙화재안전조사단을, 소방본부 및 소방서에는 지방화재안전조사단을 편성하여 운영할 수 있다.

② 소방관서장은 화재안전조사의 대상을 객관적이고 공정하게 선정하기 위하여 필요한 경우 화재안전조사위원회를 구성하여 화재안전조사의 대상을 선정할 수 있다.

③ 소방관서장은 화재안전조사 결과에 따라 관계인에게 그 소방대상물의 개수(改修)·이전·제거, 사용의 금지 또는 제한, 사용폐쇄, 공사의 정지 또는 중지, 그 밖에 필요한 조치를 명할 수 있다

④ 소방청장 또는 시·도지사는 화재안전조사 결과에 따른 조치명령으로 인하여 손실을 입은 자가 있는 경우에는 보상하여야 한다.

⑤ 소방관서장은 화재안전조사 결과를 공개하는 경우 7일 이상 해당 소방관서 인터넷 홈페이지나 전산시스템을 통해 공개해야 한다.

07 화재의 예방 및 안전관리에 관한 법령상 (   ) 안에 들어갈 내용을 순서대로 나열한 것은?

> ㉠ 법 제15조에 따라 소방청장 또는 시·도지사가 손실을 보상하는 경우에는 (   )로(으로) 보상해야 한다.
> ㉡ 손실보상에 관하여는 소방청장 또는 시·도지사와 손실을 입은 자가 협의해야 한다.
> ㉢ 소방청장 또는 시·도지사는 보상금액에 관한 협의가 성립되지 않은 경우에는 그 보상금액을 지급하거나 공탁하고 이를 상대방에게 알려야 한다.
> ㉣ 보상금의 지급 또는 공탁의 통지에 불복하는 자는 지급 또는 공탁의 통지를 받은 날부터 (   ) 이내에 「공익사업을 위한 토지 등의 취득 및 보상에 관한 법률」 제49조에 따른 중앙토지수용위원회 또는 관할 지방토지수용위원회에 재결(裁決)을 신청할 수 있다.

① 시가, 30일
② 공시지가, 15일
③ 감정가격, 30일
④ 감정가격, 20일
⑤ 시가, 15일

08 화재의 예방 및 안전관리에 관한 법령상 화재예방강화지구 지정대상 지역에 해당
상중하 하지 않는 것은?

① 소방시설 · 소방용수시설 또는 소방출동로가 있는 지역
② 시장지역
③ 노후 · 불량건축물이 밀집한 지역
④ 공장 · 창고가 밀집한 지역
⑤ 목조건물이 밀집한 지역

09 화재의 예방 및 안전관리에 관한 법령상 화재예방강화지구에 관한 설명으로 옳은
상중하 것은?

① 소방청장은 화재발생 우려가 크거나 화재가 발생할 경우 피해가 클 것으로
   예상되는 지역에 대하여 화재예방강화지구로 지정하여 관리할 수 있다.
② 소방청장은 해당 시 · 도지사에게 해당 지역의 화재예방강화지구 지정을 요
   청할 수 있다.
③ 소방관서장은 화재예방강화지구 안의 소방대상물의 위치 · 구조 및 설비 등
   에 대한 화재안전조사를 연 1회 이상 실시할 수 있다.
④ 소방관서장은 법 제18조 제5항에 따라 화재예방강화지구 안의 관계인에 대
   하여 소방에 필요한 훈련 및 교육을 연 1회 이상 실시해야 한다.
⑤ 소방관서장은 소방에 필요한 훈련 및 교육을 실시하려는 경우에는 화재예
   방강화지구 안의 관계인에게 훈련 또는 교육 7일 전까지 그 사실을 통보해
   야 한다.

10 화재의 예방 및 안전관리에 관한 법령상 화재안전영향평가에 관한 설명으로 틀린 것은?

① 소방청장은 화재발생 원인 및 연소과정을 조사·분석하는 등의 과정에서 법령이나 정책의 개선이 필요하다고 인정되는 경우 그 법령이나 정책에 대한 화재 위험성의 유발요인 및 완화 방안에 대한 평가(이하 "화재안전영향평가"라 한다)를 실시할 수 있다.

② 소방청장은 화재안전영향평가를 실시한 경우 그 결과를 해당 법령이나 정책의 소관 기관의 장에게 통보하여야 한다.

③ 소방청장은 화재안전영향평가에 관한 업무를 수행하기 위하여 화재안전영향평가심의회(이하 "심의회"라 한다)를 구성·운영해야 한다.

④ 심의회는 위원장 1명을 포함한 12명 이내의 위원으로 구성한다.

⑤ 소방기술사 등 대통령령으로 정하는 화재안전과 관련된 분야의 학식과 경험이 풍부한 전문가로서 소방청장이 위촉한 사람은 심의회의 위원이 된다.

11 화재의 예방 및 안전관리에 관한 법령상 화재안전취약자가 아닌 사람은?

① 「국민기초생활 보장법」 제2조 제2호에 따른 수급자

② 「장애인복지법」 제6조에 따른 중증장애인

③ 「한부모가족지원법」 제5조에 따른 지원대상자

④ 「기초연금법」 제2조 제3호에 따른 수급자

⑤ 「노인복지법」 제27조의2에 따른 홀로 사는 노인

12 화재의 예방 및 안전관리에 관한 법령상 특급 소방안전관리대상물에 해당하는 것은?

① 30층 이상(지하층을 포함한다) 이상인 특정소방대상물(아파트는 제외)

② 연면적 10만㎡ 이상인 동·식물원

③ 건축물 높이 120m 이상인 아파트

④ 연면적 10만㎡ 이상인 지하구

⑤ 연면적 10만㎡ 이상인 철강 등 불연성 물품을 저장·취급하는 창고

13
상중하

화재의 예방 및 안전관리에 관한 법령상 1급 소방안전관리대상물에 해당하지 않는 것은?

① 층수가 30층(지하층은 제외) 이상인 아파트
② 높이 120m 이상인 아파트
③ 연면적 15,000m² 이상인 연립주택
④ 지상층의 층수가 11층 이상인 특정소방대상물(아파트는 제외)
⑤ 가연성 가스를 1천톤 이상 저장·취급하는 시설

14
상중하

화재의 예방 및 안전관리에 관한 법령상 2급 소방안전관리대상물에 해당하지 않는 것은?

① 옥내소화전설비·스프링클러설비 또는 물분무등소화설비(호스릴 방식만을 설치한 경우를 제외한다)를 설치해야 하는 특정소방대상물
② 가스제조설비를 갖추고 도시가스사업허가를 받아야 하는 시설 또는 가연성 가스를 100톤 이상 1천톤 미만 저장·취급하는 시설
③ 지하가
④ 의무관리대상 공동주택(옥내소화전설비·스프링클러설비가 설치된 공동주택으로 한정한다)
⑤ 「문화재보호법」에 따라 보물 또는 국보로 지정된 목조건축물

15
상중하

화재의 예방 및 안전관리에 관한 법령상 3급 소방안전관리대상물에 해당하는 것은?

① 옥내소화전설비를 설치하는 특정소방대상물
② 가스제조설비를 갖추고 도시가스사업허가를 받아야 하는 시설
③ 가연성가스를 100톤 이상 1천톤 미만 저장·취급하는 시설
④ 자동화재탐지설비를 설치해야 하는 특정소방대상물
⑤ 물분무등소화설비(호스릴 방식만을 설치한 경우를 제외한다)를 설치하는 특정소방대상물

16 화재의 예방 및 안전관리에 관한 법령상 관리의 권원이 분리되어 있는 특정소방대
상물의 권원별 소방안전관리대상물이 아닌 것은?

① 지하층을 제외한 층수가 11층 이상 복합건축물
② 연면적 3만m² 이상인 복합건축물
③ 판매시설 중 도매시장 및 소매시장
④ 지하구
⑤ 전통시장

17 화재의 예방 및 안전관리에 관한 법령상 소방안전관리보조자 선임대상 특정소방대
상물에 해당하지 않는 것은?

① 종교시설
② 연면적 1만 5천m² 이상인 특정소방대상물
③ 노유자시설
④ 의료시설
⑤ 300세대 이상의 아파트

18 화재의 예방 및 안전관리에 관한 법령상 소방대상물의 안전관리에 관한 내용으로
틀린 것은?

① 건축법상 초고층 아파트(지하층을 제외한다)는 특급 소방안전관리자를 선
   임하여야 하는 특급 소방안전관리대상물에 해당한다.
② 건축법상 고층 아파트(지하층을 제외한다)는 1급 소방안전관리자를 선임하
   여야 하는 1급 소방안전관리대상물에 해당한다.
③ 관리의 권원별 관계인은 상호 협의하여 특정소방대상물의 전체에 걸쳐 소
   방안전관리상 필요한 업무를 총괄하는 소방안전관리자(이하 "총괄소방안전
   관리자"라 한다)를 관리의 권원별로 선임된 소방안전관리자 중에서 선임하
   거나 별도로 선임하여야 한다.
④ 소방안전관리대상물의 관계인이 소방안전관리자 또는 소방안전관리보조자를
   선임한 경우에는 행정안전부령으로 정하는 바에 따라 선임한 날부터 30일
   이내에 소방본부장 또는 소방서장에게 신고하여야 한다.
⑤ 권원별로 선임된 소방안전관리자 및 총괄소방안전관리자는 해당 특정소방
   대상물의 소방안전관리를 효율적으로 수행하기 위하여 공동소방안전관리
   협의회를 구성하고, 해당 특정소방대상물에 대한 소방안전관리를 공동으로
   수행하여야 한다.

19 화재의 예방 및 안전관리에 관한 법률상 수행하여야 하는 소방안전관리자의 업무
⟨상·중·하⟩ 중 소방안전관리대상물의 경우에만 해당하는 것을 모두 고른 것은?

> ㉠ 제36조에 따른 피난계획에 관한 사항과 대통령령으로 정하는 사항이 포함된
>   소방계획서의 작성 및 시행
> ㉡ 자위소방대(自衛消防隊) 및 초기대응체계의 구성, 운영 및 교육
> ㉢ 제37조에 따른 소방훈련 및 교육
> ㉣ 행정안전부령으로 정하는 바에 따른 소방안전관리에 관한 업무수행에 관한
>   기록·유지

① ㉡, ㉢   ② ㉠, ㉡
③ ㉠, ㉡, ㉣   ④ ㉠, ㉢, ㉣
⑤ ㉠, ㉡, ㉢, ㉣

20 화재의 예방 및 안전관리에 관한 법령상 소방시설관리업자가 소방안전관리업무를
⟨상·중·하⟩ 대행할 수 있는 특정대상물을 다음에서 모두 고른 것은?

> ㉠ 지상층의 층수가 11층 이상인 오피스텔
> ㉡ 연면적 1만 5천m² 이상인 아파트
> ㉢ 옥내소화전 설비가 설치된 300세대 이상의 아파트
> ㉣ 자동화재탐지설비가 설치된 특정소방대상물

① ㉠, ㉣   ② ㉡, ㉢
③ ㉠, ㉡, ㉣   ④ ㉠, ㉢, ㉣
⑤ ㉠, ㉡, ㉢, ㉣

21 화재의 예방 및 안전관리에 관한 법령상 건설현장 소방안전관리대상물에 해당하지
않는 것은?

① 건축행위를 하려는 부분의 연면적의 합계가 1만 5천m² 이상인 것

② 건축행위를 하려는 부분의 연면적이 5천m² 이상인 것으로서 지하층의 층수가
2개 층 이상인 것

③ 건축행위를 하려는 부분의 연면적이 5천m² 이상인 것으로서 지상층의 층수가
11층 이상인 것

④ 건축행위를 하려는 부분의 연면적이 5천m² 이상인 것으로서 냉동창고, 냉장
창고 또는 냉동·냉장창고

⑤ 건축행위를 하려는 부분의 연면적이 5천m² 이상인 것으로서 아파트

22 화재의 예방 및 안전관리에 관한 법령상 소방안전관리자에 관한 내용으로 틀린 것은?

① 소방안전관리자가 되려고 하는 사람 또는 소방안전관리자(소방안전관리보
조자를 포함한다)로 선임된 사람은 소방안전관리업무에 관한 능력의 습득
또는 향상을 위하여 소방청장이 실시하는 강습교육 또는 실무교육을 받아
야 한다.

② 소방안전관리자는 소방안전관리자로 선임된 날부터 6개월 이내에 실무교육
을 받아야 하며, 그 이후에는 2년마다(최초 실무교육을 받은 날을 기준일로
하여 매 2년이 되는 해의 기준일과 같은 날 전까지를 말한다) 1회 이상 실무
교육을 받아야 한다.

③ 소방안전관리 강습교육 또는 실무교육을 받은 후 1년 이내에 소방안전관리
자로 선임된 사람은 해당 강습교육을 수료하거나 실무교육을 이수한 날에
실무교육을 이수한 것으로 본다.

④ 소방안전관리자 자격이 취소된 사람은 취소된 날부터 3년간 소방안전관리자
자격증을 발급받을 수 없다.

⑤ 소방안전관리자 자격증을 다른 사람에게 빌려준 경우 그 자격을 취소하여야
한다.

23 화재의 예방 및 안전관리에 관한 법령상 근무자등에 대한 소방훈련에 관한 설명으로 틀린 것은?

① 소방안전관리대상물의 관계인은 근무자등에게 소방훈련과 교육을 연 1회 이상 실시해야 한다.

② 소방본부장 또는 소방서장이 화재예방을 위하여 필요하다고 인정하여 2회의 범위에서 추가로 실시할 것을 요청하는 경우에는 소방훈련과 교육을 추가로 실시해야 한다.

③ 소방본부장 또는 소방서장은 특급부터 3급까지의 소방안전관리대상물의 관계인으로 하여금 소방훈련과 교육을 소방기관과 합동으로 실시하게 할 수 있다.

④ 특급 및 1급 소방안전관리대상물의 관계인은 소방훈련 및 교육을 한 날부터 30일 이내에 소방 훈련 및 교육 결과를 소방본부장 또는 소방서장에게 제출하여야 한다.

⑤ 소방본부장 또는 소방서장은 소방안전관리대상물의 관계인이 실시하는 소방훈련과 교육을 지도·감독할 수 있다.

24 화재의 예방 및 안전관리에 관한 법령상 소방안전 특별관리시설물에 해당되지 않는 것은?

① 점포가 100개 이상 전통시장

② 영화상영관 중 수용인원 1천명 이상인 영화상영관

③ 「문화유산의 보존 및 활용에 관한 법률」 제2조 제3항의 지정문화유산

④ 물류창고로서 연면적 10만m² 이상인 것

⑤ 공항시설, 철도시설, 도시철도시설, 항만시설

25 화재의 예방 및 안전관리에 관한 법령상 특별관리시설물에 관한 내용으로 옳지 않은 것은?

① 소방청장은 특별관리시설물에 대한 특별관리를 체계적이고 효율적으로 하기 위하여 시·도지사와 협의하여 소방안전 특별관리기본계획을 화재의 예방 및 기본계획에 포함하여 5년마다 수립하고 시행하여야 한다.

② 특별관리기본계획에는 화재대응을 위한 훈련사항이 포함된다.

③ 시·도지사는 특별관리기본계획을 시행하기 위하여 매년 소방안전 특별관리시행계획을 수립·시행하고, 그 결과를 다음 연도 1월 31일까지 소방청장에게 통보해야 한다.

④ 모든 특별관리시설물은 정기적으로 화재예방안전진단을 받아야 한다.

⑤ 소방청장 및 시·도지사는 특별관리기본계획 또는 특별관리시행계획을 수립하는 경우 성별, 연령별, 화재안전취약자별 화재 피해현황 및 실태 등을 고려해야 한다.

26 화재의 예방 및 안전관리에 관한 법령상 소방안전관리대상물 중 불특정 다수인이 이용하는 특정소방대상물의 근무자등에게 불시에 소방훈련과 교육을 실시할 수 있는데, 이러한 특정소방대상물이 아닌 것은?

① 동물 및 식물관련시설

② 의료시설

③ 교육연구시설

④ 노유자 시설

⑤ 그 밖에 화재 발생시 불특정 다수의 인명피해가 예상되어 소방본부장 또는 소방서장이 소방훈련·교육이 필요하다고 인정하는 특정소방대상물

27
상 중 하

화재의 예방 및 안전관리에 관한 법령상 소방안전 특별관리시설물의 관계인에 대한 화재예방안전진단에 관한 설명으로 틀린 것은?

① 대통령령으로 정하는 소방안전 특별관리시설물의 관계인은 화재의 예방 및 안전관리를 체계적·효율적으로 수행하기 위하여 한국소방안전원 또는 소방청장이 지정하는 화재예방안전진단기관으로부터 정기적으로 화재예방안전진단을 받아야 한다.

② 안전등급이 우수인 경우 안전등급을 통보받은 날부터 5년이 경과한 날이 속하는 해에 화재예방안전진단을 받아야 한다.

③ 한국소방안전원 또는 화재예방안전진단기관의 화재예방안전진단을 받은 연도에는 제37조에 따른 소방훈련과 교육 및 「소방시설 설치 및 관리에 관한 법률」제22조에 따른 자체점검을 받은 것으로 본다.

④ 소방본부장 또는 소방서장은 제출받은 화재예방안전진단 결과에 따라 보수·보강 등의 조치가 필요하다고 인정하는 경우에는 해당 소방안전 특별관리시설물의 관계인에게 보수·보강 등의 조치를 취할 것을 명할 수 있다.

⑤ 소방청장으로부터 화재예방안전진단기관으로 지정을 받으려는 자는 대통령령으로 정하는 시설과 전문인력 등 지정기준을 갖추어 소방청장에게 지정을 신청하여야 한다.

28
상 중 하

화재의 예방 및 안전관리에 관한 법령상 소방청장으로부터 지정받은 화재예방안전진단기관의 절대적 지정취소사유에 해당하는 것은?

⊙ 거짓이나 그 밖의 부정한 방법으로 지정을 받은 경우
ⓒ 화재예방안전진단 결과를 소방본부장 또는 소방서장, 관계인에게 제출하지 아니한 경우
ⓒ 안전진단기관의 지정기준에 미달하게 된 경우
ⓔ 업무정지기간에 화재예방안전진단 업무를 한 경우

① ⊙, ⓔ
② ⓒ, ⓒ
③ ⊙, ⓒ, ⓔ
④ ⊙, ⓒ, ⓔ
⑤ ⊙, ⓒ, ⓒ, ⓔ

주관식 단답형 문제

01
상중하

화재의 예방 및 안전관리에 관한 법률 제2조(정의) 규정의 일부이다. (   )에 들어갈 용어를 쓰시오.

> (   )이란 화재의 위험으로부터 사람의 생명·신체 및 재산을 보호하기 위하여 화재발생을 사전에 제거하거나 방지하기 위한 모든 활동을 말한다.

02
상중하

화재의 예방 및 안전관리에 관한 법률 제2조(정의) 규정의 일부이다. (   )에 들어갈 용어를 쓰시오.

> (   )란 화재로 인한 피해를 최소화하기 위한 예방, 대비, 대응 등의 활동을 말한다.

03
상중하

화재의 예방 및 안전관리에 관한 법률 제2조(정의) 규정의 일부이다. (   )에 들어갈 용어를 쓰시오.

> (   )란 소방관서장이 소방대상물, 관계지역 또는 관계인에 대하여 소방시설등이 소방 관계 법령에 적합하게 설치·관리되고 있는지, 소방대상물에 화재의 발생 위험이 있는지 등을 확인하기 위하여 실시하는 현장조사·문서열람·보고요구 등을 하는 활동을 말한다.

04
상중하

화재의 예방 및 안전관리에 관한 법률 제2조(정의) 규정의 일부이다. (   )에 들어갈 용어를 쓰시오.

> (   )란 특별시장·광역시장·특별자치시장·도지사 또는 특별자치도지사(이하 "시·도지사"라 한다)가 화재발생 우려가 크거나 화재가 발생할 경우 피해가 클 것으로 예상되는 지역에 대하여 화재의 예방 및 안전관리를 강화하기 위해 지정·관리하는 지역을 말한다.

05
상중하

화재의 예방 및 안전관리에 관한 법률 제2조(정의) 규정의 일부이다. (　　) 안에 들어갈 용어를 쓰시오.

> (　　)이란 화재가 발생할 경우 사회·경제적으로 피해 규모가 클 것으로 예상되는 소방대상물에 대하여 화재위험요인을 조사하고 그 위험성을 평가하여 개선대책을 수립하는 것을 말한다.

06
상중하

화재의 예방 및 안전관리에 관한 법률 시행령 제8조 일부 규정이다. (　　) 안에 들어갈 용어를 각각 쓰시오.

> 소방관서장은 화재안전조사의 목적에 따라 다음 각 호의 어느 하나에 해당하는 방법으로 화재안전조사를 실시할 수 있다.
> 1. (　　)조사 : 제7조의 화재안전조사 항목 전부를 확인하는 조사
> 2. (　　)조사 : 제7조의 화재안전조사 항목 중 일부를 확인하는 조사

07
상중하

화재의 예방 및 안전관리에 관한 법률 시행령 제8조 일부 규정이다. (　　) 안에 들어갈 숫자를 쓰시오.

> 소방관서장은 화재안전조사를 실시하려는 경우 사전에 법 제8조 제2항 각 호 외의 부분 본문에 따라 조사대상, 조사기간 및 조사사유 등 조사계획을 소방청, 소방본부 또는 소방서(이하 "소방관서"라 한다)의 인터넷 홈페이지나 법 제16조 제3항에 따른 전산시스템을 통해 (　　)일 이상 공개해야 한다.

08
상중하

화재의 예방 및 안전관리에 관한 법률 시행령 제14조 일부 내용으로 (　　)에 들어갈 용어를 차례대로 쓰시오.

> 소방청장 또는 시·도지사는 제14조 제1항에 따른 명령으로 인하여 손실을 입은 자가 있는 경우에는 대통령령으로 정하는 바에 따라 보상하여야 한다.
> 1. 법 제15조에 따라 소방청장 또는 시·도지사가 손실을 보상하는 경우에는 (　　)로(으로) 보상해야 한다.
> 2. 보상금의 지급 또는 공탁의 통지에 불복하는 자는 지급 또는 공탁의 통지를 받은 날부터 30일 이내에 「공익사업을 위한 토지 등의 취득 및 보상에 관한 법률」 제49조에 따른 중앙토지수용위원회 또는 관할 지방토지수용위원회에 (　　)을(를) 신청할 수 있다.

09 화재의 예방 및 안전관리에 관한 법률 시행령 제15조의 일부 규정이다. ( )에 들어갈 숫자를 쓰시오.

> 소방관서장은 법 제16조 제1항에 따라 화재안전조사 결과를 공개하는 경우 (   )일 이상 해당 소방관서 인터넷 홈페이지나 전산시스템을 통해 공개해야 한다.

10 화재의 예방 및 안전관리에 관한 법률 시행령 제20조의 일부 내용이다. (   ) 안에 들어갈 용어를 쓰시오.

> 소방관서장은 법 제18조 제3항에 따라 화재예방강화지구 안의 소방대상물의 위치·구조 및 설비 등에 대한 (   )를 연 1회 이상 실시해야 한다.

11 화재의 예방 및 안전관리에 관한 법률 시행령 제20조의 일부 내용이다. (   ) 안에 들어갈 숫자를 순서대로 쓰시오.

> 1. 소방관서장은 법 제18조 제5항에 따라 화재예방강화지구 안의 관계인에 대하여 소방에 필요한 훈련 및 교육을 연 (   )회 이상 실시할 수 있다.
> 2. 소방관서장은 훈련 및 교육을 실시하려는 경우에는 화재예방강화지구 안의 관계인에게 훈련 또는 교육 (   )일 전까지 그 사실을 통보해야 한다.

12 화재의 예방 및 안전관리에 관한 법률 제21조 일부 내용이다. (   ) 안에 들어갈 용어를 쓰시오.

> 소방청장은 화재발생 원인 및 연소과정을 조사·분석하는 등의 과정에서 법령이나 정책의 개선이 필요하다고 인정되는 경우 그 법령이나 정책에 대한 화재위험성의 유발요인 및 완화 방안에 대한 평가인 (   )를 실시할 수 있다.

13 화재의 예방 및 안전관리에 관한 법률 제24조 일부 내용이다. (   ) 안에 들어갈
용어를 쓰시오.

> 특정소방대상물 중 전문적인 안전관리가 요구되는 대통령령으로 정하는 특정
> 소방대상물(이하 "소방안전관리대상물"이라 한다)의 (   )은 소방안전관리업
> 무를 수행하기 위하여 제30조 제1항에 따른 소방안전관리자 자격증을 발급받
> 은 사람을 소방안전관리자로 선임하여야 한다.

14 화재의 예방 및 안전관리에 관한 법률 제35조 규정의 일부이다. (   ) 안에 들어
갈 용어를 쓰시오.

> 관리의 권원별 관계인은 상호 협의하여 특정소방대상물의 전체에 걸쳐 소방안
> 전관리상 필요한 업무를 총괄하는 소방안전관리자인 (   )를 선임된 소방안
> 전관리자 중에서 선임하거나 별도로 선임하여야 한다.

15 화재의 예방 및 안전관리에 관한 법률 제26조 규정의 일부이다. (   ) 안에 들어
갈 숫자 및 용어를 각각 쓰시오.

> 소방안전관리대상물의 관계인이 제24조에 따라 소방안전관리자 또는 소방안
> 전관리보조자를 선임한 경우에는 행정안전부령으로 정하는 바에 따라 선임한
> 날부터 (   )일 이내에 소방본부장 또는 소방서장에게 신고하고, 소방안전관
> 리대상물의 출입자가 쉽게 알 수 있도록 (   )의 성명과 그 밖에 행정안전
> 부령으로 정하는 사항을 게시하여야 한다

16 화재의 예방 및 안전관리에 관한 법률 시행규칙 제29조의 일부 내용이다. (   )
안에 들어갈 숫자를 순서대로 쓰시오.

> 소방안전관리자는 소방안전관리자로 선임된 날부터 (   )개월 이내에 실무교
> 육을 받아야 하며, 그 이후에는 (   )년마다(최초 실무교육을 받은 날을 기준
> 일로 하여 매 2년이 되는 해의 기준일과 같은 날 전까지를 말한다) 1회 이상
> 실무교육을 받아야 한다.

17 화재의 예방 및 안전관리에 관한 법률 제41조 규정의 일부이다. (   ) 안에 들어
갈 용어를 쓰시오.

> 대통령령으로 정하는 소방안전 특별관리시설물의 관계인은 화재의 예방 및 안
> 전관리를 체계적·효율적으로 수행하기 위하여 대통령령으로 정하는 바에 따
> 라「소방기본법」 제40조에 따른 한국소방안전원 또는 소방청장이 지정하는 화
> 재예방안전진단기관으로부터 정기적으로 (   )을 받아야 한다

18 화재의 예방 및 안전관리에 관한 법률 시행령 제44조 규정의 일부이다. (   ) 안
에 들어갈 숫자를 쓰시오.

> 소방안전관리대상물이 건축되어 제43조 각 호의 소방안전 특별관리시설물에
> 해당하게 된 경우 해당 소방안전 특별관리시설물의 관계인은 「건축법」 제22조
> 에 따른 사용승인 또는 「소방시설공사업법」 제14조에 따른 완공검사를 받은
> 날부터 (   )년이 경과한 날이 속하는 해에 법 제41조 제1항에 따라 최초의 화
> 재예방안전진단을 받아야 한다.

19 화재의 예방 및 안전관리에 관한 법률 시행령 안전등급의 기준에 관한 별표7의 일
부이다. (   )에 들어갈 안전등급과 함께 영어 알파벳 대문자로 답안지에 쓰시오.

> 화재예방안전진단 실시 결과 문제점이 일부 발견되었으나 대상물의 화재안전
> 에는 이상이 없으며 대상물 일부에 대해 보수·보강 등의 조치명령이 필요한
> 상태를 (   )등급이라 한다.

20 화재의 예방 및 안전관리에 관한 법률 제50조(벌칙) 규정의 일부이다. (   ) 안에
들어갈 숫자를 각각 쓰시오.

> 소방안전관리자 자격증을 다른 사람에게 빌려 주거나 빌리거나 이를 알선한
> 자는 해당하는 자는 (   )년 이하의 징역 또는 (   )천만원 이하의 벌금에 처
> 한다.

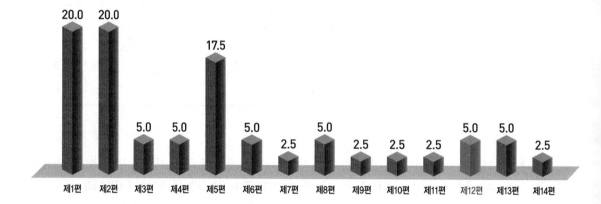

🔍 제26회 기출문제 분석

전기사업법은 2문제(1문제는 주관식)가 출제되는 데 비해서 학습 분량은 상당히 많다. 용어와 전기사업, 전기신사업, 전력시장, 전력수급 등을 중심으로 정리하고 나머지는 간략하게 내용을 압축시켜서 학습하는 것이 필요하다.

전기사업법

전기사업법

📖 **연계학습** 기본서 p.918~964

┌ **단·원·열·기** ┐

전기사업법은 2문제(1문제는 주관식)가 출제된다. 용어, 한국전력거래소, 전력수급 및 전력시장, 전력산업의 기반조성, 전기설비의 안전관리 등을 중심으로 정리하고 나머지는 간략하게 내용을 압축시켜서 학습하는 것이 필요하다.

01 전기사업법령상 용어에 관한 설명으로 틀린 것은?

상중하

① 전기사업이란 발전사업·송전사업·배전사업·전기판매사업 및 구역전기사업을 말한다.

② 전기설비는 전기사업용전기설비,일반용전기설비,자가용전기설비로 구분한다.

③ 개폐소란 원활한 전기의 흐름과 전기의 품질유지를 위하여 전기의 흐름을 통제·관리하는 체제를 말한다.

④ 전기수용설비는 수전설비와 구내배전설비를 말한다.

⑤ 변전소란 변전소의 밖으로부터 전압 5만V 이상의 전기를 전송 받아 이를 변성하여 변전소 밖의 장소에 전송할 목적으로 설치하는 변압기 그 밖의 전기설비의 총합체를 말한다.

02 전기사업법령상 전기신사업에 해당하는 것을 모두 고른 항목은?

상중하

┌───┐
│ ㉠ 전기자동차충전사업   │
│ ㉡ 재생에너지전기공급사업 및 재생에너지전기저장판매사업   │
│ ㉢ 소규모전력중개사업   │
│ ㉣ 통합발전소사업, 송전제약발생지역전기공급사업   │
└───┘

① ㉠, ㉡, ㉢   ② ㉡, ㉢, ㉣
③ ㉠, ㉡, ㉣   ④ ㉠, ㉢, ㉣
⑤ ㉠, ㉡, ㉢, ㉣

03 전기사업법령상 용어에 관한 설명으로 틀린 것은?

① 고압이란 직류에서는 1500볼트를 초과하고 7천볼트 이하인 전압을 말하고, 교류에서는 1000볼트를 초과하고 7천볼트 이하인 전압을 말한다.

② 분산형전원이란 전력수요 지역 인근에 설치하여 배전선로의 건설을 최소화할 수 있는 일정 규모 이하의 발전설비로서 산업통상자원부령으로 정하는 것을 말한다.

③ 송전선로란 발전소 상호간, 변전소 상호간, 발전소와 변전소 간을 연결하는 전선로와 이에 속하는 전기설비를 말한다.

④ 보편적 공급이란 전기사용자가 언제 어디서나 적정한 요금으로 전기를 사용할 수 있도록 전기를 공급하는 것을 말한다.

⑤ 일반용전기설비란 소규모의 전기설비로서 한정된 구역에서 전기를 사용하기 위하여 설치하는 전기설비로서 저압에 해당하는 용량 75kW 미만의 전력을 타인으로부터 수전하여 그 수전장소에서 그 전기를 사용하기 위한 전기설비와 저압에 해당하는 용량 10kW 이하인 발전설비를 말한다.

04 전기사업법령상 소규모전력중개사업을 하기 위한 소규모전력자원을 다음에서 모두 모두 고른 항목은?

> ㉠ 신에너지 및 재생에너지의 발전설비용량 2만kW 이하 발전설비
> ㉡ 충전·방전설비용량 2만kW 이하의 전기저장장치
> ㉢ 「환경친화적 자동차의 개발 및 보급 촉진에 관한 법률」 제2조 제3호에 따른 전기자동차
> ㉣ 통합발전소사업으로 발전설비용량 2만kW 이하 발전설비

① ㉠, ㉡, ㉢　　　　　　② ㉡, ㉢, ㉣
③ ㉠, ㉡, ㉣　　　　　　④ ㉠, ㉢, ㉣
⑤ ㉠, ㉡, ㉢, ㉣

05 전기사업법령상 전기사업자에 관한 설명으로 틀린 것은?

상중하

① 발전사업이란 전기를 생산하여 이를 전력시장을 통하여 전기판매사업자에게 공급함을 주된 목적으로 하는 사업을 말한다.

② 송전사업이란 발전소에서 생산된 전기를 배전사업자에게 송전하는 데 필요한 전기설비를 설치·관리함을 주된 목적으로 하는 사업을 말한다.

③ 배전사업이란 발전소로부터 송전된 전기를 전기사용자에게 배전하는 데 필요한 전기설비를 설치·운영함을 주된 목적으로 하는 사업을 말한다.

④ 전기판매사업이란 전기사용자에게 전기를 공급함을 주된 목적으로 하는 사업을 말한다.

⑤ 구역전기사업이란 3만 5천kW 이하의 발전설비를 갖추고 특정한 공급구역의 수요에 응하여 전기를 생산하여 전력시장을 통하여 당해 공급구역 안의 전기사용자에게 공급함을 주된 목적으로 하는 사업을 말한다.

06 전기사업법령상 전기신사업에 관한 설명으로 틀린 것은?

상중하

① 전기자동차충전사업이란 「환경친화적 자동차의 개발 및 보급 촉진에 관한 법률」 제2조 제3호에 따른 전기자동차에 전기를 유상으로 공급하는 것을 주된 목적으로 하는 사업을 말한다.

② 소규모전력중개사업이란 소규모전력자원에서 생산 또는 저장된 전력을 모아서 전력시장을 통하지 않고 거래하는 것을 주된 목적으로 하는 사업을 말한다.

③ 재생에너지전기공급사업이란 「신에너지 및 재생에너지 개발·이용·보급 촉진법」 제2조 제2호에 따른 재생에너지를 이용하여 생산한 전기를 전기사용자에게 공급하는 것을 주된 목적으로 하는 사업을 말한다.

④ 통합발전소사업이란 정보통신 및 자동제어 기술을 이용해 대통령령으로 정하는 에너지자원을 연결·제어하여 하나의 발전소처럼 운영하는 시스템을 활용하는 사업을 말한다.

⑤ 재생에너지전기저장판매사업이란 재생에너지를 이용하여 생산한 전기를 전기저장장치에 저장하여 전기사용자에게 판매하는 것을 주된 목적으로 하는 사업으로서 산업통상자원부령으로 정하는 것을 말한다.

07 전기사업법령상 분산형전원에 대한 발전설비규모를 설명한 것으로 (   )에 옳게
열거된 것은?

> 1. 발전설비용량 (㉠) kW 이하의 발전설비
> 2. 다음의 자가 설치한 발전설비용량 (㉡) kW 이하의 발전설비
>   ① 「집단에너지사업법」 제48조에 따라 발전사업의 허가를 받은 것으로 보는
>   집단에너지사업자
>   ② 구역전기사업자
>   ③ 자가용전기설비를 설치한 자

① ㉠: 4만   ㉡: 20만   ② ㉠: 50만   ㉡: 4만
③ ㉠: 10만   ㉡: 20만   ④ ㉠: 4만   ㉡: 50만
⑤ ㉠: 50만   ㉡: 20만

08 전기사업법령상 용어에 관한 설명으로 틀린 것은?
① 특고압이란 직류든 교류든 7천V를 초과하는 전압을 말한다
② 배전사업자는 전기판매사업을 겸업할 수 있다.
③ 「댐건설·관리 및 주변지역지원 등에 관한 법률」에 따라 건설되는 댐 및 저
   수지와 선박·차량 또는 항공기가 그 기능을 유지하도록 하기 위하여 설치되
   는 전기설비도 전기설비에 포함된다.
④ 자가용전기설비란 전기사업용 전기설비 및 일반용 전기설비 외의 전기설비를
   말한다.
⑤ 전기신사업자란 전기자동차충전사업자, 소규모전력중개사업자 및 재생에너지
   전기공급사업자, 통합발전소사업자, 재생에너지전기저장판매사업자 및 송
   전제약발생지역전기공급을 말한다.

09 전기사업법령상 전기사업에 관한 설명으로 틀린 것은?

상종하

① 전기사업을 하려는 자는 전기사업의 종류별 또는 규모별로 산업통상자원부장관 또는 시·도지사(이하 "허가권자"라 한다)의 허가를 받아야 한다.

② 도서지역에서 전기사업을 하는 경우에는 동일인에게 두 종류 이상의 전기사업을 허가할 수 있다.

③ 전기사업자는 허가권자가 지정한 준비기간에 사업에 필요한 전기설비를 설치하고 사업을 시작하여야 한다. 준비기간은 10년의 범위에서 산업통상자원부장관이 정하여 고시하는 기간을 넘을 수 없다.

④ 산업통상자원부장관은 전기사업을 허가 또는 변경허가를 하려는 경우에는 미리 전력정책심의회의 심의를 거쳐야 한다.

⑤ 전기사업자는 사업을 시작한 경우에는 지체 없이 그 사실을 허가권자에게 신고하여야 한다. 다만, 발전사업자의 경우에는 최초로 전력거래를 한 날부터 30일 이내에 신고하여야 한다.

10 전기사업법령상 전기사업자의 결격사유에 관한 설명으로 틀린 것은?

상종하

① 미성년자, 피한정후견인, 피성년후견인

② 파산선고를 받고 복권되지 아니한 자

③ 「형법」 중 전기에 관한 죄를 짓거나 「전기사업법」에 위반하여 금고 이상의 실형을 선고받고 그 집행이 끝나거나(집행이 끝난 것으로 보는 경우를 포함한다) 집행이 면제된 날부터 2년이 지나지 아니한 자

④ 위 ③에 규정된 죄를 지어 금고 이상의 형의 집행유예선고를 받고 그 유예기간 중에 있는 자

⑤ 전기사업의 허가가 취소(① 또는 ②의 결격사유에 해당하여 허가가 취소된 경우에는 제외한다)된 후 2년이 지나지 아니한 자

11 전기사업법령상 전기사업허가를 취소해야 하는 필연적 허가취소사유를 옳게 묶은 것은?

> ㉠ 거짓이나 그 밖의 부정한 방법으로 전기사업의 허가 또는 변경허가를 받는 경우
> ㉡ 전기사업자가 전기사업의 준비기간 내에 전기설비의 설치 및 사업을 시작하지 아니한 경우
> ㉢ 정당한 사유 없이 전기의 공급을 거부한 경우
> ㉣ 전기사업허가의 결격사유에 해당하게 된 경우

① ㉠, ㉡, ㉢ ② ㉡, ㉢, ㉣
③ ㉠, ㉡, ㉣ ④ ㉠, ㉢, ㉣
⑤ ㉠, ㉡, ㉢, ㉣

12 전기사업법령상 전기신사업에 관한 설명으로 틀린 것은?

① 전기신사업을 하려는 자는 전기신사업의 종류별로 산업통상자원부장관에게 등록하여야 한다.
② 전기신사업의 등록이 취소(피성년후견인 또는 파산선고를 받고 복권되지 아니한 자로서 등록이 취소된 경우는 제외한다)된 후 2년이 지나지 아니한 자는 전기신사업을 할 수 없다.
③ 전기신사업자는 대통령령으로 정하는 바에 따라 요금과 그 밖의 이용조건에 관한 약관을 작성하여 산업통상자원부장관에게 신고할 수 있다.
④ 산업통상자원부장관은 ③에 따른 신고 또는 변경신고를 받은 날부터 7일 이내에 수리(受理) 여부 또는 수리 지연 사유 및 민원 처리 관련 법령에 따른 처리기간의 연장을 통지하여야 한다.
⑤ 사업정지기간에 전기신사업을 한 경우 그 등록을 취소하여야 한다.

13
상종하

전기사업법령상 전기판매사업자가 전기의 공급을 거부할 수 있는 정당한 사유가 아닌 것은?

① 전기의 공급을 요청하는 자가 전기판매사업자의 정당한 조건에 따르지 아니하고 다른 방법으로 전기의 공급을 요청하는 경우

② 1만킬로와트 이상 10만킬로와트 미만으로 전기를 사용하려는 자가 사용 예정일 2년 전까지 전기판매사업자에게 미리 전기의 공급을 요청하지 아니하는 경우

③ 발전용 전기설비의 정기적인 보수기간 중 전기의 공급을 요청하는 경우

④ 전기요금을 미납한 전기사용자가 납기일의 다음 날부터 공급약관에서 정하는 기한까지 해당 요금을 납부하지 아니하는 경우

⑤ 재난이나 그 밖의 비상사태로 인하여 전기공급이 불가능한 경우

14
상종하

전기사업법령상 발전사업자 및 전기판매사업자가 전기공급을 거부할 수 있는 사유에 해당하지 않는 것은?

① 전기요금을 납기일까지 납부하지 아니한 전기사용자가 공급약관에서 정하는 기간까지 해당 요금을 내지 아니하는 경우

② 전기사용자가 법 제18조 제1항에 따른 전기의 품질에 적합하지 아니한 전기의 공급을 요청하는 경우

③ 전기의 공급을 요청하는 자가 불합리한 조건을 제시하거나 전기판매사업자, 전기충전사업자 또는 재생에너지공급사업자의 정당한 조건에 따르지 아니하고 다른 방법으로 전기의 공급을 요청하는 경우

④ 다른 법률에 따라 시장·군수·구청장(자치구의 구청장) 또는 그 밖의 행정기관의 장이 전기공급의 정지를 요청하는 경우

⑤ 전기를 대량으로 사용하려는 자가 사용예정일 4년 전에 용량 10만킬로와트 이상 30만킬로와트 미만의 전기를 사업자에게 요청하는 경우

15 전기사업법령의 내용으로 옳지 않은 것은?

① 전기사업을 하려는 자는 전기사업의 종류별로 산업통상자원부장관 또는 시·도지사의 허가를 받아야 한다.

② 한국전력거래소는 주된 사무소의 소재지에서 설립등기를 함으로써 성립한다.

③ "발전사업"이란 전기를 생산하여 이를 전력시장을 통하여 전기판매사업자에게 공급하는 것을 주된 목적으로 하는 사업을 말한다.

④ 발전사업자 및 전기판매사업자는 정당한 사유 없이 전기의 공급을 거부하여서는 아니 된다.

⑤ 산업통상자원부장관은 전력산업기반조성계획은 5년 단위로 수립·시행한다.

16 전기사업법령상 전기공급약관에 관한 설명으로 틀린 것은?

① 전기판매사업자는 대통령령으로 정하는 바에 따라 전기요금과 그 밖의 공급조건에 관한 약관(이하 "기본공급약관"이라 한다)을 작성하여 산업통상자원부장관의 인가를 받아야 한다.

② 산업통상자원부장관은 기본공급약관인가를 하려는 경우에는 전기위원회의 심의를 거쳐야 한다.

③ 전기판매사업자는 그 전기수요를 효율적으로 관리하기 위하여 필요한 범위에서 기본공급약관으로 정한 것과 다른 요금이나 그 밖의 공급조건을 내용으로 정하는 약관(이하 "선택공급약관"이라 한다)을 작성할 수 있다.

④ 전기판매사업자는 전기신사업의 공정한 거래질서를 확립하기 위하여 공정거래위원회 위원장과 협의를 거쳐 표준약관을 제정 또는 개정할 수 있다.

⑤ 구역전기사업자는 사고나 그 밖에 사유로 전력이 부족하거나 남는 경우에는 부족한 전력 또는 남는 전력을 전기판매사업자와 거래에 따른 전기요금과 그 밖의 거래조건에 관한 사항을 내용으로 하는 약관(이하 "보완공급약관"이라 한다)을 작성하여 산업통상자원부장관의 인가를 받아야 한다.

17 전기사업법령상 전력에 관한 설명으로 옳은 것은?

① 전력수급기본계획은 5년 단위로 이를 수립·시행한다.

② 전기사업자는 매년 12월 말까지 계획기간을 3년 이상으로 한 전기설비의 시설계획 및 전기공급계획을 작성하여 산업통상자원부장관에게 신고하여야 한다.

③ 소규모전력중개사업자는 모집한 소규모전력자원에서 생산 또는 저장한 전력을 전력수급기본계획으로 정하는 바에 따라 전력시장에서 거래하여야 한다.

④ 전기사용자는 전력시장에서 전력을 직접 구매할 수 없다. 다만, 수전설비용량이 3만kW 이상인 전기사용자는 그러하지 아니하다.

⑤ 산업통상자원부장관은 전기사용자의 이익을 보호하기 위하여 필요한 경우에는 미리 전력정책심의회의 심의를 거쳐서 전력거래가격의 상한을 정하여 고시할 수 있다.

18 전기사업법령상 전력거래에 관한 설명으로 옳은 것은?

① 발전사업자 및 전기판매사업자는 한국전력거래소가 운영하는 전력계통에 연결되어 있지 아니한 도서지역에서 전력을 거래하는 경우 전력시장에서 전력거래를 하여야 한다.

② 태양광 설비를 설치한 자가 해당 설비를 통하여 생산한 전력 중 자기가 사용하고 남은 전력을 거래하는 경우에는 전력시장에서 거래할 수 없다.

③ 전기판매사업자는 설비용량이 3만킬로와트인 발전사업자가 생산한 전력을 전력시장운영규칙으로 정하는 바에 따라 우선적으로 구매할 수 있다.

④ 구역전기사업자는 발전기의 고장, 정기점검 및 보수 등으로 인하여 해당 특정한 공급구역의 수요에 부족한 전력을 전력시장에서 거래할 수 있다.

⑤ 소규모전력중개사업자는 모집한 소규모전력자원에서 생산 또는 저장한 전력을 전력시장에서 거래하지 아니할 수 있다.

19
상중하

전기사업법령상 전기사업 및 전력시장에 관한 설명으로 옳은 것을 모두 고른 것은?

> ㉠ 전기신사업이란 전기자동차충전사업, 구역전기사업 및 재생에너지생산사업을 말한다.
> ㉡ 전기판매사업자는 전기요금과 그 밖의 공급조건에 관한 약관을 작성하여 산업통상자원부장관에게 신고하여야 한다.
> ㉢ 수전설비(受電設備)의 용량이 3만킬로볼트암페어 이상인 전기사용자는 전력시장에서 전력을 직접 구매할 수 있다.
> ㉣ 전기판매사업자는 설비용량이 2만킬로와트 이하인 발전사업자가 생산한 전력을 전력시장운영규칙으로 정하는 바에 따라 우선적으로 구매할 수 있다.

① ㉠, ㉡　　　　　　② ㉠, ㉣　　　　　　③ ㉡, ㉢
④ ㉡, ㉣　　　　　　⑤ ㉢, ㉣

20
상중하

전기사업법령상 한국전력거래소에 관한 설명으로 옳지 않은 것은?

① 한국전력거래소는 전력시장 및 전력계통의 운영에 관한 규칙을 정하여야 한다.
② 한국전력거래소의 회원이 아닌 자는 전력시장에서 전력거래를 하지 못한다.
③ 한국전력거래소는 전기사업자 및 수요관리사업자에게 전력계통의 운영을 위하여 필요한 지시를 할 수 있다. 이 경우 발전사업자 및 수요관리사업자에 대한 지시는 전력시장에서 결정된 우선순위에 따라 하여야 한다.
④ 전력시장에서 전력거래를 하는 자가용전기설비를 설치한 자는 한국전력거래소의 회원이 될 자격이 없다.
⑤ 산업통상자원부장관은 천재지변, 전시·사변, 경제사정의 급격한 변동, 그 밖에 이에 준하는 사태가 발생하여 전력시장에서 전력거래가 정상적으로 이루어질 수 없다고 인정하는 경우에는 전력시장에서의 전력거래의 정지·제한이나 그 밖에 필요한 조치를 할 수 있다.

21 전기사업법령상 한국전력거래소의 업무가 아닌 것은?

① 전력시장의 개설·운영에 관한 업무

② 전력시장운영규칙의 제정·변경·또는 폐지의 승인에 관한 업무

③ 회원의 자격심사에 관한 업무

④ 전력거래대금 및 전력거래에 따른 비용의 청구·정산 및 지불에 관한 업무

⑤ 전력거래량의 계량에 관한 업무

22 전기사업법령상 전력산업기반조성에 관한 설명으로 옳지 않은 것은?

① 전력산업기반조성계획은 3년 단위로 수립·시행한다.

② 산업통상자원부장관은 전력산업기반조성계획을 수립하려는 경우에는 전기위원회의 심의를 거쳐야 한다.

③ 산업통상자원부장관은 전력산업기반조성계획을 효율적으로 추진하기 위하여 매년 시행계획을 수립하고 공고하여야 한다.

④ 산업통상자원부장관은 전력산업기반조성사업을 실시하려는 경우에는 주관기관의 장과 협약을 체결하여야 한다.

⑤ 정부는 전력산업의 지속적인 발전과 전력산업의 기반조성에 필요한 재원을 확보하기 위하여 전력산업기반기금(이하 "기금"이라 한다)을 설치한다.

23 전기사업법령상 산업통상자원부장관은 전력산업기반조성사업을 실시하려는 경우에는 주관기관의 장과 체결하는 협약에 포함되어야 할 사항으로 명시된 것은?

① 사업시행의 결과 보고 및 그 결과의 활용에 관한 사항

② 필요한 자금 및 자금 조달계획

③ 전력산업전문인력의 양성에 관한 사항

④ 전력분야의 연구기관 및 단체의 육성·지원에 관한 사항

⑤ 전력수요 관리사업에 관한 사항

24 전기사업법령상 전력정책심의회에 관한 설명으로 옳지 않은 것은?

상중하

① 전력수급 및 전력산업기반조성에 관한 중요사항을 심의하기 위하여 산업통상자원부에 전력정책심의회를 둔다.

② 전력정책심의회는 위원장 1인을 포함한 30명 이내의 위원으로 구성한다.

③ 전력정책심의회는 기본계획, 전력산업기반조성계획, 전력산업기반조성계획의 시행계획 등을 심의한다.

④ 전기사업자, 전력산업에 관한 학식과 경험이 풍부한 사람 또는 시민단체(「비영리민간단체 지원법」 제2조에 따른 비영리민간단체를 말한다)가 추천하는 사람 중 산업통상자원부장관이 위촉하는 사람도 위원이 될 수 있다.

⑤ 전력정책심의회의 위원장은 위원 중에서 호선하며, 전력정책심의회를 대표하고, 전력정책심의회의 업무를 총괄한다.

25 전기사업법령상 전기위원회에 관한 설명으로 옳지 않은 것은?

상중하

① 전기사업 등의 공정한 경쟁환경 조성 및 전기사용자의 권익보호에 관한 사항의 심의와 전기사업 등과 관련된 분쟁의 재정(裁定)을 위하여 산업통상자원부에 전기위원회를 둔다.

② 전기위원회는 위원장 1명을 포함한 9명 이내의 위원으로 구성하되, 위원 중 대통령령으로 정하는 수의 위원은 상임으로 한다.

③ 전기위원회의 위원장을 포함한 위원은 산업통상자원부장관이 임명 또는 위촉한다.

④ 판사·검사 또는 변호사로서 10년 이상 있거나 있었던 사람은 위원으로 임명 또는 위촉될 수 있다.

⑤ 전기위원회가 재정을 한 경우 그 재정의 내용에 대하여 재정서의 정본(正本)이 당사자에게 송달된 날부터 60일 이내에 다른 당사자를 피고로 하는 소송이 제기되지 아니하거나 그 소송이 취하(取下)된 경우에는 당사자 간에 그 재정의 내용과 동일한 합의가 성립된 것으로 본다.

26 전기사업법령상 전기설비의 안전관리에 관한 설명으로 옳지 않은 것은?

상중하

① 전기사업자는 전기사업용 전기설비의 설치공사 또는 변경공사로서 산업통상자원부령으로 정하는 공사를 하려는 경우에는 그 공사계획에 대하여 산업통상자원부장관의 인가를 받아야 한다.

② 전기사업자는 전기설비가 사고·재해 또는 그 밖의 사유로 멸실·파손되거나 전시·사변 등 비상사태가 발생하여 부득이하게 공사를 하여야 하는 경우에는 위의 규정에도 불구하고 산업통상자원부령으로 정하는 바에 따라 공사를 시작한 후 지체 없이 그 사실을 산업통상자원부장관에게 신고하여야 한다.

③ 전기사업용 전기설비의 설치공사 또는 변경공사를 한 자는 산업통상자원부령으로 정하는 바에 따라 허가권자가 실시하는 검사에 합격한 후에 이를 사용하여야 한다.

④ 허가권자는 사용전검사에 불합격한 경우에도 안전상 지장이 없고 전기설비의 임시사용이 필요하다고 인정되는 경우에는 사용 기간 및 방법을 정하여 그 설비를 임시로 사용하게 할 수 있다.

⑤ 전기설비의 임시사용기간은 6개월 이내로 한다.

27 전기사업법령상 전기설비의 안전관리에 관한 설명으로 옳지 않은 것은?

상중하

① 산업통상자원부장관은 원활한 전기공급 및 전기설비의 안전관리를 위하여 필요한 기술기준을 정하여 고시하여야 한다.

② 전기사업자는 전기설비를 기술기준에 적합하도록 유지하여야 한다.

③ 시장·군수·구청장 또는 토지소유자는 전주와 그 전주에 가공으로 설치된 전선로의 지중이설이 필요하다고 판단하는 경우 전기사업자에게 이를 요청할 수 있다.

④ 지중이설에 필요한 비용은 전기사업자가 부담한다.

⑤ 시장·군수·구청장이 공익적인 목적을 위하여 지중이설을 요청하는 경우 전선로를 설치한 자는 산업통상자원부장관이 정하는 기준과 절차에 따라 그 비용의 일부를 부담할 수 있다.

28 전기사업법령상 물밑선로보호구역에 관한 설명으로 틀린 것은?

상중하

① 산업통상자원부장관은 물밑선로보호구역의 지정신청이 있는 경우에는 물밑선로보호구역을 지정할 수 있다.

② 산업통상자원부장관은 물밑선로보호구역을 지정하려는 경우에는 미리 해양수산부장관과 협의하여야 한다.

③ 「양식산업발전법」에 따른 양식업 면허를 받은 지역을 물밑선로보호구역으로 지정하려는 경우에는 시장·군수·구청장의 동의를 받아야 한다.

④ 물밑선로보호구역에서는 연해·근해 준설(浚渫) 작업 행위는 원칙적으로 금지된다.

⑤ 물밑선로보호구역에서 산업통상자원부장관의 승인을 받은 경우에는 물밑에서 광물·수산물을 채취하는 행위는 할 수 있다.

29 전기사업법령상 다른 자의 토지등의 사용에 관한 설명으로 옳지 않은 것은?

상중하

① 전기사업자는 전기사업용 전기설비의 설치나 이를 위한 실지조사·측량 및 시공 또는 전기사업용 전기설비의 유지·보수를 위하여 필요한 경우에는 「공익사업을 위한 토지등의 취득 및 보상에 관한 법률」에서 정하는 바에 따라 다른 자의 토지 또는 이에 정착된 건물 그 밖의 공작물을 사용하거나 다른 자의 식물 그 밖의 장애물을 변경 또는 제거할 수 있다.

② 전기사업자는 전기설비의 설치·유지 및 안전관리를 위하여 필요한 경우에는 다른 자의 토지등에 출입할 수 있다. 이 경우 전기사업자는 출입방법 및 출입기간 등에 대하여 미리 토지등의 소유자 또는 점유자와 협의하여야 하며 협의가 성립되지 아니하거나 협의를 할 수 없는 경우에는 시장·군수 또는 구청장의 허가를 받아 토지등에 출입할 수 있다.

③ 전기사업자는 국가·지방자치단체 그 밖의 공공기관이 관리하는 공공용 토지에 전기사업용 전선로를 설치할 필요가 있는 경우에는 그 토지 관리자의 허가 없이 사용할 수 있다.

④ 전기사업자는 토지등의 일시사용이 끝난 경우에는 토지등을 원상으로 회복하거나 이에 필요한 비용을 토지등의 소유자 또는 점유자에게 지급하여야 한다.

⑤ 전기사업자는 천재지변·전시·사변 그 밖의 긴급한 사태로 전기사업용 전기설비 등이 파손되거나 파손될 우려가 있는 경우 15일 이내에서의 다른 자의 토지등을 일시사용할 수 있다.

주관식 단답형 문제

01 전기사업법 제2조(정의) 규정의 일부이다. (   )에 들어갈 용어를 쓰시오.
상중하

> (   )이란 3만 5천kW 이하의 발전설비를 갖추고 특정한 공급구역의 수요에 응하여 전기를 생산하여 전력시장을 통하지 아니하고 당해 공급구역 안의 전기사용자에게 공급함을 주된 목적으로 하는 사업을 말한다.

02 전기사업법 제2조(정의) 규정의 일부이다. (   )에 들어갈 용어를 쓰시오.
상중하

> 전기신사업이란 전기자동차충전사업, 소규모전력중개사업 및 재생에너지전기공급사업, (   ) 및 재생에너지전기저장판매사업을 말한다.

03 전기사업법 제2조(정의) 규정의 일부이다. (   )에 들어갈 용어를 쓰시오.
상중하

> (   )이란 소규모전력자원에서 생산 또는 저장된 전력을 모아서 전력시장을 통하여 거래하는 것을 주된 목적으로 하는 사업을 말한다.

04 전기사업법 제2조(정의) 규정의 일부이다. (   )에 들어갈 용어를 쓰시오.
상중하

> (   )이란 「신에너지 및 재생에너지 개발·이용·보급 촉진법」 제2조 제2호에 따른 재생에너지를 이용하여 생산한 전기를 전기사용자에게 공급하는 것을 주된 목적으로 하는 사업을 말한다.

05 전기사업법 제2조(정의) 규정의 일부이다. (   )에 들어갈 용어를 쓰시오.
상중하

> (   )이란 재생에너지를 이용하여 생산한 전기를 전기저장장치에 저장하여 전기사용자에게 판매하는 것을 주된 목적으로 하는 사업으로서 산업통상자원부령으로 정하는 것을 말한다.

06 전기사업법 제2조(정의) 규정의 일부이다. (　　)에 들어갈 용어를 쓰시오.

> (　　　)사업이란 정보통신 및 자동제어 기술을 이용해 대통령령으로 정하는 에너지자원을 연결·제어하여 하나의 발전소처럼 운영하는 시스템을 활용하는 사업을 말한다.

07 전기사업법 제2조(정의) 규정의 일부이다. (　　)에 들어갈 용어를 쓰시오.

> (　　)이란 원활한 전기의 흐름과 전기의 품질유지를 위하여 전기의 흐름을 통제·관리하는 체제를 말한다.

08 전기사업법 제2조(정의) 규정의 일부이다. (　　)에 들어갈 용어를 쓰시오.

> (　　　)(이)란 전기사용자가 언제 어디서나 적정한 요금으로 전기를 사용할 수 있도록 전기를 공급하는 것을 말한다.

09 전기사업법 시행규칙 제3조 규정의 일부이다. (　　)에 들어갈 숫자와 용어를 쓰시오.

> 일반용전기설비란 산업통상자원부령으로 다음에 정하는 소규모의 전기설비로서 한정된 구역에서 전기를 사용하기 위하여 설치하는 전기설비를 말한다.
> ① 저압에 해당하는 용량 (　㉠　)kW(제조업 또는 심야전력을 이용하는 전기설비는 용량 100kW) 미만의 전력을 타인으로부터 수전하여 그 수전장소(담·울타리 그 밖의 시설물로 타인의 출입을 제한하는 구역 안을 포함한다)에서 그 전기를 사용하기 위한 전기설비
> ② (　㉡　)에 해당하는 용량 10kW 이하인 발전설비

10 전기사업법령상 (　　)에 들어갈 용어를 순서에 무관하게 쓰시오.

> 전기수용설비란 (　)설비와 (　)설비를 말한다.

11
상 중 하

전기사업법 시행규칙 제2조(정의) 규정의 일부이다. (   )에 들어갈 숫자를 쓰시오.

> "저압"이란 직류에서는 (㉠)볼트 이하의 전압을 말하고, 교류에서는 (㉡)볼트 이하의 전압을 말한다.

12
상 중 하

전기사업법 시행규칙 제2조의 일부이다. (   )에 들어갈 숫자를 쓰시오.

> "변전소"란 변전소의 밖으로부터 전압 (   )V 이상의 전기를 전송 받아 이를 변성(전압을 올리거나 내리는 것 또는 전기의 성질을 변경시키는 것을 말한다)하여 변전소 밖의 장소에 전송할 목적으로 설치하는 변압기 그 밖의 전기설비의 총합체를 말한다.

13
상 중 하

전기사업법 제2조의 일부이다. (   )에 들어갈 용어를 쓰시오.

> (   )이란(란) 전력수요 지역 인근에 설치하여 송전선로[발전소 상호간, 변전소 상호간 및 발전소와 변전소 간을 연결하는 전선로(통신용으로 전용하는 것은 제외한다)를 말한다.]의 건설을 최소화할 수 있는 일정 규모 이하의 발전설비로서 산업통상자원부령으로 정하는 것을 말한다.

14
상 중 하

전기사업법 제2조 및 제16조 규정의 일부이다. (   )에 들어갈 용어를 쓰시오.

> - 제2조(정의) 이 법에서 사용하는 용어의 뜻은 다음과 같다.
>   14. "(㉠)"(이)란 전기의 원활한 흐름과 품질유지를 위하여 전기의 흐름을 통제·관리하는 체제를 말한다.
> - 제16조(전기의 공급약관) ③ 전기판매사업자는 그 전기수요를 효율적으로 관리하기 위하여 필요한 범위에서 기본공급약관으로 정한 것과 다른 요금이나 그 밖의 공급조건을 내용으로 정하는 약관[이하 "(㉡)"(이)라 한다]을 작성할 수 있으며, 전기사용자는 기본공급약관을 갈음하여 (㉡)(으)로 정한 사항을 선택할 수 있다.

15
상중하

전기사업법 제16조 규정의 일부이다. (   )에 들어갈 용어를 쓰시오.

> 제16조(전기의 공급약관) ① 전기판매사업자는 대통령령으로 정하는 바에 따라 전기요금과 그 밖의 공급조건에 관한 약관(이하 "기본공급약관"이라 한다)을 작성하여 산업통상자원부장관의 인가를 받아야 한다.
> ② 산업통상자원부장관은 제1항에 따른 인가를 하려는 경우에는 (   )의 심의를 거쳐야 한다.
> ③ ~ ⑤ <생략>

16
상중하

전기사업법 시행규칙 제19조 제1항이다. (   )에 들어갈 숫자를 쓰시오.

> 전기사업자 및 한국전력거래소는 다음에서 정하는 사항을 매년 (㉠)회 이상 측정하여야 하며 그 측정결과를 (㉡)년간 보존하여야 한다.
> ① 발전사업자 및 송전사업자의 경우에는 전압 및 주파수
> ② 배전사업자 및 전기판매사업자의 경우에는 전압
> ③ 한국전력거래소의 경우에는 주파수

17
상중하

전기사업법 제24조 제1항이다. (   )에 공통적으로 들어갈 용어를 쓰시오.

> 허가권자는 전기사업자등이 제21조 제1항에 따른 금지행위를 한 경우에는 전기위원회의 심의(전기신사업자와 허가권자가 시·도지사인 전기사업자의 경우는 제외한다)를 거쳐 대통령령으로 정하는 바에 따라 그 전기사업자등의 매출액의 100분의 5의 범위에서 (   )을 부과·징수할 수 있다. 다만, 매출액이 없거나 매출액의 산정이 곤란한 경우로서 대통령령으로 정하는 경우에는 10억원 이하의 (   )을 부과·징수할 수 있다.

18 전기사업법 제31조 제4항 및 동법시행령 제19조 제5항 일부 규정이다. ( )에
들어갈 숫자를 쓰시오.

> 전기판매사업자는 다음 각 호의 어느 하나에 해당하는 자가 생산한 전력을 제
> 43조에 따른 전력시장운영규칙으로 정하는 바에 따라 우선적으로 구매할 수
> 있다.
> 1. 설비용량이 ( )KW 이하의 발전사업자
> 2. 자가용전기설비를 설치한 자(제2항 단서에 따라 전력거래를 하는 경우만
>   해당한다)
>
> <생략>

19 전기사업법 제31조 제5항의 일부이다. ( )에 들어갈 용어를 쓰시오.

> 「지능형전력망의 구축 및 이용촉진에 관한 법률」 제12조 제1항에 따라 지능형
> 전력망 서비스 제공사업자로 등록한 자 중 대통령령으로 정하는 자, 즉 ( )
> 는(은) 제43조에 따른 전력시장운영규칙으로 정하는 바에 따라 전력시장에서
> 전력거래를 할 수 있다.

20 전기사업법 제34조의 일부이다. ( )에 들어갈 용어를 쓰시오.

> 발전사업자는 전력구매자(전기판매사업자, 전력을 구매하는 구역전기사업자
> 또는 전력을 직접 구매하는 전기사용자를 말한다)와 전력거래가격의 변동으로
> 인하여 발생하는 위험을 줄이기 위하여 일정한 기준가격을 설정하고 그 기준
> 가격과 전력거래가격 간의 차액 보전에 관한 것을 내용으로 하는 계약을 체결
> 할 수 있는데, 이러한 계약을 ( )계약이라 한다.

21 전기사업법 제32조, 동법시행령 제20조의 일부 규정이다. ( )에 들어갈 숫자를
쓰시오.

> 전기사용자는 전력시장에서 전력을 직접 구매할 수 없다. 다만, 수전설비용량
> 이 ( )kVA(킬로볼트암페어) 이상인 전기사용자는 그러하지 아니하다.

22 전기사업법 시행규칙 제31조의2 제2항의 규정이다. (   )안에 들어갈 숫자를 차
례대로 쓰시오.

> 전기설비의 임시사용기간은 (   )개월 이내로 한다. 다만, 임시사용기간에 임
> 시사용의 사유를 해소할 수 없는 특별한 사유가 있다고 인정되는 경우에는 전
> 체 임시사용기간이 (   )년을 초과하지 아니하는 범위에서 임시사용기간을 연
> 장할 수 있다.

23 전기사업법 제51조 제1항 규정이다. (   ) 안에 들어갈 숫자를 쓰시오.

> 산업통상자원부장관은 제49조 각 호의 사업을 수행하기 위하여 전기사용자에
> 대하여 전기요금(제32조 단서에 따라 전력을 직접 구매하는 전기사용자의 경
> 우에는 구매가격에 제15조에 따른 송전용 또는 배전용 전기설비의 이용요금을
> 포함한 금액을 말한다)의 1천분의 (   )이내에서 대통령령으로 정하는 바에 따
> 라 부담금을 부과·징수할 수 있다.

24 전기설비의 안전관리에 관하여 규정하고 있는 전기사업법 제53조 규정의 일부이다.
(   ) 안에 들어갈 용어를 쓰시오.

> 전기사업등의 공정한 경쟁환경 조성 및 전기사용자의 권익보호에 관한 사항의 심
> 의와 전기사업등과 관련된 분쟁의 재정을 위하여 산업통상자원부에 (   )를 둔다.

25 전기사업법 제69조 제1항의 내용이다. (   )안에 들어갈 용어를 쓰시오.

> 전기사업자는 물밑에 설치한 전선로를 보호하기 위하여 필요한 경우에는
> (   )의 지정을 산업통상자원부장관에게 신청할 수 있다.

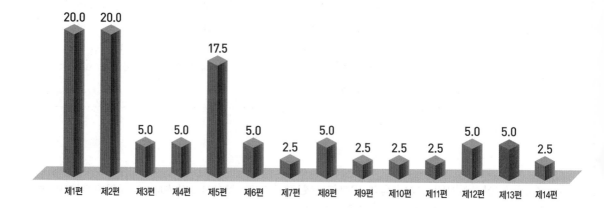

🔍 **제26회 기출문제 분석**

승강기 안전관리법은 2문제가 출제되는데, 1문제는 주관식으로 출제되고 있다. 승강기 종류, 승강기 안전인증, 승강기 설치검사 및 안전검사, 자체점검 등을 중심으로 학습하도록 한다.

승강기 안전관리법

승강기 안전관리법

📖 **연계학습** 기본서 p.969~1005

┌ **단 · 원 · 열 · 기**

승강기 안전관리법은 2문제가 출제되는데, 1문제는 주관식으로 출제되었다. 승강기 안전인증, 승강기 자체점검 및 안전검사, 승강기유지관리, 한국승강기안전공단 등을 중심으로 학습하도록 한다.

01 승강기 안전관리법령상 구조별 엘리베이터 종류에 해당되는 것을 모두 고른 항목은?

┌───┐
│ ㉠ 기계식 엘리베이터   ㉡ 전기식 엘리베이터 │
│ ㉢ 유압식 엘리베이터   ㉣ 공냉식 엘리베이터 │
└───┘

① ㉠, ㉡   ② ㉠, ㉣
③ ㉡, ㉢   ④ ㉡, ㉣
⑤ ㉢, ㉣

02 승강기 안전관리법령상 용도별 엘리베이터 종류에 포함되지 않는 것은?

① 자동차용 엘리베이터   ② 병원용 엘리베이터
③ 소형화물용 엘리베이터   ④ 선박용 엘리베이터
⑤ 주택용 엘리베이터

03 승강기 안전관리법령이 배제되는 승강기를 잘못 설명한 것은?

① 「선박안전법」 제2조 제2호에 따른 선박시설 중 승강설비
② 「주차장법」 제2조 제2호에 따른 기계식주차장치
③ 「광산안전법 시행령」 제10조 제1항 제3호에 따른 사람을 운반하거나 150킬로와트 이상의 동력을 사용하는 권양장치(중량물을 높은 곳으로 들어올리거나 끌어당기는 장치를 말한다)
④ 「산업안전보건법 시행령」 제74조 제1항 제1호 라목에 따른 리프트
⑤ 주한외국공관 또는 이에 준하는 기관에 설치된 승강기 등 국제협약 또는 국가간 협정을 준수하기 위해 국토안전부장관이 필요하다고 인정하는 승강기

04 승강기 안전관리법령상 승강기사업자를 다음에서 모두 고른 항목은? (단, 관련법령에서 등록한 자를 말한다)

| ㉠ 제조·수입업 | ㉡ 설치공사업 |
| ㉢ 판매업 | ㉣ 유지관리업 |

① ㉠, ㉡, ㉣
② ㉠, ㉢, ㉣
③ ㉡, ㉢
④ ㉡, ㉢, ㉣
⑤ ㉠, ㉡, ㉢, ㉣

05 승강기 안전관리법령상 승강기 등의 제조업 또는 수입업에 관한 설명으로 옳은 것은?

① 승강기나 대통령령으로 정하는 승강기부품의 제조업 또는 수입업을 하려는 자는 행정안전부장관에게 등록하여야 한다.
② 등록을 하려는 자는 자본금(개인인 경우에는 자산평가액을 말한다)은 1억원 이상이다.
③ 승강기 품질보증기간은 3년 이하로 한다.
④ 제조·수입업자는 승강기 관리주체 등에 해당하는 자로부터 부품 등의 제공을 요청받은 경우에는 특별한 이유가 없으면 5일 이내에 그 요청에 따라야 한다.
⑤ 제조·수입업자는 그 사업을 폐업 또는 휴업하거나 휴업한 사업을 다시 시작한 경우에는 그 날부터 30일 이내에 시·도지사에게 신고하여야 한다.

PART

13

06 승강기 안전관리법령상 안전인증에 관한 설명으로 틀린 것은?

상 중 하

① 승강기의 제조·수입업자는 승강기에 대하여 행정안전부령으로 정하는 바에 따라 모델별로 행정안전부장관이 실시하는 안전인증을 받아야 한다.

② 승강기가 연구·개발 등의 목적에 해당하는 경우에는 대통령령으로 정하는 바에 따라 승강기안전인증의 전부 또는 일부를 면제할 수 있다.

③ 승강기안전인증을 받은 승강기의 제조·수입업자는 행정안전부령으로 정하는 바에 따라 승강기안전인증을 받은 후 제조하거나 수입하는 같은 모델의 승강기에 대하여 안전성에 대한 자체심사를 하고, 그 기록을 작성하고 5년간 보관해야 한다.

④ 승강기안전인증이 취소된 승강기의 제조·수입업자는 취소된 날부터 2년 이내에는 같은 모델의 승강기에 대한 승강기안전인증을 신청할 수 없다.

⑤ 거짓이나 그 밖의 부정한 방법으로 승강기안전인증을 받은 경우 승강기안전인증을 취소하여야 한다.

07 승강기 안전관리법령상 승강기의 안전인증에 관한 내용으로 옳은 것을 모두 고른 것은?

상 중 하

> ㉠ 승강기의 제조·수입업자는 승강기에 대하여 모델별로 국토교통부장관이 실시하는 안전인증을 받아야 한다.
> ㉡ 국토교통부장관은 수출을 목적으로 승강기를 제조하는 경우에는 승강기안전인증의 전부를 면제할 수 있다.
> ㉢ 승강기안전인증을 받은 승강기의 제조·수입업자는 승강기안전인증을 받은 후 제조하거나 수입하는 같은 모델의 승강기에 대하여 안전성에 대한 자체심사를 하고, 그 기록을 작성·보관하여야 한다.

① ㉢   ② ㉠, ㉡

③ ㉠, ㉢   ④ ㉡, ㉢

⑤ ㉠, ㉡, ㉢

08
상충하

승강기 안전관리법령상 승강기의 안전인증을 받고 난 후 사후심사에 해당하는 것을 모두 고른 항목은?

㉠ 설계심사	㉡ 공장심사
㉢ 정기심사	㉣ 자체심사
㉤ 안전성시험	

① ㉢, ㉣
② ㉠, ㉡
③ ㉠, ㉢
④ ㉡, ㉢
⑤ ㉠, ㉡, ㉤

09
상충하

승강기 안전관리법령상 승강기안전관리자에 관한 설명으로 옳지 않은 것은?

① 관리주체가 직접 승강기를 관리하는 경우에는 승강기 안전관리자를 선임하지 않아도 된다.
② 관리주체는 승강기 안전관리자로 하여금 선임 후 1개월 이내에 행정안전부령으로 정하는 기관 즉, 한국승강기안전공단이 실시하는 승강기관리교육을 받게 하여야 한다.
③ 관리주체가 직접 승강기를 관리하는 경우에는 그 관리주체(법인인 경우에는 그 대표자를 말한다)가 승강기관리교육을 받아야 한다.
④ 승강기관리교육의 주기는 3년으로 한다.
⑤ 관리주체는 승강기 안전관리자(관리주체가 직접 승강기를 관리하는 경우에는 그 관리주체를 말한다)를 선임하였을 때에는 행정안전부령으로 정하는 바에 따라 3개월 이내에 행정안전부장관에게 그 사실을 통보하여야 한다.

PART

13

10 승강기 안전관리법령상 자체점검에 관한 설명으로 옳지 않은 것은?

① 승강기 관리주체는 자체점검을 스스로 할 수 없다고 판단하는 경우에는 유지관리업자에게 대행하도록 할 수 있다.

② 승강기 관리주체는 자체점검의 결과 해당 승강기에 결함이 있다는 사실을 알았을 경우에는 즉시 보수하여야 하며, 보수가 끝날 때까지 운행을 중지하여야 한다.

③ 안전검사가 연기된 승강기에 대하여는 자체점검의 전부 또는 일부를 면제할 수 있다.

④ 승강기 관리주체는 자체점검을 실시하고 그 결과를 양호, 주의관찰 또는 긴급수리로 구분하여 점검기록을 작성한 후 1년간 보존하여야 한다.

⑤ 검사에 불합격된 승강기에 대하여는 자체점검의 전부 또는 일부를 면제할 수 있다.

11 승강기 안전관리법령상 승강기의 자체점검 및 안전검사에 관한 내용으로 옳지 않은 것은?

① 관리주체는 행정안전부장관이 실시하는 안전검사에서 불합격한 승강기에 대해서는 자체점검의 전부 또는 일부를 면제할 수 있다.

② 관리주체는 승강기의 자체점검을 월 1회 이상 하고, 자체점검 결과를 자체점검 후 7일 이내에 승강기안전종합정보망에 입력하여야 한다.

③ 관리주체는 승강기의 제어반 또는 구동기를 교체한 경우에 행정안전부장관이 실시하는 수시검사를 받아야 한다.

④ 관리주체는 설치검사를 받은 날부터 15년이 지난 경우에 해당할 때에는 행정안전부장관이 실시하는 정밀안전검사를 받고, 그 후 3년마다 정기적으로 정밀안전검사를 받아야 한다.

⑤ 관리주체가 안전검사를 받고 자체점검을 한 경우에는 「건축물관리법」 제12조에 따른 승강기의 유지·관리를 한 것으로 본다.

12 승강기 안전관리법령상 승강기의 안전에 관한 설명으로 옳은 것을 모두 고른 것은?

> ⊙ 관리주체는 승강기에 대하여 행정안전부장관이 실시하는 안전검사를 받아
> 야 한다.
> ⓛ 승강기의 자체점검을 담당하는 사람은 자체점검을 마치면 지체 없이 자체점
> 검 결과를 양호, 주의관찰 또는 긴급수리로 구분하여 관리주체에게 통보해
> 야 하고, 통보받은 관리주체는 자체점검 후 10일 이내에 승강기안전종합정
> 보망에 입력하여야 한다.
> ⓒ 승강기 관리주체는 설치검사를 받은 날부터 15년이 지난 승강기에 대하여
> 정밀안전검사를 받아야 한다.
> ⓔ 안전검사가 연기된 경우 정기검사의 검사주기는 연기된 안전검사를 받은 날
> 부터 계산한다.

① ⊙, ⓒ
② ⓛ, ⓒ
③ ⓒ, ⓔ
④ ⊙, ⓛ, ⓔ
⑤ ⊙, ⓛ, ⓒ, ⓔ

13 승강기 안전관리법령상 승강기의 안전검사에 관한 내용이다. (   )에 들어갈 기
간을 순서대로 나열한 것은?

> • 설치검사를 받은 날부터 25년이 지난 승강기의 경우 정기검사의 검사주기를
>   직전 정기검사를 받은 날부터 (   )(으)로 한다.
> • 관리주체는 안전검사에 불합격한 승강기에 대하여 안전검사를 받을 수 없는
>   사유로 인하여 안전검사가 연기되지 않는 한, 안전검사에 불합격한 날부터
>   (   ) 이내에 안전검사를 다시 받아야 한다.

① 6개월, 3개월
② 6개월, 4개월
③ 1년, 3개월
④ 1년, 4개월
⑤ 1년, 6개월

14 승강기 안전관리법령의 내용으로 옳지 않은 것은?

① 승강기 소유자와의 계약에 따라 승강기를 안전하게 관리할 책임과 권한을 부여받은 자는 승강기의 관리주체에 해당한다.

② 승강기안전인증이 취소된 승강기의 제조·수입업자는 취소된 날부터 1년 이내에는 같은 모델의 승강기에 대한 승강기안전인증을 신청할 수 없다.

③ 승강기의 제조·수입업자는 설치를 끝낸 승강기에 대하여 설치검사를 받아야 한다.

④ 승강기의 관리주체는 안전검사에 불합격한 승강기에 대하여 안전검사에 불합격한 날부터 2개월 이내에 안전검사를 다시 받아야 한다.

⑤ 정밀안전검사를 받아야 하는 승강기에 대해서는 해당 연도의 정기검사를 면제할 수 있다.

15 승강기 안전관리법령상 정밀안전검사에 관한 설명으로 옳지 않은 것은?

① 정기검사 또는 수시검사 결과 결함의 원인이 불명확하여 사고 예방과 안전성 확보를 위하여 행정안전부장관이 정밀안전검사가 필요하다고 인정하는 경우 정밀안전검사를 받아야 한다.

② 승강기의 결함으로 중대한 사고 또는 중대한 고장이 발생한 경우 정밀안전검사를 받아야 한다.

③ 행정안전부장관은 정밀안전검사의 업무를 한국승강기안전공단으로 하여금 대행하게 할 수 있다.

④ 승강기 성능의 저하로 승강기 이용자의 안전을 위협할 우려가 있어 행정안전부장관이 정밀안전검사가 필요하다고 인정한 경우 정밀안전검사를 받아야 한다.

⑤ 설치검사를 받은 날부터 15년이 지난 경우 정밀안전검사를 받고 그 후 매년마다 정기적으로 정밀안전검사를 받아야 한다.

16 승강기 안전관리법령상 승강기 유지관리업에 관한 설명으로 틀린 것은?

상종하

① 승강기 유지관리를 업으로 하려는 자는 행정안전부령으로 정하는 바에 따라 시·도지사에게 등록하여야 한다.

② 승강기 유지관리업의 등록요건 중 대통령령으로 정하는 승강기의 종류별 자본금은 1억원 이상이다.

③ 유지관리업의 변경등록은 등록사항이 변경된 날부터 15일 이내에 하여야 한다.

④ 유지관리업자는 그 사업을 폐업 또는 휴업하거나 휴업한 사업을 다시 시작한 경우에는 그 날부터 30일 이내에 시·도지사에게 신고하여야 한다.

⑤ 대통령령으로 정하는 비율 이하의 유지관리 업무를 다른 유지관리업자에게 하도급하는 경우로서 관리주체가 서면으로 동의한 경우에는 하도급을 할 수 있다.

17 승강기 안전관리법령상 내용에 관한 설명으로 옳지 않은 것은?

상종하

① 승강기 관리주체는 해당 승강기가 설치검사를 받은 날부터 15년이 지난 경우에는 행정안전부장관이 실시하는 정밀안전검사를 받아야 한다.

② 승강기 설치공사업자는 승강기의 설치를 끝냈을 때에는 행정안전부령으로 정하는 바에 따라 행정안전부장관에게 그 사실을 신고하여야 한다.

③ 승강기 유지관리업의 등록을 한 자는 그 사업을 폐업한 경우에는 그 날부터 30일 이내에 시·도지사에게 신고하여야 한다.

④ 행정안전부장관은 승강기 안전관리 업무의 질적 향상을 위하여 안전관리우수기업을 선정하고, 그 기업에 대하여 필요한 지원을 할 수 있다.

⑤ 승강기 유지관리업자가 사업정지명령을 받은 후 그 사업정지기간에 유지관리업을 한 경우 시·도지사는 등록을 취소하여야 한다.

18
상중하

승강기 안전관리법령상 관리주체가 관리하는 승강기에 중대한 고장이 발생하여 한국승강기안전공단에 통보하여야 하는 경우에 해당하지 않는 것은?

① 엘리베이터가 최상층을 지나 계속 움직인 경우

② 엘리베이터가 출입문이 열린 상태로 움직인 경우

③ 에스컬레이터가 디딤판이 이탈되어 운행되지 않은 경우

④ 운행 중 정전으로 인하여 정지된 엘리베이터에 이용자가 갇히게 된 경우

⑤ 상승 운행 과정에서 에스컬레이터의 디딤판이 하강 방향으로 역행하는 경우

19
상중하

승강기 안전관리법령상 한국승강기안전공단(이하 "공단"이라 한다)에 관한 설명으로 틀린 것은?

① 공단은 승강기의 안전에 관한 조사 · 연구사업을 행한다.

② 공단은 승강기에 관련된 정보의 종합관리를 행한다.

③ 공단에 관하여 이 법 및 「공공기관의 운영에 관한 법률」에 규정된 것 외에는 「민법」 중 사단법인에 관한 규정을 준용한다.

④ 행정안전부장관은 설치검사 및 안전검사를 공단에 대행하게 한다. 다만, 행정안전부장관이 필요하다고 인정하는 경우에는 정기검사의 일부를 행정안전부장관이 지정하는 검사기관에 대행하게 할 수 있다.

⑤ 공단은 주된 사무소의 소재지에서 설립등기를 함으로써 성립한다.

20 승강기 안전관리법령에 관한 내용으로 옳은 것은?

① 관리주체는 승강기의 사고로 승강기 이용자 등 다른 사람의 생명·신체 또는 재산상의 손해를 발생하게 하는 경우 그 손해에 대한 배상을 보장하기 위한 보험에 가입할 수 있다.

② 시·도지사는 유지관리업자가 거짓이나 그 밖의 부정한 방법으로 유지관리업의 등록을 한 경우 6개월 이내의 기간을 정하여 그 사업의 전부 또는 일부의 정지를 명할 수 있다.

③ 정밀안전검사에 불합격한 승강기인 경우 임시적으로 3개월까지 운행할 수 있다.

④ 행정안전부장관은 행정안전부령으로 정하는 바에 따라 안전검사를 받을 수 없다고 인정하면 그 사유가 없어질 때까지 안전검사를 연기할 수 있다.

⑤ 승강기 관리주체가 직접 승강기를 관리하더라도 승강기 운행에 대한 지식이 풍부한 자를 승강기 안전관리자로 선임하여 해당 승강기를 관리하도록 하여야 한다.

21 승강기 안전관리법령상 내용으로 옳지 않은 것은?

① 행정안전부장관은 승강기안전종합정보망을 구축·운영할 수 있다.

② 승강기의 제조업 또는 수입업의 업무종사자는 행정안전부장관이 실시하는 직무교육을 이수해야 한다.

③ 승강기 설치공사업자는 승강기의 설치를 끝냈을 때에는 관할 시·도지사에게 그 사실을 신고하여야 한다.

④ 승강기 유지관리를 업으로 하려는 자는 행정안전부령으로 정한 바에 따라 시·도지사에게 등록하여야 한다.

⑤ 행정안전부장관은 승강기 관리주체가 정밀안전검사를 받았거나 받아야 하는 경우 해당 연도의 정기검사를 면제할 수 있다.

PART

13

22 승강기 안전관리법령의 내용으로 옳은 것은?

상 중 하

① 설치공사업자는 승강기의 설치를 끝냈을 때에는 행정안전부령으로 정하는 바에 따라 행정안전부장관에게 그 사실을 신고하여야 한다.

② 승강기에 사고가 발생하여 수리한 경우 수시검사 대상이며, 승강기 결함으로 중대한 사고 또는 중대한 고장이 발생한 경우 정밀안전검사를 받아야 한다.

③ 정기검사의 검사기간은 정기검사의 검사주기 도래일 전후 각각 2개월 이내로 한다.

④ 행정안전부장관은 설치검사 또는 안전검사의 업무를 승강기사업자협회로 하여금 대행하게 할 수 있다.

⑤ 행정안전부장관은 승강기의 안전관리와 유지관리에 관한 도급계약 당사자의 이익을 보호하기 위하여 필요하다고 인정하는 경우에는 승강기에 관한 전문기관을 지정하여 관리주체가 부담하여야 할 표준유지관리비를 정하여 공표하도록 하고, 계약당사자는 이를 준수해야 한다.

23 승강기 안전관리법령상 책임보험 및 승강기의 안전관리에 관한 설명으로 옳은 것은?

상 중 하

① 책임보험의 종류는 승강기 사고배상책임보험 또는 승강기 사고배상책임보험과 같은 내용이 포함된 보험으로 한다.

② 책임보험에 가입한 관리주체는 책임보험 판매자로 하여금 책임보험의 가입 사실을 가입한 날부터 30일 이내에 승강기안전종합정보망에 입력하게 해야 한다.

③ 관리주체는 승강기의 안전에 관한 자체점검을 월 2회 이상 하여야 한다.

④ 승강기의 안전검사는 정기검사, 임시검사, 정밀안전검사로 구분되며, 국토교통부장관은 안전검사를 받을 수 없다고 인정하면 그 사유가 없어질 때까지 안전검사를 연기할 수 있다.

⑤ 관리주체는 안전검사에 불합격한 승강기에 대하여 안전검사에 불합격한 날부터 3개월 이내에 안전검사를 다시 받아야 한다.

주관식 단답형 문제

01
상○중○하

승강기 안전관리법령상 승강기 종류에 관한 설명이다. (　　)에 들어갈 용어를 쓰시오.

> (　　) 엘리베이터란 「건축법 시행령」 별표 1 제1호 가목에 따른 단독주택 거주자의 운송에 적합하게 제조·설치된 엘리베이터로서 왕복 운행거리가 12m 이하인 엘리베이터를 말한다.

02
상○중○하

승강기 안전관리법령상 승강기 종류에 관한 설명이다. (　　)에 들어갈 용어를 쓰시오.

> (　　) 엘리베이터란 음식물이나 서적 등 소형 화물의 운반에 적합하게 제조·설치된 엘리베이터로서 사람의 탑승을 금지하는 엘리베이터(바닥면적이 $0.5m^2$ 이하이고, 높이가 0.6m 이하인 것은 제외한다)를 말한다.

03
상○중○하

승강기 안전관리법 제2조 일부 규정이다. (　　)에 들어갈 용어를 쓰시오.

> (　　)란(이란) 승강기의 설계도면 등 기술도서(技術圖書)에 따라 승강기를 건축물이나 고정된 시설물에 장착(행정안전부령으로 정하는 범위에서의 승강기 교체를 포함한다)하는 것을 말한다.

04
상○중○하

승강기 안전관리법 제2조 일부 규정이다. (　　)에 들어갈 용어를 쓰시오.

> (　　)란(이란) 법 제28조 제1항에 따른 설치검사를 받은 승강기가 그 설계에 따른 기능 및 안전성을 유지할 수 있도록 하는 다음의 안전관리 활동을 말한다.
> 1. 주기적인 점검
> 2. 승강기 또는 승강기부품의 수리
> 3. 승강기부품의 교체
> 4. 그 밖에 행정안전부장관이 승강기의 기능 및 안전성의 유지를 위하여 필요하다고 인정하여 고시하는 안전관리 활동을 말한다.

05 **상중하** 승강기 안전관리법 제19조 및 동법 시행령 제22조 제1항, 동법 시행규칙 제39조 제2항 규정의 일부이다. (   )에 들어갈 숫자를 차례대로 쓰시오.

> 승강기의 제조·수입업자는 승강기안전인증을 받은 승강기는 승강기안전인증을 받은 날부터 (㉠)년마다 모델별로 행정안전부장관이 실시하는 승강기에 대한 심사를 정기적으로 받아야 하며, 제조하거나 수입하는 같은 모델의 승강기에 대하여 안전성에 대한 자체심사를 하고, 그 기록을 작성하고 (㉡)년간 보관해야 한다.

06 **상중하** 승강기 안전관리법 제28조(승강기의 설치검사) 제2항 규정이다. (   )에 들어갈 용어를 쓰시오.

> 승강기의 제조·수입업자 또는 (   )(은)는 설치검사를 받지 아니하거나 설치검사에 불합격한 승강기를 운행하게 하거나 운행하여서는 아니 된다.

07 **상중하** 승강기 안전관리법 시행령 제29조 제2항이다. (   ) 안에 들어갈 숫자를 쓰시오.

> 승강기의 자체점검을 담당하는 사람은 자체점검을 마치면 지체 없이 자체점검 결과를 양호, 주의관찰 또는 긴급수리로 구분하여 관리주체에게 통보해야 하고, 통보받은 관리주체는 자체점검 후 (   )일 이내에 승강기안전종합정보망에 입력하여야 한다.

08 **상중하** 승강기 안전관리법 제31조(승강기의 자체점검) 규정의 일부이다. (   )에 들어갈 용어를 쓰시오.

> 승강기 관리주체는 승강기의 안전에 관한 자체점검을 월 1회 이상 하고, 그 결과를 (   )에 입력하여야 한다.

09 승강기 안전관리법상 승강기 정밀안전검사에 관한 설명이다. (   )에 들어갈 숫자를 순서대로 쓰시오.

승강기 관리주체는 승강기가 설치검사를 받은 날부터 (㉠)년이 지난 경우에 해당하는 때에는 정밀안전검사를 받은 날부터 (㉡)년마다 정기적으로 행정안전부장관이 실시하는 정밀안전검사를 받아야 한다.

10 승강기 안전관리법 제32조(승강기의 안전검사) 제1항 규정의 일부이다. (   )에 들어갈 아라비아 숫자 및 용어를 각각 쓰시오.

관리주체는 승강기에 대하여 행정안전부장관이 실시하는 다음 각 호의 안전검사를 받아야 한다.
1. 정기검사: 설치검사 후 정기적으로 하는 검사. 이 경우 검사주기는 (㉠)년 이하로 하되, 행정안전부령으로 정하는 바에 따라 승강기별로 검사주기를 다르게 할 수 있다.
3. (㉡)안전검사: 다음 각 목의 어느 하나에 해당하는 경우에 하는 검사.
   나. 승강기의 결함으로 제48조 제1항에 따른 중대한 사고 또는 중대한 고장이 발생한 경우

11 승강기 안전관리법령의 일부이다. (   )에 들어갈 숫자를 순서대로 쓰시오.

1. 설치검사를 받은 날부터 (㉠)년이 지난 승강기: 6개월
2. 승강기의 결함으로 중대한 사고 또는 중대한 고장이 발생한 후 2년이 지나지 않은 승강기: 6개월
3. 다음의 엘리베이터: (㉡)년
   ① 화물용 엘리베이터
   ② 자동차용 엘리베이터
   ③ 소형화물용 엘리베이터(Dumbwaiter)
4. 「건축법 시행령」에 따른 단독주택에 설치된 승강기: 2년

12
상 중 하

승강기 안전관리법령의 일부이다. (   )에 들어갈 분수를 순서대로 쓰시오.

유지관리업자는 그가 도급계약을 맺은 승강기의 유지관리 업무를 다른 유지관리업자 등에게 하도급하여서는 아니 된다. 다만, 다음의 비율 이하의 유지관리 업무를 다른 유지관리업자에게 하도급하는 경우로서 관리주체(유지관리업자가 관리주체인 경우에는 승강기 소유자나 다른 법령에 따라 승강기 관리자로 규정된 자를 말한다)가 서면으로 동의한 경우에는 그러하지 아니하다.
1. 유지관리 업무를 하도급하는 경우: 유지관리 업무의 (㉠)
2. 유지관리 업무 중 승강기부품 교체 업무만을 하도급하는 경우: 승강기부품 교체 업무의 (㉡)
3. 유지관리 업무 중 자체점검 업무만을 하도급하는 경우: 자체점검 업무의 (㉢)

13
상 중 하

승강기 안전관리법 제41조 제1항 규정의 일부이다. (   )에 들어갈 용어를 쓰시오.

행정안전부장관은 승강기의 안전관리와 유지관리에 관한 도급계약 당사자의 이익을 보호하기 위하여 필요하다고 인정하는 경우에는 승강기에 관한 전문기관을 지정하여 관리주체가 부담하여야 할 유지관리비의 표준이 될 금액, 즉 (   )을(를) 정하여 공표하도록 하고, 계약당사자가 이를 활용할 것을 권고할 수 있다.

14
상 중 하

승강기 안전관리법 제45조 제1항 규정의 일부이다. (   )에 들어갈 용어를 쓰시오.

시·도지사는 유지관리업자가 제44조 제1항 제3호 또는 제5호부터 제8호까지의 어느 하나에 해당하여 사업정지를 명하여야 하는 경우로서 그 사업의 정지가 이용자 등에게 심한 불편을 주거나 공익을 해칠 우려가 있는 경우에는 사업정지 처분을 갈음하여 1억원 이하의 (   )을 부과할 수 있다.

M·E·M·O

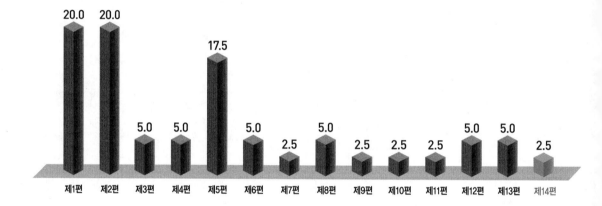

🔍 제26회 기출문제 분석

집합건물의 소유 및 관리에 관한 법률은 1문제가 출제되는데, 용어와 공용부분, 관리인, 관리위원회, 관리단집회, 규약 등을 중심으로 정리하는 것이 효율적이다.

집합건물의 소유 및 관리에 관한 법률

집합건물의 소유 및 관리에 관한 법률

📖 **연계학습** 기본서 p.1011~1047

┌─ 단·원·열·기
집합건물의 소유 및 관리에 관한 법률은 1문제가 출제되는데, 용어와 전유부분, 공용부분, 관리인, 관리단 집회, 의결정족수 등을 중심으로 정리하는 것이 효율적이다.

01 집합건물의 소유 및 관리에 관한 법령상 용어에 관한 설명으로 옳지 않은 것은?

상 중 하

① "대지사용권"이란 구분소유자가 공용부분을 소유하기 위하여 건물의 대지에 대하여 가지는 권리를 말한다.

② "구분소유권"이란 건물부분(공용부분으로 된 것은 제외한다)을 목적으로 하는 소유권을 말한다.

③ "전유부분(專有部分)"이란 구분소유권의 목적인 건물부분을 말한다.

④ "공용부분"이란 전유부분 외의 건물부분, 전유부분에 속하지 아니하는 건물의 부속물 및 공용부분으로 된 부속의 건물을 말한다.

⑤ "건물의 대지"란 전유부분이 속하는 1동의 건물이 있는 토지 및 건물의 대지로 된 토지를 말한다.

02 집합건물의 소유 및 관리에 관한 법령상 구분소유 등에 관한 설명으로 옳지 않은 것은?

상 중 하

① 구분소유자는 그가 가지는 전유부분과 분리하여 대지사용권을 처분할 수 없다. 다만, 규약으로써 달리 정한 경우에는 그러하지 아니하다.

② 상가건물은 구분점포의 용도가 「건축법」의 판매시설 및 운수시설일 것이 요구된다.

③ 공유자가 공용부분에 관하여 다른 공유자에 대하여 가지는 채권은 그 특별승계인에 대하여는 행사할 수 있다.

④ 공용부분에 대한 공유자의 지분은 그가 가지는 전유부분의 처분에 따른다.

⑤ 전유부분이 속하는 1동의 건물의 설치 또는 보존의 흠으로 인하여 다른 자에게 손해를 입힌 경우에는 그 흠은 공용부분에 존재하는 것으로 간주한다.

03 집합건물의 소유 및 관리에 관한 법률과 내용으로 옳은 것을 모두 고른 것은?
상중하

> ㉠ 통로, 주차장, 정원, 부속건물의 대지, 그 밖에 전유부분이 속하는 1동의 건물 및 그 건물이 있는 토지와 하나로 관리되거나 사용되는 토지는 규약으로써 건물의 대지로 할 수 있다.
> ㉡ 각 공유자는 규약에 달리 정한 바가 없으면 균등한 비율로 공용부분의 관리비용과 그 밖의 의무를 부담하며 공용부분에서 생기는 이익을 취득한다.
> ㉢ 공용부분에 대한 공유자의 지분은 그가 가지는 전유부분의 처분에 따르며, 공유자는 그가 가지는 전유부분과 분리하여 공용부분에 대한 지분을 처분할 수 없다.
> ㉣ 공유자가 공용부분에 관하여 다른 공유자에 대하여 가지는 채권은 그 특별승계인에 대하여는 행사할 수 없다.

① ㉠, ㉡   ② ㉡, ㉢
③ ㉠, ㉢   ④ ㉡, ㉣
⑤ ㉢, ㉣

04 집합건물의 소유 및 관리에 관한 법령상 공용부분에 관한 설명으로 옳지 않은 것은?
상중하

① 공용부분(共用部分)은 구분소유자 전원의 공유(共有)에 속한다. 다만, 일부의 구분소유자만이 공용하도록 제공되는 것임이 명백한 공용부분은 그들 구분소유자의 공유에 속한다.

② 각 공유자는 공용부분을 그 용도에 따라 사용할 수 있다.

③ 각 공유자는 규약에 달리 정한 바가 없으면 그 지분의 비율에 따라 공용부분의 관리비용과 그 밖의 의무를 부담하며 공용부분에서 생기는 이익을 취득한다.

④ 각 공유자의 지분은 그가 가지는 공용부분(共用部分)의 면적 비율에 따른다.

⑤ 공용부분의 변경이 다른 구분소유자의 권리에 특별한 영향을 미칠 때에는 그 구분소유자의 승낙과 관리단집회의 결의를 받아야 한다.

05
상중하

집합건물의 소유 및 관리에 관한 법률상 권리변동 있는 공용부분의 변경에 대한 관리단집회에서의 결의 사항을 다음에서 모두 고른 항목은?

> ㉠ 예상 공사 기간 및 예상 비용 및 비용의 분담 방법
> ㉡ 변경된 부분의 용도
> ㉢ 전유부분이나 공용부분의 면적에 증감이 발생하는 경우에는 변경된 부분의 귀속에 관한 사항
> ㉣ 대지사용권의 변경에 관한 사항

① ㉠, ㉡
② ㉠, ㉢
③ ㉠, ㉡, ㉢
④ ㉡, ㉢, ㉣
⑤ ㉠, ㉡, ㉢, ㉣

06
상중하

집합건물의 소유 및 관리에 관한 법령상 수선계획 및 수선적립금에 관한 설명으로 옳지 않은 것은?

① 관리단은 규약에 달리 정한 바가 없으면 관리단집회 결의에 따라 건물이나 대지 또는 부속시설의 교체 및 보수에 관한 수선계획을 수립할 수 있다.
② 관리단은 규약에 달리 정한 바가 없으면 관리단집회의 결의에 따라 수선적립금을 징수하여 적립할 수 있다.
③ 수선적립금은 구분소유자로부터 징수하며 관리단에 귀속된다.
④ 관리단은 규약에 달리 정한 바가 없으면 수선적립금을 수선계획에 따른 공사 또는 자연재해 등 예상하지 못한 사유로 인한 수선공사 용도 등으로 사용하여야 한다.
⑤ 수선적립금은 규약이나 관리단집회의 결의로 달리 정한 바가 없으면 법 제12조에 따른 구분소유자의 지분 비율에 따라 산출하여 징수하고, 관리단이 존속하는 동안 매달 적립한다. 이 경우 분양되지 않은 전유부분의 면적 비율에 따라 산출한 수선적립금 부담분은 수분양자가 부담한다.

07 집합건물의 소유 및 관리에 관한 법령상 대지사용권에 관한 설명으로 옳지 않은
것은?

① 구분소유자의 대지사용권은 그가 가지는 공용부분의 처분에 따른다.

② 구분소유자는 그가 가지는 전유부분과 분리하여 대지사용권을 처분(양도·
담보제공 및 분할)할 수 없다. 다만, 규약(공정증서)으로써 달리 정한 경우
에는 그러하지 아니하다.

③ 대지사용권의 분리처분금지는 그 취지를 등기하지 아니하면 선의(善意)로
물권을 취득한 제3자에게 대항하지 못한다.

④ 구분소유자가 둘 이상의 전유부분을 소유한 경우에는 각 전유부분의 처분
에 따르는 대지사용권은 제12조에 규정된 비율(전유부분의 면적의 비율)에
따른다. 다만, 규약(공정증서)으로 달리 정할 수 있다.

⑤ 대지 위에 구분소유권의 목적인 건물이 속하는 1동의 건물이 있을 때에는
그 대지의 공유자는 그 건물의 사용에 필요한 범위의 대지에 대하여는 분할
을 청구하지 못한다.

08 집합건물의 소유 및 관리에 관한 법령상 관리단에 관한 내용으로 옳지 않은 것은?

① 건물에 대하여 구분소유 관계가 성립되면 구분소유자 전원을 구성원으로
하여 건물과 그 대지 및 부속시설의 관리에 관한 사업의 시행을 목적으로
하는 관리단이 설립된다.

② 구분소유자가 10인 이상일 때에는 관리단을 대표하고 관리단의 사무를 집
행할 관리인을 선임하여야 한다.

③ 관리인은 구분소유자이어야 하며, 그 임기는 2년의 범위에서 규약으로 정한다.

④ 관리인은 관리단을 대표한 재판상 행위에 관한 사항을 매년 1회 이상 구분
소유자에게 보고하여야 한다.

⑤ 관리인에게 부정한 행위가 있을 때에는 각 구분소유자는 관리인의 해임을
법원에 청구할 수 있다.

09 집합건물의 소유 및 관리에 관한 법률상 관리인의 권한과 의무사항을 다음에서 모두 고른 항목은?

> ㉠ 공용부분의 보존행위
> ㉡ 공용부분의 관리 및 변경에 관한 관리단집회 결의를 집행하는 행위
> ㉢ 공용부분의 관리비용 등 관리단의 사무 집행을 위한 비용과 분담금을 각 구분소유자에게 청구·수령하는 행위 및 그 금원을 관리하는 행위
> ㉣ 관리단의 사업 시행과 관련하여 관리단을 대표하여 하는 재판상 또는 재판외의 행위

① ㉠, ㉡ 　　　　　　　　　　② ㉠, ㉢
③ ㉠, ㉡, ㉢ 　　　　　　　　④ ㉡, ㉢, ㉣
⑤ ㉠, ㉡, ㉢, ㉣

10 집합건물의 소유 및 관리에 관한 법령상 관리단 및 관리인에 관한 다음 설명으로 옳은 것은?

① 관리위원회의 결의로 관리인이 선임되거나 해임되도록 규약으로 정한 경우에는 그에 따른다.
② 관리인은 규약에 달리 정한 바가 없으면 매분기 1회 이상 구분소유자에게 관리단의 사무 집행을 위한 분담금액과 비용의 산정방법을 서면으로 보고하여야 한다.
③ 관리인은 관리단의 사업시행에 관련하여 관리단을 대표하여 행하는 재판상 또는 재판 외의 행위를 할 권한이 없다.
④ 관리인의 대표권은 제한할 수 없다.
⑤ 구분소유자의 특별승계인은 승계 전에 발생한 관리단의 채무에 관하여 책임을 지지 않는다.

11 집합건물의 소유 및 관리에 관한 법령상 회계감사에 관한 내용으로 옳지 않은 것은?

① 전유부분이 150개 이상으로서 대통령령으로 정하는 건물의 관리인은 「주식회사 등의 외부감사에 관한 법률」 제2조 제7호에 따른 감사인의 회계감사를 매년 1회 이상 받아야 한다.

② ①의 경우 관리단집회에서 구분소유자의 3분의 2 이상 및 의결권의 3분의 2 이상이 회계감사를 받지 아니하기로 결의한 연도에는 그러하지 아니하다.

③ 전유부분이 50개 이상 150개 미만으로서 대통령령으로 정하는 건물의 관리인은 구분소유자의 10분의 1 이상이 연서(連署)하여 요구하는 경우에는 감사인의 회계감사를 받아야 한다.

④ ③의 경우 구분소유자의 승낙을 받아 전유부분을 점유하는 자가 구분소유자를 대신하여 연서할 수 있다.

⑤ 관리인은 회계감사를 받은 경우에는 대통령령으로 정하는 바에 따라 감사보고서 등 회계감사의 결과를 구분소유자 및 그의 승낙을 받아 전유부분을 점유하는 자에게 보고하여야 한다.

12 집합건물의 소유 및 관리에 관한 법령상 관리위원회에 관한 내용으로 옳지 않은 것은?

① 관리단에는 규약으로 정하는 바에 따라 관리위원회를 둘 수 있다.

② 관리위원회는 「집합건물의 소유 및 관리에 관한 법률」 또는 규약으로 정한 관리인의 사무집행을 감독한다.

③ 관리위원회의 위원은 구분소유자 중에서 관리단집회의 결의에 의하여 선출한다. 다만, 규약으로 관리단집회의 결의에 관하여 달리 정한 경우에는 그에 따른다.

④ 관리위원회의 의사(議事)는 규약에 달리 정한 바가 없으면 출석위원 과반수의 찬성으로 의결한다.

⑤ 관리위원회 위원의 임기는 2년의 범위에서 규약으로 정한다.

13 집합건물의 소유 및 관리에 관한 법령상 규약 및 집회에 관한 설명으로 옳지 않은 것은?

① 규약은 관리인 또는 구분소유자나 그 대리인으로서 건물을 사용하고 있는 자 중 1인이 보관하여야 한다.

② 관리인은 매년 회계연도 종료 후 3개월 이내에 정기관리단집회를 소집하여야 한다.

③ 관리단집회는 3분의 2 이상이 동의하면 소집절차를 거치지 아니하고 소집할 수 있다.

④ 규약 및 관리단집회의 결의는 구분소유자뿐만이 아니라 특별승계인에게도 효력이 미친다.

⑤ 구분소유자는 결의 내용이 법령 또는 규약에 위배되는 경우 집회 결의 사실을 안 날부터 6개월 이내에, 결의한 날부터 1년 이내에 결의취소의 소를 제기할 수 있다.

14 집합건물의 소유 및 관리에 관한 법률상 규약 및 집회에 관한 다음 설명으로 옳지 않은 것은?

① 규약의 설정·변경 및 폐지는 관리단집회에서 구분소유자의 4분의 3 이상 및 의결권의 4분의 3 이상의 찬성을 얻어야 한다.

② 일부공용부분에 관한 사항으로 구분소유자 전원의 이해에 관계가 없는 사항에 관한 구분소유자 전원의 규약의 설정·변경 또는 폐지는 그 일부공용부분을 공용하는 구분소유자의 5분의 1을 초과하는 자 또는 의결권의 5분의 1을 초과하는 의결권을 가진 자가 반대할 때에는 할 수 없다.

③ 구분소유자의 5분의 1 이상이 회의의 목적 사항을 구체적으로 밝혀 관리단집회의 소집을 청구하면 관리인은 관리단집회를 소집하여야 한다. 이 정수(定數)는 규약으로 감경할 수 있다.

④ 관리인이 없는 경우에는 구분소유자의 5분의 1 이상은 관리단집회를 소집할 수 있다. 이 정수는 규약으로 감경할 수 있다.

⑤ 관리단집회의 의사는 이 법 또는 규약에 특별한 규정이 없으면 구분소유자의 과반수 및 의결권의 과반수로써 의결한다.

15 집합건물의 소유 및 관리에 관한 법률상 규약 및 집회에 관한 설명으로 옳지 않은 것은?

① 규약의 설정·변경 및 폐지는 관리단집회에서 구분소유자의 4분의 3 이상 및 의결권의 4분의 3 이상의 찬성을 얻어서 한다.

② 규약은 관리인 또는 구분소유자나 그 대리인으로서 건물을 사용하고 있는 자 중 1인이 보관하여야 한다.

③ 관리단집회는 집회소집통지한 사항에 관하여만 결의할 수 있다.

④ 관리단집회는 구분소유자 전원이 동의하면 소집절차를 거치지 아니하고 소집할 수 있다.

⑤ 구분소유자는 관리단집회의 결의 내용이 법령 또는 규약에 위배되는 경우 집회 결의 사실을 안 날부터 90일 이내에 결의취소의 소를 제기하여야 한다.

16 집합건물의 소유 및 관리에 관한 법률상 관리단집회의 의결정족수에 관한 설명으로 옳지 않은 것은?

① 공용부분의 변경은 구분소유자 및 의결권의 각 3분의 2 이상의 결의를 요한다.

② 공동의 이익을 해하는 구분소유자에 대한 사용금지청구는 구분소유자 및 의결권의 각 4분의 3 이상의 결의를 요한다.

③ 권리변동이 있는 공용부분의 변경은 구분소유자 및 의결권의 각 3분의 2 이상의 결의를 요한다.

④ 건물가격의 2분의 1을 초과하는 일부멸실의 복구는 구분소유자 및 의결권의 각 5분의 4 이상의 결의를 요한다.

⑤ 「관광진흥법」에 따른 휴양 콘도미니엄업의 운영을 위한 휴양 콘도미니엄의 공용부분 변경에 관한 사항의 경우 구분소유자의 과반수 및 의결권의 과반수가 서면이나 전자적 방법 또는 서면과 전자적 방법으로 합의하면 관리단집회에서 결의한 것으로 본다.

17
상 중 하

집합건물의 소유 및 관리에 관한 법률상 구분소유자의 행위제한에 관한 설명으로 옳지 않은 것은?

① 구분소유자는 그 전유부분이나 공용부분을 보존하거나 개량하기 위하여 필요한 범위에서 다른 구분소유자의 전유부분 또는 자기의 공유에 속하지 아니하는 공용부분의 사용을 청구할 수 없다.

② ①의 경우 다른 구분소유자가 손해를 입었을 때에는 보상하여야 한다.

③ 공동이익에 어긋나는 행위로 전유부분에 대한 사용금지의 청구는 구분소유자의 4분의 3 이상 및 의결권의 4분의 3 이상의 관리단집회의 결의가 있어야 한다.

④ 공동이익에 어긋나는 행위로 전유부분에 대한 경매청구는 구분소유자의 4분의 3 이상 및 의결권의 4분의 3 이상의 관리단집회 결의가 있어야 한다.

⑤ 공동이익에 어긋나는 행위로 그 전유부분을 목적으로 하는 계약의 해제 및 그 전유부분의 인도를 청구하는 데 필요한 결의는 구분소유자 4분의 3 이상 및 의결권의 4분의 3 이상이다.

18
상 중 하

집합건물의 소유 및 관리에 관한 법률상 집합건물에서의 담보책임에 관한 설명으로 옳지 않은 것은?

① 집합건물 또는 구분점포의 건물의 분양자와 시공자는 구분소유자에 대하여 담보책임을 진다.

② 「건축법」에 따른 건축설비 공사, 목공사, 창호공사 및 조경공사의 하자 등 건물의 기능상 또는 미관상의 하자에 대한 담보책임기간은 3년이다.

③ 분양자와 시공자의 담보책임에 관하여 「집합건물의 소유 및 관리에 관한 법률」과 「민법」에 규정된 것보다 매수인에게 불리한 특약은 효력이 없다.

④ 하자로 인하여 건물이 멸실되거나 훼손된 경우에는 그 멸실되거나 훼손된 날부터 5년 이내에 권리를 행사하여야 한다.

⑤ 「건축법」에 따른 건물의 주요구조부 및 지반공사의 하자는 10년 기간 내에 권리를 행사하여야 한다.

19 집합건물의 소유 및 관리에 관한 법률상 분양자의 관리에 관한 설명으로 옳지 않은
상중하 것은?

① 분양자는 선임된 관리인이 사무를 개시(開始)할 때까지 선량한 관리자의 주
의로 건물과 대지 및 부속시설을 관리하여야 한다.

② 분양자는 표준규약을 참고하여 공정증서로써 규약에 상응하는 것을 정하여
분양계약을 체결하기 전에 분양을 받을 자에게 주어야 한다.

③ 분양자는 예정된 매수인의 과반수가 입주한 때에는 규약의 설정 및 관리인
선임을 위한 관리단집회를 소집할 것을 대통령령으로 정하는 바에 따라 구
분소유자에게 통지하여야 한다.

④ ③의 경우 통지받은 날부터 3개월 이내에 관리단집회를 소집할 것을 명시하
여야 한다.

⑤ 분양자는 구분소유자가 위의 ④의 통지를 받은 날부터 3개월 이내에 관리단
집회를 소집하지 아니하는 경우에는 지체 없이 관리단집회를 소집하여야 한다.

20 집합건물의 소유 및 관리에 관한 법률상 건물의 재건축 결의에 관한 설명으로 옳지
상중하 않은 것은?

① 재건축의 내용이 단지 내 다른 건물의 구분소유자에게 특별한 영향을 미칠
때에는 그 구분소유자의 승낙을 받아야 한다.

② 재건축 결의를 위한 관리단집회의 의사록에는 결의에 대한 각 구분소유자
의 찬반 의사를 적어야 한다.

③ 재건축 결의는 구분소유자의 5분의 4 이상 및 의결권의 5분의 4 이상의 결
의에 따른다.

④ 재건축을 결의할 때에는 새 건물의 구분소유권의 귀속에 관한 사항은 각 구
분소유자 사이에 형평이 유지되도록 정하여야 한다.

⑤ 재건축에 참가할 것인지 여부를 회답할 것을 촉구 받은 구분소유자가 촉구
를 받은 날부터 2개월 이내에 회답하지 아니한 경우 재건축에 참가하겠다는
뜻을 회답한 것으로 본다.

21 집합건물의 소유 및 관리에 관한 법률상 집합건물분쟁조정위원회에 관한 설명으로
상중하 옳지 않은 것은?

① 집합건물과 관련된 분쟁을 심의·조정하기 위하여 시·도에 집합건물분쟁
조정위원회(이하 '조정위원회'라 한다)를 둔다.

② 조정위원회는 「공동주택관리법」 제36조 및 제37조에 따른 공동주택의 담보
책임 및 하자보수 등과 관련된 분쟁을 심의·조정한다.

③ 조정위원회는 위원장 1명과 부위원장 1명을 포함한 10명 이내의 위원으로
구성하며, 「집합건물의 소유 및 관리에 관한 법률」을 적용받는 건물의 하자
에 관한 분쟁을 심의·조정한다.

④ 변호사 자격이 있는 사람으로서 3년 이상 법률에 관한 사무에 종사한 사람
은 위원으로 2명 이상 포함되어야 한다.

⑤ 조정위원회는 그 신청을 받은 날부터 60일 이내에 조정을 마칠 수 없는 경
우에는 조정위원회의 의결로 그 기간을 30일의 범위에서 한 차례만 연장할
수 있다.

M·E·M·O

2024 제27회 시험대비 전면개정판

박문각
주택관리사

합격예상문제 2차
주택관리관계법규
정답 및 해설

강경구 외 박문각 주택관리연구소 편

브랜드만족
1위
박문각

수상내역
후면표기

동영상강의
www.pmg.co.kr

50년 시간이 만든 합격비결
합격 노하우가 다르다!

01 총설

01 ① 민영주택이란 국민주택을 제외한 주택을 말한다.

02 ④ 주택법령상 준주택은 오피스텔, 다중생활시설, 노인복지주택, 기숙사이다. 준주택에 해당하는 것은 ㉠, ㉣이다.

03 ②이 옳은 지문이다.
① 기숙사는 건축법상에는 공동주택에 해당하지만 주택법상에는 해당하지 않는다.
③ 토지임대부 분양주택이란 토지의 소유권은 사업계획의 승인을 받아 토지임대부 분양주택 건설사업을 시행하는 자가 가지고, 건축물 및 복리시설 등에 대한 소유권은 주택을 분양받은 자가 가지는 주택을 말한다.
④ 에너지절약형 친환경주택이란 저에너지 건물 조성기술 등 대통령령으로 정하는 기술을 이용하여 에너지 사용량을 절감하거나 이산화탄소 배출량을 저감할 수 있도록 건설된 주택을 말한다.
⑤ 간선시설이 아니라 기간시설(基幹施設)이다.

04 ③ ㉡, ㉢
㉡ 세대별로 구분된 각각의 공간마다 별도의 욕실, 부엌과 구분 출입문을 설치할 것
㉢ 세대구분형 공동주택의 세대수가 해당 주택단지 안의 공동주택 전체 세대수의 10분의 1과 해당 동의 전체 세대수의 3분의 1을 각각 넘지 않을 것

05 ③ ㉢ 분리 ⇨ 통합

06 ⑤이 옳은 지문이다.
① 300세대 이상 ⇨ 300세대 미만
② 지방도시계획위원회 ⇨ 해당 건축위원회
③ 준주거지역 또는 상업지역에서 하나의 건축물에는 소형 주택과 도시형 생활주택 외의 주택을 함께 건축할 수 있다.
④ 하나의 건축물에는 소형 주택과 단지형 연립주택을 함께 건축할 수 없다.

07 ④ 주거전용면적이 30m² 이상인 경우에는 욕실 및 보일러실을 제외한 부분을 세개 이하의 침실(각각의 면적이 7m² <u>이상</u>인 것을 말한다)과 그 밖의 공간으로 구성할 수 있으며, 침실이 두 개 이상인 세대수는 소형 주택 전체 세대수(제2항 단서에 따라 소형 주택과 함께 건축하는 그 밖의 주택의 세대수를 포함한다)의 3분의 1(그 3분의 1을 초과하는 세대 중 세대당 주차대수를 0.7대 이상이 되도록 주차장을 설치하는 경우에는 해당 세대의 비율을 더하여 2분의 1까지로 한다)을 초과하지 않을 것

08 ① 공동육아나눔터는 주민공동시설로서 복리시설에 해당한다.

09 ② 종교시설은 복리시설에 해당한다. ①③④⑤는 부대시설이다.

10 ④ 「민간임대주택에 관한 특별법」에 따른 공공지원민간임대주택 공급촉진지구 조성사업(시행자가 수용 또는 사용의 방식으로 시행하는 사업만 해당한다)

11 ① 주택법령상 리모델링 범위에는 신축이 포함되지 않는다.

02 주택의 건설

01 ④	02 ④	03 ⑤	04 ⑤	05 ②	06 ⑤	07 ⑤	08 ③	09 ③	10 ①
11 ④	12 ②	13 ④	14 ①	15 ③	16 ⑤	17 ③	18 ④	19 ②	20 ⑤
21 ③	22 ⑤	23 ⑤	24 ④	25 ②	26 ④	27 ④	28 ①	29 ⑤	30 ③
31 ⑤	32 ②	33 ①	34 ③	35 ①	36 ⑤	37 ④	38 ②	39 ①	40 ③

01 ④ 주택건설공사를 시공하는 건설사업자로 간주되는 등록사업자는 건설공사비가 자본금과 자본준비금·이익준비금을 합한 금액의 10배(개인인 경우에는 자산평가액의 5배)를 초과하는 건설공사를 시공할 수 없다.

02 ① 도시형 생활주택의 경우에는 30세대 이상의 주택건설사업을 시행하려는 자는 국토교통부장관에게 등록하여야 한다.
② 주택건설사업의 등록을 하고자 하는 자가 개인인 경우에는 자본금은 자산평가액 6억원 이상, 법인은 출자금 3억원 이상이 있어야 한다.
③ 등록사업자는 등록사항에 변경이 있으면 국토교통부령으로 정하는 바에 따라 변경사유가 발생한 날부터 30일 이내에 국토교통부장관에게 신고하여야 한다.
⑤ 등록해야 할 자가 등록하지 아니하고 주택건설사업을 영위한 경우 2년 이하의 징역 또는 2천만원 이하의 벌금에 처한다.

03 ⑤ 최근 3년간 연평균 300세대 이상 ⇨ 최근 3년간 300세대 이상

04 ⑤ 옳은 지문이다.
① 주택조합의 가입을 신청한 자는 가입비등을 예치한 날부터 30일 이내에 주택조합 가입에 관한 청약을 철회할 수 있다.
② 청약 철회를 서면으로 하는 경우에는 청약 철회의 의사를 표시한 서면을 발송한 날에 그 효력이 발생한다.
③ 모집주체는 주택조합의 가입을 신청한 자가 청약 철회를 한 경우 청약 철회 의사가 도달한 날부터 7일 이내에 예치기관의 장에게 가입비등의 반환을 요청하여야 한다.
④ 예치기관의 장은 가입비등의 반환 요청을 받은 경우 요청일부터 10일 이내에 그 가입비등을 예치한 자에게 반환하여야 한다.

05 ② 조합원은 조합규약으로 정하는 바에 따라 조합에 탈퇴 의사를 알리고 탈퇴할 수 있으며, 탈퇴한 조합원(제명된 조합원을 포함한다)은 조합규약으로 정하는 바에 따라 부담한 비용의 환급을 청구할 수 있다.

06 ⑤ 甲의 사망으로 A지역주택조합이 조합원을 충원하는 경우, 충원되는 자가 조합원 자격요건을 갖추었는지는 A지역주택조합의 <u>설립인가신청일</u>을 기준으로 판단한다.

07 ⑤ 시장·군수·구청장이 조합원 모집 신고를 수리할 수 없는 경우는 ㉠, ㉡, ㉢, ㉣ 모두 해당한다.

08 ③ 리모델링주택조합이 대수선인 리모델링을 하려면 해당 주택이 「주택법」에 따른 사용검사일 또는 건축법에 따른 사용승인일부터 10년 이상이 경과하여야 한다.

09 ③ 업무대행자는 국토교통부령으로 정하는 바에 따라 사업연도별로 분기마다 해당 업무의 실적 보고서를 작성하여 주택조합 또는 주택조합의 발기인에게 제출하여야 한다.

10 ① 표준업무대행계약서는 국토교통부장관이 공정거래위원장과 협의를 거쳐 작성·보급할 수 있다.

11 ① 3년 ⇨ 2년
② 2년 ⇨ 3년
③ 10일 ⇨ 7일
⑤ 관할 시장·군수·구청장에게 통지하여야 한다.

12 ② 주택조합은 사용검사 또는 임시사용승인을 신청한 날부터 30일 이내에 회계감사를 받아야 한다.

13 ④ 공공택지에서 일단의 토지로 공급받아 해당 토지에 건설하는 단독주택은 50호 이상 주택건설 사업을 할 경우 사업계획승인을 받아야 한다.

14 ① 다음의 요건을 모두 갖춘 사업의 경우는 사업계획승인을 받지 아니한다.

> 1. 「국토의 계획 및 이용에 관한 법률 시행령」에 따른 준주거지역 또는 상업지역(유통상업 지역은 제외한다)에서 (300)세대 미만의 주택과 주택 외의 시설을 동일 건축물로 건축 하는 경우일 것
> 2. 해당 건축물의 연면적에서 주택의 연면적이 차지하는 비율이 (90)% 미만일 것

15 ③ 사업계획승인을 받은 사업주체가 주택건설대지면적 중 95% 이상의 사용권원을 확보한 경우 에는 사용권원을 확보하지 못한 대지의 모든 소유자에게 매도청구가 가능하다.

16 ⑤ 사업계획승인을 받은 사업주체가 공사를 시작하려는 경우에는 국토교통부령으로 정하는 바에 따라 사업계획승인권자에게 신고하여야 한다.

17 ③ 옳은 지문이다.
　① 60일 이내에 사업주체에게 승인여부를 통보하여야 한다.
　② 위치변경이 없는 경우에는 경미한 변경이므로 변경승인을 받지 아니한다.
　④ 사업주체는 사업계획승인을 받은 날부터 5년 이내 공사를 시작하여야 한다.
　⑤ 해당 주택건설사업 또는 대지조성사업과 직접적으로 관련이 있는 경우 기반시설의 기부채납을 요구할 수 있다.

18 ④ 공공택지의 개발·조성을 위한 계획에 포함된 기반시설의 설치 지연으로 공사 착수가 지연되는 경우 그 사유가 없어진 날부터 1년의 범위에서 공사의 착수기간을 연장할 수 있다.

19 ② ⓒ 사업주체가 경매·공매 등으로 인하여 대지소유권을 상실한 경우, ⓔ 사업주체의 부도·파산 등으로 공사의 완료가 불가능한 경우에는 사업주체가 「주택도시기금법」에 따라 주택분양보증이 된 사업인 경우에 사업계획승인 취소 대상에서 제외된다.

20 ⑤ 우수 등급 이상을 인정받은 경우 「국토의 계획 및 이용에 관한 법률」에도 불구하고 대통령령으로 정하는 범위에서 건폐율·용적률·높이제한을 완화할 수 있다.

21 ③ 입주자 모집공고에 표시하여야 하는 공동주택성능등급은 ①②④⑤ 외에도 화재·소방·피난 안전 등 화재·소방 관련 등급이 있다.

22 ① 바닥충격음 차단성능 인정을 받으려는 자는 국토교통부장관이 정하여 고시하는 방법 및 절차 등에 따라 바닥충격음 성능등급 인정기관으로부터 바닥충격음 차단성능 인정을 받아야 한다.
　② 공동주택 바닥충격음 차단구조의 성능등급 인정의 유효기간은 그 성능등급 인정을 받은 날부터 5년으로 한다.
　③ 이 경우 연장되는 유효기간은 연장될 때마다 3년을 초과할 수 없다.
　④ 바닥충격음 성능등급 인정기관에 성능등급인정을 신청한 자는 국토교통부장관에게 성능등급 인정기준의 제정 또는 개정을 신청할 수 있다.

23 ⑤ 인정취소사유에 해당하지 않는다. 성능등급을 인정받은 제품에 대해 그 인정을 취소할 수 있는 경우는 ①②③④의 경우이다.

24 ④ 국토교통부장관이 정하여 고시하는 기준에 적합한 결로방지 성능을 갖추어야 한다.

25 ① 500세대 이상이 아니라 1,000세대 이상이다.
　③ 보행자전용도로, 자전거 도로는 제외한다.
　④ 300세대 이상이 아니라 500세대 이상이다.
　⑤ 카메라의 해상도는 130만 화소 이상이어야 한다.

26 ④ 1,250m², ㉠, ㉡, ㉢, ㉣, ㉤, ㉥이 정답이다.

공동주택의 세대수가 100세대 이상 1,000세대 미만인 경우 주민공동시설의 설치면적은 세대당 2.5m²를 더한 면적이므로 500 × 2.5 m² = 1,250m²이다. 세대수가 500세대 이상에 해당하므로 경로당, 어린이놀이터, 어린이집, 주민운동시설, 작은 도서관, 다함께돌봄센터를 설치해야 한다.

27 ④ 간선시설의 설치는 특별한 사유가 없으면 사용검사일까지 설치를 완료하여야 한다.

28 ① 국가·지방자치단체·한국토지주택공사 및 지방공사인 사업주체가 사업계획의 수립을 위한 조사 또는 측량을 하려는 경우와 국민주택사업을 시행하기 위하여 필요한 경우에 타인의 토지에 출입하는 행위 등을 할 수 있다.

29 ⑤ 재결신청은 「공익사업을 위한 토지 등의 취득 및 보상에 관한 법률」에도 불구하고 사업계획 승인을 받은 주택건설사업 기간 이내에 할 수 있다.

30 ③ 지방공사가 아니라 국가 또는 지방자치단체가 소유하는 토지를 매각하거나 임대할 때 국민주택규모의 주택을 50% 이상으로 건설하는 주택 또는 조합주택을 건설하거나 이를 위한 대지조성업을 할 경우 우선적으로 그 토지를 매각하거나 임대할 수 있다.

31 ⑤ 체비지의 양도가격은 「감정평가 및 감정평가사에 관한 법률」에 따른 감정평가법인등이 감정평가한 감정가격을 기준으로 한다. 다만, 주거전용면적 85m² 이하의 임대주택을 건설하거나 주거전용면적 60m² 이하의 국민주택을 건설하는 경우에는 국토교통부령으로 정하는 조성원가(즉, 「택지개발촉진법 시행규칙」 별표에 따라 산정한 원가)를 기준으로 할 수 있다.

32 ② 국토교통부장관, 시·도지사 또는 시장·군수는 사업주체가 건설할 주택을 공업화주택으로 건설하도록 사업주체에게 권고할 수 있다.

33 ① 사업계획승인대상 규모 미만 ⇨ 사업계획승인대상 규모 이상

34 ③ 300세대 미만의 주택건설공사는 「건축사법」에 따라 건축사사무소 개설 신고한 자 또는 「건설기술진흥법」에 따른 건설엔지니어링사업자를 감리자로 지정하여야 한다. 300세대 이상의 주택건설공사는 「건설기술진흥법」에 따른 건설엔지니어링사업자를 감리자로 지정하여야 한다.

35 ① 7일 이내에 사업계획승인권자에게 그 내용을 보고하여야 한다.

36 ⑤ ㉠, ㉡, ㉢, ㉣ 모두 감리자의 업무에 해당한다.

37 ④ 국토교통부장관 ⇨ 시·도지사

38 ① 공무원이 아닌 위원의 임기는 2년으로 하며, 두 차례만 연임할 수 있다.
③ 시·도지사는 품질점검단의 점검 시작일 7일 전까지 통보해야 한다.
④ 3세대 이상을 선정하여 품질점검단에 통보해야 한다.
⑤ 점검 종료일부터 5일 이내에 점검결과를 시·도지사와 사용검사권자에게 제출해야 한다.

39 ① 사업주체는 사업계획승인을 받아 시행하는 주택건설사업 또는 대지조성사업을 완료한 경우에는 주택 또는 대지에 대하여 시장·군수·구청장(국가·한국토지주택공사가 사업주체인 경우와 국토교통부장관으로부터 사업계획의 승인을 받은 경우에는 국토교통부장관)의 사용검사를 받아야 한다.

40 ③ 주택의 소유자들이 매도청구를 하려면 甲이 소유권을 회복한 토지의 면적이 주택단지 전체 대지면적의 5% 미만이어야 한다.

03 주택의 공급

Answer \ 객관식

01 ③	02 ⑤	03 ③	04 ②	05 ②	06 ④	07 ⑤	08 ②	09 ①	10 ①
11 ④	12 ①	13 ②	14 ⑤	15 ②	16 ①	17 ②	18 ①		

01 ① 정부시책의 일환으로 국가, 지방자치단체 또는 지방공사가 건설하는 농촌주택은 「주택공급에 관한 규칙」을 적용하지 않는다.
② 공공사업주체는 제외한다.
④ 분양가상한제 적용주택의 경우에는 입주자모집공고안의 신청을 받으면 승인여부를 10일 이내에 결정하여야 하며, 부득이한 사유가 있으면 5일의 범위에서 연장할 수 있다.
⑤ 입주자모집공고는 최초 청약 신청 접수일 10일 전에 해야 한다. 다만, 시장·군수·구청장은 특별공급의 경우로서 공급물량이 적거나 청약 관심도가 낮다고 판단되는 등의 경우에는 5일 전으로 단축할 수 있다.

02 분양대행자는 ⑤ 외에 다른 법률에 따라 등록하거나 인가 또는 허가를 받은 자로서 국토교통부령으로 정하는 자가 있다.

03 ③ 분양가격 구성항목 중 건축비는 국토교통부장관이 정하여 고시하는 건축비(이하 "기본형건축비"라 한다)에 국토교통부령으로 정하는 금액(항목별 가산비용)을 더한 금액으로 한다.

04 ② 관광특구에서 건설·공급하는 공동주택으로서 해당 건축물의 층수가 50층 이상이거나 높이가 150m 이상인 경우 분양가상한제를 적용하지 않는다.

05 ㉠ 3개월 ⇨ 12개월
ⓒ 10대 1을 초과 ⇨ 5대 1을 초과
㉣ 5대 1을 초과 ⇨ 10대 1을 초과

06 ① 해당 주택의 최초 입주가능일부터 5년 이내의 범위에서 거주의무기간동안 계속하여 해당 주택에 거주하여야 한다.
② 최초 입주가능일부터 90일까지로 한다.
③ 부기등기는 주택의 소유권보존등기와 동시에 하여야 한다.
⑤ 공공택지 외의 택지라도 수도권에서 건설·공급되는 주택은 일정기간 거주의무가 있다.
　㉠ 분양가격이 인근지역주택매매가격의 80% 미만인 주택: 3년
　ⓒ 분양가격이 인근지역주택매매가격의 80% 이상 100% 미만인 주택: 2년

07 ⑤ 요청받은 날부터 40일 이내에 해제 여부를 결정하고, 그 결과를 시·도지사, 시장, 군수 또는 구청장에게 통보하여야 한다.

08 ② 분양가상한제 적용주택과 관련된 제2종 국민주택채권 매입예정상한액 산정의 적정성 여부

09 ① 시장·군수·구청장은 20일 이내에 분양가심사위원회를 설치·운영하여야 한다.

10 ① 주택을 공급받을 수 있는 지위 또는 증서는 ②③④⑤ 외에도 주택조합원으로서의 주택을 공급받을 수 있는 지위가 있다.

11 ④ 실제로 입주한 날이 아니라 사업주체가 입주예정자에게 통보한 입주가능일을 말한다.

12 ① 시·도 도시계획위원회 ⇨ 시·도 주거정책심의위원회

13 ② 투기과열지구지정 직전월의 주택분양실적이 전달보다 30% 이상 감소한 곳

14 ① 조정대상지역의 지정은 그 지정 목적을 달성할 수 있는 최소한의 범위로 한다.

② 6개월 ⇨ 3개월

③ 3개월 ⇨ 6개월

④ 30일 ⇨ 40일

15 ② 과열지역은 조정대상지역지정 직전월부터 소급하여 3개월간의 해당 지역 주택가격상승률이 해당 지역이 포함된 시·도 소비자물가상승률의 1.3배를 초과한 지역으로서 다음의 어느 하나에 해당하는 지역을 말한다.

> 1. 조정대상지역지정 직전월부터 소급하여 주택공급이 있었던 2개월 동안 해당지역에서 공급되는 주택의 월평균 청약경쟁률이 모두 5대 1을 초과하였거나 국민주택규모 주택의 월평균 청약경쟁률이 모두 10대 1을 초과한 지역
> 2. 조정대상지역지정 직전월부터 소급하여 3개월간의 분양권(주택의 입주자로 선정된 지위를 말한다) 전매거래량이 직전연도의 같은 기간보다 30% 이상 증가한 지역
> 3. 시·도별 주택보급률 또는 자가주택비율이 전국 평균 이하인 지역

16 ① 위축지역은 조정대상지역지정 직전월부터 소급하여 6개월간의 평균 주택가격상승률이 마이너스 1.0% 이하인 지역으로서 다음의 어느 하나에 해당하는 지역을 말한다.

> 1. 조정대상지역지정 직전월부터 소급하여 3개월 연속 주택매매거래량이 직전연도의 같은 기간보다 20% 이상 감소한 지역
> 2. 조정대상지역지정 직전월부터 소급하여 3개월간의 평균 미분양주택(사업계획승인을 받아 입주자를 모집을 하였으나 입주자가 선정되지 아니한 주택을 말한다)의 수가 직전연도의 같은 기간보다 2배 이상인 지역
> 3. 시·도별 주택보급률 또는 자가주택비율이 전국 평균을 초과하는 지역

17 ② 국토교통부장관은 전매행위제한을 위반한 자에 대하여 10년의 범위에서 국토교통부령으로 정하는 바에 따라 주택의 입주자자격을 제한할 수 있다.

18 ① 세대원이 근무 또는 생업상의 사정이나 질병치료·취학·결혼으로 인하여 세대원 전원이 다른 광역시, 특별자치시, 특별자치도, 시 또는 군(광역시의 관할 구역에 있는 군을 제외한다)으로 이전하는 경우. 다만, 수도권으로 이전하는 경우는 제외한다.

04 리모델링

01 ④ 공동주택의 리모델링은 주택단지별 또는 동별로 한다.

02 ② 결의서에 그 동의 구분소유자 및 의결권의 각 75퍼센트 이상의 동의를 받아야 한다.

03 ② 입주자 전원의 동의를 받아야 한다.
   ③ 동(棟)을 리모델링하기 위하여 리모델링주택조합을 설립하려는 경우에는 그 동의 구분소유자
   및 의결권의 각 3분의 2 이상의 결의를 얻어야 한다.
   ④ 공사를 완료하였을 때에는 시장·군수·구청장의 사용검사를 받아야 한다.
   ⑤ 30세대 이상 ⇨ 50세대 이상

04 ③ 리모델링주택조합이 거짓이나 그 밖의 부정한 방법으로 허가를 받은 경우에는 행위허가를 취
   소할 수 있다.

05 ③ 권리변동계획에는 ①②④⑤가 포함된다.

06 ⑤ 리모델링 기본계획의 작성기준 및 작성방법 등은 국토교통부장관이 정한다.

05 보 칙

01 ③ 토지임대부 분양주택을 양수한 자 또는 상속받은 자는 임대차계약을 승계한다.

02 ③ © 옳은 지문이다.
　　　⊙ 토지임대부 분양주택을 공급받은 자가 토지소유자와 임대차계약을 체결한 경우 해당 주택의 구분소유권을 목적으로 그 토지 위에 임대차기간 동안 지상권이 설정된 것으로 본다.
　　　ⓒ 재건축한 주택은 토지임대부 분양주택으로 한다.

03 ③ 토지소유자는 토지임대료약정 체결 후 2년이 지나 토지임대료의 증액을 청구하는 경우에는 시·군·구의 평균지가상승률을 고려하여 증액률을 산정하되, 「주택임대차보호법 시행령」 제8조 제1항에 따른 차임 등의 증액청구 한도 비율을 초과해서는 안된다.

04 ② 주택상환사채는 액면 또는 할인의 방법으로 발행한다.
　　　③ 국토교통부장관의 승인을 받아야 한다.
　　　④ 등록사업자의 등록이 말소된 경우 등록사업자가 발행한 주택상환사채의 효력에는 영향을 미치지 아니한다.
　　　⑤ 주택상환사채는 기명증권으로 한다.

05 ④ 주택상환사채의 납입금은 해당 보증기관과 주택상환사채발행자가 협의하여 정하는 금융기관에서 관리한다.

06 옳게 나열된 항목은 ①이다.
　　(1) 법인으로서 자본금이 5억원 이상일 것
　　(2) 「건설산업기본법」 제9조에 따라 건설업 등록을 한 자일 것
　　(3) 최근 3년간 연평균 주택건설실적이 300호 이상일 것

07 ⊙ 지방자치단체는 국민주택사업을 시행하기 위하여 국민주택사업특별회계를 설치·운용하여야 한다.
　　　ⓒ 그 분기가 끝나는 달의 다음 달 20일까지 국토교통부장관에게 보고하여야 한다.

08 ⓔ 「재건축초과이익환수에 관한 법률」에 따른 재건축부담금 중 지방자치단체 귀속분

Answer 주관식

01 주거환경, 주택시장
02 다중생활시설, 기숙사
03 토지임대부 분양주택
04 세대구분형
05 60, 30, 30
06 에너지절약형 친환경
07 건강친화형 주택
08 내구성, 가변성
09 20, 8
10 부대시설
11 기간시설
12 ㉠ 지역난방시설, ㉡ 기간시설
13 공구, 사용검사
14 6, 300
15 리모델링
16 30, 15
17 세대수 증가형
18 20, 20, 10,000
19 5, 100, 100
20 10
21 영업, 분양
22 50, 공개모집
23 80, 15
24 과반수, 2/3, 2/3
25 2
26 ㉠ 2, ㉡ 2, ㉢ 20
27 3
28 설립인가 신청일
29 30, 3, 3
30 30, 주거환경개선
31 300, 90
32 시가, 3
33 매도청구
34 표본설계도서
35 500, 입주자 모집공고
36 65
37 비상용, 10
38 1.5, 7
39 토지수용위원회
40 50
41 50
42 건설엔지니어링사업자
43 감리용역표준계약서
44 사전방문, 사용검사
45 시가, 2
46 주거환경개선, 공공재개발
47 12, 20, 5
48 ㉠ 주택상환사채, ㉡ 10
49 물가상승률
50 3, 1
51 40
52 75, 50, 75
53 50, 세대수 증가형
54 수직증축형
55 안전진단
56 14, 30
57 법인, 30
58 2
59 ㉠ 40, ㉡ 75, ㉢ 지상권
60 5, 300
61 3, 공급계약체결일
62 국민주택사업특별회계

공동주택관리법

01 총 설

> 01 ⑤   02 ①   03 ④   04 ③

01 ⑤ ㉠, ㉡, ㉢, ㉣, ㉤ 모두 공동주택의 정의에 포함된다.

02 ① 입주자대표회의는 자치의결기구에 해당한다.

03 ④ "사용자"란 공동주택을 임차하여 사용하는 사람 등을 말한다. 이 경우 임대주택의 임차인은 제외한다.

04 ③ 개별난방방식 ⇨ 지역난방방식

02 공동주택의 관리방법

> 01 ②   02 ③   03 ④   04 ③   05 ①   06 ③   07 ⑤   08 ⑤

01 ② 자치관리기구의 대표자는 공동주택의 관리사무소장이다.

02 ③ 관리사무소장은 자치관리기구가 갖추어야 하는 기술인력을 겸직할 수 없다.

03 ④ 입주자대표회의의 구성 신고가 수리된 날부터 3개월 이내에 공동주택의 관리방법을 결정하여야 한다.

04 ③ 입주자등이 공동주택의 관리 요구를 받았을 때에는 그 요구를 받은 날부터 3개월 이내에 입주자를 구성원으로 하는 입주자대표회의를 구성하여야 한다.

05 ① 주택관리업자에게 위탁관리하다가 자치관리로 관리방법을 변경하는 경우 입주자대표회의는 그 위탁관리의 종료일까지 자치관리기구를 구성하여야 한다.

06 ③ 국토교통부장관이 정하여 고시하는 경우 외에는 전체 입주자등의 과반수의 동의를 얻어서 경쟁입찰의 방법으로 주택관리업자를 선정하여야 한다.

07 ⑤ 혼합주택단지의 입주자대표회의와 임대사업자가 혼합주택단지의 관리에 관하여 공동으로 결정하여야 하는 사항은 ㉠, ㉡, ㉢, ㉣, ㉤ 모두 해당한다.

08 ⑤ 합의가 이뤄지지 않는 경우 해당 혼합주택단지 공급면적의 3분의 2 이상을 관리하는 입주자대표회의 또는 임대사업자가 결정한다.

03 공동주택의 의사결정

Answer 객관식									
01 ⑤	02 ③	03 ①	04 ⑤	05 ③	06 ④	07 ④	08 ⑤	09 ③	10 ②
11 ②	12 ⑤	13 ⑤	14 ①	15 ①	16 ⑤	17 ②	18 ⑤	19 ②	20 ③
21 ④	22 ⑤	23 ④	24 ④	25 ④	26 ①	27 ②	28 ②	29 ③	30 ②
31 ③	32 ①								

01 ⑤ 보궐선거 또는 재선거로 선출된 동별 대표자의 임기가 6개월 미만인 경우에는 임기의 횟수에 포함하지 않는다.

02 ③ 「공동주택관리법」 또는 「주택법」, 「민간임대주택에 관한 특별법」, 「공공주택 특별법」, 「건축법」, 「집합건물의 소유 및 관리에 관한 법률」을 위반한 범죄로 벌금형을 선고받은 후 2년이 지나지 않은 사람이 동별대표자의 결격사유에 해당한다.

03 ① ㉢, ㉣, ㉤이 결격사유에 해당된다.
㉠ 파산자로서 복권이 안 된 사람
㉡ 「건축법」을 위반한 범죄로 금고형의 실형선고를 받고 그 집행이 면제된 날부터 2년이 지나지 않은 사람

04 ⑤ 공동주택을 임차하여 사용하는 사람의 동별 대표자 결격사유는 그를 대리하는 자에게 미친다.

05 ㉠ 시 · 도 조례로 정한 선거구 ⇨ 관리규약으로 정한 선거구
　㉡ 전체 입주자등의 10분의 1 이상이 투표하고 후보자 중 다득표자 순으로 선출한다.

06 ④ 입주자대표회의 구성원 과반수 찬성으로 선출할 수 없는 경우로서 최다득표자가 2인 이상인 경우에는 추첨으로 선출한다.

07 ④ 선출된 자가 선출필요인원에 미달하여 추가선출이 필요한 경우를 포함한다.

08 ⑤ 입주자대표회의 회장과 감사는 직선제로 선출하는 것이 원칙이지만, 이사는 입주자대표회의 구성원의 과반수의 찬성으로 선출한다.

09 ③ 전체 입주자등이 아니라 전체 입주자의 10분의 1 이상이 요청하는 때에는 회장은 해당일부터 14일 이내에 입주자대표회의를 소집하여야 한다.

10 ② 어린이집 · 다함께돌봄센터 · 공동육아나눔터를 제외한 주민공동시설 위탁운영의 제안이 입주자대표회의의 의결사항이다.

11 ② 전체 입주자등의 과반수 찬성으로 의결하는 사항은 ㉠, ㉡이며, 입주자대표회의 구성원 과반수의 찬성으로 의결하는 사항은 ㉢, ㉣, ㉤이다.

12 ⑤ 선거관리위원회의 구성 · 운영 · 업무(동별 대표자 결격사유의 확인을 포함한다) · 경비, 위원의 선임 · 해임 및 임기 등에 관한 사항은 관리규약으로 정한다.

13 ⑤ ㉠, ㉡, ㉢, ㉣ 모두 선거관리위원회 위원의 결격사유에 해당한다.

14 ① 매년 4시간 이상 ⇨ 매년 4시간

15 ② 공동주택의 관리주체는 관리규약을 보관하여 입주자등이 열람을 청구하거나 자기의 비용으로 복사를 요구하면 응하여야 한다.
　③ 관리규약의 준칙은 시 · 도지사가 정한다.
　④ 관리규약은 입주자등의 지위를 승계한 사람은 관리규약 동의여부와 관계없이 그 효력이 있다.
　⑤ 입주자대표회의가 공동주택 관리규약을 위반한 경우 공동주택의 입주자등은 전체 입주자등의 10분의 2 이상의 동의를 받아 지방자치단체의 장에게 감사를 요청할 수 있다.

16 ⑤ 입주자대표회의의 회장은 관리규약을 개정한 경우 시장·군수·구청장에게 30일 이내 신고해야 한다.

17 ② 장기수선충당금의 적립금액은 장기수선계획으로 정하며, 장기수선충당금의 요율 및 사용절차가 관리규약준칙에 포함된다.

18 ⑤ 계좌는 관리사무소장의 직인 외에 입주자대표회의의 회장 인감을 복수로 등록할 수 있다.

19 ② 입주자등을 대행하여 징수하는 사용료는 ㉣, ㉤, ㉥, ㉧이다.

20 ① 관리비는 관리비 비목의 월별합계액으로 한다.
② 관리주체는 관리비등의 내역(항목별 산출내역을 말하며, 세대별 부과내역은 제외한다)을 대통령령으로 정하는 바에 따라 해당 공동주택단지의 인터넷 홈페이지(인터넷 홈페이지가 없는 경우에는 인터넷 포털을 통하여 관리주체가 운영·통제하는 유사한 기능의 웹사이트 또는 관리사무소의 게시판을 말한다) 및 동별 게시판(통로별 게시판이 설치된 경우에는 이를 포함한다)과 국토교통부장관이 구축·운영하는 공동주택관리정보시스템에 공개하여야 한다.
④ 관리주체는 소유자가 공동주택의 소유권을 상실한 경우에는 징수한 관리비예치금을 반환하여야 한다. 다만, 소유자가 관리비·사용료 및 장기수선충당금 등을 미납한 때에는 관리비예치금에서 정산한 후 그 잔액을 반환할 수 있다.
⑤ 잡수입의 경우에도 관리주체는 그 내역을 해당 공동주택단지의 인터넷 홈페이지 및 동별 게시판과 공동주택관리정보시스템에 공개하여야 한다.

21 ④ 의무관리대상 공동주택의 관리주체는 회계연도마다 사업실적서 및 결산서를 작성하여 회계연도 종료 후 2개월 이내에 입주자대표회의에 제출하여야 한다.

22 ⑤ 회계감사의 감사인은 입주자대표회의가 선정한다.

23 ④ ㉡ 하자보수보증금을 사용하여 보수하는 공사는 입주자대표회의가 사업자를 선정하고 집행하는 사항이다. ㉠, ㉣은 입주자대표회의가 사업자를 선정하고 관리주체가 집행하는 사항이며, ㉢은 관리주체가 사업자를 선정하고 집행하는 사항이다.

24 ④ 회계감사를 받아야 하는 공동주택의 관리주체는 매 회계연도 종료 후 9개월 이내에 해당 재무제표에 대하여 회계감사를 받아야 한다.

25 ④ 입주자대표회의와 관리주체는 주요시설을 신설하는 등 관리여건상 필요하여 전체 입주자 과반수의 서면동의를 받은 경우에는 3년이 경과하기 전에 장기수선계획을 조정할 수 있다.

26 ① 관리주체는 장기수선계획에 따라 공동주택의 주요 시설의 교체 및 보수에 필요한 장기수선충당금을 해당 주택의 소유자로부터 징수하여 적립하여야 한다.

27 ② 장기수선충당금의 요율은 관리규약으로 정하고 적립금액은 장기수선계획에서 정한다.

28 ② 의무관리대상 공동주택의 관리주체가 안전관리계획을 수립하는 시설물은 ⓒ이다.

29 ③ 안전진단 중 승강기의 경우에는 「승강기 안전관리법」에서 정하는 바에 따른다.

30 ② 의무관리대상 공동주택의 안전점검은 반기마다 하여야 한다.

31 ③ 16층 이상의 공동주택 및 15층 이하의 공동주택으로서 사용검사일부터 30년이 경과한 공동주택 또는 안전등급이 C등급, D등급 또는 E등급에 해당하는 공동주택에 대하여 안전점검을 실시해야 하는 자는 ①②④⑤이다.

32 ①은 관리주체가 시장·군수·구청장의 허가를 받거나 신고를 하여야 하는 행위이고, ②③④⑤는 허가 또는 신고 없이 행할 수 있는 경미한 사항이다.

04 하자담보책임 및 하자분쟁조정

| Answer | 객관식 |

| 01 ④ | 02 ② | 03 ④ | 04 ⑤ | 05 ③ | 06 ④ | 07 ② | 08 ① | 09 ⑤ | 10 ③ |
| 11 ② | 12 ③ | 13 ② | 14 ① | 15 ① | 16 ⑤ | | | | |

01 ④ 하자보수가 끝난 때에는 사업주체와 입주자는 담보책임기간이 만료되기 전에 공동으로 담보책임 종료확인서를 작성해서는 안 된다.

02 ② 분양전환공공임대주택의 임차인대표회의는 공용부분의 하자에 대해 하자보수의 청구를 할 수 있다.

03 ① 하자보수기간의 기산점은 공동주택의 공용부분은 사용검사일(사용승인일)로부터, 전유부분은 입주자에게 인도한 날부터이다.

② 사업주체는 하자보수를 청구받은 날부터 15일 이내에 그 하자를 보수하거나 하자보수계획을 입주자대표회의등에 서면으로 통보하고 그 계획에 따라 하자를 보수하여야 한다.

③ 사업주체는 담보책임기간이 만료되기 30일 전까지 그 만료 예정일을 해당 공동주택의 관리주체에게 서면으로 통보하여야 한다.

⑤ 사업주체는 담보책임기간에 공동주택에 하자가 발생한 경우에는 하자 발생으로 인한 손해를 배상할 책임이 있다.

04 ① 조경공사: 3년
② 지붕공사: 5년
③ 신재생에너지설비공사: 3년
④ 철근콘크리트공사: 5년
⑤ 기초공사: 10년

05 ③ 하자보수보증금 예치증서는 ①②④⑤ 외에도 「은행법」에 따른 은행, 주택도시보증공사가 발행하는 보증서이 발행하는 보증서 등이 있다.

06 ④ 입주자대표회의는 사업주체가 예치한 하자보수보증금을 다음에 따라 순차적으로 사업주체에게 반환하여야 한다.

> 1. 사용검사일부터 2년이 경과된 때: 하자보수보증금의 100분의 15
> 2. 사용검사일부터 3년이 경과된 때: 하자보수보증금의 100분의 40
> 3. 사용검사일부터 5년이 경과된 때: 하자보수보증금의 100분의 25
> 4. 사용검사일부터 10년이 경과된 때: 하자보수보증금의 100분의 20

07 ② 「공공주택 특별법」에 따라 임대한 후 분양전환을 목적으로 공급하는 공동주택을 공급한 사업주체의 분양전환이 되기 전까지의 전유부분에 대한 하자담보책임기간은 임차인에게 인도한 날부터 기산한다.

08 ① 입주자대표회의등 또는 임차인등은 공동주택에 하자가 발생한 경우에는 담보책임기간 내에 사업주체에게 하자보수를 청구하여야 한다.

09 ⑤ 하자진단을 의뢰할 수 있는 안전진단기관은 ①②③④ 외에도 국토안전관리원 및 건축사가 있다.

10 ③ 안전진단을 의뢰할 수 있는 안전진단기관은 ①②④⑤ 외에도 「건축사법」에 따라 설립한 건축사협회가 있다.

11 ② 「건축사법」에 따라 설립한 건축사협회는 시장·군수·구청장이 공동주택의 구조안전에 중대한 하자가 있다고 인정하는 경우에 해당 공동주택의 안전진단을 의뢰할 수 있는 안전진단기관에 해당된다.

12 ③ 하자분쟁조정위원회는 단체사건의 당사자들에게 대표자를 선정하도록 권고할 수 있다.

13 ② 판사·검사 또는 변호사 자격을 취득한 후 6년 이상 종사한 자가 9명 이상 포함되어야 한다.

14 ① 이 경우 권고는 조정절차의 진행에 영향을 미치지 아니한다.

15 ① 하자분쟁조정위원회는 그 신청을 받은 날부터 하자심사 및 분쟁조정은 60일(공용부분의 경우 90일) 이내에 그 절차를 완료하여야 한다.

16 ⑤ 재정문서는 그 정본이 당사자에게 송달된 날부터 60일 이내에 당사자 양쪽 또는 어느 한쪽이 그 재정의 대상인 공동주택의 하자담보책임을 원인으로 하는 소송을 제기하지 아니하거나 그 소송을 취하한 경우 재판상 화해와 동일한 효력이 있다.

---

05 **공동주택의 전문관리**

Answer \ 객관식

| 01 ② | 02 ④ | 03 ② | 04 ③ | 05 ② | 06 ⑤ | 07 ③ | 08 ① | 09 ① | 10 ③ |
| 11 ① | 12 ④ | 13 ② | 14 ③ | | | | | | |

01 ② "자본금"이란 법인인 경우에는 주택관리업을 영위하기 위한 출자금을, 법인이 아닌 경우에는 자산평가액을 말한다.

02 ④ 옳은 것은 ㉡, ㉢, ㉤이다.
㉠ 자본금: 2억원 이상, ㉣ 주택관리사: 주택관리사 1명 이상

03 ① 주택관리업을 하려는 자는 대통령령으로 정하는 바에 따라 시장·군수·구청장에게 등록하여야 한다.
③ 등록을 한 주택관리업자가 그 등록이 말소된 후 2년이 지나지 아니한 때에는 다시 등록할 수 없다.
④ 결원이 된 때에는 그 사유가 발생한 날부터 15일 이내에 새로운 주택관리사등을 배치하여야 한다.
⑤ 주택관리업자의 지위에 관하여 이 법에 규정이 있는 것 외에는 「민법」 중 위임에 관한 규정을 준용한다.

04 ③ ㉠, ㉡이 필연적 영업정지처분사유에 해당한다.
㉢은 그 등록을 말소하거나 1년 이내의 기간을 정하여 영업의 전부 또는 일부의 정지를 명할 수 있다.

05 ② 관리주체의 업무에 해당하는 것은 ㉠, ㉡이다.
㉢ 공동주택의 공용부분의 유지·보수·안전관리가 관리주체의 업무이다.
㉣ 하자보수보증금의 예치는 사업주체의 의무이다.

06 ⑤ 장기수선계획은 해당 공동주택의 사업주체, 건축주, 리모델링을 하는 자가 수립한다.

07 ③ 시장·군수·구청장은 사실 조사를 의뢰받은 때에는 지체 없이 조사를 마치고, ①을 위반한 사실이 있다고 인정하는 경우 입주자대표회의 및 입주자등에게 필요한 명령 등의 조치를 하여야 한다.

08 ② 500세대 미만의 공동주택에 관리사무소장으로 배치된 주택관리사는 관리사무소장의 손해배상책임을 보장하기 위하여 3천만원을 보장하는 보증보험 또는 공제에 가입하거나 공탁을 하여야 한다.
③ 주택관리사등은 보증보험금·공제금 또는 공탁금으로 손해배상을 한 때에는 15일 이내에 보증보험 또는 공제에 다시 가입하거나 공탁금 중 부족하게 된 금액을 보전하여야 한다.
④ 보증기간이 만료되어 다시 보증설정을 하려는 자는 그 보증기간 만료되기 전에 다시 보증설정을 하여야 한다.
⑤ 보증설정을 이행한 주택관리사등은 그 보증설정을 다른 보증설정으로 변경하려는 경우에는 해당 보증설정의 효력이 있는 기간 중에 다른 보증설정을 하여야 한다.

09 ① 미성년자는 결격사유에 해당하지 않는다.

10 ③ 고의 또는 중대한 과실로 공동주택을 잘못 관리하여 소유자 및 사용자에게 재산상의 손해를 입힌 경우 그 자격을 취소하거나 1년 이내의 기간을 정하여 그 자격을 정지시킬 수 있다.

11 ① 주택관리업자(법인인 경우에는 그 대표자를 말한다)와 관리사무소장으로 배치받은 주택관리사등은 시·도지사로부터 공동주택관리에 관한 교육과 윤리교육을 받아야 한다.

12 ① 분쟁조정위원회는 공동주택 공용부분의 유지·보수·개량 등에 관한 사항을 심의·조정한다.
② 중앙분쟁조정위원회는 해당 사건들을 분리하거나 병합한 경우에는 조정의 당사자에게 지체 없이 서면으로 그 뜻을 알려야 한다.
③ 500세대 이상의 공동주택단지에서 발생한 분쟁은 중앙분쟁조정위원회의 관할이다.
⑤ 중앙분쟁조정위원회에는 판사·검사 또는 변호사의 직에 6년 이상 재직한 사람이 3명 이상 포함되어야 한다.

13 ②는 하자심사분쟁조정위원회의 사무에 해당한다.

14 ③ 30일 이내에 이를 각 당사자에게 제시하여야 한다. 다만, 부득이한 사정으로 30일 이내에 조정 절차를 완료할 수 없는 경우 중앙분쟁조정위원회는 그 기간을 연장할 수 있다.

06 보칙 및 벌칙

Answer \ 객관식
01 ④   02 ①

01 ④ 옳은 지문이다.
① 국토교통부장관은 국토교통부에 공동주택 관리비리 신고센터를 설치하여야 한다.
② 신고를 하려는 자는 자신의 인적사항과 신고의 취지·이유·내용을 적고 서명한 문서와 함께 신고 대상 및 증거 등을 제출하여야 한다.
③ 공동주택 관리비리 신고센터의 장은 국토교통부의 공동주택 관리업무를 총괄하는 부서의 장으로 하고, 구성원은 공동주택 관리와 관련된 업무를 담당하는 공무원으로 한다.
⑤ 공동주택관리법령에 따라 신고사항에 대한 조사 및 조치를 요구받은 지방자치단체의 장은 요구를 받은 날부터 60일 이내에 조사 및 조치를 완료하여야 한다. 다만, 60일 이내에 처리가 곤란한 경우에는 한 차례만 30일 이내의 범위에서 그 기간을 연장할 수 있다.

02 ① 1천만원 이하의 벌금형 처벌
② 2천만원 이하의 과태료 부과
③ 1천만원 이하의 과태료 부과
④ 1천만원 이하의 과태료 부과
⑤ 5백만원 이하의 과태료 부과

Answer \ **주관식**

01 입주자대표회의	02 임대사업자, 주택임대관리업자
03 ㉠ 300, ㉡ 150, ㉢ 150	04 공용부분
05 과반수, 1/10	06 3, 3, 6
07 입주자대표회의	08 500
09 공동주택관리 분쟁조정위원회	10 4, 관리규약
11 과반수	12 ㉠ 300 ㉡ 관리규약
13 2, 6	14 2, 2
15 14, 1/3, 1/10	16 입주자등, 3
17 30	18 국토교통부, 환경부
19 공동주택관리정보시스템	20 1, 2
21 ㉠ 300 ㉡ 10 ㉢ 입주자대표회의	22 1, 입주자대표회의
23 9, 운영성과표, 이익잉여금처분계산서	24 관리주체, 3
25 입주자, 3	26 관리업무를 인계한 날
27 관리규약, 장기수선계획	28 수선비총액
29 안전관리계획	30 반기
31 ㉠ 15 ㉡ 30	32 ㉠ 내력구조부별 ㉡ 10
33 안전, 기능, 미관	34 3, 10
35 15, 하자보수계획	36 30, 입주자대표회의
37 30	38 안전진단기관
39 담보책임기간	40 30
41 30, 30, 30	42 15, 20
43 150, 180	44 60, 재판상 화해
45 2	46 2, 3
47 5, 3	48 ㉠ 3 ㉡ 5
49 재판상 화해, 조정조서	50 주택도시기금
51 공동주택관리정보시스템	

| Answer | 객관식 |

01 ②	02 ⑤	03 ⑤	04 ⑤	05 ④	06 ②	07 ⑤	08 ①	09 ②	10 ④
11 ②	12 ③	13 ③	14 ④	15 ①	16 ③	17 ②	18 ①	19 ③	20 ①
21 ③	22 ⑤	23 ①	24 ①	25 ④	26 ②	27 ②	28 ⑤	29 ①	30 ②
31 ②	32 ①	33 ④	34 ⑤	35 ④	36 ①	37 ②	38 ②		

01 ② 토지를 임차하여 건설된 주택 및 준주택 및 대통령령으로 정하는 일부만을 임대하는 주택을 포함한다.

02 ⑤ 복합지원시설이란 공공지원민간임대주택에 거주하는 임차인등의 경제활동과 일상생활을 지원하는 시설로서 대통령령으로 정하는 시설을 말한다.

03 ⑤ 고용자는 법인으로 한정한다.

04 ⑤ 임대조건을 위반한 경우 그 등록을 말소할 수 있다.

05 ④ 임대사업자로 등록한 날로부터 1년이다.

06 ② 옳은 것은 ⓒ이다.
  ㉠ 주택을 임대하려는 자는 시장·군수·구청장에게 등록을 신청할 수 있다.
  ㉡ 미성년자는 등록할 수 없다.
  ㉢ 민간임대주택으로 등록할 주택을 2인 이상이 공동으로 건설하거나 소유하는 경우에는 공동명의로 등록하여야 한다.

07 ⑤ 조합가입신청자가 민간임대협동조합 가입 계약체결일부터 30일 이내에 청약 철회를 하는 경우 모집주체는 조합가입신청자에게 청약철회를 이유로 위약금 또는 손해배상을 청구할 수 없다.

08 ① 단독주택은 30호 이상, 공동주택 및 준주택은 30세대 이상의 주택을 공급할 목적으로 설립된 민간임대협동조합이나 민간임대협동조합의 발기인이 조합원을 모집하려는 경우 해당 민간임대주택 건설대지의 관할 시장·군수·구청장에게 신고하고, 공개모집의 방법으로 조합원을 모집하여야 한다.

09 ② 주택임대관리업 등록을 한 자가 등록한 사항 중 자본금의 증가 등 경미한 사항은 변경신고를 하지 않아도 된다.

10 ④ 주택임대관리업자는 등록한 사항이 변경된 경우에는 변경 사유가 발생한 날부터 15일 이내에 시장·군수·구청장에게 신고하여야 하며, 주택임대관리업을 폐업하려면 폐업일 30일 이전에 시장·군수·구청장에게 말소신고를 하여야 한다.

11 ② 미성년자가 아니라 피성년후견인 또는 피한정후견인이 결격사유에 해당한다.

12 ③ 주택임대관리업자의 부수적 업무는 ㉣과 그 밖에 임차인의 주거 편익을 위하여 필요하다고 정하는 업무로서 임차인이 거주하는 주거공간의 관리, 임차인의 안전 확보에 필요한 업무, 임차인의 입주에 필요한 지원 업무가 있다.

13 ③은 그 등록을 말소하거나 1년 이내의 기간을 정하여 영업의 전부 또는 일부의 정지를 명할 수 있는 사항에 해당한다.

14 ④ 토지등을 공급하는 자는 그 토지등을 공급한 날부터 2년 이내에 민간임대주택 건설을 착공하지 아니하면 그 토지등을 환매하거나 임대차계약을 해제·해지할 수 있다는 특약 조건을 붙여 공급하여야 한다.

15 ① 옳은 것은 ㉠, ㉡, ㉣이다.
㉢ 보증보험 가입사항은 자기관리형 주택임대관리업자의 현황신고사항에 해당한다.

16 ③ 촉진지구를 지정하려면 원칙적으로 중앙도시계획위원회 또는 시·도도시계획위원회의 심의를 거쳐야 한다.

17 ② 경작을 위한 토지의 형질변경, 재해복구 또는 재난수습에 필요한 응급조치행위 등은 허가 없이 할 수 있다.

18 ① 촉진지구 안에서 국유지·공유지를 제외한 토지 면적의 50% 이상에 해당하는 토지를 소유한 임대사업자

19 ① 유상공급 토지면적 중 주택건설 용도가 아닌 토지로 공급하는 면적이 유상공급 토지면적의 50%를 초과하지 아니한 지역을 촉진지구로 지정할 수 있다.
② 촉진지구 안에서 국유지·공유지를 제외한 토지면적의 50% 이상에 해당하는 토지소유자의 동의를 받은 자는 지정권자에게 촉진지구의 지정을 제안할 수 있다.

④ 지정권자가 촉진지구의 지정을 위해 관계 중앙행정기관의 장 및 관할 지방자치단체의 장과 협의를 하는 경우 「자연재해대책법」에 따른 재해영향 평가 등에 관한 협의를 별도로 하여야 한다.

⑤ 촉진지구가 지정고시된 날부터 2년 이내에 지구계획 승인을 신청하지 아니하는 경우 지정권 자는 촉진지구의 지정을 해제할 수 있다.

20 ② 시행자는 촉진지구 토지 면적의 3분의 2 이상에 해당하는 토지를 소유하고 토지 소유자 총수 의 2분의 1 이상에 해당하는 자의 동의를 받은 경우 나머지 토지등을 수용 또는 사용할 수 있다.

③ 재결신청은 지구계획에서 정하는 사업시행기간 종료일까지 하여야 한다.

④ 시행자가 촉진지구 조성사업의 공사를 완료한 때에는 국토교통부령으로 정하는 바에 따라 공 사완료 보고서를 작성하여 시장·군수·구청장에게 준공검사를 받아야 한다. 다만, 시행자가 한국토지주택공사 또는 지방공사인 경우에는 시장·군수·구청장의 준공검사 권한을 한국토 지주택공사 또는 지방공사에 위탁할 수 있다.

⑤ 국가, 지방자치단체, 공공기관 또는 지방공사가 조성한 토지가 준공 후에도 매각되지 아니한 경우에 지정권자는 해당 토지의 전부 또는 일부를 촉진지구로 지정할 수 있다.

21 ③ 임대사업자가 임대의무기간이 지난 후 민간임대주택을 양도하려는 경우 국토교통부령으로 정하는 바에 따라 시장·군수·구청장에게 신고하여야 한다.

22 ⑤ 임차인은 증액 비율을 초과하여 증액된 임대료를 지급한 경우 초과 지급한 임대료 상당금액의 반환을 청구할 수 있다.

23 ① 임대사업자는 민간임대주택의 임대차계약을 체결한 날로부터 3개월 이내에 시장·군수·구 청장에게 신고 또는 변경신고를 하여야 한다.

24 ① 임대사업자의 귀책사유 없이 입주지정기간개시일(민간건설임대주택) 또는 임대사업자 등록 일 등(민간매입임대주택)으로부터 3개월 이내에 입주하지 아니한 경우

25 ④는 표준임대차계약서의 내용에 해당한다.

26 ② 임대보증금에 대한 보증에 가입하는 경우 보증대상은 임대보증금 전액으로 한다.

27 ② 표준임대차계약서의 내용으로는 ①③④⑤ 이외에도 임대보증금의 보증에 관한 사항, 민간임 대주택의 선순위 담보권 등 권리관계에 관한 사항, 임대의무기간 중 남아있는 기간, 양도가능 시기 등이 있다.

28 ⑤ 임대사업자가 임차인에게 설명하고 확인해야 하는 사항은 ㉠, ㉡, ㉢, ㉣ 모두 해당한다.

29 ① ㉠ 시장·군수·구청장에게 인가를 받아야 한다.
㉢ 임대사업자가 민간임대주택을 공동으로 관리할 수 있는 경우는 단지별로 임차인대표회의 또는 임차인 과반수(임차인대표회의를 구성하지 아니하는 경우)의 서면동의를 받은 경우로서 둘 이상의 민간임대주택단지를 공동으로 관리하는 것이 합리적이라고 특별시장, 광역시장, 시장 또는 군수가 인정하는 경우로 한다.

30 ② 임차인을 대행하여 징수권자에게 납부할 수 있다는 사용료등은 ㉠, ㉡, ㉣, ㉤이 해당하며 ㉢은 관리비 항목에 해당한다.

31 ① 임차인대표회의는 회장 1명, 부회장 1명 및 감사 1명을 동별 대표자 중에서 선출하여야 한다.
③ 임대사업자가 20세대 이상의 임대주택을 공급하는 공동주택단지에 입주하는 임차인은 임차인대표회의를 구성할 수 있다.
④ 임대사업자가 150세대 이상의 민간임대주택을 공급하는 공동주택단지 중 대통령령으로 정하는 공동주택단지에 입주하는 임차인은 임차인대표회의를 구성하여야 한다.
⑤ 임차인대표회의를 소집하려는 경우에는 소집기일 5일 전까지 회의의 목적·일시 및 장소 등을 임차인에게 알리거나 공시하여야 한다.

32 ① 특별수선충당금의 납입은 임대사업자의 의무이다.

33 ④ 임대사업자는 임차인대표회의와 협의하여 결정한 사항에 대해 전체 임차인 과반수의 서면동의를 받은 경우 지방자치단체와 협약을 체결하여 주차장을 개방할 수 있다.

34 ⑤ 장기수선계획수립대상은 ㉠, ㉡, ㉢, ㉣ 모두 해당한다.

35 ① 임대사업자는 특별수선충당금을 사용검사일부터 1년이 지난 날이 속하는 달부터 매달 적립한다.
② 사업계획승인 당시 표준 건축비의 1만분의 1의 요율로 매달 적립하여야 한다.
③ 해당 민간임대주택의 소재지를 관할하는 시장·군수·구청장과 협의하여야 한다.
⑤ 임대사업자가 민간임대주택을 양도하는 경우에는 특별수선충당금을 「공동주택관리법」에 따라 최초로 구성되는 입주자대표회의에 넘겨주어야 한다.

36 ① 최초로 임차인대표회의를 구성하는 경우가 아닌 한, 동별 대표자가 될 수 있는 사람은 해당 민간임대주택단지에서 6개월 이상 계속 거주하고 있는 임차인으로 한다.

37 ② 임대주택분쟁조정위원회는 위원장은 해당 지방자치단체의 장이 된다.

38 ① 조정위원회는 위원장 1명을 포함하여 10명 이내로 구성하되 공무원이 아닌 위원이 6명 이상이 되어야 한다.

③ 공공주택사업자 또는 임차인대표회의는 공공임대주택의 분양전환승인에 관한 사항에 해당하는 분쟁에 관하여 조정위원회에 조정을 신청할 수 없다.

④ 공무원이 아닌 위원의 임기는 2년으로 하며 두 차례만 연임할 수 있다.

⑤ 임대사업자와 임차인대표회의가 조정위원회의 조정안을 받아들이면 당사자 간에 조정조서와 같은 내용의 합의가 성립된 것으로 본다.

Answer \ 주관식

01 ㉠ 기숙사 ㉡ 120	02 공공지원민간임대주택
03 공공주택사업자	04 복합지원시설
05 주택임대차보호법	06 5
07 공유	08 소유권등기
09 ㉠ 30 ㉡ 7	10 자기관리, 위탁관리
11 보증상품	12 85, 80
13 사업인정	14 국토교통부장관
15 2, 2, 10	16 도시지역, 지구단위계획구역
17 2	18 시행자
19 2/3, 1/2	20 30
21 표준임대차계약서	22 장기수선계획
23 입주자대표회의	24 임대주택정보체계
25 가산금리, 6	

01 ① 국민임대주택을 설명한 것이다.
② 통합공공임대주택임대주택을 설명한 것이다.
③ 기존주택등매입임대주택을 설명한 것이다.
④ 10년 이상 20년 이하 ⇨ 20년 이상 30년 이하

02 ③ 공공주택지구란 공공주택의 공급을 위하여 공공주택이 전체주택 중 100분의 50 이상이 되고, 국토교통부장관이 지정·고시하는 지구를 말한다.

03 ⑤ 공공주택사업은 ㉠, ㉡, ㉢, ㉣, ㉤ 모두 해당한다.

04 ㉠ 10년 단위 주거종합계획과 연계하여 5년마다 공공주택 공급·관리계획을 수립하여야 한다.
㉢ 국토교통부장관은 소관별계획서를 기초로 공공주택 공급·관리계획을 마련하여 관계 중앙행정기관의 장 및 지방자치단체의 장과 협의 후 「주거기본법」에 따른 주거정책심의위원회의 심의를 거쳐 확정한다.

05 ㉠ 국가 및 지방자치단체는 매년 공공주택 건설, 매입 또는 임차에 사용되는 자금을 세출예산에 반영하도록 노력하여야 한다.
㉡ 국가 및 지방자치단체는 주거지원필요계층의 주거안정을 위하여 공공주택의 건설·취득 또는 관리와 관련한 국세 또는 지방세를 「조세특례제한법」, 「지방세특례제한법」, 그 밖에 조세 관계 법률 및 조례로 정하는 바에 따라 감면할 수 있다.

06 ② 공공기관 중 공공주택사업자로 지정되는 공공기관에는 한국농어촌공사, 한국철도공사, 한국철도시설공단, 공무원연금공단, 제주국제자유도시개발센터, 주택도시보증공사, 한국자산관리공사가 있다.

07 ② 공공주택사업자는 주택지구로 조성된 토지가 판매시설용지 등 영리를 목적으로 사용될 토지에 해당하는 경우 경쟁입찰의 방법으로 공급해야 한다.

08 ⑤ 공공주택사업자는 공공주택지구계획을 수립하여 국토교통부장관의 승인을 받아야 한다.

09 ④ 옳은 것은 ㉠, ㉡, ㉣이다.
　　㉢ 주택지구의 변경으로 기반시설의 설치비용이 감소하는 경우 주택지구의 변경 또는 해제를 제안할 수 있는 사유에 해당한다.

10 공공주택지구에서 허가 없이 할 수 있는 행위는 ⑤ 이외에도, 재해복구등에 필요한 응급조치, 간이공작물의 설치, 주택지구의 개발에 지장을 주지 아니하고 자연경관을 해치지 아니하는 범위에서의 토석 채취, 존치하기로 결정된 대지에 물건을 쌓아놓는 행위, 관상용 죽목을 임시로 심는 행위(경작지에 임시로 심는 경우는 제외한다) 등이 있다.

11 ① 100만㎡ 이상이 아니라 330만㎡ 이상으로서 체계적인 관리계획을 수립하여 관리하지 아니할 경우 난개발이 우려되는 지역에 대하여 10년의 범위에서 특별관리지역으로 지정할 수 있다.

12 ② 국토교통부장관은 공공주택사업자가 주택지구가 지정·고시된 날부터 1년 이내에 승인을 신청하지 아니한 때에는 다른 공공주택사업자로 하여금 지구계획을 수립·신청하게 할 수 있다.

13 ① 공공주택통합심의위원회는 국토교통부에 둔다.

14 ㉠ 공공주택사업자는 주택지구의 조성을 위하여 필요한 경우에는 토지등을 수용 또는 사용할 수 있다.
　　㉢ 토지등의 수용 또는 사용에 대한 재결의 신청은 「공익사업을 위한 토지등의 취득 및 보상에 관한 법률」에도 불구하고 지구계획 또는 제35조 제1항에 따라 주택건설사업계획에서 정하는 사업의 시행기간 내에 할 수 있다.

15 ④ 국토교통부장관 ⇨ 기획재정부장관

16 ② 민간분양주택등의 건설에 대한 사업계획을 해당 사업의 주체로부터 직접 또는 이 법에 따른 공공주택사업자를 통하여 신청받아 이를 승인할 수 있다.

17 ① 공공주택사업자에게 수의계약의 방법으로 국유재산 또는 공유재산을 사용허가 하거나 매각·대부할 수 있다. 이 경우 국가와 지방자치단체는 사용허가 및 대부의 기간을 50년 이내로 할 수 있다.

18 ④ 주택공급활성화지구는 20년 이상 경과한 저층 노후주거지 비율이 높고, 기반시설이 열악하여 계획적인 개발이 필요한 지역일 것

19 ② 공공주택사업자는 복합지구 지정 후 3년이 경과한 구역으로서 복합지구에 위치한 토지등소유자 2분의 1 이상이 공공주택사업자에게 해제를 요청하는 경우 해제를 제안할 수 있다.

20 ③ 역승강장 경계의 반경 500m 이내의 범위에서 국토교통부장관이 정하여 고시하는 범위 이내일 것

21 ③은 주거상업고밀지구의 지정요건에 해당한다.

22 ①은 「도시재정비 촉진을 위한 특별법」상의 재정비촉진지구 유형 중 중심지형에 해당한다.

23 ⑤ ⊙, ⓒ, ⓒ, ⓔ 모두 공공매입임대주택으로 매입하여 공급할 수 있다.

24 ③ 「민사집행법」 제113조에서 정한 보증의 제공 없이 우선매수 신고를 할 수 있다.

25 ④ 공공주택사업자는 공공주택사업자의 귀책사유 없이 임대차 계약기간이 시작된 날부터 3개월 이내에 임차인이 입주하지 아니한 경우, 임대차계약을 해제 또는 해지할 수 있다.

26 ⑤ ⊙, ⓒ, ⓒ, ⓔ 모두 옳은 지문이다.

27 ① 해당 공공임대주택의 일부 세대를 6년 이내의 범위에서 「영유아보육법」에 따른 가정어린이집을 설치·운영하려는 자에게 임대할 수 있다.

28 ② 임대차계약에 관한 사항에 대하여 시장·군수 또는 구청장에게 신고하여야 한다.
③ 3개월 ⇨ 6개월(임대의무기간이 10년인 경우 12개월) 이내에 임차인이 우선 분양전환 계약을 하지 아니한 경우 공공주택사업자는 해당 임대주택을 제3자에게 매각할 수 있다.
④ 공공주택사업자가 임대차계약을 체결할 때 임대차 계약기간이 끝난 후 임대주택을 그 임차인에게 분양전환할 예정이면 임대차 계약기간을 2년 이내로 할 수 있다.
⑤ 공공주택사업자의 귀책사유 없이 임차인이 표준임대차계약서상의 계약기간이 시작된 날부터 3개월 이내에 입주하지 아니한 경우 공공주택사업자는 임대차계약을 해지할 수 있다.

29 ⑤ 분양전환공공임대주택의 분양전환 시기 및 분양전환가격 산정기준이 포함되는 내용에 해당한다.

30 ② 공공임대주택(전용면적이 85m²를 초과하는 주택은 제외한다)의 임대차계약 기간 중 다른 주택을 소유하게 된 경우

31 ①은 공공주택사업자가 임대차계약을 해제 또는 해지하거나 재계약을 거절할 수 있다.

32 ②「의료법」에 따른 의료기관의 장이 1년 이상의 치료나 요양이 필요하다고 인정하는 경우로 한
정한다.

33 ① 지분적립형 분양주택의 소유지분 또는 입주자로 선정된 지위는 해당 주택의 입주자로 선정된
날부터 10년이 지나기 전에는 전매하거나 전매를 알선할 수 없다.

34 ⑤ 상속받은 자는 거주의무기간을 적용하지 않는다.

35 ③ 관리주체는 해당 임차인의 임대기간이 종료되는 경우 지급받은 선수관리비를 공공주택사업
자에게 반환해야 한다.

36 ① 옳은 것은 ㉠, ㉡이다.
ㄷ 장기전세주택 : 20년
ㄹ 통합공공임대주택 : 30년

37 ③ 공공주택사업자가 경제적 사정 등으로 공공임대주택에 대한 임대를 계속할 수 없는 경우로서
공공주택사업자가 국토교통부장관의 허가를 받아 임차인에게 분양전환하는 경우

38 ③ 옳은 것은 ㉠, ㉡, ㉢, ㉣이다.
ㅁ 공공건설임대주택에 입주한 후 상속·판결 또는 혼인으로 인하여 다른 주택을 소유하게
된 경우 분양전환 당시까지 거주한 자로서 그 주택을 처분하여 무주택자가 된 임차인

39 ② 우선 분양전환 자격이 있다고 통보 받은 임차인이 우선 분양전환에 응하려는 경우에는 그 통
보를 받은 후 6개월(임대의무기간이 10년인 공공임대주택의 경우에는 12개월을 말한다) 이내
에 우선 분양전환 계약을 하여야 한다.

40 ③ 특별수선충당금의 적립요율은 영구임대주택, 국민임대주택, 행복주택, 통합공공임대주택, 장
기전세주택은 국토교통부장관이 고시하는 표준건축비의 1만분의 4이다.

Answer 주관식

01 행복주택	02 이익공유형
03 ㉠ 지분적립형, ㉡ 30	04 85, 85
05 35, 30	06 도심 공공주택 복합지구
07 도심 공공주택 복합	08 도시지역, 지구단위계획구역
09 ㉠ 330 ㉡ 난개발 ㉢ 10	10 주거상업고밀지구, 주거산업융합지구
11 15, 60	12 표준임대료
13 ㉠ 3, ㉡ 3	14 5, 1
15 전대	16 3, 2
17 선수관리비	18 30, 30
19 6, 제3자	20 공공주택사업자, 입주자대표회의
21 특별수선충당금, 300	

01 총 설

01 ⑤	02 ③	03 ③	04 ①	05 ④	06 ⑤	07 ④	08 ②	09 ①	10 ③
11 ①	12 ④	13 ②	14 ③	15 ①	16 ③	17 ③	18 ①	19 ①	20 ③
21 ④	22 ①	23 ⑤	24 ③	25 ④	26 ④	27 ③	28 ②	29 ④	

01 ⑤ 지하층이란 건축물의 바닥이 지표면 아래에 있는 층으로서 바닥에서 지표면까지 평균높이가 해당 층 높이의 2분의 1 이상인 것을 말한다.

02 ㉠ 기존 건축물이 해체되거나 멸실된 대지를 포함한다.
ㄴ 부속건축물만 있는 대지에 새로 주된 건축물을 축조하는 것이 신축이다.
ㄷ 개축에 해당한다.
ㄹ 증축에 해당한다.

03 ③ 공사시공자란 「건설산업기본법」에 따른 건설공사를 하는 자를 말한다.

04 ① 주거지역에 설치한 통신용 철탑은 그 높이가 6m 초과시 신고 대상이다.
높이 4m를 넘는 광고탑, 높이 5m를 넘는 태양열 발전시설, 높이 8m를 넘는 고가수조, 바닥면적 30m² 초과인 지하대피호 등은 신고하여야 한다.

05 ④ 건축물의 외벽에 사용하는 마감재료를 증설 또는 해체하는 것

06 ⑤ 주요구조부의 해체 없이 다세대주택의 세대 간 경계벽을 수선하는 행위는 허가대상범위에 속한다.

07 ④ 막다른 도로의 경우에는 그 도로의 길이가 10m 이상이고 35m 미만인 경우 그 너비는 3m 이상인 도로를 말한다.

08 ② 건축관계자란 건축주, 설계자, 공사시공자, 공사감리자를 말한다.

09 ① "다중이용건축물"이란 불특정한 다수의 사람들이 이용하는 건축물로서 다음의 어느 하나에 해당하는 건축물을 말한다.

> 1. 다음의 어느 하나에 해당하는 용도로 쓰는 바닥면적의 합계가 5천m² 이상인 건축물
>   (1) 문화 및 집회시설(동물원 및 식물원은 제외한다)
>   (2) 종교시설
>   (3) 판매시설
>   (4) 운수시설 중 여객용시설
>   (5) 의료시설 중 종합병원
>   (6) 숙박시설 중 관광숙박시설
> 2. 16층 이상인 건축물

10 ③ "준다중이용건축물"이란 다중이용건축물 외의 건축물로서 다음의 어느 하나에 해당하는 용도로 쓰는 바닥면적의 합계가 1천m² 이상인 건축물을 말한다.

> 1. 문화 및 집회시설(동물원 및 식물원은 제외한다)
> 2. 종교시설   3. 판매시설
> 4. 운수시설 중 여객용시설   5. 의료시설 중 종합병원
> 6. 숙박시설 중 관광숙박시설   7. 교육연구시설
> 8. 노유자시설   9. 운동시설
> 10. 위락시설   11. 관광휴게시설
> 12. 장례시설

11 ① ㉠이 옳은 지문이다.
㉡ 기둥과 기둥 사이의 거리 20m 이상인 건축물
㉢ 기둥이 없는 경우에는 내력벽과 내력벽의 중심선 사이의 거리가 20m 이상인 건축물
㉣ 특수한 설계·시공·공법 등이 필요한 건축물로서 국토교통부장관이 정하여 고시하는 구조로 된 건축물

12 ① 일반음식점은 제2종 근린생활시설에 해당된다.
② 해당 용도로 쓰는 바닥면적의 합계가 150m² 미만은 제1종 근린생활시설에 해당된다.
③ 자동차학원은 자동차 관련 시설에 속하고, 무도학원은 위락시설에 속한다.
⑤ 치과의원과 한의원은 제1종 근린생활시설에 속한다.

13 ① 다가구주택은 단독주택이다.
③ 해당 기숙사의 공동취사시설 이용세대수가 전체세대수(건축물의 일부를 기숙사로 사용하는 경우에는 기숙사로 사용하는 세대수로 한다)의 50% 이상인 것을 말한다.
④ 「청소년활동진흥법」에 따른 유스호스텔은 수련시설에 해당한다.
⑤ 「물류시설의 개발 및 운영에 관한 법률」에 따른 물류터미널은 창고시설이다.

14 ③ 공동주택의 형태를 모두 갖춘 건축물인 경우 공동주택에 포함되는 건축물이 아닌 것은 ⒝ 노인복지주택, ⓘ 다함께돌봄센터이다.

15 ① 자동차영업소로서 같은 건축물에 해당 용도로 쓰는 바닥면적의 합계가 1천m² 미만인 것은 제2종 근린생활시설에 해당한다.

16 ③ 일반업무시설로서 같은 건축물에 해당 용도로 쓰는 바닥면적의 합계가 500m² 미만인 것이 제2종 근린생활시설에 해당한다.

17 ③ 허가대상인 경우로서 용도변경하려는 부분의 바닥면적의 합계가 500m² 이상인 용도변경의 설계에 관하여는 「건축법」 제23조(건축물의 설계)의 규정을 준용한다.

18 ① 방송통신시설은 전기통신시설군에 속한다.

19 허가사항은 ①이며, ②③④⑤는 신고사항이다.

용도변경의 시설군	건축물의 용도
1. 자동차 관련 시설군	자동차 관련 시설
2. 산업 등 시설군	운수시설, 공장, 창고시설, 위험물저장 및 처리시설, 자원순환 관련시설, 묘지관련시설, 장례시설
3. 전기통신 시설군	방송통신시설, 발전시설
4. 문화집회 시설군	문화 및 집회시설, 종교시설, 관광휴게시설, 위락시설
5. 영업 시설군	운동시설, 판매시설, 숙박시설, 다중생활시설(제2종 근린생활시설)
6. 교육 및 복지 시설군	교육연구시설, 노유자시설, 수련시설, 의료시설, 야영장시설
7. 근린생활 시설군	제1종 근린생활시설, 제2종 근린생활시설(다중생활시설은 제외)
8. 주거업무 시설군	단독주택, 공동주택, 업무시설, 교정시설, 국방·군사시설
9. 그 밖의 시설군	동물 및 식물 관련 시설

허가 / 신고

건축물대장의 기재사항 변경 신청

20 ③ ㉠, ㉣, ㉤이 허가대상이다.
　　㉡, ㉢은 건축물대장의 기재사항 변경신청에 해당한다.

21 ④ 건축법령상 일부 규정을 적용하지 않는 지역에서의 일부 규정은 ①②③⑤이다.

22 ① 고속도로 휴게소는 관광휴게시설로서 「건축법」이 적용된다.

23 ⑤ 31층 이상인 건축물 중 건축물 전부가 공동주택인 경우 건축법 기준을 완화하여 적용할 것을 허가권자에게 요청할 수 있는 건축물의 경우에 해당하지 않는다.

24 ③ 건축 등과 관련된 분쟁의 조정 및 재정을 하기 위하여 국토교통부에 건축분쟁전문위원회를 둔다.

25 ④ 건축선의 지정에 관한 사항은 지방건축위원회의 심의사항이다.

26 ④ 국토교통부장관이 지정하는 특별건축구역의 지정에 관한 사항은 중앙건축위원회의 심의사항이다.

27 ③ 조정신청은 해당 사건의 당사자 중 1명 이상이 하며, 재정신청은 해당 사건의 당사자 간의 합의로 한다.

28 ② 건축등과 관련된 분쟁조정등의 대상이 되는 것은 ①③④⑤ 이외에도, 인근주민과 인근주민 간의 분쟁, 관계전문기술자 간의 분쟁등이 있다.

29 ④ 건축민원전문위원회는 민원심의의 결정내용을 지체 없이 신청인 및 해당 허가권자등에게 통지하여야 한다.

02 건축물의 건축

Answer 객관식

01 ⑤	02 ①	03 ④	04 ⑤	05 ①	06 ③	07 ④	08 ①	09 ②	10 ①
11 ③	12 ⑤	13 ②	14 ①	15 ③	16 ⑤	17 ④	18 ⑤	19 ③	20 ③
21 ④	22 ②	23 ④	24 ⑤						

01 ⑤ 사전결정신청자는 사전결정을 통지 받은 날부터 2년 이내에 건축허가를 신청하여야 하며, 이 기간에 건축허가를 신청하지 아니하면 사전결정의 효력이 상실된다.

02 ① 허가권자는 협의회의 회의를 사전결정 신청일 또는 건축허가 신청일부터 10일 이내에 개최하여야 한다.

03 ④ 건축주가 대지의 소유권을 확보하지 못하였으나 그 대지를 사용할 수 있는 권원을 확보한 경우. 다만, 분양을 목적으로 하는 공동주택은 제외한다.

04 ① 연면적의 합계가 10만m²인 공장을 특별시에 건축하려는 자는 구청장의 허가를 받아야 한다.
② 해당 대지의 소유권을 확보하지 못하였더라도 건축허가를 받을 수 있다.
③ 2년 이내에 공사에 착수하지 아니한 경우, 허가권자는 건축허가를 취소하여야 한다.
④ 바닥면적의 합계가 85m² 이내의 증축·개축·재축은 신고 대상이다.

05 ① 주거환경이나 교육환경 등 주변환경을 보호하기 위하여 필요하다고 인정하여 도지사가 지정·공고하는 구역에 건축하는 위락시설 및 숙박시설이 도지사의 사전승인대상이다.

06 ③ 특별시나 광역시가 아닌 시에 21층 이상의 건축물을 건축하려면 미리 도지사의 승인을 받아야 한다.

07 ① 허가받은 경우 개인하수처리시설의 설치신고는 한 것으로 간주된다.
② 건축주 변경은 신고사항이다.
③ 2년 이내에 건축허가를 신청하지 아니하면 건축위원회 심의의 효력이 상실된다.
⑤ 신고범위 초과는 허가를 받아야 한다.

08 ① 관리지역·농림지역 또는 자연환경보전지역에서 연면적 200m² 미만이고 3층 미만인 건축물의 건축은 신고대상이다. 다만, 지구단위계획구역, 방재지구, 붕괴위험지역에서의 건축은 제외한다.

09 ② 건축신고에 관하여는 건축허가를 받은 경우에 다른 법령에 따라 허가 등을 받거나 신고 등을 한 것으로 간주되는 「건축법」 제11조 제5항과 관계 행정기관의 장의 사전협의에 관한 규정인 제11조 제6항을 준용한다. 즉 건축허가의 의제사항을 준용한다. 따라서 A의 창고가 「농지법」에 따른 농지전용허가의 대상인 경우에는 건축신고 외에 별도의 농지전용허가를 받을 필요가 없다.

10 ① 위험물저장 및 처리시설 ⇨ 위락시설

11 ③ 건축위원회의 심의를 거쳐야 한다.

12 ⑤ 도시지역 중 주거지역·상업지역 또는 공업지역에 설치하는 농업·어업용 비닐하우스로서 연면적이 100m² 이상인 것

13 ② 허가 및 신고하여야 하는 가설건축물의 존치기간은 3년 이내로 한다.

14 ① 미리 건축물의 소재지를 관할하는 허가권자와 협의하여야 한다. 협의를 하면 별도의 허가를 받지 않는 특례가 적용된다.

15 ③ ㉠, ㉡, ㉢, ㉤ 4개만 해당된다.

> 주민편의시설 등 "대통령령으로 정하는 시설"이란 다음의 시설을 말한다(영 제22조 제4항).
> 1. 제1종 근린생활시설
> 2. 제2종 근린생활시설(총포판매소, 장의사, 다중생활시설, 제조업소, 단란주점, 안마시술소 및 노래연습장은 제외한다)
> 3. 문화 및 집회시설(공연장 및 전시장으로 한정한다)
> 4. 의료시설
> 5. 교육연구시설
> 6. 노유자시설
> 7. 운동시설
> 8. 업무시설(오피스텔은 제외한다)

16 ⑤ 공사시공자는 공사현장에 설계도서를 갖추어 두어야 한다.

17 ④ 건축사가 아니라도 설계를 할 수 있는 것은 바닥면적의 합계가 $85m^2$ 미만인 건축물의 증축·개축 또는 재축, 연면적이 $200m^2$ 미만이고 층수가 3층 미만인 건축물의 대수선, 그 밖에 대통령령으로 정하는 건축물 등이 있다.

18 ⑤ 공사중단 기간이 2년을 경과한 경우에는 건축주에게 서면으로 고지한 후 예치금을 사용하여 공사현장의 미관과 안전관리개선을 위한 조치를 할 수 있다.

19 ③ 의뢰받은 날부터 30일 이내에 안전영향평가 결과를 허가권자에게 제출하여야 한다.

20 ③ 안전영향평가 결과는 건축위원회 심의를 거쳐 허가권자가 확정한다.

21 ④ 7일 이내에 위법건축공사보고서를 허가권자에게 제출하여야 한다.

22 ① 건축주가 허가권자에게 사용승인을 신청하여야 한다.
③ 임시사용승인의 기간은 2년 이내로 하며, 대형건축물 또는 암반공사 등으로 인하여 공사기간이 긴 건축물에 대하여는 그 기간을 연장할 수 있다.
④ 사용승인을 받아야 한다.
⑤ 법령에 규정이 없는 내용이다.

23 ④ 반자높이 − 2% 이내

24 ⑤ 위법시공 여부의 확인·지도 및 단속을 한다.

03 건축물의 대지 및 도로

01 ④ 높이 1m 이상인 부분에는 옹벽을 설치하여야 한다.

02 ② 지구단위계획구역으로 지정된 관리지역에서 건축주는 조경의무가 있다.

03 ①④⑤ 녹지지역·농림지역·관리지역 및 ② 가설건축물은 조경의무가 없다.

04 ① 옳게 나열된 것은 5,000 − 1,500이다.

> 2. 면적 5천m² 미만인 대지에 건축하는 공장
> 3. 연면적의 합계가 1천 500m² 미만인 공장

05 ⑤ ㉠, ㉢, ㉣, ㉤이 공개공지등의 대상지역이다.
공개공지등을 설치해야 하는 지역은 ㉠, ㉢, ㉣, ㉤ 이외에도 특별자치시장·특별자치도지사 또는 시장·군수·구청장이 도시화의 가능성이 크거나 노후산업단지의 정비가 필요하다고 인정하여 지정·공고하는 지역이 있다.

06 ⑤ 준공업지역에 있는 여객용 운수시설이 이에 해당한다.
다음의 어느 하나에 해당하는 건축물의 대지에는 공개공지 또는 공개공간을 확보하여야 한다(영 제27조의2 제1항).

> 1. 문화 및 집회시설, 종교시설, 판매시설(「농수산물 유통 및 가격안정에 관한 법률」에 따른 농수산물유통시설은 제외한다), 운수시설(여객용 시설만 해당한다), 업무시설 및 숙박시설로서 해당 용도로 쓰는 바닥면적의 합계가 5천m² 이상인 건축물
> 2. 그 밖에 다중이 이용하는 시설로서 건축조례로 정하는 건축물

07 ① 연면적 합계가 3천m² 이상 공장의 대지는 너비 6m 이상의 도로에 4m 이상 접하여야 한다.

08 ① 면적 5천m² 미만인 대지에 건축하는 공장에 대하여는 조경을 하지 않을 수 있다.

③ 공개공지등을 설치하는 경우 건폐율, 용적률, 건축물의 높이제한을 완화하여 적용할 수 있다.

④ 상업지역에 설치하는 공개공지는 필로티의 구조로 설치할 수 있다.

⑤ 건축물의 주변에 유원지가 있는 경우는 대지가 도로에 접하지 않아도 된다.

09 ② 도로의 교차각이 90°이며 해당 도로와 교차되는 도로의 너비가 각각 6m라면 다음 표에서 3m가 되는데, 도로경계선의 교차점으로부터 도로경계선에 따라 각 3m를 후퇴한 두 점을 연결한 선이 건축선이 된다. 맞는 지문이다.

도로의 교차각	해당 도로의 너비		교차되는 도로의 너비
	6m 이상 8m 미만	4m 이상 6m 미만	
90° 미만	4m	3m	6m 이상 8m 미만
	3m	2m	4m 이상 6m 미만
90° 이상 120° 미만	3m	2m	6m 이상 8m 미만
	2m	2m	4m 이상 6m 미만

① 이해관계인의 동의는 받지 아니한다.

③ 도로면으로부터 높이 4.5m 이하에 있는 출입구, 창문, 그 밖에 이와 유사한 구조물은 열고 닫을 때 건축선의 수직면을 넘지 아니하는 구조로 하여야 한다.

④ 다음의 하나에 해당하면 2m 이상을 도로에 접하지 아니하여도 된다.

> 1. 해당 건축물의 출입에 지장이 없다고 인정되는 경우
> 2. 건축물의 주변에 광장 · 공원 · 유원지 그 밖에 관계 법령에 따라 건축이 금지되고 공중의 통행에 지장이 없는 공지로서 허가권자가 인정한 경우
> 3. 「농지법」 제2조 제1호 나목에 따른 농막을 건축하는 경우

⑤ 건축물과 담장은 건축선의 수직면을 넘어서는 안 된다. 다만, 지표 아래 부분은 그렇지 않다.

10 ④ 건축물과 담장은 건축선의 수직선을 넘어서는 안 된다. 다만 지표 아래 부분은 그렇지 않다.

11 ③ 건축법 제2조 제1항 제11호에 따른 소요 너비에 못 미치는 너비의 도로인 경우에는 그 중심선으로부터 그 (소요너비의 2분의 1의 수평거리만큼 물러난 선)을 건축선으로 하되, 그 도로의 반대쪽에 하천이 있는 경우에는 그 하천이 있는 쪽의 도로경계선에서 (소요너비에 해당하는 수평거리의 선)을 건축선으로 하며, 그 건축선과 도로 사이의 대지면적은 건축물의 대지면적 산정시 (제외)한다.

04 건축물의 구조 및 재료 등

01 ③ ㉣ 구조안전 확인대상 건축물에 해당한다.

　㉠ 높이가 13m 이상인 건축물

　㉡ 처마높이가 9m 이상인 건축물

　㉢ 기둥과 기둥 사이의 거리가 10m 이상인 건축물

02 ② 연면적이 200m²(목구조 건축물의 경우에는 500m²) 이상인 건축물. 다만, 창고, 축사, 작물재배사는 제외한다.

03 ① 다중생활시설이 아니라 다중이용건축물이며, ②③④⑤ 이외에도 건축물의 용도 및 규모를 고려한 중요도가 높은 건축물로서 국토교통부령으로 정하는 건축물이 있다.

04 ⑤ 층당 4세대 이하인 것은 제외한다.

05 ① 갓복도식의 공동주택은 제외한다.

06 ① 문화 및 집회시설 중 전시장 및 동·식물원은 제외한다.

07 ① 문화 및 집회시설 중 전시장 및 동·식물원은 제외한다.

08 ⑤ 문화 및 집회시설 중 전시장 및 동·식물원은 제외한다.

09 ⑤ 높이 3m 이상의 공작물은 그 주요부를 불연재료로 하여야 한다.

10 ① 공동주택과 제2종 근린생활시설 중 다중생활시설은 같은 건축물에 함께 설치할 수 없다.

　③ 아동 관련 시설 및 노인복지시설과 도매시장 및 소매시장은 같은 건축물에 함께 설치할 수 없다.

　④ 공장과 기숙사는 같은 건축물에 함께 설치할 수 있다.

　⑤ 지식산업센터와 직장어린이집은 같은 건축물에 함께 설치할 수 있다.

11 ⑤이 옳은 지문이다.

①, ②은 규정에 없는 지문이고, ③은 연기 및 불꽃을 차단할 수 있는 시간이 60분 이상이고, 열을 차단할 수 있는 시간이 30분 이상인 방화문, ④은 연기 및 불꽃을 차단할 수 있는 시간이 60분 이상인 방화문이다.

12 ③ 막구조의 건축물은 주요구조부에만 내화구조로 할 수 있다.

13 ① 판매시설 중 상점 간은 경계벽을 설치할 의무가 없다.

14 ① 단독주택 중 다가구주택이 국토교통부령으로 정하는 기준에 따라 층간바닥(화장실의 바닥은 제외)을 설치하여야 하는 건축물에 해당한다.

15 ②는 범죄예방기준에 따라 건축하여야 하는 건축물 대상에서 제외되며, 범죄예방기준에 따라 건축하여야 하는 시설은 ①③④⑤ 이외에도 소매점, 문화 및 집회시설(동식물원은 제외), 수련시설, 교육연구시설(연구소 및 도서관 제외)이 있다.

16 ③ 에너지 이용 합리화와 관련한 건축설비의 기술적 기준에 관하여는 산업통상자원부장관과 협의하여 정한다.

17 ⑤ 고층건축물에는 건축물에 설치하는 승용승강기 중 1대 이상을 대통령령으로 정하는 바에 따라 피난용승강기로 설치하여야 한다.

18 ③ 지능형건축물의 인증을 받으려는 자는 인증기관에 인증을 신청하여야 한다.

05 지역 · 지구 · 구역에서의 건축제한

Answer 객관식

01 ②	02 ②	03 ⑤	04 ④	05 ⑤	06 ②	07 ①	08 ④	09 ②	10 ⑤
11 ③	12 ④	13 ④	14 ⑤	15 ①	16 ②				

01 ② 건축물이 방화지구에 걸치는 경우에는 건축물 및 대지 전부가 아니라 건축물에 대해서 방화지구의 규정을 적용한다.

02 ② 소요너비 미달 도로의 건축선과 도로모퉁이에서의 건축선의 경우에 그 건축선과 도로 사이의 대지면적은 산입하지 않는다.

03 ⑤ 단열재를 구조체의 외기측에 설치하는 단열공법으로 건축된 건축물의 건축면적은 건축물의 외벽 중 내측 내력벽의 중심선을 기준으로 한다.

04 ① 태양열을 주된 에너지원으로 이용하는 주택의 건축면적은 건축물의 외벽 중 내측 내력벽의 중심선을 기준으로 한다.
② 건축면적 ⇨ 바닥면적
③ 건축면적 ⇨ 바닥면적
⑤ 건축면적 ⇨ 바닥면적

05 ⑤의 경우 폭 2m 이하의 옥외 피난계단인 경우에는 건축면적에서 제외하고, 폭 1.5m 이하의 옥외 피난계단인 경우에는 바닥면적에서 제외한다.

06 ② 승강기탑, 계단탑, 망루, 장식탑, 옥탑 그 밖에 이와 비슷한 건축물의 옥상부분으로서 그 수평투영면적의 합계가 해당 건축물의 건축면적의 8분의 1(「주택법」에 따른 사업계획승인대상인 공동주택 중 세대별 전용면적이 85m² 이하인 경우에는 6분의 1) 이하인 것은 건축물의 층수에 산입하지 아니한다.

07 ①은 용적률을 완화할 수 있는 사항에 해당된다.
②③④⑤는 용적률을 산정할 경우 연면적에서 제외된다.

08 ④ 녹지지역: 200m²

09 건축물이 있는 대지는 법령에 따른 기준에 못 미치게 분할할 수 없는데, 이에 해당하는 사항은 ①③④⑤이다.

10 ① 아파트는 건축선으로부터 2~6m 이하 띄어야 한다.

② 연립주택은 건축선으로부터 2~5m 이하 띄어야 한다.

③ 다세대주택는 건축선으로부터 1~4m 이하 띄어야 한다.

④ 아파트는 인접대지경계선으로부터 2~6m 이하 띄어야 한다.

11 ③ 맞벽건축의 대상지역은 ①②④⑤이다.

12 ④ 허가권자는 일조(日照) · 통풍 등 주변 환경 및 도시미관에 미치는 영향이 크지 않다고 인정하는 경우에는 건축위원회의 심의를 거쳐 이 법 및 다른 법률에 따른 가로구역의 높이 완화에 관한 규정을 중첩하여 적용할 수 있다.

13 ④ 근린상업지역이나 준주거지역에서 건축할 경우 공동주택(기숙사 제외)의 각 부분의 높이는 그 부분으로부터 채광을 위한 창문 등이 있는 벽면으로부터 직각방향으로 인접대지경계선까지의 수평거리의 4배 이하로 한다.

14 ⑤ 정남방향에서의 일조확보를 위한 높이제한 규정이 적용되는 경우는 ①②③④ 이외에도 「지역 개발 및 지원에 관한 법률」에 따른 지역개발사업구역, 「산업입지 및 개발에 관한 법률」에 따른 산업단지, 정북방향으로 도로, 공원, 하천 등 건축이 금지된 공지에 접하는 대지인 경우, 정북방향으로 접하고 있는 대지의 소유자와 합의한 경우나 그 밖의 대통령령으로 정하는 경우가 있다.

15 ① ㉠, ㉡, ㉣ 이외에도 특별가로구역, 도시미관 향상을 위하여 허가권자가 지정 · 공고하는 구역이 있다.

16 ② 건축물과 부대시설 또는 복리시설이 서로 마주보고 있는 경우에는 부대시설 또는 복리시설 각 부분 높이의 1배 이상 거리를 띄어 건축하여야 한다.

06 특별건축구역 등

01 ② 국토교통부장관이 특별건축구역으로 지정신청을 받은 경우에는 중앙건축위원회의 심의를 거쳐야 하며, 특별시장·광역시장·도지사가 지정신청을 받은 경우에는 특별시장·광역시장·도지사가 두는 건축위원회의 심의를 거쳐야 한다.

02 ① ㉠, ㉡, ㉢, ㉣이 해당되며, ㉤ 「군사기지 및 군사시설 보호법」에 따른 군사기지 및 군사시설 보호구역은 국방부장관과 사전에 협의한 후 특별건축구역으로 지정할 수 있는 구역이다.

03 ② 일부규정이 배제되는 것은 ①③④⑤ 외에도 주택건설기준 등에 관한 규정이 있다.

04 ⑤ 특별건축구역 지정 이후 변경이 있는 경우 변경지정을 받아야 한다.

05 ② 문화 및 집회시설, 판매시설, 운수시설, 의료시설, 교육연구시설, 수련시설 − 2천m² 이상
③ 운동시설, 업무시설, 숙박시설, 관광휴게시설, 방송통신시설 − 3천m² 이상
④ 단독주택(한옥 또는 한옥건축양식의 단독주택) − 10동 이상
⑤ 노유자시설 − 5백m² 이상

06 ④은 해당하지 않으며, 특별가로구역으로 지정할 수 있는 대지와 접한 도로는 ①②③⑤ 이외에도 조화로운 도시경관 창출을 위하여 필요하다고 인정하여 국토교통부장관이 고시하거나 허가권자가 건축조례로 정하는 도로가 있다.

07 ⑤ 건축협정대상구역은 ①②③④ 외에도 그 밖에 시·도지사 및 시장·군수·구청장(이하 "건축협정인가권자"라 한다)이 도시 및 주거환경개선이 필요하다고 인정하여 해당 지방자치단체의 조례로 정하는 구역이 있다.

08 ④ 건축협정대상구역에서 둘 이상의 토지를 소유한 자가 1인인 경우에도 그 토지 소유자는 해당 토지의 구역을 건축협정대상지역으로 하는 건축협정을 정할 수 있다.

09 ③ 대지 안의 공지는 해당하지 않는 규정이며, 건축협정구역에서 연접한 대지에 대하여 개별 건축물마다 적용하지 아니하고 통합하여 적용할 수 있는 규정은 ①②④⑤ 이외에도 대지의 조경, 지하층의 설치가 있다.

10 ⑤는 해당하지 않는 규정이며, 건축협정구역에서 건축물에 완화하여 적용할 수 있는 규정은 ①②③④ 이외에도 주택건설기준 등에 관한 규정(「주택법」 제35조 중 대통령령으로 정하는 규정) 이 있다.

11 ① 결합건축 대상지역은 ②③④⑤ 이외에도 상업지역, 특별건축구역, 건축협정구역, 리모델링활 성화구역이 있다.

12 ④ 결합건축협정서에 따른 협정체결 유지기간은 최소 30년으로 한다.

13 ① 결합건축대상지역에서 3개 이상 대지의 건축주들이 3개 이상 대지를 대상으로 결합건축을 할 수 있는 것은 ㉠, ㉡, ㉢이며 이외에도 공동주택 중 「민간임대주택에 관한 특별법」 제2조 제1호 의 민간임대주택이 있다.

07 보칙 및 벌칙

| Answer | 객관식 |

01 ③   02 ⑤   03 ①   04 ⑤   05 ③

01 ③ 임대 등 영리를 목적으로 허가나 신고 없이 위반면적이 $50m^2$를 초과하여 신축 또는 증축한 경우 이행강제금의 금액을 100분의 100의 범위에서 가중할 수 있다.

02 ⑤ 이행강제금을 납부기한까지 내지 아니하면 「지방행정제재·부과금의 징수 등에 관한 법률」 에 따라 징수한다.

03 ① 허가를 받지 아니하고 건축한 경우: 100분의 100

> 1. 건폐율을 초과하여 건축한 경우: 100분의 80
> 2. 용적률을 초과하여 건축한 경우: 100분의 90
> 3. 허가를 받지 아니하고 건축한 경우: 100분의 100
> 4. 신고를 하지 아니하고 건축한 경우: 100분의 70

04 ⑤ 지역건축안전센터의 업무는 ㉠, ㉡, ㉢, ㉣ 모두 해당한다.

05 ③ 부과권자는 위반의 정도, 동기와 그 결과 등을 고려하여 개별기준에 따른 과태료 금액의 2분의 1 범위에서 그 금액을 늘릴 수 있다.

Answer \ 주관식

01 기능, 미관	02 주요구조부
03 이전	04 구조계산서, 시방서
05 안전관리	06 리모델링
07 관계전문기술자	08 특별건축구역
09 ㉠ 발코니 ㉡ 외벽	10 ㉠ 공동주택 ㉡ 120
11 100	12 ㉠ 필로티 ㉡ 660
13 60, 120	14 1, 1
15 2	16 21, 10
17 건축복합민원 일괄협의회	18 50, 30
19 2, 3	20 2, 1
21 1,000, 1	22 표준계약서
23 ㉠ 안전영향평가기관 ㉡ 10 ㉢ 16	24 건설엔지니어링사업자
25 5,000	26 7
27 도로면	28 200, 조례
29 2/3, 50	30 필로티, 5,000
31 6, 4	32 수직면, 4.5, 수직면
33 내진등급	34 내진능력
35 피난안전구역	36 3,000, 외부공간
37 주요구조부	38 ㉠ 60분+ ㉡ 열
39 건축물, 대지	40 ㉠ 건축선 ㉡ 6
41 수선구	42 500
43 6, 2,000	44 31
45 방화벽	46 수평투영면적
47 11, 11, 10,000	48 160%

> 용적률을 산정할 때 연면적에서 지하층의 면적과 지상층의 부속용도로 사용하는 주차장의 면적은 제외한다. 따라서 지상 2층에서 지상 9층까지의 각층의 바닥면적의 합은 8개 층 곱하기 4,000㎡를 하면 32,000㎡가 된다. 용적률은 대지면적에 대한 연면적의 비율이므로 20,000㎡분의 32,000㎡를 백분율로 표시하면 160%가 된다.

49 전용주거지역, 중심상업지역	50 10
51 100	52 2, 이행강제금

도시 및 주거환경정비법

01 총 설

Answer 객관식

01 ④ 02 ⑤ 03 ⑤ 04 ① 05 ④ 06 ② 07 ⑤ 08 ④ 09 ① 10 ③

01 ① 대지란 정비사업으로 조성된 토지를 말한다.

② 정비기반시설이란 도로·상하수도·공원·공용주차장·공동구 그 밖에 주민의 생활에 필요한 열·가스 등의 공급시설로서 대통령령으로 정하는 시설을 말한다.

③ 공동이용시설이란 주민이 공동으로 사용하는 놀이터·마을회관·공동작업장 그 밖에 대통령령으로 정하는 시설을 말한다.

⑤ 도시미관을 저해하거나 노후화된 건축물로서 준공된 후 20년 이상 30년 이하의 범위에서 시·도조례로 정하는 기간이 지난 건축물은 노후불량건축물에 해당한다.

02 ⑤ 공동이용시설에 해당한다.

03 ⑤ 정비기본계획의 작성기준 및 작성방법은 국토교통부장관이 정하여 고시한다.

04 ① 정비사업의 기본방향은 정비기본계획의 내용의 일부이다.

05 ④ 정비계획의 입안권자는 재건축사업 정비계획의 입안을 위하여 정비기본계획의 내용의 일부 중 정비예정구역별 정비계획의 수립시기가 도래한 때에 안전진단을 실시하여야 한다.

06 ② 정비구역의 지정권자는 정비구역을 지정하거나 변경지정하려면 대통령령으로 정하는 바에 따라 지방도시계획위원회의 심의를 거쳐야 한다.

07 ⑤ 조합설립을 위한 동의자 수 산정에 있어, 1인이 둘 이상의 소유권을 소유하고 있는 경우에는 소유권의 수에 관계없이 토지등소유자를 1인으로 산정한다.

08 ④ 정비계획의 입안권자는 안전진단의 요청이 있는 때에는 요청일부터 30일 이내에 국토교통부장관이 정하는 바에 따라 안전진단의 실시여부를 결정하여 요청인에게 통보하여야 한다.

09 ① 기존 건축물의 붕괴 등 안전사고의 우려가 있는 경우 해당 건축물에 대한 안전조치를 위한 행위는 허가 없이도 할 수 있는 행위에 해당한다.

10 ③ 정비구역등의 추진 상황으로 보아 지정 목적을 달성할 수 없다고 인정되는 경우 지방도시계획위원회의 심의를 거쳐 정비구역등을 해제할 수 있다.

02 정비사업의 시행

Answer 객관식

01 ⑤	02 ②	03 ③	04 ①	05 ⑤	06 ②	07 ②	08 ③	09 ②	10 ②
11 ③	12 ④	13 ④	14 ①	15 ③	16 ⑤	17 ②	18 ②	19 ①	20 ②
21 ③	22 ④	23 ①	24 ④	25 ⑤	26 ③				

01 ⑤ 재개발사업의 시행자 ⇨ 주거환경개선사업의 시행자

02 ② 주거환경개선사업을 토지등소유자가 스스로 주택을 보전·정비하거나 개량하는 방법으로 시행하는 경우 시장·군수등이 직접 시행하되, 토지주택공사등을 사업시행자로 지정하여 시행하게 할 수 있다.

03 ③에서 재건축사업의 경우는 제외한다.

04 ① 지정개발자로 지정받을 수 없는 자는 ㉠, ㉡, ㉢이다.

05 ⑤ 사업대행자는 정비사업을 대행하는 경우 지방자치단체의 공보등에 고시를 한 날의 다음 날부터 사업대행완료를 고시하는 날까지 자기의 이름 및 사업시행자의 계산으로 사업시행자의 업무를 집행하고 재산을 관리한다.

06 ② 토지등소유자가 재개발사업을 시행하는 경우에는 사업시행계획인가를 받은 후 규약에 따라 시공자로 선정하여야 한다.

07 ② 정비사업에 대하여 공공지원을 하려는 경우에는 추진위원회를 구성하지 아니할 수 있다.

08 ① 시장·군수등의 인가를 받아야 한다.
② 조합은 조합설립의 인가를 받은 날부터 30일 이내에 주된 사무소의 소재지에서 대통령령으로 정하는 사항을 등기하는 때에 성립한다.
④ 정비사업의 조합원은 재건축사업의 경우에는 재건축사업에 동의한 자만 해당한다.
⑤「민법」중 사단법인에 관한 규정을 준용한다.

09 ② ㉠: 4분의 3, ㉡: 3분의 2

10 ② 조합의 정관을 변경하기 위하여 총회에서 조합원 3분의 2 이상의 찬성을 요하는 사항은 ㉠, ㉡, ㉢, ㉣ 이외에도 시공자·설계자의 선정 및 계약서에 포함될 내용이 있다.
㉤은 조합원 과반수찬성을 요하는 사항이다.

11 ③ 이 법을 위반하여 벌금 100만원 이상의 형을 선고 받고 10년이 지나지 아니한 자는 조합임원이 될 수 없다.

12 ④ 관리처분계획의 수립 및 변경시 정비사업비가 100분의 10 이상 늘어나는 경우에는 조합원 3분의 2 이상의 찬성으로 의결하여야 한다.

13 ④ 주민대표회의는 토지등소유자의 과반수의 동의를 받아 구성하며, 국토교통부령으로 정하는 방법 및 절차에 따라 시장·군수등의 승인을 받아야 한다

14 ① 토지등소유자 전체회의의 의결사항에는 ②③④⑤ 이외에도 시행규정의 확정 및 변경, 지금의 차입과 그 방법, 청산금의 징수·지급 등이 있다.

15 ③ ㉡, ㉣이 사업시행계획서에 포함되어야 하는 사항이다.
㉠, ㉢: 관리처분계획의 내용에 해당한다.

16 ⑤ 해당 정비사업의 사업시행자가 지정개발자(지정개발자가 토지등소유자인 경우로 한정한다)인 때에는 정비사업비의 100분의 20의 범위에서 시·도조례로 정하는 금액을 예치하게 할 수 있다.

17 ② 재건축사업 ⇨ 주거환경개선사업 및 재개발사업

18 ① 90일 이내에 ⇨ 120일 이내에
③ 사업시행자는 정관등으로 정하고 있거나 총회의 의결을 거친 경우 분양신청을 하지 않거나 분양신청기간 종료 이전에 분양신청을 철회한 토지등소유자에게 분양신청을 다시 하게 할 수 있다.
④ 관리처분계획이 인가·고시된 다음 날부터 90일 이내에 손실보상에 관한 협의를 하여야 한다.

⑤ 손실보상에 관한 협의가 되지 아니하면 그 기간의 만료일 다음 날부터 60일 이내에 수용재결을 신청하거나 매도청구소송을 제기하여야 한다.

19 ①은 사업시행계획서에 포함되는 사항이다.

20 ② 너무 좁은 토지 또는 건축물이나 정비구역 지정 후 분할된 토지를 취득한 자에 대하여는 현금으로 청산할 수 있다.

21 ③ 지분형주택의 공동 소유기간은 소유권이전고시일 다음날부터 10년의 범위에서 사업시행자가 정하는 기간으로 한다.

22 ④ 시장·군수등인 사업시행자는 청산금을 납부할 자가 이를 납부하지 아니하는 경우 지방세 체납처분의 예에 따라 징수할 수 있다.

23 ① 시장·군수등 또는 토지주택공사등이 정비사업의 시행으로 새로 정비기반시설을 설치한 경우 종래의 정비기반시설은 사업시행자에게 무상으로 귀속된다.

24 ④ 한국토지주택공사·한국부동산원은 시·도지사에게 등록하지 않는다.

25 ⑤ 시장·군수등은 정비사업의 투명성 강화를 위하여 조합이 시행하는 정비사업에 관한 일정한 사항을 매년 1회 이상 인터넷과 그 밖의 방법을 병행하여 공개하여야 한다.

26 ③ 토지등소유자 대상 분양분(지분형주택은 포함한다) ⇨ 토지등소유자 대상 분양분(지분형주택은 제외한다)

Answer \ 주관식	
01 주거환경개선	02 ㉠ 20 ㉡ 50
03 160	04 정비기반시설
05 10, 5	06 90, 30
07 3, 토지분할	08 도시재생선도지역
09 ㉠ 10 ㉡ 사업시행계획인가	10 설립인가, 수의계약
11 3/4, 1/2	12 조합설립인가, 관리처분계획인가
13 1/5, 2/3	14 토지등소유자 전체회의
15 시행규정	16 순환정비방식
17 20	18 ㉠ 세입자 ㉡ 30
19 30, 60	20 지분형
21 60	22 토지임대부 분양주택
23 청산금	24 2/3

도시재정비 촉진을 위한 특별법

| 01 ⑤ | 02 ① | 03 ④ | 04 ③ | 05 ① | 06 ⑤ | 07 ② | 08 ② | 09 ④ | 10 ④ |

01 ⑤ ㉠, ㉡, ㉢, ㉣ 모두 재정비촉진사업에 해당한다. 재정비촉진사업은 ㉠, ㉡, ㉢, ㉣ 이외에도 주거환경개선사업, 가로주택정비사업, 소규모재개발사업, 도시개발사업, 혁신지구재생사업, 도심공공주택 복합사업이 있다.

02 ① ㉢은 재정비촉진사업에 해당하지 않는다.

03 ④ 우선사업구역이란 재정비촉진구역 중 재정비촉진사업의 활성화, 소형주택 공급확대, 주민 이주대책 지원 등을 위하여 다른 구역에 우선하여 개발하는 구역으로서 재정비촉진계획으로 결정되는 구역을 말한다.

04 ③ 「도시 및 주거환경정비법」에 따른 재건축사업 및 「빈집 및 소규모주택 정비에 관한 특례법」에 따른 소규모재건축사업의 토지등소유자는 재정비촉진구역 안에 소재한 건축물 및 그 부속토지의 소유자로 한다.

05 ① 재정비촉진지구의 지정권자는 특별시장·광역시장·특별자치시장·도지사 또는 특별자치도지사(이하 "시·도지사"라 한다) 또는 대도시 시장이다.

06 재정비촉진지구 지정대상지역은 ①②③④이다.
⑤은 「택지개발촉진법」에 따른 택지개발사업에 대한 설명이다.

07 ② 재정비촉진지구가 둘 이상의 시·군·구의 관할 지역에 걸쳐 있는 경우에는 관할 시장·군수·구청장이 공동으로 재정비촉진계획을 수립한다.

08 ② 시·도지사 또는 대도시의 시장은 재정비촉진계획수립의 모든 과정을 총괄 진행·조정하게 하기 위하여 도시계획·도시설계·건축등 분야의 전문가인 자를 총괄계획가로 위촉할 수 있다.

09 ① 우선사업구역의 재정비촉진사업은 관계 법령에도 불구하고 토지등소유자의 과반수의 동의를 받아 특별자치시장, 특별자치도지사, 시장·군수·구청장이 직접 시행하거나 총괄사업관리자를 사업시행자로 지정하여 시행하도록 하여야 한다.

② 사업협의회는 20인 이내(재정비촉진구역이 10곳 이상인 경우에는 30인 이내)의 위원으로 구성한다.

③ 특별자치시장, 특별자치도지사, 시장·군수·구청장이 재정비촉진사업을 직접 시행하거나 한국토지주택공사 또는 지방공사가 사업시행자로 지정되는 경우 사업시행자는 「지방자치단체를 당사자로 하는 계약에 관한 법률」 또는 「공공기관의 운영에 관한 법률」에도 불구하고 주민대표회의에서 대통령령으로 정하는 경쟁입찰의 방법에 따라 추천한 자를 시공자로 선정할 수 있다.

⑤ 재정비촉진계획의 결정·고시일부터 2년 이내에 해당 사업을 규정하고 있는 관계 법률에 따른 조합설립인가를 신청하지 아니하거나, 3년 이내에 관계 법률에 따른 사업시행인가를 신청하지 아니한 경우에는 특별자치시장, 특별자치도지사, 시장·군수·구청장이 그 사업을 직접 시행하거나 총괄사업관리자를 사업시행자로 우선하여 지정할 수 있다.

10 ④ 용적률의 75% 범위에서 대통령령으로 정하는 비율을 임대주택등으로 공급하여야 한다. 건설되는 임대주택등 중 주거전용면적이 85m²를 초과하는 주택의 비율은 50% 이하의 범위에서 대통령령으로 정한다.

Answer \ 주관식	
01 고밀복합	02 10
03 ㉠ 2 ㉡ 재정비촉진계획	04 존치정비구역, 존치관리구역
05 총괄계획가	06 총괄사업관리자
07 ㉠ 75, ㉡ 85	08 80, 60
09 지방자치단체	10 사업시행자

시설물의 안전 및 유지관리에 관한 특별법

Answer 객관식

01 ②	02 ⑤	03 ②	04 ④	05 ③	06 ①	07 ④	08 ⑤	09 ②	10 ④
11 ⑤	12 ③	13 ④	14 ③	15 ①	16 ②	17 ①	18 ①	19 ⑤	20 ⑤
21 ③	22 ②	23 ④	24 ⑤	25 ②					

01   ②은 정밀안전진단이 아니라 안전점검에 대한 설명이다.

02   ⑤ 준공 또는 사용승인 후부터 최초 안전등급이 지정되기 전까지의 기간에 실시하는 정기안전점검은 반기에 1회 이상 실시한다.

03   ② ㉠, ㉡만 제1종 시설물에 해당한다. ㉢, ㉣은 제2종 시설물에 해당한다.

04   ④는 제1종 시설물에 해당한다.

05   ③ 제3종 시설물의 지정 및 지정 해제에 관한 세부기준은 국토교통부장관이 정하여 고시한다.

06   ① ㉠, ㉡만 제3종 시설물에 해당한다. 제3종 시설물에는 이외에도 연면적 660m² 초과인 기숙사가 있다.

07   ④ 민간관리주체는 시설물관리계획을 수립한 경우 관할 시장·군수·구청장에게 매년 2월 15일까지 제출하여야 한다.

08   ① 안전점검은 정기안전점검·정밀안전점검으로 구분한다.
    ② 관리주체는 시설물의 하자담보책임기간이 끝나기 전에 마지막으로 실시하는 정밀안전점검의 경우에는 안전진단전문기관이나 국토안전관리원에 의뢰하여 실시하여야 한다.
    ③ 안전점검에 드는 비용은 그 민간관리주체에게 부담하게 할 수 있다.
    ④ 대통령령으로 정하는 시설물에 대한 정밀안전진단은 국토안전관리원에만 대행하게 하여야 한다.

09 ② B: 보조부재에 경미한 결함이 발생하였으나 기능 발휘에는 지장이 없으며, 내구성 증진을 위하여 일부의 보수가 필요한 상태

10 ④ 공동주택의 정기안전점검은 「공동주택관리법」 제33조에 따른 안전점검으로 갈음한다.

11 ⑤ 관리주체 또는 관계 행정기관의 장이 긴급안전점검을 실시한 경우 그 결과보고서를 국토교통부장관에게 제출하여야 한다.

12 ③ ㉠, ㉡만 해낭한다. ㉢은 100분의 60 이하가 아니라 100분의 50 이하이다.

13 ④ 안전등급이 D, E등급인 경우 4년에 1회 이상의 정밀안전진단을 실시한다.

14 ③ 관리주체는 사용제한 등을 하는 경우에는 즉시 그 사실을 관계 행정기관의 장 및 국토교통부장관에게 통보하여야 한다.

15 ① 안전점검등을 실시하는 자는 건축물의 구조안전에 중대한 영향을 미치는 것으로 인정되는 기둥·보 또는 내력벽의 내력(耐力) 손실을 발견하는 경우에는 지체 없이 그 사실을 관리주체 및 관할 시장·군수·구청장에게 통보하여야 한다.

16 ② 관리주체는 정밀안전진단을 실시하려는 경우 이를 직접 수행할 수 없고 국토안전관리원 또는 안전진단전문기관에 대행하게 하여야 한다.

17 ① 옳은 것은 ㉠, ㉡이다.
　㉢ A는 긴급안전점검을 실시한 경우 그 결과보고서를 국토교통부장관에게 제출하여야 한다.
　㉣ 제3종 시설물 중 의무관리대상 공동주택이 아닌 공동주택 등 민간관리주체 소관 시설물 중 대통령령으로 정하는 시설물의 경우에는 시장·군수·구청장이 수립하여야 하는데, 이 경우에만 시설물 관리계획을 수립하는 경우 시설물의 보수·보강 등 유지관리 및 그에 필요한 비용에 관한 사항을 생략할 수 있다.

18 ① 옳은 것은 ㉠, ㉢이다.
　㉡ 국토교통부장관은 5년마다 시설물의 안전 및 유지관리에 관한 기본계획을 수립·시행하여야 한다.
　㉣ 관리주체는 건설사업자 또는 그 시설물을 시공한 자[하자담보책임기간(동일한 시설물의 각 부분별 하자담보책임기간이 다른 경우에는 가장 긴 하자담보책임기간을 말한다) 내인 경우에 한정한다]로 하여금 시설물의 유지관리를 대행하게 할 수 있다.

19 ⑤ 제1종 시설물의 경우에는 최초로 정밀안전진단을 실시하는 때, 제2종 시설물의 경우에는 하자
담보책임기간이 끝나기 전에 마지막으로 실시하는 정밀안전점검을 실시하는 때에 실시한다.

20 ⑤ 시설물의 유지관리업무를 성실하게 수행하지 아니함으로써 시설물에 중대한 손괴를 야기하
여 공공의 위험을 발생하게 한 자에게는 1년 이상 10년 이하의 징역에 처한다.

21 ③ 피성년후견인 또는 피한정후견인은 안전진단전문기관으로 등록할 수 없다.
① 안전진단전문기관은 계속하여 1년 이상 휴업하거나 재개업 또는 폐업하려는 경우에는 시 · 도
지사에게 신고하여야 한다.
② 시 · 도지사는 폐업신고를 받은 때에는 그 등록을 말소하여야 한다.
④ 국토교통부장관, 주무부처의 장 또는 지방자치단체의 장이 폐업사실을 확인한 때에는 그 등
록을 취소하여야 한다.
⑤ 시 · 도지사에게 신고하여야 한다.

22 ② 필연적 등록취소사유에 해당하는 것은 ⓛ, ⓒ이다.
ⓐ 최근 2년 이내에 두 번의 영업정지처분을 받고 다시 영업정지처분에 해당하는 행위를 한
경우
ⓔ 결격사유에 해당하는 임원이 있는 법인은 결격사유에 해당되면 그 등록을 반드시 취소하
지만 6개월 이내에 그 임원을 바꾸어 임명한 경우 제외된다.

23 ① 안전진단전문기관은 등록된 기술인력이 변경된 때에는 그 날부터 30일 이내에 시 · 도지사에게
신고하여야 한다.
② 위험표지의 글씨의 색상은 검정으로 하되, 붕괴위험지역은 빨강으로 한다.
③ 준공 또는 사용승인 후부터 최초 안전등급이 지정되기 전까지의 기간에 실시하는 정기안전점
검은 반기에 1회 이상 실시한다.
⑤ 안전진단전문기관이 소속 임직원인 기술자가 수행하여야 할 안전점검등 또는 성능평가 업무
를 소속 임직원이 아닌 기술자에게 수행하게 한 경우 시 · 도지사는 그 등록을 취소하거나 1년
이내의 기간을 정하여 영업정지를 명할 수 있다.

24 ⑤ 2년 이하의 징역 또는 2천만원 이하의 벌금형에 해당된다.
①는 1,000만원 이하의 과태료, ②③④는 500만원 이하의 과태료 부과대상이다.

25 ① 매달 100만원 이하의 범위에서 이행강제금을 부과할 수 있다.
③ 이행강제금을 부과 · 징수한다는 뜻을 미리 문서로써 알려줄 때에는 10일 이상의 기간을 정하여
구술 또는 서면으로 의견을 진술할 수 있는 기회를 주어야 한다.
④ 이행강제금을 기한까지 납부하지 아니하면 국세의 체납처분의 예에 따라 징수한다.
⑤ 새로운 이행강제금의 부과를 즉시 중지하고, 이미 부과된 이행강제금은 징수를 하여야 한다.

Answer 주관식

01 ㉠ 정기 ㉡ 정밀	02 ㉠ 평가 ㉡ 제1종 시설물
03 ㉠ 긴급안전점검 ㉡ 내진성능평가	04 하도급
05 유지관리	06 내구성, 사용성
07 ㉠ 21 ㉡ 50,000	08 ㉠ 16 ㉡ 30,000
09 ㉠ 5 ㉡ 15	10 국토안전관리원
11 정밀안전진단	12 내진성능평가
13 ㉠ 3 ㉡ 4	14 1
15 정기안전점검	16 6
17 10	18 안전점검전문기관
19 국토안전관리원	20 ㉠ 5 ㉡ 1 ㉢ 2
21 하자담보책임	22 행정대집행법
23 시설물통합정보관리체계, 정보화시스템	

소방기본법

01 ①	02 ⑤	03 ③	04 ③	05 ③	06 ①	07 ②	08 ⑤	09 ④	10 ②
11 ①	12 ①	13 ④	14 ④	15 ①	16 ②	17 ①	18 ②	19 ⑤	20 ①
21 ②	22 ③	23 ④							

01 ① "선박"은 「선박법」에 따른 선박으로서 항구 안에 매어둔 선박만 해당한다.

02 ⑤ 「수도법」에 따라 소화전을 설치하는 일반수도사업자는 관할 소방서장과 사전협의를 거친 후 소화전을 설치하여야 하며, 설치 사실을 관할 소방서장에게 통지하고, 그 소화전을 유지·관리하여야 한다.

03 ③ ㉠, ㉡, ㉢이 옳다.
㉣ 건축법령상 층수가 11층 이상인 건축물

04 ③ 저수조는 지면으로부터의 낙차가 4.5m 이하일 것

05 ③ 주거지역·상업지역 및 공업지역에 설치하는 경우에는 소방대상물과의 수평거리를 100m 이하가 되도록 하여야 하며, 나머지 지역에 설치하는 경우에는 소방대상물과의 수평거리를 140m 이하가 되도록 설치하여야 한다.

06 ① 시·도지사는 소방자동차의 진입이 곤란한 지역 등 화재발생시에 초기 대응이 필요한 지역으로서 대통령령으로 정하는 지역에 소방호스 또는 호스 릴 등을 소방용수시설에 연결하여 화재를 진압하는 시설이나 장치(이하 "비상소화장치"라 한다)를 설치하고 유지·관리할 수 있다.

07 ① 소방청장 또는 소방본부장은 소방기술민원센터를 설치·운영할 수 있다.
③ 소방청장은 소방박물관을 설립하여 운영할 수 있다.
④ 시·도지사는 소방체험관을 설립하여 운영할 수 있다.
⑤ 매년 11월 9일을 '소방의 날'로 정하여 기념행사를 한다.

08 ⑤은 생활안전활동에 해당한다.

09 ④ 소방시설 오작동 신고에 따른 조치활동은 소방지원활동에 해당한다.

10 ② 소방대상물에 화재, 재난, 재해 그 밖의 위급한 상황이 발생한 경우 그 관계인 및 고의 또는 과실로 화재 또는 구조·구급 활동이 필요한 상황을 발생시킨 사람, 화재 또는 구조·구급현장에서 물건을 가져간 사람은 소방활동의 비용을 지급받을 수 없다.

11 ① 소방신호의 종류는 경계신호, 발화신호, 해제신호, 훈련신호가 있다.

12 ① 소방훈련의 종류에는 ②③④⑤ 외에도 인명대피훈련이 있다.

13 ④ 피성년후견인은 결격사유에 해당한다.

14 ④ 위험물의 저장 및 처리시설이 밀집한 지역이 화재오인지역에 해당된다.

15 ① 소방활동구역 안에 있는 소방대상물의 소유자·관리자 또는 점유자가 출입할 수 있다.

16 ② 화재발생 현장에서 소방활동 종사 명령에 따라 소방활동에 종사한 소방대상물의 관계인, 고의 또는 과실로 화재 또는 구조·구급활동이 필요한 상황을 발생시킨 사람, 화재 또는 구조·구급현장에서 물건을 가져간 사람은 소방활동의 비용을 지급받을 수 없다.

17 ① 소방본부장·소방서장 또는 소방대장은 화재, 재난·재해 그 밖의 위급한 상황이 발생한 현장에서 소방활동을 위하여 필요한 때에는 그 관할 구역 안에 사는 자 또는 그 현장에 있는 자로 하여금 사람을 구출하는 일 또는 불을 끄거나 불이 번지지 아니하도록 하는 일을 하게 할 수 있다.

18 ② 화재 발생을 막거나 폭발 등으로 화재가 확대되는 것을 막기 위하여 가스·전기 또는 유류 등의 시설에 대하여 위험물질의 공급을 차단하는 등 필요한 조치를 할 수 있다.

19 ⑤ 한국소방안전원에 관하여 「소방기본법」에 규정된 것을 제외하고는 「민법」 중 재단법인에 관한 규정을 준용한다.

20 ①은 소방청장이 추진하는 사업이며, 한국소방안전원의 업무는 이 밖에도 소방업무에 관하여 행정기관이 위탁하는 업무, 그 밖에 회원에 대한 기술지원등 정관으로 정하는 사항이 있다.

21 ② 국가는 소방자동차 보험 가입비용의 일부를 지원할 수 있다.

22 ③ 한국소방안전원이 정관을 변경하려면 소방청장의 인가를 받아야 한다.

23 ① 5년 이하의 징역 또는 5천만원 이하의 벌금형

② 20만원 이하의 과태료 부과

③ 5년 이하의 징역 또는 5천만원 이하의 벌금형

⑤ 500만원 이하의 과태료 부과

Answer 주관식	
01 관계인	02 관계지역
03 119종합상황실	04 소방기술민원센터
05 소방박물관, 소방체험관	06 일반수도사업자
07 비상소화장치	08 생활안전활동
09 관계인	10 100, 3
11 소방대장	12 3, 5

소방시설 설치 및 관리에 관한 법률

Answer	객관식

01 ②	02 ⑤	03 ④	04 ③	05 ②	06 ①	07 ②	08 ①	09 ④	10 ⑤
11 ⑤	12 ③	13 ④	14 ②	15 ①	16 ④	17 ②	18 ⑤	19 ②	20 ②
21 ④	22 ③	23 ①	24 ③	25 ⑤	26 ⑤	27 ①			

01 ② "소방시설등"이란 소방시설과 비상구, 그 밖에 소방 관련 시설로서 대통령령으로 정하는 것을 말하며, "소방용품"이란 소방시설등을 구성하거나 소방용으로 사용되는 제품 또는 기기로서 대통령령으로 정하는 것을 말한다.

02 ⑤ 공기호흡기는 피난구조설비에 해당한다.

03 ④ 특정소방대상물은 ㉠, ㉡, ㉢, ㉣이 해당한다.

04 ③ ㉣, ㉤ 옳은 지문이다.
　㉠ 지상층 중 개구부 면적의 합계가 해당 층의 바닥면적의 30분의 1 이하가 되는 층
　㉡ 개구부의 크기는 지름 50cm 이상의 원이 통과할 수 있을 것
　㉢ 해당 층의 바닥면으로부터 개구부 밑부분까지의 높이가 1.2m 이내일 것

05 ② 승강기 등 기계장치에 의한 주차시설로서 자동차 20대 이상을 주차할 수 있는 시설

06 ① 해당 특정소방대상물의 시공지 또는 소재지를 관할하는 소방서장의 사전검토를 받아야 한다.

07 ② 연면적 20만m² 이상의 특정소방대상물 중 아파트 등은 성능위주설계 대상에서 제외한다.

08 ① 주택의 소유자가 주택용소방시설을 설치하지 않아도 되는 것은 ㉠, ㉢이다.

09 ④ 소방청장, 소방본부장 또는 소방서장은 소방시설정보관리시스템을 구축·운영할 수 있다.

10 ⑤ 임시소방시설의 설치 및 관리 기준은 소방청장이 정하여 고시한다.

11 ⑤ 소방시설에 하자가 있는지의 판단에 관한 사항은 지방위원회의 심의사항이다.

12 ③은 지방위원회의 심의사항이다.

13 ④ 소방용품의 내용연수는 10년으로 한다.

14 ② 버너의 불꽃을 제거한 때부터 불꽃을 올리지 않고 연소하는 상태가 그칠 때까지 시간은 30초 이내일 것

15 ① 층수가 11층 이상 특정소방대상물 중 아파트는 제외한다.

16 ④ 방염처리를 한 두께가 2mm 미만인 벽지류로서 종이벽지는 제외된다.

17 ② 둘, 6, 10

18 ⑤ 「위험물안전관리법」 제2조 제6호에 따른 제조소등은 작동점검 실시대상에서 제외한다.

19 ② 물분무등소화설비[호스릴(Hose Reel) 방식의 물분무등소화설비만을 설치한 경우는 제외한다]가 설치된 연면적 5천m² 이상인 특정소방대상물(위험물 제조소등은 제외한다)

20 ② 해당 특정소방대상물의 소방시설등이 신설된 경우 「건축법」 제22조에 따라 건축물을 사용할 수 있게 된 날부터 60일 내에 자체점검을 해야 한다.

21 ④ 관리자는 수신기에서 원격 점검이 불가능한 경우 매년 작동점검만 실시하는 아파트등은 1회 점검시 마다 전체 세대수의 50% 이상, 종합점검을 실시하는 아파트등은 1회 점검시 마다 전체 세대수의 30% 이상 점검하도록 자체점검 계획을 수립 · 시행해야 한다.

22 ③ ②의 경우 그 자격을 취소하여야 한다.

23 ① 소방시설등의 점검 및 관리를 업으로 하려는 자 또는 「화재의 예방 및 안전관리에 관한 법률」 제25조에 따른 소방안전관리업무의 대행을 하려는 자는 대통령령으로 정하는 업종별로 시 · 도지사에게 소방시설관리업(이하 "관리업"이라 한다) 등록을 하여야 한다.

24 ③ 형식승인을 받은 자나 성능인증을 받은 자는 그 소방용품에 대하여 소방청장이 실시하는 제품검사를 받아야 한다.

25 ⑤ 전문기관이 정당한 사유 없이 1년 이상 계속하여 제품검사 또는 실무교육 등 지정받은 업무를 수행하지 아니한 경우 소방청장은 그 지정을 취소하거나 6개월 이내의 기간을 정하여 그 업무의 정지를 명할 수 있다.

26 ⑤ ㉠, ㉡, ㉢, ㉣, ㉤ 모두 청문사유에 해당한다.

27 ①은 1년 이하의 징역 또는 1천만원 이하의 벌금형에 해당하며, 나머지 ②③④⑤는 300만원 이하의 과태료 처분에 해당한다.

Answer \ 주관식	
01 소방시설	02 소방시설등
03 특정소방대상물	04 화재안전성능
05 성능위주설계	06 기술
07 소방용품	08 30, 50
09 피난층	10 400, 6
11 내진설계기준	12 단독경보형감지기
13 소방시설정보관리시스템	14 방화포
15 10	16 2
17 60	18 표준자체점검비
19 2, 2	20 5

화재의 예방 및 안전관리에 관한 법률

www.pmg.co.kr

| Answer | 객관식 |

01 ④	02 ④	03 ③	04 ④	05 ⑤	06 ⑤	07 ①	08 ①	09 ②	10 ③
11 ④	12 ①	13 ③	14 ③	15 ④	16 ④	17 ①	18 ④	19 ⑤	20 ④
21 ⑤	22 ④	23 ③	24 ①	25 ④	26 ①	27 ②	28 ①		

01 ④ 화재예방강화지구란 시·도지사가 화재발생 우려가 크거나 화재가 발생할 경우 피해가 클 것으로 예상되는 지역에 대하여 화재의 예방 및 안전관리를 강화하기 위해 지정·관리하는 지역을 말한다.

02 ④ 소방청장은 기본계획을 시행하기 위하여 매년 시행계획을 수립·시행하여야 한다.

03 ③ 소방관서장은 화재안전조사를 실시하려는 경우 사전에 관계인에게 조사대상, 조사기간 및 조사사유 등을 우편, 전화, 전자메일 또는 문자전송 등을 통하여 통지하고 인터넷 홈페이지나 전산시스템 등을 통하여 7일 이상 공개하여야 한다.

04 ④ 소방관서장은 보관하던 옮긴 물건등을 매각한 경우에는 지체 없이 「국가재정법」에 따라 세입조치를 해야 한다.

05 ⑤ ㉠, ㉡, ㉢, ㉣ 모두 금지행위에 해당한다.

06 ⑤ 소방관서장은 화재안전조사 결과를 공개하는 경우 30일 이상 해당 소방관서 인터넷 홈페이지나 전산시스템을 통해 공개해야 한다.

07 ① 시가, 30일이 옳다.
㉠ 손실을 보상하는 경우에는 시가로 보상해야 한다.
㉣ 보상금의 지급 또는 공탁의 통지에 불복하는 자는 지급 또는 공탁의 통지를 받은 날부터 30일 이내에 중앙토지수용위원회 또는 관할 지방토지수용위원회에 재결을 신청할 수 있다.

08 ① 소방시설·소방용수시설 또는 소방출동로가 없는 지역이 옳으며, 이외에도 위험물의 저장 및 처리 시설이 밀집한 지역, 석유화학제품을 생산하는 공장이 있는 지역, 산업단지가 있다.

09 ② 옳은 지문이다.
① 화재예방강화지구의 지정권자는 시·도지사다.
③ 소방관서장은 화재예방강화지구 안의 소방대상물의 위치·구조 및 설비 등에 대한 화재안전조사를 연 1회 이상 실시해야 한다.
④ 소방관서장은 법 제18조 제5항에 따라 화재예방강화지구 안의 관계인에 대하여 소방에 필요한 훈련 및 교육을 연 1회 이상 실시할 수 있다.
⑤ 소방관서장은 소방에 필요한 훈련 및 교육을 실시하려는 경우에는 화재예방강화지구 안의 관계인에게 훈련 또는 교육 10일 전까지 그 사실을 통보해야 한다.

10 ③ 소방청장은 화재안전영향평가에 관한 업무를 수행하기 위하여 화재안전영향평가심의회(이하 "심의회"라 한다)를 구성·운영할 수 있다.

11 ④는 화재안전취약자가 아니며, 화재안전취약자는 ①②③⑤이외에도 「다문화가족지원법」 제2조 제1호에 따른 다문화가족의 구성원, 그 밖에 화재안전에 취약하다고 소방관서장이 인정하는 사람이 있다.

12 ① 특급 소방안전관리대상물은 층수가 50층(지하층 제외) 이상 또는 높이가 200m 이상인 아파트, 30층 이상(지하층을 포함한다)이거나 지상으로부터 높이가 120m 이상인 특정소방대상물(아파트는 제외), 또는 연면적이 10만㎡ 이상인 특정소방대상물(아파트는 제외)이 이에 해당한다. 단, 위험물제조소등, 지하구, 철강 등 불연성 물품을 저장·취급하는 창고 및 동·식물원을 제외된다.

13 ③ 연면적 15,000㎡ 이상인 특정소방대상물(아파트 및 연립주택은 제외된다)

14 ③ 지하가는 권원별 소방안전관리대상물에 해당하고, 지하구는 2급 소방안전관리대상물에 해당한다.

15 ①②③⑤는 2급 소방안전관리대상물에 해당된다.

16 ④ 지하구는 2급 소방안전관리대상물에 해당된다.

17 ① 소방안전관리보조자 선임대상 특정소방대상물은 ②③④⑤ 외에도 기숙사, 수련시설, 숙박시설(숙박시설로 사용되는 바닥면적의 합계가 1천 500㎡ 미만이고 관계인이 24시간 상시 근무하고 있는 숙박시설은 제외한다)이 있다.

18 ④ 소방안전관리대상물의 관계인이 소방안전관리자 또는 소방안전관리보조자를 선임한 경우에는 행정안전부령으로 정하는 바에 따라 선임한 날부터 14일 이내에 소방본부장 또는 소방서장에게 신고하여야 한다.

19 ⑤ ㉠, ㉡, ㉢, ㉣ 모두 소방안전관리대상물의 경우에 해당한다.

20 ④ ㉠, ㉢, ㉣ 해당한다.

소방시설관리업자가 소방안전관리업무를 대행할 수 있는 특정대상물은

1. 별표 4 제2호 가목3)에 따른 지상층의 층수가 11층 이상인 1급 소방안전관리대상물(연면적 1만 5천㎡ 이상인 특정소방대상물과 아파트는 제외한다)
2. 별표 4 제3호에 따른 2급 소방안전관리대상물
3. 별표 4 제4호에 따른 3급 소방안전관리대상물

21 ⑤ 건설현장 소방안전관리대상물에는 ①②③④이 해당된다.

22 ④ 소방안전관리자 자격이 취소된 사람은 취소된 날부터 2년간 소방안전관리자 자격증을 발급받을 수 없다.

23 ③ 소방본부장 또는 소방서장은 특급 및 1급의 소방안전관리대상물의 관계인으로 하여금 소방훈련과 교육을 소방기관과 합동으로 실시하게 할 수 있다.

24 ① 점포가 500개 이상 전통시장이 소방안전 특별관리시설물에 해당한다.

25 ④ 대통령령으로 정하는 일정 규모 이상의 특별관리시설물만 정기적으로 화재예방안전진단을 받아야 한다.

26 ① 불특정 다수인이 이용하는 특정소방대상물의 근무자등에게 불시에 소방훈련과 교육을 실시할 수 있는 특정소방대상물은 ②③④⑤가 해당된다.

27 ② 안전등급이 우수인 경우 안전등급을 통보받은 날부터 6년이 경과한 날이 속하는 해에 화재예방안전진단을 받아야 한다.

28 ① 화재예방안전진단기관의 절대적 지정취소사유에 해당하는 것은 ㉠, ㉣이다.

Answer \ 주관식			
01 예방		02 안전관리	
03 화재안전조사		04 화재예방강화지구	
05 화재예방안전진단		06 종합, 부분	
07 7		08 시가, 재결	
09 30		10 화재안전조사	
11 1, 10		12 화재안전영향평가	
13 관계인		14 총괄소방안전관리자	
15 14, 소방안전관리자		16 6, 2	
17 화재예방안전진단		18 5	
19 B(양호)		20 1, 1	

전기사업법

Answer \ 객관식

01 ③	02 ⑤	03 ②	04 ①	05 ⑤	06 ②	07 ④	08 ③	09 ④	10 ①
11 ③	12 ⑤	13 ③	14 ⑤	15 ⑤	16 ④	17 ②	18 ④	19 ⑤	20 ④
21 ②	22 ②	23 ①	24 ⑤	25 ③	26 ⑤	27 ④	28 ③	29 ③	

01 ③ 전력계통이란 원활한 전기의 흐름과 전기의 품질유지를 위하여 전기의 흐름을 통제·관리하는 체제를 말한다. 개폐소란 발전소 상호간, 변전소 상호간, 발전소와 변전소 간의 전압 5만V 이상의 송전선로를 연결하거나 차단하기 위한 전기설비를 말한다.

02 ⑤ 전기신사업은 ㉠, ㉡, ㉢, ㉣ 모두 해당한다.

03 ② 분산형전원이란 전력수요 지역 인근에 설치하여 송전선로의 건설을 최소화할 수 있는 일정 규모 이하의 발전설비로서 산업통상자원부령으로 정하는 것을 말한다.

04 ① 소규모전력자원은 ㉠, ㉡, ㉢만 해당한다.

05 ⑤ 구역전기사업이란 3만 5천kW 이하의 발전설비를 갖추고 특정한 공급구역의 수요에 응하여 전기를 생산하여 전력시장을 통하지 아니하고 당해 공급구역 안의 전기사용자에게 공급함을 주된 목적으로 하는 사업을 말한다.

06 ② 소규모전력중개사업이란 소규모전력자원에서 생산 또는 저장된 전력을 모아서 전력시장을 통하여 거래하는 것을 주된 목적으로 하는 사업을 말한다.

07 ④ ㉠: 4만, ㉡: 50만

08 ③ 「댐건설·관리 및 주변지역지원 등에 관한 법률」에 따라 건설되는 댐 및 저수지와 선박·차량 또는 항공기가 그 기능을 유지하도록 하기 위하여 설치되는 전기설비도 전기설비에 제외된다.

09 ④ 산업통상자원부장관은 전기사업을 허가 또는 변경허가를 하려는 경우에는 미리 전기위원회의 심의를 거쳐야 한다.

10 ① 피성년후견인이 결격사유에 해당하며 미성년자 및 피한정후견인은 해당되지 않는다.

11 ③ 필연적 허가취소사유에는 ㉠, ㉡, ㉣ 외에도 원자력발전사업자에 대한 외국인의 투자가 「외국인투자 촉진법」 외국인투자에 해당하게 된 경우 또한 산업통상자원부장관이 정하여 고시하는 시점까지 정당한 사유 없이 제61조 제1항에 따른 공사계획 인가를 받지 못하여 공사에 착수하지 못하는 경우에는 전기사업을 취소해야 하는 필연적 허가취소사유이다.

12 ⑤ 사업정지기간에 전기신사업을 한 경우 그 사업의 등록을 취소하거나 그 사업자에게 6개월 이내의 기간을 정하여 사업정지를 명할 수 있다.

13 ③ 발전용 전기설비의 정기적인 보수기간 중 전기의 공급을 요청하는 경우(발전사업자만 해당한다)

14 ⑤ 사용예정일 4년 전 ⇨ 사용예정일 3년 전

15 ⑤ 전력산업기반조성계획은 3년 단위로 수립·시행한다.

16 ④ 산업통상자원부장관은 전기신사업의 공정한 거래질서를 확립하기 위하여 공정거래위원회 위원장과 협의를 거쳐 표준약관을 제정 또는 개정할 수 있다.

17 ① 전력수급기본계획은 2년 단위로 이를 수립·시행한다.
③ 소규모전력중개사업자는 모집한 소규모전력자원에서 생산 또는 저장한 전력을 전력시장운영규칙으로 정하는 바에 따라 전력시장에서 거래하여야 한다.
④ 전기사용자는 전력시장에서 전력을 직접 구매할 수 없다. 다만, 수전설비용량이 3만kVA(킬로볼트암페어) 이상인 전기사용자는 그러하지 아니하다.
⑤ 산업통상자원부장관은 전기사용자의 이익을 보호하기 위하여 필요한 경우에는 미리 전기위원회의 심의를 거쳐서 전력거래가격의 상한을 정하여 고시할 수 있다.

18 ④ 옳은 지문이다
① 도서지역에서 전력을 거래하는 경우 전력시장에서 전력거래를 하지 않아도 된다.
② 태양광 설비를 설치한 자가 해당 설비를 통하여 생산한 전력 중 자기가 사용하고 남은 전력을 거래하는 경우에는 전력시장에서 거래할 수 있다.
③ 전기판매사업자는 설비용량이 2만킬로와트 이하인 발전사업자가 생산한 전력을 전력시장운영규칙으로 정하는 바에 따라 우선적으로 구매할 수 있다.
⑤ 소규모전력중개사업자는 모집한 소규모전력자원에서 생산 또는 저장한 전력을 전력시장에서 거래해야 한다.

19 ⑤ 옳은 것은 ⓒ, ⓓ이다.
    ⓐ 전기신사업이란 전기자동차충전사업, 소규모전력중개사업, 재생에너지전기공급사업, 통합발전소사업, 재생에너지전기저장판매사업을 말한다.
    ⓑ 산업통상자원부장관에게 인가를 받아야 한다.

20 ④ 전력시장에서 전력거래를 하는 자가용 전기설비를 설치한 자는 한국전력거래소의 회원이 된다.

21 ② 전력시장운영규칙을 제정·변경·또는 폐지하려는 경우에는 산업통상자원부장관의 승인을 받아야 한다(법 제43조 제2항).

22 ② 산업통상자원부장관은 전력산업기반조성계획을 수립하려는 경우에는 전력정책심의회의 심의를 거쳐야 한다.

23 ① 주관기관의 장과 체결하는 협약사항(영 제26조)
    ② 전력산업기반조성계획의 시행계획 사항(영 제24조 제1항)
    ③ 전력산업기반조성계획 사항(법 제47조 제2항)
    ④ 전력산업기반조성계획 사항(법 제47조 제2항)
    ⑤ 전력수급기본계획 사항(법 제25조 제6항)

24 ⑤ 전력정책심의회의 위원장은 위원 중에서 재적위원 과반수의 찬성으로 선출하며, 전력정책심의회를 대표하고, 전력정책심의회의 업무를 총괄한다.

25 ③ 전기위원회의 위원장을 포함한 위원은 산업통상자원부장관의 제청으로 대통령이 임명 또는 위촉한다.

26 ⑤ 전기설비의 임시사용기간은 3개월 이내로 한다. 다만, 임시사용기간에 임시사용의 사유를 해소할 수 없는 특별한 사유가 있다고 인정되는 경우에는 전체 임시사용기간이 1년을 초과하지 아니하는 범위에서 임시사용기간을 연장할 수 있다.

27 ④ 지중이설에 필요한 비용은 그 요청을 한 자가 부담한다.

28 ③ 「양식산업발전법」에 따른 양식업 면허를 받은 지역을 물밑선로보호구역으로 지정하려는 경우에는 그 양식업 면허를 받은 자의 동의를 받아야 한다.

29 ③ 전기사업자는 국가·지방자치단체 그 밖의 공공기관이 관리하는 공공용 토지에 전기사업용 전선로를 설치할 필요가 있는 경우에는 그 토지 관리자의 허가를 받아 사용할 수 있다.

01 구역전기사업	02 통합발전소사업
03 소규모전력중개사업	04 재생에너지전기공급사업
05 재생에너지전기저장판매사업	06 통합발전소
07 전력계통	08 보편적 공급
09 ㉠ 75 ㉡ 저압	10 수전, 구내배전
11 ㉠ 1,500 ㉡ 1,000	12 50,000
13 분산형전원	14 ㉠ 전력계통 ㉡ 선택공급약관
15 전기위원회	16 ㉠ 1 ㉡ 3
17 과징금	18 20,000
19 수요관리사업자	20 차액
21 30,000	22 3, 1
23 65	24 전기위원회
25 물밑선로보호구역	

승강기 안전관리법

Answer 객관식									
01 ③	02 ④	03 ⑤	04 ①	05 ⑤	06 ④	07 ①	08 ①	09 ②	10 ④
11 ②	12 ⑤	13 ②	14 ④	15 ⑤	16 ③	17 ②	18 ④	19 ③	20 ④
21 ②	22 ②	23 ①							

01 ③ 구조별 엘리베이터 종류에는 ㉡ 전기식 엘리베이터와 ㉢ 유압식 엘리베이터가 있다.

02 ④ 선박용 엘리베이터는 해당되지 않는다.

03 ⑤ 주한외국공관 또는 이에 준하는 기관에 설치된 승강기 등 국제협약 또는 국가 간 협정을 준수하기 위해 행정안전부장관이 필요하다고 인정하는 승강기

04 ① 승강기사업자는 ㉠ 제조·수입업, ㉡ 설치공사업, ㉣ 유지관리업이 있다.

05 ① 제조업 또는 수입업을 하려는 자는 시·도지사에게 등록하여야 한다.
② 등록을 하려는 자는 자본금(개인인 경우에는 자산평가액을 말한다)은 2억원 이상이다.
③ 승강기 품질보증기간은 3년 이상으로 한다.
④ 특별한 이유가 없으면 2일 이내에 그 요청에 따라야 한다.

06 ④ 승강기안전인증이 취소된 승강기의 제조·수입업자는 취소된 날부터 1년 이내에는 같은 모델의 승강기에 대한 승강기안전인증을 신청할 수 없다.

07 ① 옳은 것은 ㉢이다.
㉠ 승강기의 제조·수입업자는 승강기에 대하여 모델별로 행정안전부장관이 실시하는 안전인증을 받아야 한다.
㉡ 행정안전부장관은 수출을 목적으로 승강기를 제조하는 경우에는 승강기안전인증의 전부를 면제할 수 있다.

08 ① 안전인증을 받은 후에는 ㉢ 정기심사, ㉣ 자체심사를 해야 한다.

09 ② 선임 후 3개월 이내에 승강기관리교육을 받게 하여야 한다.

10 ④ 승강기의 자체점검을 담당하는 사람은 자체점검을 마치면 지체 없이 자체점검결과를 양호, 주의관찰 또는 긴급수리로 구분하여 관리주체에게 통보해야 하고, 통보받은 관리주체는 자체점검 후 10일 이내에 승강기안전종합정보망에 입력하여야 한다.

11 ② 관리주체는 승강기의 자체점검을 월 1회 이상 하고, 자체점검 결과를 자체점검 후 10일 이내에 승강기안전종합정보망에 입력하여야 한다.

12 ⑤ ㉠, ㉡, ㉢, ㉣ 모두 옳은 지문이다.

13 • 설치검사를 받은 날부터 25년이 지난 승강기의 경우 정기검사의 검사주기를 직전 정기검사를 받은 날부터 6개월로 한다.
  • 관리주체는 안전검사에 불합격한 승강기에 대하여 안전검사를 받을 수 없는 사유로 인하여 안전검사가 연기되지 않는 한, 안전검사에 불합격한 날부터 4개월 이내에 안전검사를 다시 받아야 한다.

14 ④ 승강기의 관리주체는 안전검사에 불합격한 승강기에 대하여 안전검사에 불합격한 날부터 4개월 이내에 안전검사를 다시 받아야 한다.

15 ⑤ 그 후 3년마다 정기적으로 정밀안전검사를 받아야 한다.

16 ③ 유지관리업의 변경등록은 등록사항이 변경된 날부터 30일 이내에 하여야 한다.

17 ② 승강기 설치공사업자는 승강기의 설치를 끝냈을 때에는 행정안전부령으로 정하는 바에 따라 관할 시·도지사에게 그 사실을 신고하여야 한다.

18 ④ 운행 중 정지된 고장으로서 이용자가 운반구에 갇히게 된 경우. 단, 정전 또는 천재지변으로 발생한 경우는 제외한다.

19 ③ 공단에 관하여 이 법 및 「공공기관의 운영에 관한 법률」에 규정된 것 외에는 「민법」 중 재단법인에 관한 규정을 준용한다.

20 ① 관리주체는 승강기의 사고로 승강기 이용자 등 다른 사람의 생명·신체 또는 재산상의 손해를 발생하게 하는 경우 그 손해에 대한 배상을 보장하기 위한 보험(이하 "책임보험"이라 한다)에 가입하여야 한다.
  ② 유지관리업자가 거짓이나 그 밖의 부정한 방법으로 유지관리업의 등록을 한 경우 그 등록을 취소하여야 한다.

③ 정밀안전검사에 불합격한 승강기는 운행할 수 없으며, 다시 운행하기 위하여는 정밀안전검사에 합격하여야 한다.

⑤ 승강기 관리주체는 승강기 운행에 대한 지식이 풍부한 자를 승강기 안전관리자로 선임하여 해당 승강기를 관리하도록 하여야 한다. 다만, 승강기 관리주체가 직접 승강기를 관리하는 경우에는 그러하지 아니하다.

21 ② 승강기의 제조업 또는 수입업의 업무종사자는 행정안전부장관이 실시하는 기술교육을 이수해야 한다.

22 ① 승강기의 설치를 끝냈을 때에는 관할 시·도지사에게 그 사실을 신고하여야 한다.
③ 정기검사의 검사기간은 정기검사의 검사주기 도래일 전후 각각 30일 이내로 한다.
④ 설치검사 또는 안전검사의 업무를 한국승강기안전공단으로 하여금 대행하게 할 수 있다.
⑤ 행정안전부장관은 표준유지관리비를 정하여 공표하도록 하고, 계약당사자가 이를 활용할 것을 권고할 수 있다.

23 ① 옳은 지문이다.
② 책임보험에 가입한 관리주체는 책임보험 판매자로 하여금 책임보험의 가입 사실을 가입한 날부터 14일 이내에 승강기안전종합정보망에 입력하게 해야 한다.
③ 관리주체는 승강기의 안전에 관한 자체점검을 월 1회 이상 하여야 한다.
④ 승강기의 안전검사는 정기검사, 수시검사, 정밀안전검사로 구분되며, 행정안전부장관은 안전검사를 받을 수 없다고 인정하면 그 사유가 없어질 때까지 안전검사를 연기할 수 있다.
⑤ 관리주체는 안전검사에 불합격한 승강기에 대하여 안전검사에 불합격한 날부터 4개월 이내에 안전검사를 다시 받아야 한다.

Answer 주관식	
01 주택용	02 소형화물용
03 설치	04 유지관리
05 ㉠ 3 ㉡ 5	06 관리주체
07 10	08 승강기안전종합정보망
09 ㉠ 15 ㉡ 3	10 ㉠ 2 ㉡ 정밀
11 ㉠ 25 ㉡ 2	12 ㉠ 1/2 ㉡ 1/2 ㉢ 2/3
13 표준유지관리비	14 과징금

집합건물의 소유 및 관리에 관한 법률

Answer \ 객관식

01 ①	02 ⑤	03 ③	04 ④	05 ⑤	06 ⑤	07 ①	08 ③	09 ⑤	10 ①
11 ③	12 ④	13 ③	14 ②	15 ⑤	16 ③	17 ①	18 ④	19 ③	20 ⑤
21 ②									

01 ① "대지사용권"이란 구분소유자가 전유부분을 소유하기 위하여 건물의 대지에 대하여 가지는 권리를 말한다.

02 ⑤ 전유부분이 속하는 1동의 건물의 설치 또는 보존의 흠으로 인하여 다른 자에게 손해를 입힌 경우에는 그 흠은 공용부분에 존재하는 것으로 추정한다.

03 ③ 옳은 것은 ㉠, ㉢이다.
㉡ 각 공유자는 규약에 달리 정한 바가 없으면 지분의 비율에 따라 공용부분의 관리비용과 그 밖의 의무를 부담하며 공용부분에서 생기는 이익을 취득한다.
㉣ 공유자가 공용부분에 관하여 다른 공유자에 대하여 가지는 채권은 그 특별승계인에 대하여는 행사할 수 있다.

04 ④ 각 공유자의 지분은 그가 가지는 전유부분(專有部分)의 면적 비율에 따른다.

05 ⑤ 관리단집회에서 결의사항은 ㉠, ㉡, ㉢, ㉣ 이외에도 설계의 개요, 전유부분 수의 증감이 발생하는 경우에는 변경된 부분의 귀속에 관한 사항, 그 밖에 규약으로 정한 사항이 있다.

06 ⑤ 분양되지 않은 전유부분의 면적 비율에 따라 산출한 수선적립금 부담분은 분양자가 부담한다.

07 ① 구분소유자의 대지사용권은 그가 가지는 전유부분의 처분에 따른다.

08 ③ 관리인은 구분소유자일 필요가 없으며, 그 임기는 2년의 범위에서 규약으로 정한다.

09 ⑤ 관리인의 권한과 의무사항은 ㉠, ㉡, ㉢, ㉣ 이외에도 소음·진동·악취 등을 유발하여 공동생활의 평온을 해치는 행위의 중지 요청 또는 분쟁 조정절차 권고 등 필요한 조치를 하는 행위가 있다.

10 ② 관리인은 규약에 달리 정한 바가 없으면 월 1회 구분소유자에게 관리단의 사무 집행을 위한 분담금액과 비용의 산정방법을 서면으로 보고하여야 한다.

③ 관리인은 관리단의 사업시행에 관련하여 관리단을 대표하여 행하는 재판상 또는 재판 외의 행위를 할 권한이 있다.

④ 관리인의 대표권은 규약이나 관리단집회의 결의에 의하여 제한할 수 있다. 다만, 그 제한을 가지고 선의의 제3자에게 대항할 수 없다.

⑤ 구분소유자의 특별승계인은 승계 전에 발생한 관리단의 채무에 관하여 책임을 진다.

11 ③ 전유부분이 50개 이상 150개 미만으로서 대통령령으로 정하는 건물의 관리인은 구분소유자의 5분의 1 이상이 연서(連署)하여 요구하는 경우에는 감사인의 회계감사를 받아야 한다.

12 ④ 관리위원회의 의사(議事)는 규약에 달리 정한 바가 없으면 재적위원 과반수의 찬성으로 의결한다.

13 ③ 관리단집회는 구분소유자 전원이 동의하면 소집절차를 거치지 아니하고 소집할 수 있다.

14 ② 일부공용부분에 관한 사항으로 구분소유자 전원의 이해에 관계가 없는 사항에 관한 구분소유자 전원의 규약의 설정·변경 또는 폐지는 그 일부공용부분을 공용하는 구분 소유자의 4분의 1을 초과하는 자 또는 의결권의 4분의 1을 초과하는 의결권을 가진 자가 반대할 때에는 할 수 없다.

15 ⑤ 구분소유자는 관리단집회의 결의 내용이 법령 또는 규약에 위배되는 경우 집회 결의 사실을 안 날부터 6개월 이내, 결의한 날부터 1년 이내에 결의취소의 소를 제기하여야 한다.

16 ③ 권리변동이 있는 공용부분의 변경은 구분소유자 및 의결권의 각 5분의 4 이상의 결의를 요한다.

17 ① 구분소유자는 그 전유부분이나 공용부분을 보존하거나 개량하기 위하여 필요한 범위에서 다른 구분소유자의 전유부분 또는 자기의 공유에 속하지 아니하는 공용부분의 사용을 청구할 수 있다.

18 ④ 하자로 인하여 건물이 멸실되거나 훼손된 경우에는 그 멸실되거나 훼손된 날부터 1년 이내에 권리를 행사하여야 한다.

19 ③ 분양자는 예정된 매수인의 2분의 1 이상이 이전등기를 한 때에는 규약 설정 및 관리인 선임을 위한 관리단집회를 소집할 것을 대통령령으로 정하는 바에 따라 구분소유자에게 통지하여야 한다.

20 ⑤ 재건축에 참가할 것인지 여부를 회답할 것을 촉구 받은 구분소유자가 촉구를 받은 날부터 2개월 이내에 회답하지 아니한 경우 재건축에 참가하지 아니하겠다는 뜻을 회답한 것으로 본다.

21 ② 조정위원회는 「공동주택관리법」 제36조 및 제37조에 따른 공동주택의 담보책임 및 하자보수 등과 관련된 분쟁은 제외한다.

M·E·M·O

2024 제27회 시험대비 전면개정판

박문각 주택관리사 합격예상문제 2차 주택관리관계법규

초판인쇄 | 2024. 2. 15.　**초판발행** | 2024. 2. 20.　**편저** | 강경구 외 박문각 주택관리연구소

발행인 | 박 용　**발행처** | (주)박문각출판　**등록** | 2015년 4월 29일 제2015-000104호

주소 | 06654 서울시 서초구 효령로 283 서경 B/D 4층　**팩스** | (02)584-2927

전화 | 교재 주문 (02)6466-7202, 동영상문의 (02)6466-7201

판 권
본 사
소 유

정가 34,000원

ISBN 979-11-6987-824-1　|　ISBN 979-11-6987-823-4(2차 세트)